栾庆忠⊙编著

企业税务处理与纳税申报实战演练

做优秀税务会计

暨营改增企业税务会计即学即用

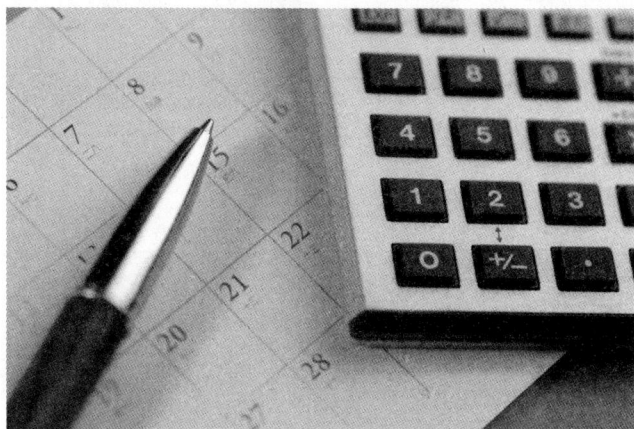

中国市场出版社

·北京·

图书在版编目（CIP）数据

做优秀税务会计/栾庆忠编著. —北京：中国市场出版社，2016.6
ISBN 978-7-5092-1493-0

Ⅰ. ①做… Ⅱ. ①栾… Ⅲ. ①税务会计-基本知识 Ⅳ. ①F810.42

中国版本图书馆 CIP 数据核字（2016）第 113451 号

做优秀税务会计
ZUO YOUXIU SHUIWU KUAIJI
栾庆忠　编著

出版发行	中国市场出版社			
社　　址	北京月坛北小街 2 号院 3 号楼		邮政编码	100837
电　　话	编辑部（010）68032104　　读者服务部（010）68022950			
	发 行 部（010）68021338　68020340　68053489			
	68024335　68033577　68033539			
	总 编 室（010）68020336			
	盗版举报（010）68020336			
邮　　箱	474885818@qq.com			
经　　销	新华书店			
印　　刷	河北鑫宏源印刷包装有限责任公司			
规　　格	185 mm×260 mm　16 开本		版　　次	2016 年 6 月第 1 版
印　　张	19.25		印　　次	2016 年 6 月第 1 次印刷
字　　数	450 000		定　　价	50.00 元

序

本书为《企业会计处理与纳税申报真账实操》（简称《真账实操》）的续篇，也是提高篇，但又与《真账实操》各自独立，独自成书，分别适合不同水平阶段的财税人员阅读。

曾经作为会计新手的您通过学习《真账实操》，再稍加实践，必然已经具备了独立处理一家中小企业账务的能力，甚至有的读者朋友已经开始担任中小企业的主管会计或会计主管了。但在实际工作中，还有许多具备三四年会计工作经验的财税朋友，甚至具备十几年工作经验的老会计和财务经理，都遇到了自身业务素质发展的"瓶颈"，总是觉得业务能力提高缓慢，甚至停滞不前，许多具有上进心和强烈求知欲望的财务人员，再次陷入迷茫。

实际上，每一位财务人员都有可能会遇到自己的一段"瓶颈"期，若是处理得当，便可以找到新的发展方向和突破口，业务水平也会更上一层楼。若是处理不当，找不到新的发展方向和突破口，放弃努力，得过且过，业务水平将很难继续提升，所谓"逆水行舟，不进则退"。

自 2007 年 1 月 1 日起施行的《企业会计准则》和自 2013 年 1 月 1 日起施行的《小企业会计准则》已经彻底取代了各类旧企业会计制度；自 2008 年 1 月 1 日起施行的新企业所得税法、自 2009 年 1 月 1 日起施行的增值税、消费税、营业税三大流转税暂行条例相比旧法都有了很大的改变；2012 年度开始施行的营改增政策也在不断扩大试点，2016 年 5 月 1 日开始全行业营改增试点。财务人员若是不主动学习、不善于学习，知识得不到更新，业务水平就会降低。随着社会的发展，会计也并非"越老越值钱"。

财务人员怎样突破瓶颈？大量调研结果表明，我国大多数中小企业的所有者同时又是经营者，他们对企业的财务状况、经营成果、现金流量情况较为清楚，因此，中小企业的会计信息使用者主要是税务部门和贷款银行。在我所接触过的中小企业中，财务人员最关心的问题是税务问题，最头疼的事项是税务问题，最薄弱的环节也是税务问题。

许多财务人员独立处理一家中小企业的账务已经不是问题，但是对税法知识知之甚少，对税收规定一知半解，对税务处理模棱两可，处理涉税事项还是力不从心，他们非常渴望能够提升自己的税务处理水平，但又不知从何下手。我想，具备一定会计基础和实务经验的财务人员可以把提升自己的税务操作技能作为突破瓶颈的方向！

《真账实操》自出版以来，以"独特、新颖"的特色和"操作性、可读性"的特点，得到了广大读者的好评和厚爱，不少读者反映此书"将税法和会计完美结合"，"图文并茂、形象直观"，"受益匪浅"，"激起了自己学习会计和税法的兴趣"，"大大缩短了自己成功的历程"，是一本"难得的好书"。也有不少读者通过邮箱、QQ等方式提出了自己的建议，期望我能再写一本税务实操方面的书，帮助他们学习更多的税务知识。还有一位注册税务师，看过我写的《增值税纳税实务与节税技巧》一书后，也通过邮箱表达了对图书的操作性和实战性的赞叹，并建议我再写一本有关企业所得税方面的书，但是由于自身原因所限，我一直未能满足这位读者朋友。

读者的需求就是我创作的动力和源泉，中国市场出版社胡超平副总编辑的一个提议激发了我的灵感，于是这本《真账实操》的续篇——《做优秀税务会计——企业税务处理与纳税申报实战演练暨营改增企业税务会计即学即用》开始在我的脑海里酝酿，并最终成书。在此，再次衷心地感谢中国市场出版社、胡超平副总编辑对我的大力支持！再次衷心地感谢广大读者朋友们对我的厚爱！

内容简介

本书旨在提高财务人员的实际税务操作水平，将继续以"独特、新颖"为特色，以"操作性、可读性"为特点，采用大量实际工作中的税收案例，让您达到"以最少的时间、用最少的精力、花最少的银子，取得最理想的效果，真正学会更多的实用税收政策和实际税务操作技能"的目标。具体来说，本书具有下列特点：

◆ 内容全面，重点突出

涉及企业常见的 10 个税种，每个税种的主要纳税事项都根据最新政策进行了详细的讲解，并尽可能采取表格的形式展现给读者，简洁、直观、清晰、有条理，便于读者阅读、理解、吸收和消化。

◆ 案例丰富，实用性强

每个税种都设计了大量具有代表性或普遍性的典型案例，融法于例，以例讲法，通过案例让读者真正学会实际的税务处理操作，加深对税法的理解和领悟，以达到提升自身税务实际操作水平的目的。

◆ 贴近实际，仿真性强

每个税种都根据最新政策精心编写纳税申报实战案例进行示范，在编写过程中，尽可能地考虑企业在实际工作中可能遇到的常见税收业务，力求做到税收业务全而精，案例极具实战性和操作价值。

比如：企业所得税纳税申报实战案例示范中，精选的每一个业务均包括"业务资料"、"税收政策"、"税务处理"、"相关链接"几个部分，清晰、有条理，阅读起来轻松而方便；然后，对每一笔业务的涉税金额在纳税申报表的填列栏次都进行了详细说明；最后，列示出填列完整的纳税申报表进行示范。

"业务资料"主要包括根据企业真实业务改编的文字说明及图表，通俗易懂，简洁明了；

"税收政策"主要包括该业务涉及的税收政策，依法纳税，有理有据，便于读者查找与核实；

"税务处理"主要包括该业务的税务分析及账务处理，明白透彻；

"相关链接"主要讲述、列举与该业务相似的其他各类税收业务，扩大读者的知识面，力求全面完整。

需要强调的是，"相关链接"部分超越了业务本身，是业务的延伸与拓展，包含了更多的税务操作事项，是必须阅读的部分。比如，"业务1 视同销售"的"相关链接"部分总结了企业所得税、增值税、消费税视同销售范围和计税依据的区别，在"业务35 存货发生实际损失"的"相关链接"部分讲述了15种需要进行纳税调减处理的项目。

《企业所得税年度纳税申报表》主表及附表共四十多个，填写难度较大，表间勾稽关系复杂，为了方便读者练习书中例题，特向本书读者免费赠送一份电子表格《企业所得税年度纳税申报表》（自动生成版），本电子表格将表内及表间勾稽关系均设置了公式，只需要填写基础数据，其他数据即可自动生成，读者可将购书凭据的扫描件或照片发送邮件至 17876312@qq.com 免费索取。

相信读过本书的您会更快、更好、真真正正地学会税务处理实际操作！

在编写过程中，本书严格按照最新税收政策和会计准则进行编写，精益求精，力求做到专业、准确，但是限于时间和水平，本书难免会存在一些疏漏和不足之处，敬请广大读者批评指正（可通过 QQ17876312 与本人交流）。本书观点和建议仅供读者参考，切忌生搬硬套，实际工作中须特别关注税收政策和会计准则的变化以及主管税务机关的规定。

目 录
CONTENTS

第三章　消费税

第四章　营业税改征增值税

第五章　房产税

第六章　城镇土地使用税

第七章　个人所得税

第八章　土地增值税

第九章　城市维护建设税、教育费附加、地方教育费附加

第十章　印花税

附录　各类纳税申报表详细填报说明查询方法

1

第一章
企业所得税

我国的企业所得税是采取"按年计算，分期预缴，年终汇算清缴"的办法征收的，预缴是为了保证税款均衡入库的一种手段，汇算清缴是纳税人在纳税年度终了后的一定时期内（税法规定为 5 个月）按照税收法规规定自行计算申报缴纳全年应纳企业所得税额。从中可以清晰地看出，企业所得税的汇算清缴主体是纳税人，集中体现了纳税人自主申报的税法精神，但是，纳税人自主申报的同时，也随之带来了相当的税务风险。

同时，企业所得税汇算清缴工作是对企业所得税进行的一次全面、完整、系统的计算、调整、缴纳工作，是企业涉税业务中的一项重要工作，企业所得税汇算清缴最重要的工作就是进行纳税调整。该工作与企业的会计处理密切相关，需要财务人员具备较高的税务水平。由于纳税调整事项涉及大量的税收法规，因此一些纳税调整事项很容易被企业忽视而造成少缴或多缴税款，给企业带来各种各样的税务风险。

企业所得税汇算清缴纳税调整项目包括收入类调整项目和扣除类调整项目。

1. 收入类调整项目

对于企业所得税汇算清缴纳税调整，很多财务人员只注重成本、费用扣除类项目调整，而对收入类项目的调整往往不够重视。但从大量案例来看，收入类项目的调整往往金额较大，更影响企业所得税汇算清缴，给企业带来较大的税务风险。

2. 扣除类调整项目

税法规定，企业实际发生的与取得收入有关的、合理的支出可以在计算应纳税所得额时扣除。也就是说能够扣除的成本、费用首先需要满足"真实性"、"相关性"、"合理性"的要求，否则不能在企业所得税税前扣除。从大量案例来看，不少企业财务人员一般仅仅重视比例扣除项目及政策性限制扣除项目的纳税调整，事实上，通过对企业成本、费用扣除项目调整的分析、汇总可知，由于不满足税法对成本、费用扣除项目"真实性"、"相关性"、"合理性"的总体要求而进行的纳税调整金额，远远大于税法规定的比例扣除项目及政策性限制扣除项目的调整金额。因此，非比例扣除项目及政策性限制扣除项目调整事项更应该引起企业财务人员的重视。

为了帮助广大财务人员正确做好企业所得税汇算清缴工作，切实提高财务人员企业所得税税务处理与纳税申报业务技能，笔者在对众多企业所得税汇算清缴调整事项的梳理、分析基础之上，结合最新税收政策，总结出了企业所得税汇算清缴中企业应当特别关注的难点和重点问题，并且设计了大量的表格，更加直观、全面、简洁、清晰，更加有利于读者阅读、理解、吸收和消化。

　　本章先对企业所得税业务中的难点和重点问题进行详细讲解，然后，再以 L 市雨丰机械制造有限公司为例，设计了大量企业实际工作中可能会遇到的纳税调整项目，对企业所得税汇算清缴税务处理和纳税申报进行示范，以达到切实提高读者实战能力的目的。

　　想系统全面学习企业所得税知识的读者可以按照本章顺序阅读，想快速学会企业所得税汇算清缴业务的读者也可以直接阅读"三、企业所得税季度申报与年度汇算清缴税务处理及纳税申报示范综合案例"部分，这一部分的纳税调整事项均为精选的极具代表性的纳税事项，一般读者能够掌握这些纳税事项即可称得上一名称职优秀的财务人员了，若将本章知识全部掌握，那就是高手了。

一、企业所得税主要纳税事项

　　在实际工作中，不少企业财务人员在企业所得税汇算清缴时，分不清楚永久性差异与暂时性差异（注：永久性差异与暂时性差异的划分、怎样进行纳税调整，可能因为不同企业实际进行的不同会计处理等情况而发生变化），或者会遗漏纳税调整项目。为了便于学员掌握，笔者特编写了一份"企业所得税主要纳税事项明细表"，见表 1-1。

表 1-1　　　　　　　　　　　　企业所得税主要纳税事项明细表

征收范围	经营所得	包括销售货物所得、提供劳务所得、转让财产所得、股息红利等权益性投资所得、利息所得、租金所得、特许权使用费所得、接受捐赠所得
	其他所得	包括企业资产盘盈、逾期未退包装物押金、无法偿付的应付款项、已作坏账损失处理又收回的应收款项、债务重组利得、补贴收入、违约金收入、汇兑收益等
	清算所得	清算所得＝企业全部资产可变现价值或交易价格—资产净值—清算费用—相关税费
税率	基本税率	一般企业所得税税率为 25％
	优惠税率	符合条件的小型微利企业，减按 20％的税率征收企业所得税。小型微利企业条件：工业企业，年度应纳税所得额不超过 30 万元，从业人数不超过 100 人，资产总额不超过 3 000 万元；其他企业，年度应纳税所得额不超过 30 万元，从业人数不超过 80 人，资产总额不超过 1 000 万元。（《企业所得税法实施条例》，一般执行《小企业会计准则》的企业适用） 从业人数，包括与企业建立劳动关系的职工人数和企业接受的劳务派遣用工人数。从业人数和资产总额指标，应按企业全年的季度平均值确定。具体计算公式如下： 　　　季度平均值＝（季初值＋季末值）÷2 　　　全年季度平均值＝全年各季度平均值之和÷4 年度中间开业或者终止经营活动的，以其实际经营期作为一个纳税年度确定上述相关指标。 非居民企业不享受小型微利企业所得税优惠政策（国税函〔2008〕650 号）

续表

税率	优惠税率	自 2015 年 1 月 1 日至 2017 年 12 月 31 日，对年应纳税所得额低于 20 万元（含 20 万元）的小型微利企业，其所得减按 50％计入应纳税所得额，按 20％的税率缴纳企业所得税。（财税〔2015〕34 号、国家税务总局公告 2015 年第 17 号，一般执行《小企业会计准则》的企业适用） 自 2015 年 10 月 1 日起至 2017 年 12 月 31 日，对年应纳税所得额在 20 万元到 30 万元（含 30 万元）之间的小型微利企业，其所得减按 50％计入应纳税所得额，按 20％的税率缴纳企业所得税。（财税〔2015〕99 号、国家税务总局公告 2015 年第 61 号，一般执行《小企业会计准则》的企业适用）
		国家需要重点扶持的高新技术企业，减按 15％的税率征收企业所得税
		非居民企业在中国境内未设立机构、场所的，或者虽设立机构、场所但取得的所得与其所设机构、场所没有实际联系的，应当就其来源于中国境内的所得缴纳企业所得税，适用税率为 20％
应纳税额的计算	参考主表勾稽关系	
所得税会计处理的一般程序（《企业会计准则》）	1. 确定资产和负债的账面价值和计税基础； 2. 确定应纳税暂时性差异和可抵扣暂时性差异； 3. 确定递延所得税资产和递延所得税负债金额或应予转销的金额； 4. 确定当期应交所得税金额； 5. 确定所得税费用，所得税费用即为当期应交所得税和递延所得税之和（或之差）	
所得税会计处理（《企业会计准则》）	1. 资产的账面价值小于资产的计税基础： 　借：所得税费用 　　　递延所得税资产 　　贷：应交税费——应交企业所得税 2. 资产的账面价值大于资产的计税基础： 　借：所得税费用 　　贷：应交税费——应交企业所得税 　　　递延所得税负债 负债与资产的处理相反。 3. 交纳企业所得税： 　借：应交税费——应交企业所得税 　　贷：银行存款	
所得税会计处理（《小企业会计准则》）	小企业不核算递延所得税资产、递延所得税负债，比较简单。 1. 按照税法规定应交的企业所得税： 　借：所得税费用 　　贷：应交税费——应交企业所得税 2. 交纳企业所得税： 　借：应交税费——应交企业所得税 　　贷：银行存款	

永久性差异	不征税收入	1. 财政拨款；2. 依法收取并纳入财政管理的行政事业性收费、政府性基金；3. 国务院规定的其他不征税收入。（《企业所得税法》第七条）
	免税收入	1. 国债利息收入；2. 符合条件的居民企业之间的股息、红利等权益性投资收益；3. 在中国境内设立机构、场所的非居民企业从居民企业取得与该机构、场所有实际联系的股息、红利等权益性投资收益；4. 符合条件的非营利组织的收入。（《企业所得税法》第二十六条）
	先征后返的部分税款	1. 企业按照国务院财政、税务主管部门有关文件规定，实际收到具有专门用途的先征后返所得税税款，准则规定应计入取得当期的利润总额，暂不计入取得当期的应纳税所得额。 2. 符合条件的软件企业按照《财政部 国家税务总局关于软件产品增值税政策的通知》（财税〔2011〕100 号）规定取得的即征即退增值税款，由企业专项用于软件产品研发和扩大再生产并单独进行核算，可以作为不征税收入，在计算应纳税所得额时从收入总额中减除。（财税〔2012〕27 号，《财政部 国家税务总局关于进一步鼓励软件产业和集成电路产业发展企业所得税政策的通知》）
	加计扣除	1. 企业为开发新技术、新产品、新工艺发生的研究开发费用，未形成无形资产计入当期损益的，在按照规定据实扣除的基础上，按照研究开发费用的 50% 加计扣除；形成无形资产的，按照无形资产成本的 150% 摊销。（财税〔2015〕119 号） 2. 企业安置残疾人员所支付的工资可以加计扣除，是指企业安置残疾人员的，在据实扣除支付给残疾职工工资的基础上，按照支付给残疾职工工资的 100% 加计扣除。残疾人员的范围适用《中华人民共和国残疾人保障法》的有关规定。（财税〔2009〕70 号）
	超过扣除限额的部分	企业发生的职工福利费支出，不超过工资薪金总额 14% 的部分，准予扣除。超过部分不得扣除。（国税函〔2009〕3 号）
		企业拨缴的工会经费，不超过工资薪金总额 2% 的部分，准予扣除。超过部分不得扣除。（《企业所得税法实施条例》、国家税务总局公告 2010 年第 24 号、国家税务总局公告 2011 年第 30 号）
		企业发生的与生产经营活动有关的业务招待费支出，按照发生额的 60% 扣除，但最高不得超过当年销售（营业）收入的 5‰，超过部分不得扣除。 特殊规定 1：股权投资业务企业分回的股息、红利及股权转让收入可作为收入计算基数。 特殊规定 2：筹建期间，发生的与筹办活动有关的业务招待费支出按实际发生额的 60% 计入企业筹办费。 （《企业所得税法实施条例》、国税函〔2009〕202 号、国税函〔2010〕79 号、国家税务总局公告 2012 年第 15 号）
		企业发生的公益性捐赠支出，在年度利润总额 12% 以内的部分，准予在计算应纳税所得额时扣除。 发生为汶川地震灾后重建、举办北京奥运会、上海世博会和玉树地震、甘肃舟曲特大泥石流灾后重建五项特定事项的捐赠可以据实在当年企业所得税前全额扣除（玉树、舟曲捐赠政策执行至 2012 年 12 月 31 日止） （《企业所得税法》第九条、《企业所得税法实施条例》第五十三条、财税〔2008〕160 号、财税〔2010〕45 号、国税函〔2009〕202 号、财税〔2009〕124 号）

续表

永久性差异	超过扣除限额的部分	企业按照国务院有关主管部门或者省级人民政府规定的范围和标准为职工缴纳的基本养老保险费、基本医疗保险费、失业保险费、工伤保险费、生育保险费等基本社会保险费和住房公积金，准予扣除。超过标准缴纳的部分，不得扣除。（《企业所得税法实施条例》第三十五条、税总办函〔2014〕652号）
		企业为投资者或者职工支付的补充养老保险费、补充医疗保险费，在国务院财政、税务主管部门规定的范围和标准内（分别为工资总额的5%），准予扣除，超过标准的部分不得扣除。（财税〔2009〕27号）
		除企业依照国家有关规定为特殊工种职工支付的人身安全保险费和国务院财政、税务主管部门规定可以扣除的其他商业保险费外，企业为投资者或者职工支付的商业保险费，不得扣除。（《企业所得税法实施条例》第三十六条）
		非金融企业向非金融企业借款的利息支出，不超过按照金融企业同期同类贷款利率计算的数额的部分，准予扣除；超过部分的利息支出，不得扣除。（《企业所得税法实施条例》第三十八条、国税函〔2009〕777号、国家税务总局公告2011年第34号）
		企业从其关联方接受的债权性投资与权益性投资的比例超过规定标准（金融企业为5∶1；其他企业为2∶1）而发生的利息支出，不得在计算应纳税所得额时扣除。 企业如果能够按照税法及其实施条例的有关规定提供相关资料，并证明相关交易活动符合独立交易原则的；或者该企业的实际税负不高于境内关联方的，其实际支付给境内关联方的利息支出，在计算应纳税所得额时准予扣除。 （《企业所得税法》第四十六条、《企业所得税法实施条例》第一百一十九条、财税〔2008〕121号、国税发〔2009〕2号）
		投资者在规定期限内未缴足其应缴资本额的，企业对外借款所发生的利息，相当于实缴资本额与在规定期限内应缴资本额的差额应计付的利息，不得在计算应纳税所得额时扣除。（国税函〔2009〕312号）
		手续费和佣金支出： 1. 扣除限额比例：5%（一般企业）、15%（财产保险企业）、10%（人身保险企业）。 2. 为发行权益性证券支付给有关证券承销机构的手续费及佣金不得税前扣除。（财税〔2009〕29号） 特殊规定1：从事代理服务、主营业务收入为手续费、佣金的企业（如证券、期货、保险代理等企业），其为取得该类收入而实际发生的营业成本（包括手续费及佣金支出），准予在企业所得税前据实扣除。（国家税务总局公告2012年第15号） 特殊规定2：电信企业在发展客户、拓展业务等过程中（如委托销售电话入网卡、电话充值卡等），需向经纪人、代办商支付手续费及佣金的，其实际发生的相关手续费及佣金支出，不超过企业当年收入总额5%的部分，准予在企业所得税前据实扣除。（国家税务总局公告2012年第15号） 国家税务总局公告2012年第15号第四条所称电信企业手续费及佣金支出，仅限于电信企业在发展客户、拓展业务等过程中因委托销售电话入网卡、电话充值卡所发生的手续费及佣金支出。（国家税务

永久性差异		总局公告 2013 年第 59 号） 特殊规定 3：邮储银行和邮政企业经营模式和分配模式，是经国务院及国家有关部门批准进行的，其支付的上述"代理费"，不属于《财政部 国家税务总局关于企业手续费及佣金支出税前扣除政策的通知》（财税〔2009〕29 号）中所规定的"手续费及佣金"范围。根据《中华人民共和国企业所得税法》第八条及其实施条例第二十七条的规定，邮储银行按照财政部等有关部门规定支付给邮政企业及其各省子公司的上述"代理费"，准予据实在计算企业应纳税所得额时扣除。（国税函〔2012〕564 号） 特殊规定 4：企业委托境外机构销售开发产品的，其支付境外机构的销售费用（含佣金或手续费）不超过委托销售收入 10％的部分，准予据实扣除。（国税发〔2009〕31 号第二十条）
	非公有制企业党组织工作经费	非公有制企业党组织工作经费纳入企业管理费列支，不超过职工年度工资薪金总额 1％的部分，可以据实在企业所得税前扣除。（组通字〔2014〕42 号）
	超过法定范围的支出	税收滞纳金；向行政、司法部门支付的罚款、滞纳金和被没收财物的损失；非公益性捐赠支出；非广告性赞助支出。（《企业所得税法》第十条）
	其他永久性差异	减计收入、减免税所得等优惠政策
		企业的不征税收入用于支出所形成的费用或者财产，不得扣除或者计算对应的折旧、摊销扣除。（财税〔2011〕70 号、财税〔2008〕151 号）
		无形资产受让、开发支出不得在税前扣除，但允许以提取折旧和摊销费用的方式逐步扣除
		自创商誉不得在税前扣除。外购商誉的支出，在企业整体转让或者清算时，准予扣除。（《企业所得税法》第十二条、《企业所得税法实施条例》第六十七条）
		自然灾害或意外事故损失有赔偿的部分不得在税前扣除
		纳税人销售货物给购货方的回扣不得在税前扣除
		贿赂等非法支出不得在税前扣除
		企业之间支付的管理费、企业内营业机构之间支付的租金和特许权使用费，以及非银行企业内营业机构之间支付的利息，不得在税前扣除。（《企业所得税法实施条例》第四十九条）
		企业依照法律、行政法规有关规定提取的用于环境保护、生态恢复等方面的专项资金，准予扣除，但是专项资金提取后改变用途的，不得在税前扣除
		转让定价纳税调整加收利息不得在税前扣除
		维简费支出、高危行业企业安全生产费用支出预提不得在税前扣除，实际发生扣除。（国家税务总局公告 2011 年第 26 号、国家税务总局公告 2013 年第 67 号）
		关联交易因未按照独立交易原则定价，税务机关调增收入额或调减扣除额
		与企业取得收入不直接相关的离退休人员工资、福利费等支出不得在税前扣除。（税总办函〔2014〕652 号）
		个人消费性支出不得在税前扣除

续表

暂时性差异	递延收益	会计上规定政府补助可一次或分次确认收益，税法要求在实际收到时一次性确认，特别规定除外
	附有销售退回条件的商品销售	会计规定：如果企业根据以往的经验能够合理估计退回可能性，可以在发出商品时，将估计不会发生退货的部分确认收入，估计可能发生退货的部分，不确认销售收入也不结转销售成本，作为发出商品处理，仅表现商品库存的减少，通过"发出商品"科目进行核算；如果企业不能合理确定退货的可能性，则应当在售出商品退货期满时才确认收入。 税法规定：无论附有销售退回条件售出的商品是否退回，均在商品发出时全额确认收入，计算缴纳增值税和所得税
	利息、租金、特许权使用费收入	会计上按权责发生制确认收入，而税法规定按照合同约定的应付利息、租金、特许权使用费的日期确认。如果交易合同或协议中规定租赁期限跨年度，且租金提前一次性支付的，根据收入与费用配比原则，出租人可对上述已确认的收入，在租赁期内，分期均匀计入相关年度收入
	交易性金融资产（《企业会计准则》）	会计上按公允价值计量，税法按历史成本作为计税基础
	持有至到期投资（《企业会计准则》）	一次还本付息的投资，其利息收入的确认时间与计税收入的确认时间不同
	固定资产（《企业会计准则》）	1. 账面价值与计税基础不同：账面价值＝实际成本－会计累计折旧－减值准备，计税基础＝实际成本－税收累计折旧。 2. 折旧方法：会计上可以合理选择折旧方法，税法上除按规定可以加速折旧的以外，允许税前扣除的只能是按照直线法计提的折旧。 3. 折旧年限：会计上按照固定资产为企业带来经济利益的期限合理估计确定，税法上对每一类固定资产折旧年限都有明确的规定。 4. 计提减值准备：会计上可以根据资产状况计提减值准备，税法上规定减值准备不得税前扣除。 （《企业所得税法》第十一条、《企业所得税法实施条例》第五十七至第六十条、国税发〔2009〕81号、财税〔2012〕27号、国家税务总局公告2014年第29号、财税〔2014〕75号、国家税务总局公告2014年第64号、财税〔2015〕106号、国家税务总局公告2015年第68号）
	融资租入固定资产（《企业会计准则》）	企业会计准则要求将租赁开始日租赁资产公允价值与最低租赁付款额现值两者中较低者作为入账价值，税法上以租赁合同约定的付款总额和承租人在签订租赁合同过程中发生的相关费用为计税基础，未约定付款总额的，以该资产的公允价值和承租人在签订租赁合同过程中发生的相关费用为计税基础。由此一般会产生融资租入固定资产的账面价值小于其计税基础，产生可抵扣暂时性差异，应确认递延所得税资产。 同时，会计上核算未确认融资费用，而税法上不核算，产生应纳税暂时性差异，应确认递延所得税负债。以后年度，固定资产折旧的计提会计数额和计税数额不一致，以及会计上未确认融资费用分摊，造成会计利润和税法应纳税所得额不一致，应调整应纳税所得额，并逐步转回固定资产购入年度确认的递延所得税资产和递延所得税负债

续表

暂时性差异	投资性房地产（《企业会计准则》）	公允价值计量模式下，账面价值与计税基础不同，会计不计提折旧，而税法允许折旧；成本计量模式下，其账面价值与计税基础的确定与固定资产、无形资产相同，暂时性差异与固定资产、无形资产相同
	无形资产	1. 企业会计准则规定使用寿命不确定的无形资产不得摊销，但税法规定可在不少于 10 年的期限分期扣除。（《企业会计准则》） 2. 税法规定企事业单位购买的软件最短可按 2 年期限扣除。 3. 无形资产减值准备不得在税前扣除。（《企业会计准则》） （《企业所得税法》第十二条、《企业所得税法实施条例》第六十五至第六十七条、财税〔2008〕1 号）
	长期股权投资（《企业会计准则》）	1. 企业会计准则：（1）成本法：被投资方用留存收益转增股本，投资方不做账务处理；计提减值准备相应减少长期股权投资账面价值。（2）权益法：长期股权投资的账面价值随着被投资方所有者权益的变动而做相应调整；被投资方用留存收益转增股本，投资方不做账务处理；计提减值准备相应减少长期股权投资账面价值。 2. 税法：计税基础按照历史成本确定，被投资方用留存收益转增股本，投资方相应追加投资计税基础。长期股权投资减值准备不得在税前扣除
	应付款项	由于债权人原因导致债务不能清偿或不需清偿的部分，税法规定应并入所得征税，实际支付时纳税调减
	预计负债（《企业会计准则》）	企业会计准则要求按照履行现时义务所需支出的最佳估计数进行初始计量。税法上除另有规定者外在实际发生时扣除
	预收账款	企业销售未完工开发产品取得的收入，应先按预计计税毛利率分季（或月）计算出预计毛利额，计入当期应纳税所得额。开发产品完工后，企业应及时结算其计税成本并计算此前销售收入的实际毛利额，同时将其实际毛利额与其对应的预计毛利额之间的差额，计入当年度企业本项目与其他项目合并计算的应纳税所得额。在年度纳税申报时，企业须出具对该项开发产品实际毛利额与预计毛利额之间差异调整情况的报告以及税务机关需要的其他相关资料。（国税发〔2009〕31 号）
	广告与宣传费	企业发生的符合条件的广告费和业务宣传费支出，除国务院财政、税务主管部门另有规定外，不超过当年销售（营业）收入 15% 的部分，准予扣除；超过部分，准予在以后纳税年度结转扣除。 特殊规定 1：对化妆品制造与销售、医药制造和饮料制造（不含酒类制造，下同）企业发生的广告费和业务宣传费支出，不超过当年销售（营业）收入 30% 的部分，准予扣除；超过部分，准予在以后纳税年度结转扣除。 特殊规定 2：对签订广告费和业务宣传费分摊协议（以下简称分摊协议）的关联企业，其中一方发生的不超过当年销售（营业）收入税前扣除限额比例内的广告费和业务宣传费支出可以在本企业扣除，也可以将其中的部分或全部按照分摊协议归集至另一方扣除。另一方在计算本企业广告费和业务宣传费支出企业所得税税前扣除限额时，可将按照上述办法归集至本企业的广告费和业务宣传费不计算在内。 特殊规定 3：烟草企业的烟草广告费和业务宣传费支出，一律不得在计算应纳税所得额时扣除。 特殊规定 4：筹建期间，发生的与筹办活动有关的广告费和业务宣传费，按实际发生额计入企业筹办费，并按有关规定在税前扣除。 特殊规定 1～3 自 2011 年 1 月 1 日起至 2015 年 12 月 31 日止执行。需要关注是否有后续政策。 （《企业所得税法实施条例》、国税函〔2009〕202 号、财税〔2012〕48 号、国家税务总局公告 2012 年第 15 号）

续表

暂时性差异	职工教育经费支出	除国务院财政、税务主管部门另有规定外，企业发生的职工教育经费支出，不超过工资薪金总额 2.5% 的部分，准予扣除；超过部分，准予在以后纳税年度结转扣除。(《企业所得税法实施条例》第四十二条) 特殊规定 1：8%，参考文件：《财政部 国家税务总局 商务部 科技部 国家发展改革委关于技术先进型服务企业有关企业所得税政策问题的通知》(财税〔2010〕65 号)、《财政部 国家税务总局 商务部 科技部 国家发展改革委关于完善技术先进型服务企业有关企业所得税政策问题的通知》(财税〔2014〕59 号，执行至 2018 年 12 月 31 日止)、《财政部 国家税务总局关于中关村、东湖、张江国家自主创新示范区和合芜蚌自主创新综合试验区有关职工教育经费税前扣除试点政策的通知》(财税〔2013〕14 号，自 2012 年 1 月 1 日起至 2014 年 12 月 31 日止执行)、《国务院关于推进文化创意和设计服务与相关产业融合发展的若干意见》(国发〔2014〕10 号)、《财政部 国家税务总局关于高新技术企业职工教育经费税前扣除政策的通知》(财税〔2015〕63 号，自 2015 年 1 月 1 日起执行) 特殊规定 2：软件生产企业的职工培训费用全额扣除，参考文件：《财政部 国家税务总局关于企业所得税若干优惠政策的通知》(财税〔2008〕1 号)、《财政部 国家税务总局关于进一步鼓励软件产业和集成电路产业发展企业所得税政策的通知》(财税〔2012〕27 号) 特殊规定 3：核力发电企业为培养核电厂操纵员发生的培养费用，可作为企业的发电成本在税前扣除。企业应将核电厂操纵员培养费与员工的职工教育经费严格区分，单独核算，员工实际发生的职工教育经费支出不得计入核电厂操纵员培养费直接扣除。(国家税务总局公告 2014 年第 29 号)
	慈善捐赠支出	自然人、法人和其他组织捐赠财产用于慈善活动的，依法享受税收优惠。企业慈善捐赠支出超过法律规定的准予在计算企业所得税应纳税所得额时扣除的部分，允许结转以后三年内在计算应纳税所得额时扣除。境外捐赠用于慈善活动的物资，依法减征或者免征进口关税和进口环节增值税。(注：2016 年 3 月 16 日通过，自 2016 年 9 月 1 日起施行，不适用于 2015 年度汇算清缴，《中华人民共和国慈善法》(中华人民共和国主席令第四十三号)第七十六条)
	债务重组所得	企业重组符合规定条件的，适用特殊性税务处理：企业债务重组确认的应纳税所得额占该企业当年应纳税所得额 50% 以上，可以在 5 个纳税年度的期间内，均匀计入各年度的应纳税所得额
	非货币性资产对外投资	实行查账征收的居民企业(以下简称企业)以非货币性资产对外投资确认的非货币性资产转让所得，可自确认非货币性资产转让收入年度起不超过连续 5 个纳税年度的期间内，分期均匀计入相应年度的应纳税所得额，按规定计算缴纳企业所得税。(国家税务总局公告 2015 年第 33 号)
	政策性搬迁	企业在搬迁期间发生的搬迁收入和搬迁支出，可以暂不计入当期应纳税所得额，而在完成搬迁的年度，对搬迁收入和支出进行汇总清算。 企业的搬迁收入，扣除搬迁支出后的余额，为企业的搬迁所得。企业应在搬迁完成年度，将搬迁所得计入当年度企业应纳税所得额计算纳税。企业搬迁收入扣除搬迁支出后为负数的，应为搬迁损失。搬迁损失可在下列方法中选择其一进行税务处理：(1) 在搬迁完成年度，一次性作为损失进行扣除。(2) 自搬迁完成年度起分 3 个年度，均匀在税前扣除。上述方法由企业自行选择，但一经选定，不得改变。 (国家税务总局公告 2012 年第 40 号、国家税务总局公告 2013 年第 11 号)

续表

暂时性差异	弥补亏损	企业纳税年度发生的亏损，准予向以后年度结转，用以后年度的所得弥补，但结转年限最长不得超过 5 年。
	开办费	会计上作为管理费用，税法中开（筹）办费未明确列作长期待摊费用，企业可以在开始经营之日的当年一次性扣除，也可以按照新税法有关长期待摊费用的处理规定处理，但一经选定，不得改变。（国税函〔2009〕98 号）
	准备金支出（《企业会计准则》）	未经核定的准备金支出（坏账准备、减值准备等）。 《财政部 国家税务总局关于证券行业准备金支出企业所得税税前扣除有关政策问题的通知》（财税〔2012〕11 号） 《财政部 国家税务总局关于保险公司农业巨灾风险准备金企业所得税税前扣除政策的通知》（财税〔2012〕23 号） 《财政部 国家税务总局关于中小企业信用担保机构有关准备金企业所得税税前扣除政策的通知》（财税〔2012〕25 号） 《财政部 国家税务总局关于保险公司准备金支出企业所得税前扣除有关政策问题的通知》（财税〔2012〕45 号） 注：上述文件均自 2011 年 1 月 1 日至 2015 年 12 月 31 日执行。需要关注是否有后续政策。 《国家税务总局关于企业所得税应纳税所得额若干问题的公告》（国家税务总局公告 2014 年第 29 号第 3 条） 《财政部 国家税务总局关于金融企业涉农贷款和中小企业贷款损失准备金税前扣除有关问题的通知》（财税〔2015〕3 号，自 2014 年 1 月 1 日起至 2018 年 12 月 31 日止执行） 《财政部 国家税务总局关于金融企业贷款损失准备金企业所得税税前扣除有关政策的通知》（财税〔2015〕9 号，自 2014 年 1 月 1 日起至 2018 年 12 月 31 日止执行）
	财产损失	未经备案申报的财产损失不得在税前扣除，两种申报形式：清单申报和专项申报。（财税〔2009〕57 号、国家税务总局公告 2011 年第 25 号、国家税务总局公告 2014 年第 18 号、国家税务总局公告 2010 年第 6 号、国家税务总局公告 2014 年第 3 号、国家税务总局公告 2015 年第 25 号）
	专用设备投资税额抵免	购置并实际使用《环境保护专用设备企业所得税优惠目录》、《节能节水专用设备企业所得税优惠目录》和《安全生产专用设备企业所得税优惠目录》规定的环境保护、节能节水、安全生产等专用设备的，该专用设备的投资额的 10% 可以从企业当年的应纳税额中抵免；当年不足抵免的，可以在以后 5 个纳税年度结转抵免
	创业投资额所得额抵免	创业投资企业采取股权投资方式投资于未上市的中小高新技术企业 2 年以上的，可以按照其投资额的 70% 在股权持有满 2 年的当年抵扣该创业投资企业的应纳税所得额；当年不足抵扣的，可以在以后纳税年度结转抵扣

　　本表中，对仅适合执行《企业会计准则》或《小企业会计准则》的企业所得税纳税人的纳税事项单独注明，未单独注明的纳税事项均适合于所有企业所得税纳税人。

　　上述纳税事项将在本章后续内容中进行详细讲解。

二、会计与企业所得税的异同详解

　　据有关资料统计，我国所有法人经营单位中，小企业数量占 97.11%，考虑到本书读者所在企业绝大多数都适用《小企业会计准则》，下面以《小企业会计准则》与企业所得税异同进行详细解析。

（一）会计与企业所得税的异同——收入类项目

表 1-2 会计与企业所得税的异同——收入类项目

项目	会计	企业所得税	备注
收入	收入，是指小企业在日常生产经营活动中形成的、会导致所有者权益增加、与所有者投入资本无关的经济利益的总流入。包括：销售商品收入和提供劳务收入。 在小企业会计准则中，除销售商品收入、提供劳务收入、出租无形资产与固定资产取得的租金收入（出租周转材料取得的租金作为营业外收入核算）、特许权使用费收入以外，企业所得税法所规定的收入不作为会计上的收入来认定，作为营业外收入或投资收益处理	按收入产生来源分类，分为：销售货物收入，提供劳务收入，转让财产收入，股息、红利等权益性投资收益，利息收入，租金收入，特许权使用费收入，接受捐赠收入和其他收入共九类	企业所得税包括所有收入，比会计范围广
销售收入确认原则	小企业应当在发出商品且收到货款或取得收款权利时，确认销售商品收入。确认销售商品收入有两个标志：一是物权的转移，表现为发出商品；二是收到货款或取得收款权利。 省略了风险和报酬转移的职业判断，简化了确认条件，有利于实际操作	国税函〔2008〕875 号文件第一条第一项规定：除企业所得税法及实施条例另有规定外，企业销售收入的确认，必须遵循权责发生制原则和实质重于形式原则。企业销售商品同时满足下列条件的，应确认收入的实现： 1. 商品销售合同已经签订，企业已将商品所有权相关的主要风险和报酬转移给购货方； 2. 企业对已售出的商品既没有保留通常与所有权相联系的继续管理权，也没有实施有效控制； 3. 收入的金额能够可靠地计量； 4. 已发生或将发生的销售方的成本能够可靠地核算	
销售商品收入确认的时点	1. 销售商品采用托收承付方式的，在办妥托收手续时确认收入。 2. 销售商品采取预收款方式的，在发出商品时确认收入。 3. 销售商品采用分期收款方式的，在合同约定的收款日期确认收入。 4. 销售商品需要安装和检验的，在购买方接受商品以及安装和检验完毕时确认收入。如果安装程序比较简单，可在发出商品时确认收入。 5. 销售商品采取支付手续费方式委托代销的，在收到代销清单时确认收入。 6. 销售商品以旧换新的，销售的商品作为商品销售处理，回收的商品作为购进商品处理。	《企业所得税法实施条例》第二十三条规定，以分期收款方式销售货物的，按照合同约定的收款日期确认收入的实现； 《企业所得税法实施条例》第二十四条规定，采取产品分成方式取得收入的，按照企业分得产品的日期确认收入的实现，其收入额按照产品的公允价值确定。 国税函〔2008〕875 号文件规定： 1. 销售商品采用托收承付方式的，在办妥托收手续时确认收入。 2. 销售商品采取预收款方式的，在发出商品时确认收入。 3. 销售商品需要安装和检验的，在购买方接受商品以及安装和检验完毕时确认收入。如果安装程序比较简	财税规定基本一致

续表

项目	会计	企业所得税	备注
	7. 采取产品分成方式取得的收入，在分得产品之日按照产品的市场价格或评估价值确定销售商品收入金额	单，可在发出商品时确认收入。 4. 销售商品采用支付手续费方式委托代销的，在收到代销清单时确认收入。 5. 销售商品以旧换新的，销售商品应当按照销售商品收入确认条件确认收入，回收的商品作为购进商品处理	
附有销售退回条件的商品销售	如果企业根据以往的经验能够合理估计退回可能性，可以在发出商品时，将估计不会发生退货的部分确认收入，估计可能发生退货的部分，不确认销售收入也不结转销售成本，作为发出商品处理，仅表现商品库存的减少，单独设置"1406发出商品"科目进行核算；如果企业不能合理的确定退货的可能性，则应当在售出商品退货期满时才确认收入	无论附有销售退回条件售出的商品是否退回，均在商品发出时全额确认收入，计算缴纳所得税	时间性差异
销售商品收入计量原则	小企业应当按照从购买方已收或应收的合同或协议价款确定销售商品收入的金额。 销售商品涉及现金折扣的，应当按照扣除现金折扣前的金额确定销售商品收入金额。现金折扣应当在实际发生时，计入当期损益。 销售商品涉及商业折扣的，应当按照扣除商业折扣后的金额确定销售商品收入金额。 小企业已确认销售商品收入的售出商品发生销售退回的（不论属于本年度还是以前年度的销售），应当在发生时冲减当期销售商品收入。 小企业已经确认销售商品收入的售出商品发生的销售折让，应当在发生时冲减当期销售商品收入	企业应当按照购货方已收或应收的合同或协议价款确定销售货物收入的金额。 国税函〔2008〕875号文件规定：商品销售涉及商业折扣的，应当按照扣除商业折扣后的金额确定销售商品收入金额。 销售商品涉及现金折扣的，应当按照扣除现金折扣前的金额确定销售商品收入金额，现金折扣在实际发生时作为财务费用扣除。 企业已经确认销售收入的售出商品发生销售折让和销售退回，应当在发生当期冲减当期销售商品收入	财税规定基本一致
提供劳务收入	同一会计年度内开始并完成的劳务，应当在提供劳务交易完成且收到款项或取得收款权利时，确认提供劳务收入。 提供劳务收入的金额为从接受劳务方已收或应收的合同或协议价款。 不跨会计年度的劳务收入的确认和计量原则与销售商品收入的确认和计量原则完全相同。 劳务的开始和完成分属不同会计年度的，应当按照完工进度确认提供劳务收入。 年度资产负债表日，按照提供劳务	1. 国税函〔2008〕875号文件第二条规定，企业在各个纳税期末，提供劳务交易的结果能够可靠估计的，应采用完工进度（完工百分比）法确认提供劳务收入。 企业应按照从接受劳务方已收或应收的合同或协议价款确定劳务收入总额，根据纳税期末提供劳务收入总额乘以完工进度扣除以前纳税年度累计已确认提供劳务收入后的金额，确认为当期劳务收入；同时，按照提供劳务估计总成本乘以完工进度扣除以前纳税期间累计已确认劳务成	财税规定基本一致

续表

项目	会计	企业所得税	备注
提供劳务收入	收入总额乘以完工进度扣除以前会计年度累计已确认提供劳务收入后的金额，确认本年度的提供劳务收入；同时，按照估计的提供劳务成本总额乘以完工进度扣除以前会计年度累计已确认营业成本后的金额，结转本年度营业成本。注：小企业确认的除主营业务活动以外的其他日常生产经营活动实现的收入包括：出租固定资产、出租无形资产、销售材料等实现的收入，归类为提供劳务收入	本后的金额，结转为当期劳务成本。2.《企业所得税法实施条例》第二十三条规定，企业的下列生产经营业务可以分期确认收入的实现：企业受托加工制造大型机械设备、船舶、飞机，以及从事建筑、安装、装配工程业务或者提供其他劳务等，持续时间超过12个月的，按照纳税年度内完工进度或者完成的工作量确认收入的实现。第一条是一般规定。对所有提供劳务取得的收入都适用。第二条是特殊规定，即对持续时间超过12个月的劳务，可以分期确认收入。并不意味着只要不超过12个月，就可以不在期末确认收入	
租金收入	小企业会计准则将租金收入作为提供劳务收入，处理方法同上	1.《企业所得税法实施条例》第十九条规定：租金收入，是指企业提供固定资产、包装物或者其他有形资产的使用权取得的收入。租金收入，按照合同约定的承租人应付租金的日期确认收入的实现。2.《国家税务总局关于贯彻落实企业所得税法若干税收问题的通知》（国税函〔2010〕79号）规定：企业提供固定资产、包装物或者其他有形资产的使用权取得的租金收入，应按交易合同或协议规定的承租人应付租金的日期确认收入的实现。其中，如果交易合同或协议中规定租赁期限跨年度，且租金提前一次性支付的，根据《企业所得税法实施条例》第九条规定的收入与费用配比原则，出租人可对上述已确认的收入，在租赁期内，分期均匀计入相关年度收入	在租金收入确认的时点和金额上，税法与会计是存在差异的。1.租赁期限跨年度，且租金提前一次性支付。出租人在进行税务处理时，既可选择分期确认收入，也可选择一次性确认收入。如果企业在计税时选择分期确认收入，会计与税法就不存在差异；如果企业在计税时选择一次性确认收入，就与会计按权责发生制原则分期确认收入存在暂时性差异，需要进行纳税调整。2.如果合同约定租赁期限跨年度，且租金分期非均匀支付或在租赁期结束时一次性支付以及存在免租期的租赁业务，税法要求按照合同约定的承租人应付租金的日期确认收入的实现，同样与会计分期确认收入存在暂时性差异，需要进行纳税调整

项目	会计	企业所得税	备注
利息收入	小企业的利息收入都应当在合同约定的债务人应付利息之日确认利息收入的实现	《企业所得税法实施条例》第十八条规定，利息收入，按照合同约定的债务人应付利息的日期确认收入的实现	财税规定基本一致
政府补助	政府补助，是指小企业从政府无偿取得货币性资产或非货币性资产，但不含政府作为小企业所有者投入的资本。 1. 小企业收到与资产相关的政府补助，应当确认为递延收益，并在相关资产的使用寿命内平均分配，计入营业外收入。 收到的其他政府补助，用于补偿本企业以后期间的相关费用或亏损的，确认为递延收益，并在确认相关费用或发生亏损的期间，计入营业外收入；用于补偿本企业已发生的相关费用或亏损的，直接计入营业外收入。 2. 政府补助为货币性资产的，应当按照收到的金额计量。 政府补助为非货币性资产的，政府提供了有关凭据的，应当按照凭据上标明的金额计量；政府没有提供有关凭据的，应当按照同类或类似资产的市场价格或评估价值计量。 3. 小企业按照规定实行企业所得税、增值税、消费税、营业税等先征后返的，应当在实际收到返还的企业所得税、增值税（不含出口退税）、消费税、营业税时，计入营业外收入	1. 《财政部 国家税务总局关于财政性资金、行政事业性收费、政府性基金有关企业所得税政策问题的通知》（财税〔2008〕151号）第一条规定： (1) 企业取得的各类财政性资金，除属于国家投资和资金使用后要求归还本金的以外，均应计入企业当年收入总额。 (2) 对企业取得的由国务院财政、税务主管部门规定专项用途并经国务院批准的财政性资金，准予作为不征税收入，在计算应纳税所得额时从收入总额中减除。 本条所称财政性资金，是指企业取得的来源于政府及其有关部门的财政补助、补贴、贷款贴息，以及其他各类财政专项资金，包括直接减免的增值税和即征即退、先征后退、先征后返的各种税收，但不包括企业按规定取得的出口退税款；所称国家投资，是指国家以投资者身份投入企业、并按有关规定相应增加企业实收资本（股本）的直接投资。 2. 《财政部 国家税务总局关于专项用途财政性资金企业所得税处理问题的通知》（财税〔2011〕70号）第一条规定： 企业从县级以上各级人民政府财政部门及其他部门取得的应计入收入总额的财政性资金，凡同时符合以下条件的，可以作为不征税收入，在计算应纳税所得额时从收入总额中减除：(1) 企业能够提供规定资金专项用途的资金拨付文件；(2) 财政部门或其他拨付资金的政府部门对该资金有专门的资金管理办法或具体管理要求；(3) 企业对该资金以及以该资金发生的支出单独进行核算	财税存在差异： 1. 在企业所得税上作为不征税收入时，会计作为递延收益和营业外收入核算，产生永久性差异。另外，不征税收入发生的相应费用支出也不得税前扣除。产生永久性差异。 2. 在企业所得税上作为征税收入时，会计作为递延收益和营业外收入核算，产生时间性差异

续表

项目	会计	企业所得税	备注
视同销售	1. 小企业发生非货币性资产交换、偿债，以及将货物、财产、劳务用于捐赠、赞助、集资、广告、样品、职工福利和利润分配，应当作为小企业与外部发生交易，属于收入实现的过程，视同销售货物、转让财产和提供劳务，按规定确认收入。 2. 小企业在建工程、管理部门等内部部门领用所生产的产成品、原材料等，应当作为小企业内部发生的经济事项，属于小企业内部不同资产之间相互转换，不属于收入实现的过程，不应确认收入，应当按照成本进行结转	1. 企业发生非货币性资产交换，以及将货物、财产、劳务用于捐赠、偿债、赞助、集资、广告、样品、职工福利或者利润分配等用途的，应当视同销售货物、转让财产或者提供劳务，但国务院财政、税务主管部门另有规定的除外。 2. 企业发生下列情形的处置资产，除将资产转移至境外以外，由于资产所有权属在形式和实质上均不发生改变，可作为内部处置资产，不视同销售确认收入，相关资产的计税基础延续计算。 （1）将资产用于生产、制造、加工另一产品； （2）改变资产形状、结构或性能； （3）改变资产用途（如，自建商品房转为自用或经营）； （4）将资产在总机构及其分支机构之间转移； （5）上述两种或两种以上情形的混合； （6）其他不改变资产所有权属的用途。 3. 企业将资产移送他人的下列情形，因资产所有权属已发生改变而不属于内部处置资产，应按规定视同销售确定收入。企业发生下列规定情形时，属于企业自制的资产，应按企业同类资产同期对外销售价格确定销售收入；属于外购的资产，可按购入时的价格确定销售收入。 （1）用于市场推广或销售； （2）用于交际应酬； （3）用于职工奖励或福利； （4）用于股息分配； （5）用于对外捐赠； （6）其他改变资产所有权属的用途	财税规定基本一致

其他收入主要纳税事项，见表1-3。

表 1-3　　　　　　　　　　　　其他收入主要纳税事项

提供劳务收入（国税函〔2008〕875号）	下列提供劳务满足收入确认条件的，应按规定确认收入： 1. 安装费。应根据安装完工进度确认收入。安装工作是商品销售附带条件的，安装费在确认商品销售实现时确认收入。 2. 宣传媒介的收费。应在相关的广告或商业行为出现于公众面前时确认收入。广告的制作费，应根据制作广告的完工进度确认收入。

续表

提供劳务收入（国税函〔2008〕875号）	3. 软件费。为特定客户开发软件的收费，应根据开发的完工进度确认收入。 4. 服务费。包含在商品售价内可区分的服务费，在提供服务的期间分期确认收入。 5. 艺术表演、招待宴会和其他特殊活动的收费。在相关活动发生时确认收入。收费涉及几项活动的，预收的款项应合理分配给每项活动，分别确认收入。 6. 会员费。申请入会或加入会员，只允许取得会籍，所有其他服务或商品都要另行收费的，在取得该会员费时确认收入。申请入会或加入会员后，会员在会员期内不再付费就可得到各种服务或商品，或者以低于非会员的价格销售商品或提供服务的，该会员费应在整个受益期内分期确认收入。 7. 特许权费。属于提供设备和其他有形资产的特许权费，在交付资产或转移资产所有权时确认收入；属于提供初始及后续服务的特许权费，在提供服务时确认收入。 8. 劳务费。长期为客户提供重复的劳务收取的劳务费，在相关劳务活动发生时确认收入
转让财产收入	转让时确认收入
股息、红利等权益性投资收益	以被投资方做出利润分配决定的日期确认收入的实现
利息收入	按照合同约定的债务人应付利息的日期确认收入的实现
租金收入	按照合同约定的承租人应付租金的日期确认收入的实现
特许权使用费收入	按照合同约定的特许权使用人应付特许权使用费的日期确认收入的实现
接受捐赠收入	在实际收到捐赠资产时确认收入的实现
不征税收入	1. 财政拨款。 2. 依法收取并纳入财政管理的行政事业性收费、政府性基金。 3. 国务院规定的其他不征税收入
免税收入	1. 国债利息收入。 2. 符合条件的居民企业之间的股息、红利等权益性投资收益。 3. 在中国境内设立机构、场所的非居民企业从居民企业取得与该机构、场所有实际联系的股息、红利等权益性投资收益。 4. 符合条件的非营利组织的收入：（1）接受其他单位或者个人捐赠的收入；（2）除《中华人民共和国企业所得税法》第七条规定的财政拨款以外的其他政府补助收入，但不包括因政府购买服务取得的收入；（3）按照省级以上民政、财政部门规定收取的会费；（4）不征税收入和免税收入孳生的银行存款利息收入；（5）财政部、国家税务总局规定的其他收入
减计收入	企业以《资源综合利用企业所得税优惠目录》规定的资源作为主要原材料，生产国家非限制和禁止并符合国家和行业相关标准的产品取得的收入，减按90％计入收入总额
技术转让所得	符合条件的技术转让所得在一个纳税年度内，居民企业技术转让所得不超过500万元的部分，免征企业所得税；超过500万元的部分，减半征收企业所得税。技术转让所得＝技术转让收入－技术转让成本－相关税费

下面我们将对上述事项进行举例说明。

【例1-1】 甲公司20×3年10月9日销售一批商品给乙公司，取得销售收入10万元（不含税，增值税税率17%），该笔货款尚未收到。甲公司已按照正常情况确认销售收入，并结转销售成本8万元。20×3年12月2日，本批货物因产品质量问题被退回。

甲公司的账务处理如下：

20×3年12月2日，调整销售收入：

借：主营业务收入   100 000

应交税费——应交增值税（销项税额）   17 000

贷：应收账款   117 000

同时调整销售成本：

借：库存商品   80 000

贷：主营业务成本   80 000

税收处理：该公司企业所得税处理与会计处理相同，不必进行纳税调整。

【例1-2】 某企业20×3年12月12日销售货物100万元（不含增值税），成本80万元，约定3个月试用期满后，满意则付款，不满意可退货，相关经济流入概率低于50%，会计处理不确认收入：

借：发出商品   800 000

贷：库存商品   800 000

税收处理：调增收入100万元，调减销售成本80万元（在纳税申报表中是按照纳税调减项目设计的），调增应纳税所得额20万元。因为这项销售业务满足税法确认销售的条件。

20×4年3月12日如果发生退货，企业做如下会计处理：

借：库存商品   800 000

贷：发出商品   800 000

同时调减20×3年应纳税所得额20万元。

20×4年3月12日对方确认产品合格，同意付款，企业做如下会计处理：

借：应收账款或银行存款   1 170 000

贷：主营业务收入   1 000 000

应交税费——应交增值税（销项税额）   170 000

借：主营业务成本   800 000

贷：发出商品   800 000

税收上20×4年调减收入100万元，调增成本80万元，调减应纳税所得额20万元。

【例1-3】 某企业20×3年12月12日向甲公司销售货物10万元（不含增值税），成本8万元，根据双方签订的协议，甲公司应当于20×4年2月12日付款，付款期限内甲公司有权退货，根据以往的经验估计会有10%的商品存在退货可能。

会计处理：

1. 在发出商品时，将估计不会发生退货的部分确认收入：

借：应收账款   105 300

贷：主营业务收入   90 000

应交税费——应交增值税（销项税额） 15 300

　　　　借：主营业务成本　　　　　　　　　　　　　　　　　72 000

　　　　　贷：库存商品　　　　　　　　　　　　　　　　　　72 000

　　2. 估计可能发生退货的部分，不确认销售收入也不结转销售成本，作为发出商品处理：

　　　　借：发出商品　　　　　　　　　　　　　　　　　　　8 000

　　　　　贷：库存商品　　　　　　　　　　　　　　　　　　8 000

　　　　借：应收账款　　　　　　　　　　　　　　　　　　　1 700

　　　　　贷：应交税费——应交增值税（销项税额）　　　　1 700

税务处理：

税收与会计确认销售收入的区别是：无论附有销售退回条件售出的商品是否退回，均在商品发出时全额确认收入，计算缴纳增值税和所得税。

20×3年企业所得税汇算清缴时，调增收入1万元，调减销售成本0.8万元，调增应纳税所得额0.2万元。因为这项销售业务满足税法确认销售的条件。

　　3. 20×4年2月12日如果发生退货，企业做如下会计处理：

　　　　借：库存商品　　　　　　　　　　　　　　　　　　　8 000

　　　　　贷：发出商品　　　　　　　　　　　　　　　　　　8 000

　　　　借：应收账款　　　　　　　　　　　　　　　　　　　−1 700

　　　　　贷：应交税费——应交增值税（销项税额）　　　　−1 700

同时调减20×3年应纳税所得额0.2万元。

　　4. 20×4年2月12日对方确认产品合格，未发生退货，企业做如下会计处理：

　　　　借：应收账款　　　　　　　　　　　　　　　　　　　10 000

　　　　　贷：主营业务收入　　　　　　　　　　　　　　　　10 000

　　　　借：主营业务成本　　　　　　　　　　　　　　　　　8 000

　　　　　贷：发出商品　　　　　　　　　　　　　　　　　　8 000

税收上20×4年调减收入1万元，调增成本0.8万元，调减应纳税所得额0.2万元。

【例1-4】　某企业于20×3年12月9日接受一项设备安装任务，安装期为6个月，合同总收入400万元，至12月31日已预收安装费120万元，实际发生安装费用为50万元（假定均为安装人员薪酬），估计还会发生安装费用150万元。假定该企业按实际发生的成本占估计总成本的比例确定劳务的完工进度。

会计处理：

实际发生的成本占估计总成本的比例＝50/(50＋150)×100%＝25%

20×3年12月确认的劳务收入＝400×25%−0＝100（万元）；

20×3年12月结转的劳务成本＝(50＋150)×25%−0＝50（万元）。

　　1. 实际发生劳务成本时：

　　　　借：劳务成本　　　　　　　　　　　　　　　　　　　500 000

　　　　　贷：应付职工薪酬　　　　　　　　　　　　　　　　500 000

2. 预收劳务款时：

借：银行存款   1 200 000

 贷：预收账款   1 200 000

3. 2013 年 12 月 31 日确认劳务收入并结转劳务成本时：

借：预收账款   1 000 000

 贷：主营业务收入   1 000 000

借：主营业务成本   500 000

 贷：劳务成本   500 000

税务处理：该公司企业所得税处理与会计处理相同，不必进行纳税调整。

【例 1-5】 A 公司将一间办公室租赁给 B 公司，签订经营租赁合同，双方约定租赁期为 20×3 年 1 月 1 日至 20×8 年 12 月 31 日，20×3—20×4 两年免除租金，20×5—20×8 年每年收取租金 6 万元，分别于年初 1 月 1 日预付当年租金。

会计处理：

劳务的开始和完成分属不同会计年度的，应当按照完工进度确认提供劳务收入，免租期内出租人应当确认租金收入。20×3 年和 20×4 年均应确认租金收入 = 24÷6 = 4（万元）。

借：应收账款   40 000

 贷：其他业务收入   40 000

税务处理：

企业所得税的处理上与会计处理存在暂时性差异。根据《中华人民共和国企业所得税法实施条例》（以下简称条例）第十九条规定，租金收入按照合同约定的承租人应付租金的日期确认收入的实现，因此 20×3—20×4 年均不确认租金收入，企业每年确认的租金收入 4 万元做纳税调减处理，20×5—20×8 年企业每年确认租金收入 4 万元，而税法确认的租金收入为 6 万元，每年纳税调增 2 万元。前两年调减 8 万元，后四年调增 8 万元，属于暂时性差异。

【例 1-6】 20×3 年 12 月 9 日，甲公司购入节能设备 1 台（不需安装），实际成本为 322 000 元，取得增值税普通发票，预计使用寿命为 10 年，预计净残值为 2 000 元，20×4 年 1 月 26 日，甲公司收到该节能设备财政补贴款 300 000 元。

会计处理：

1. 20×3 年 12 月购入设备：

借：固定资产   322 000

 贷：银行存款   322 000

2. 20×4 年 1 月收到财政拨款确认政府补助：

借：银行存款   300 000

 贷：递延收益   300 000

3. 20×4 年计提折旧和分配递延收益：

借：管理费用   32 000

 贷：累计折旧   32 000

借：递延收益　　　　　　　　　　　　　　　　　　　　　　30 000
　　贷：营业外收入　　　　　　　　　　　　　　　　　　　　　　30 000

税务处理：

(1) 假设该补贴款不符合财税〔2011〕70号文件规定的不征税收入条件，20×4年度，税收上应确认300 000元应税收入，会计上确认30 000元，应调增应纳税所得额270 000元，以后9个年度每年调减应纳税所得额30 000元。

(2) 假设该补贴款符合财税〔2011〕70号文件规定的不征税收入条件，20×4年度，税收上不确认应税收入，会计上确认30 000元，应调减应纳税所得额30 000元，以后9个年度每年调减应纳税所得额30 000元。另外，不征税收入用于支出所形成的资产，其计算的折旧、摊销不得在计算应纳税所得额时扣除。每年不得扣除的折旧支出＝32 000×300 000÷322 000＝29 813.66（元），因此，每年应调增应纳税所得额29 813.66元。

【例1-7】　甲公司20×3年10月9日销售一批商品给乙公司，取得销售收入10万元（不含税，增值税税率17%），该笔货款尚未收到。甲公司已按照正常情况确认销售收入，并结转销售成本8万元。20×3年12月2日，本批货物因产品质量问题被退回。

销售货物在当期退回的，直接冲减销售收入、成本和增值税税金。

1. 20×3年12月2日，调整销售收入：

借：主营业务收入　　　　　　　　　　　　　　　　　　　　　100 000
　　应交税费——应交增值税（销项税额）　　　　　　　　　　 17 000
　　贷：应收账款　　　　　　　　　　　　　　　　　　　　　　117 000

2. 调整销售成本：

借：库存商品　　　　　　　　　　　　　　　　　　　　　　　 80 000
　　贷：主营业务成本　　　　　　　　　　　　　　　　　　　　 80 000

【例1-8】　甲公司销售某品牌电脑，某品牌电脑的销售价格为4 000元/台（不含增值税），甲公司规定付款条件为2/10，1/20，n/30，甲公司销售给乙商场该品牌电脑100台。乙商场已于8天内付款。甲公司会计处理如下：

1. 销售实现时：

借：应收账款　　　　　　　　　　　　　　　　　　　　　　　468 000
　　贷：主营业务收入　　　　　　　　　　　　　　　　　　　　400 000
　　　　应交税费——应交增值税（销项税额）　　　　　　　　　 68 000

2. 销货后第8天收到货款时：

折扣额＝468 000×2%＝9 360（元）

借：银行存款　　　　　　　　　　　　　　　　　　　　　　　458 640
　　财务费用　　　　　　　　　　　　　　　　　　　　　　　　 9 360
　　贷：应收账款　　　　　　　　　　　　　　　　　　　　　　468 000

销售折扣（现金折扣）会计与企业所得税处理无差异，不用进行纳税调整。

【例1-9】　甲公司销售某品牌电脑，某品牌电脑的销售价格为4 000元/台（不含增值税），甲公司规定购买100台以上，可获得5%的商业折扣；购买200台以上，可获得8%的商业折扣。甲公司向丙商场销售该品牌电脑300台。甲公司会计处理如下：

销售实现时，应收账款＝4 000×300×1.17×92%＝1 291 680（元）。

借：应收账款 1 291 680
 贷：主营业务收入 1 104 000
  应交税费——应交增值税（销项税额） 187 680

折扣销售（商业折扣）会计与企业所得税处理无差异，不用进行纳税调整。但需要注意，发票的开具方法必须符合要求，即销售额和折扣额在同一张发票上的"金额"栏分别注明。

【例1-10】 甲公司销售某品牌电脑，某品牌电脑的销售价格为4 000元/台（不含增值税），甲公司向丙商场销售该品牌电脑100台，丙商场尚未付款。几天后丙商场发现该品牌电脑存在质量问题，但是不影响销售，丙商场要求甲公司降价，甲公司给予每台50元的销售折让。甲公司会计处理如下：

1. 销售实现时，应收账款＝4 000×100×1.17＝468 000（元）。

借：应收账款 468 000
 贷：主营业务收入 400 000
  应交税费——应交增值税（销项税额） 68 000

2. 甲公司给予每台50元的销售折让，开具红字发票：

借：应收账款 －5 850
 贷：主营业务收入 －5 000
  应交税费——应交增值税（销项税额） －850

【例1-11】 甲公司是一家电脑生产企业，1月与乙公司签订委托代销协议，按照协议规定，乙公司应按不含税销售价格6 000元/台进行销售，甲公司按照200元/台向乙公司支付手续费。1月甲公司发出电脑1 300台，电脑实际成本为5 000元/台，至2月底结账时，收到乙公司的代销清单，代销清单显示乙公司销售1 000台，则甲公司应按销售清单确认销售收入，并计算增值税的销项税额102万元。则甲公司会计处理如下：

1. 将委托代销商品发给乙公司时：

借：发出商品或委托代销商品 6 500 000
 贷：库存商品 6 500 000

2. 收到乙公司的代销清单时：

借：应收账款 7 020 000
 贷：主营业务收入 6 000 000
  应交税费——应交增值税（销项税额） 1 020 000
借：销售费用——手续费 200 000
 贷：银行存款 200 000
借：主营业务成本 5 000 000
 贷：发出商品或委托代销商品 5 000 000

委托代销销售会计与企业所得税处理无差异，不用进行纳税调整。

（二）会计与企业所得税的异同——扣除类项目

表1-4　　　　　　　　　　会计与企业所得税的异同——扣除类项目

计量	企业所得税法规定了一些费用项目税前扣除标准，如职工福利费、工会经费、职工教育经费、业务招待费、广告费、业务宣传费、研究开发费等，而会计上要求这些费用据实计入当期损益	具体事项详见"企业所得税主要纳税事项明细表（表1-1）"。案例参考"三、企业所得税季度申报与年度汇算清缴税务处理及纳税申报示范综合案例"
确认	企业所得税法所规定的费用强调了与收入的相关性原则和支出的合理性原则，而会计上要求符合费用定义的费用全部计入当期损益	

（三）会计与企业所得税的异同——固定资产

表1-5　　　　　　　　　　会计与企业所得税的异同——固定资产

项目	会计	企业所得税	备注
固定资产的确认	固定资产，是指小企业为生产产品、提供劳务、出租或经营管理而持有的、使用寿命超过1年的有形资产。小企业的固定资产包括：房屋、建筑物、机器、机械、运输工具、设备、器具、工具等	固定资产，是指企业为生产产品、提供劳务、出租或者经营管理而持有的、使用时间超过12个月的非货币性资产，包括房屋、建筑物、机器、机械、运输工具以及其他与生产经营活动有关的设备、器具、工具等	财税规定基本一致
固定资产的初始计量和计税基础	1. 外购固定资产的成本包括：购买价款、相关税费、运输费、装卸费、保险费、安装费等，但不含按照税法规定可以抵扣的增值税进项税额。 2. 自行建造固定资产的成本，由建造该项资产在竣工决算前发生的支出（含相关的借款费用）构成。小企业在建工程在试运转过程中形成的产品、副产品或试车收入冲减在建工程成本。 3. 投资者投入固定资产的成本，应当按照评估价值和相关税费确定。 4. 融资租入的固定资产的成本，应当按照租赁合同约定的付款总额和在签订租赁合同过程中发生的相关税费等确定。 5. 盘盈固定资产的成本，应当按照同类或者类似固定资产的市场价格或评估价值，扣除按照该项固定资产新旧程度估计的折旧后的余额确定。 6. 固定资产的改建支出（改变房屋或者建筑物结构、延长使用年限等发生的支出），应当计入固定资产的成本，但已提足折旧的固定资产和经营租入的固定资产发生的改建支出应当计入长期待摊费用	1. 外购的固定资产，以购买价款和支付的相关税费以及直接归属于使该资产达到预定用途发生的其他支出为计税基础。 2. 自行建造的固定资产，以竣工结算前发生的支出为计税基础。企业为购置、建造固定资产发生借款的，在有关资产购置、建造期间发生的合理的借款费用，应当作为资本性支出计入有关资产的成本。 3. 融资租入的固定资产，以租赁合同约定的付款总额和承租人在签订租赁合同过程中发生的相关费用为计税基础，租赁合同未约定付款总额的，以该资产的公允价值和承租人在签订租赁合同过程中发生的相关费用为计税基础。 4. 盘盈的固定资产，以同类固定资产的重置完全价值为计税基础。 5. 通过捐赠、投资、非货币性资产交换、债务重组方式取得的固定资产，以该资产的公允价值和支付的相关税费为计税基础。 6. 改建的固定资产，除已足额提取折旧的固定资产的改建支出和租入固定资产的改建支出外，以改建过程中发生的改建支出增加计税基础	财税规定略有差异。通过捐赠、投资、非货币性资产交换、债务重组等方式取得的固定资产，小企业会计准则未做明确规定，企业可以参考税法规定进行处理以避免产生差异而纳税调整

续表

项目		会计	企业所得税	备注
固定资产折旧的差异	折旧范围	小企业应当对所有固定资产计提折旧，但已提足折旧仍继续使用的固定资产和单独计价入账的土地不得计提折旧	下列固定资产不得计算折旧扣除： 1. 房屋、建筑物以外未投入使用的固定资产； 2. 以经营租赁方式租入的固定资产； 3. 以融资租赁方式租出的固定资产； 4. 已足额提取折旧仍继续使用的固定资产； 5. 与经营活动无关的固定资产； 6. 单独估价作为固定资产入账的土地； 7. 其他不得计算折旧扣除的固定资产	会计与税法差异：房屋、建筑物以外未投入使用的固定资产、与经营活动无关的固定资产在会计上也应计提折旧
	折旧起始与终止	小企业应当按月计提折旧，当月增加的固定资产，当月不计提折旧，从下月起计提折旧；当月减少的固定资产，当月仍计提折旧，从下月起不计提折旧	企业应当自固定资产投入使用月份的次月起计算折旧；停止使用的固定资产，应当自停止使用月份的次月起停止计算折旧	财税规定略有差异
	暂估价值计提折旧	未做规定	企业固定资产投入使用后，由于工程款项尚未结清未取得全额发票的，可暂按合同规定的金额计入固定资产计税基础计提折旧，待发票取得后进行调整。但该项调整应在固定资产投入使用后12个月内进行	
	折旧年限、预计净残值	小企业应当根据固定资产的性质和使用情况，并考虑税法的规定，合理确定固定资产的使用寿命和预计净残值。 固定资产的折旧方法、使用寿命、预计净残值一经确定，不得随意变更。如果确需变更的，应当作为会计估计变更处理	除国务院财政、税务主管部门另有规定外，固定资产计算折旧的最低年限如下： 1. 房屋、建筑物，为20年； 2. 飞机、火车、轮船、机器、机械和其他生产设备，为10年； 3. 与生产经营活动有关的器具、工具、家具等，为5年； 4. 飞机、火车、轮船以外的运输工具，为4年； 5. 电子设备，为3年。 企业外购的软件，凡符合固定资产或无形资产确认条件的，可以按照固定资产或无形资产进行核算，其折旧或摊销年限可以适当缩短，最短可为2年（含）。集成电路生产企业的生产设备，其折旧年限可以适当缩短，最短可为3年（含）。 企业应当根据固定资产的性质和使用情况，合理确定固定资产的预计净残值。 固定资产的预计净残值一经确定，不得变更	小企业会计准则只是要求合理确定固定资产的使用寿命，并没有最低年限的规定，这也是一个会计税法的差异，但又要求考虑税法的规定，因此企业可以参考税法最低年限的规定，按照税法规定年限进行折旧，这样就避免了会计税法差异从而不用进行纳税调整

续表

项目		会计	企业所得税	备注
固定资产折旧的差异	折旧方法	小企业应当按照年限平均法（即直线法）计提折旧。小企业的固定资产由于技术进步等原因，确需加速折旧的，可以采用双倍余额递减法和年数总和法	除税法明确可以采取加速折旧方法的固定资产之外，只能按照直线法计算折旧才准予扣除。加速折旧政策具体规定参考"三、企业所得税季度申报与年度汇算清缴税务处理及纳税申报示范综合案例"	财税规定有差异
	后续支出	小企业的长期待摊费用包括： 1. 已提足折旧的固定资产的改建支出； 2. 经营租入固定资产的改建支出； 3. 固定资产的大修理支出； 4. 其他长期待摊费用等。 固定资产的大修理支出，是指同时符合下列条件的支出： （1）修理支出达到取得固定资产时的计税基础50%以上； （2）修理后固定资产的使用寿命延长2年以上。 长期待摊费用应当在其摊销期限内采用年限平均法进行摊销，根据其受益对象计入相关资产的成本或者管理费用，并冲减长期待摊费用。 （1）已提足折旧的固定资产的改建支出，按照固定资产预计尚可使用年限分期摊销。 （2）经营租入固定资产的改建支出，按照合同约定的剩余租赁期限分期摊销。 （3）固定资产的大修理支出，按照固定资产尚可使用年限分期摊销。 （4）其他长期待摊费用，自支出发生月份的下月起分期摊销，摊销期不得低于3年	在计算应纳税所得额时，企业发生的下列支出作为长期待摊费用，按照规定摊销的，准予扣除： 1. 已足额提取折旧的固定资产的改建支出； 2. 租入固定资产的改建支出； 3. 固定资产的大修理支出； 4. 其他应当作为长期待摊费用的支出。 固定资产的大修理支出，是指同时符合下列条件的支出： （1）修理支出达到取得固定资产时的计税基础50%以上； （2）修理后固定资产的使用年限延长2年以上。 固定资产的改建支出，是指改变房屋或者建筑物结构、延长使用年限等发生的支出。已足额提取折旧的固定资产的改建支出，按照固定资产预计尚可使用年限分期摊销； 固定资产的大修理支出，按照固定资产尚可使用年限分期摊销。 租入固定资产的改建支出，按照合同约定的剩余租赁期限分期摊销	财税规定基本一致
资产减值损失		不允许计提的减值准备	资产减值损失在实际发生时准予在计算应纳税所得额时扣除，不允许将计提的减值准备在税前扣除	财税规定基本一致

相关案例请参考"三、企业所得税季度申报与年度汇算清缴税务处理及纳税申报示范综合案例"业务21至业务25。

（四）会计与企业所得税的异同——无形资产

表 1-6   会计与企业所得税的异同——无形资产

项目		会计	企业所得税	备注
无形资产确认	概念	无形资产，是指小企业为生产产品、提供劳务、出租或经营管理而持有的、没有实物形态的可辨认非货币性资产。 小企业的无形资产包括：土地使用权、专利权、商标权、著作权、非专利技术等。 自行开发建造厂房等建筑物，相关的土地使用权与建筑物应当分别进行处理。外购土地及建筑物支付的价款应当在建筑物与土地使用权之间按照合理的方法进行分配；难以合理分配的，应当全部作为固定资产	无形资产，是指企业为生产商品、提供劳务、出租给他人，或为管理目的而持有的、没有实物形态的非货币性长期资产，包括专利权、商标权、著作权、土地使用权、非专利技术、商誉等	会计上无形资产不包括商誉
无形资产初始计量		1. 外购无形资产的成本包括：购买价款、相关税费和相关的其他支出（含相关的借款费用）。 2. 自行开发的无形资产的成本，由符合资本化条件后至到达预定用途前发生的支出（含相关的借款费用）构成。 3. 投资者投入的无形资产的成本，应当按照评估价值和相关税费确定	1. 外购无形资产按购买价款、相关税费以及直接归属于使该项资产达到预定用途所发生的其他支出作为计税基础。 2. 按开发过程中符合资本化条件后至达到预定用途前发生的实际支出作为计税基础；但企业自行开发的无形资产的费用已归入研究开发费中在税前扣除或加计扣除的，其计税基础为零。符合条件的开发新技术、新产品、新工艺发生的研究开发费用，在计算应纳税所得额时加计扣除。 3. 通过投资、捐赠、非货币性资产交换、债务重组取得的无形资产，按该资产的公允价值和应支付的相关税费作为计税基础	除企业所得税加计扣除的规定外，财税规定基本一致
无形资产后续计量	无形资产使用寿命摊销与摊销年限	无形资产的摊销期自其可供使用时开始至停止使用或出售时止。有关法律规定或合同约定了使用年限的，可以按照规定或约定的使用年限分期摊销。 小企业不能可靠估计无形资产使用寿命的，摊销期不得低于 10 年	不区分使用寿命有限的无形资产与使用寿命不确定的无形资产，所有无形资产成本均允许在一定期间内摊销并税前扣除。无形资产的摊销年限不低于 10 年。外购商誉的支出，在企业整体转让或者清算时，准予扣除	财税规定基本一致
	无形资产摊销方法	无形资产应当在其使用寿命内采用年限平均法进行摊销，根据其受益对象计入相关资产成本或者当期损益	无形资产摊销的方法只能是直线法，按照直线法计算摊销的费用准予扣除；按照其他方法计算的摊销费用，要进行纳税调整	财税规定基本一致

续表

项目		会计	企业所得税	备注
无形资产后续计量	无形资产减值准备	不允许计提的减值准备	资产减值损失在实际发生时准予在计算应纳所得额时扣除，不允许将计提的减值准备在税前扣除。企业的无形资产有确凿证据表明已形成财产损失时，应扣除变价收入、可收回金额及保险赔款后，再确认发生的财产损失	财税规定基本一致
	无形资产出售与报废	处置无形资产，处置收入扣除其账面价值、相关税费等后的净额，应当计入营业外收入或营业外支出	企业出售、转让无形资产，应确认为转让财产收入，在计算应纳税所得额时，扣除该项资产的净值和转让费用。企业无形资产对外投资、债务重组、分配股利和捐赠等，都要视同销售	财税规定基本一致

相关案例请参考"三、企业所得税季度申报与年度汇算清缴税务处理及纳税申报示范综合案例"业务 26。

（五）会计与企业所得税的异同——投资资产

表 1-7　　　　　　　会计与企业所得税的异同——投资资产

短期投资	1. 会计：持有期间，被投资单位宣告分派现金股利时，按照可分得的金额，确认应收股利和投资收益。在应付利息日，按照债券投资的票面利率计算应取得的利息收入，确认应收利息和投资收益。 税法：股息、红利等权益性投资收益，除国务院财政、税务主管部门另有规定外，按照被投资方做出利润分配决定的日期确认收入的实现。利息收入，按照合同约定的债务人应付利息的日期确认收入的实现。 小企业会计准则与企业所得税规定一致。 2. 会计上要求计入投资收益但税法上允许免税的，需要进行所得税纳税调增。 例如，小企业因购买国债所取得的利息收入，按照税法规定作为免税收入，但按照小企业会计准则应计入投资收益，两者构成永久性差异。 需要注意的是，小企业购买国债，不论是从一级市场还是二级市场购买，其利息收入均享受免税优惠，但是，对于小企业在二级市场转让国债获得的收入，需作为转让财产收入计算缴纳企业所得税。 3. 税法中所称的股息、红利收入包括现金股利和股票股利两种形式，投资企业分得的股票股利，如果不符合免税条件的，应当计入应纳税所得额中，但会计上投资企业无须进行会计处理，仅作备查登记
长期债券投资	1. 长期债券投资成本的计量。取得投资时实际支付的价款中包含的已到付息期但尚未领取的债券利息，会计上单独确认为应收利息，不计入投资成本，而税法上作为购买价款组成部分计入投资成本。 2. 长期债券投资持有期间发生的应收利息，会计上小企业按照高于或低于债券面值的价格购入长期债券投资时，需要在投资持有期间逐期分摊溢折价金额，作为投资收益的调整，而税法上企业利息收入金额按照合同名义利率（即债券票面利率）计算确定。 3. 对于利息收入小企业会计准则与企业所得税规定存在差异。会计：（1）分期付息、一次还本的长期债券投资，在债务人应付利息日按照票面利率计算的应收未收利息收入应当确认为应收利息，不增加长期债券投资的账面余额。（2）持有的一次还本付息的长期债券投资，在债务人应付利息日按照票面利率计算的应收未收利息收入应当增加长期债券投资的账面余额。

续表

长期债券投资	税法：利息收入按照合同约定的债务人应付利息的日期确认收入的实现。 4. 长期债券投资的处置和长期债券投资损失的认定条件和处理方法，小企业会计准则与税法规定完全一致，不存在差异。但是，对于长期债券投资损失，小企业应处理好与税收征管的关系，认真按照税收征管的要求做好相关申报工作。 《企业资产损失所得税税前扣除管理办法》（国家税务总局公告 2011 年第 25 号）第四十条规定： 企业债权投资损失应依据投资的原始凭证、合同或协议、会计核算资料等相关证据材料确认。下列情况债权投资损失的，还应出具相关证据材料： （1）债务人或担保人依法被宣告破产、关闭、被解散或撤销、被吊销营业执照、失踪或者死亡等，应出具资产清偿证明或者遗产清偿证明。无法出具资产清偿证明或者遗产清偿证明，且上述事项超过三年以上的，或债权投资（包括信用卡透支和助学贷款）余额在三百万元以下的，应出具对应的债务人和担保人破产、关闭、解散证明、撤销文件、工商行政管理部门注销证明或查询证明以及追索记录等（包括司法追索、电话追索、信件追索和上门追索等原始记录）； （2）债务人遭受重大自然灾害或意外事故，企业对其资产进行清偿和对担保人进行追偿后，未能收回的债权，应出具债务人遭受重大自然灾害或意外事故证明、保险赔偿证明、资产清偿证明等； （3）债务人因承担法律责任，其资产不足归还所借债务，又无其他债务承担者的，应出具法院裁定证明和资产清偿证明； （4）债务人和担保人不能偿还到期债务，企业提出诉讼或仲裁的，经人民法院对债务人和担保人强制执行，债务人和担保人均无资产可执行，人民法院裁定终结或终止（中止）执行的，应出具人民法院裁定文书； （5）债务人和担保人不能偿还到期债务，企业提出诉讼后被驳回起诉的、人民法院不予受理或不予支持的，或经仲裁机构裁决免除（或部分免除）债务人责任，经追偿后无法收回的债权，应提交法院驳回起诉的证明，或法院不予受理或不予支持证明，或仲裁机构裁决免除债务人责任的文书； （6）经国务院专案批准核销的债权，应提供国务院批准文件或经国务院同意后由国务院有关部门批准的文件
长期股权投资	1. 长期股权投资成本的计量。取得投资时实际支付的价款中包含的已宣告但尚未发放的现金股利，会计上单独确认为应收股利，不计入投资成本，而税法上作为购买价款组成部分计入投资成本。 2. 长期股权投资持有期间投资收益的规定，与企业所得税法基本一致，实务工作中存在可能需要进行纳税调整的事项： （1）直接投资与其他居民企业取得的符合条件的股息或红利等权益性收益，按照税法规定作为免税收入，但是会计上计入投资收益。 （2）税法中所称的股息、红利收入包括现金股利和股票股利两种形式，投资企业分得的股票股利，如果不符合免税条件的，应当计入应纳税所得额中，但会计上投资企业无须进行会计处理，仅作备查登记。 3. 长期股权投资的处置和长期股权投资损失的认定条件和处理方法，小企业会计准则与税法规定完全一致，不存在差异。但是，对于长期股权投资损失，小企业应处理好与税收征管的关系，认真按照税收征管的要求做好相关申报工作。 《企业资产损失所得税税前扣除管理办法》（国家税务总局公告 2011 年第 25 号）第四十一条规定： 企业股权投资损失应依据以下相关证据材料确认： （1）股权投资计税基础证明材料； （2）被投资企业破产公告、破产清偿文件； （3）工商行政管理部门注销、吊销被投资单位营业执照文件； （4）政府有关部门对被投资单位的行政处理决定文件； （5）被投资企业终止经营、停止交易的法律或其他证明文件； （6）被投资企业资产处置方案、成交及入账材料；

续表

(7) 企业法定代表人、主要负责人和财务负责人签章证实有关投资（权益）性损失的书面申明； (8) 会计核算资料等其他相关证据材料

下面我们将对上述事项进行举例说明。

【例 1-12】 甲公司 20×3 年度发生以下业务：取得国债利息收入 4 万元，转让国债收入 2 万元，连续持有居民企业公开发行并上市流通的股票 10 个月取得投资收益 10 万元，连续持有居民企业公开发行并上市流通的股票 16 个月取得投资收益 14 万元。

税务处理：

1. 国债利息属于免税收入，应当调减应纳税所得额 4 万元。

2. 转让国债收入应缴纳企业所得税，不进行纳税调整。

3. 连续持有居民企业公开发行并上市流通的股票不超过 12 个月取得的投资收益应缴纳企业所得税，不进行纳税调整。

4. 直接投资于其他居民企业取得的符合条件的股息或红利等权益性收益，按照税法规定作为免税收入，应当调减应纳税所得额 14 万元。

【例 1-13】 20×3 年 1 月 3 日，甲公司购入某公司当年 1 月 1 日发行的 5 年期公司债券，票面利率 12%，债券面值 1 000 元，甲公司按 1 050 元的价格购入 800 张，另支付有关税费 4 000 元。该债券每年付息一次，最后一年偿还本金并支付最后一次利息。

会计处理：

1. 20×3 年 1 月 3 日，甲公司购入债券：

借：长期债券投资——面值	800 000
长期债券投资——溢折价	44 000
贷：银行存款	844 000

2. 20×3 年 12 月 31 日，甲公司按年计提利息：

计提债券利息时：

借：应收利息	96 000
贷：长期债券投资——溢折价	8 800
投资收益	87 200

实际收到债券利息时：

借：银行存款	96 000
贷：应收利息	96 000

税务处理：

税法上企业利息收入金额按照债券票面利率计算确定为 96 000 元，企业应调增应纳税所得额：96 000－87 200＝8 800（元）。

【例 1-14】 20×3 年 1 月 6 日，甲公司购入某公司当年 1 月 1 日发行的 5 年期公司债券，票面利率 12%，债券面值 1 000 元，甲公司按 1 050 元的价格购入 800 张另支付有关税费 4 000 元。该债券到期一次还本付息。

会计处理：

1. 20×3 年 1 月 3 日，甲公司购入债券：

借：长期债券投资——面值   800 000

    长期债券投资——溢折价   44 000

    贷：银行存款   844 000

2. 20×3 年 12 月 31 日，甲公司按年计提利息：

计提债券利息时：

借：长期债券投资——应计利息   96 000

    贷：长期债券投资——溢折价   8 800

        投资收益   87 200

连续 4 年按年计提利息的会计处理同上。

3. 第 5 年到期收回长期债券投资：

借：银行存款   1 280 000

    贷：长期债券投资——面值   800 000

        长期债券投资——溢折价   8 800

        长期债券投资——应计利息   384 000

        投资收益   87 200

税务处理：

税法上利息收入按照合同约定的债务人应付利息的日期确认收入的实现，企业连续 4 年应调减应纳税所得额 87 200 元，第 5 年企业所得税应确认所得：1 280 000－844 000＝436 000（元），调增应纳税所得额：436 000－87 200＝348 800（元）。

【例 1-15】 甲公司 20×3 年 1 月 1 日以 2 600 万元的价格购入乙公司 10％的股份，购买过程中另支付相关税费 10 万元。乙公司为一家未上市企业，其股权不存在活跃的市场价格。甲公司在取得该部分投资后，未参与被投资单位的生产经营决策。20×3 年乙公司实现净利润 3 600 万元，分配现金股利 2 900 万元，20×4 年乙公司实现净利润 5 000 万元，分配现金股利 4 600 万元，20×5 年处置该投资，出售价款 2 622 万元，另支付相关税费 2 万元，款项已由银行收妥。

会计处理：

1. 20×3 年取得投资时：

借：长期股权投资   26 100 000

    贷：银行存款   26 100 000

2. 20×3 年分得利润时：

应确认的投资收益＝2 900×10％＝290（万元）

借：应收股利   2 900 000

    贷：投资收益   2 900 000

借：银行存款   2 900 000

    贷：应收股利   2 900 000

3. 20×4 年分得利润时：

应确认的投资收益＝4 600×10％＝460（万元）

借：应收股利 4 600 000

　贷：投资收益 4 600 000

借：银行存款 4 600 000

　贷：应收股利 4 600 000

4. 20×5 年处置该投资时：

借：银行存款 26 200 000

　贷：长期股权投资 26 100 000

　　投资收益 100 000

税务处理：

20×3 年的股息所得 290 万元免征企业所得税，调减应纳税所得额 290 万元。20×4 年的股息所得 460 万元免征企业所得税，调减应纳税所得额 460 万元。该项长期股权投资的计税基础与会计成本一致，均为 2 610 万元。20×5 年处置投资确认投资收益 10 万元，与企业所得税无差异，不必进行纳税调整。

（六）房地产开发企业的特殊税务处理

由于行业的特殊性、开发经营业务的复杂性、产品开发建设周期长等因素，房地产开发企业的企业所得税税务处理相比一般企业更为复杂，具有其特殊性，主要表现在下列方面。

1.《国家税务总局关于印发〈房地产开发经营业务企业所得税处理办法〉的通知》（国税发〔2009〕31 号）第六条规定：企业通过正式签订《房地产销售合同》或《房地产预售合同》所取得的收入，应确认为销售收入的实现。

虽然会计核算上将预售收入作为预收账款处理，但税收上属于应税收入，可以将此部分收入理解为税收上的视同销售收入，房地产开发企业销售未完工产品取得的预售收入可作为计算业务招待费、广告费和业务宣传费的销售（营业）收入基数。非房地产开发企业的预收款一般不可以作为业务招待费、广告费和业务宣传费的销售（营业）收入基数。

2. 国税发〔2009〕31 号文件第九条规定：企业销售未完工开发产品取得的收入，应先按预计计税毛利率分季（或月）计算出预计毛利额，计入当期应纳税所得额。开发产品完工后，企业应及时结算其计税成本并计算此前销售收入的实际毛利额，同时将其实际毛利额与其对应的预计毛利额之间的差额，计入当年度企业本项目与其他项目合并计算的应纳税所得额。在年度纳税申报时，企业须出具对该项开发产品实际毛利额与预计毛利额之间差异调整情况的报告以及税务机关需要的其他相关资料。

虽然房地产开发企业销售未完工开发产品取得的预售收入在税收上视同销售收入，但是由于房地产开发企业开发产品的特殊性而无法确定其计税成本，因此采取将未完工开发产品的预计毛利额计入应纳税所得额的方法，待完工后再根据实际毛利额与预计毛利额之间的差异进行调整。非房地产开发企业没有预计毛利润的说法。

3. 国税发〔2009〕31 号文件第十二条规定：企业发生的期间费用、已销开发产品计税成本、营业税金及附加、土地增值税准予当期按规定扣除。

房地产开发企业预缴的营业税金及附加、土地增值税可以按照实际发生的原则于当期扣除，而企业所得税的扣除原则一般为权责发生制原则。

4. 国税发〔2009〕31号文件第三十二条规定：除以下几项预提（应付）费用外，计税成本均应为实际发生的成本。（1）出包工程未最终办理结算而未取得全额发票的，在证明资料充分的前提下，其发票不足金额可以预提，但最高不得超过合同总金额的10%。（2）公共配套设施尚未建造或尚未完工的，可按预算造价合理预提建造费用。此类公共配套设施必须符合已在售房合同、协议或广告、模型中明确承诺建造且不可撤销，或按照法律法规规定必须配套建造的条件。（3）应向政府上交但尚未上交的报批报建费用、物业完善费用可以按规定预提。物业完善费用是指按规定应由企业承担的物业管理基金、公建维修基金或其他专项基金。

房地产开发企业三类费用可以预提，这是一般非房地产开发企业所不能享受的。

5. 国税发〔2009〕31号文件第三十五条规定：开发产品完工以后，企业可在完工年度企业所得税汇算清缴前选择确定计税成本核算的终止日，不得滞后。凡已完工开发产品在完工年度未按规定结算计税成本，主管税务机关有权确定或核定其计税成本，据此进行纳税调整，并按《中华人民共和国税收征收管理法》的有关规定对其进行处理。

房地产开发企业可在完工年度企业所得税汇算清缴前选择确定计税成本核算的终止日（即5月31日之前的某一天），可以看作是一个税前扣除的优惠政策，非房地产开发企业计税成本核算的终止日一般为12月31日。

6. 上述税务处理的特殊性导致了房地产开发企业年度企业所得税纳税申报表的填写与非房地产开发企业填写方法的不同。

下面我们将对房地产企业的特殊税务处理和申报表填写进行举例说明。与其他行业的纳税调整事项相同的内容我们不再单独举例，统一在"五、企业所得税季度申报与年度汇算清缴税务处理及纳税申报示范综合案例"中讲解。

【例1-16】甲房地产公司A1、A2房产项目资料见表1-8。

表1-8　　　　　　　　　　　　　　　　项目资料

项目	预售开始日期	完工日期	销售完毕日期
A1房产	20×3年2月	20×4年6月	20×4年12月
A2房产	20×4年4月	20×5年9月	20×5年12月

甲房地产公司A1、A2房产项目财务资料见表1-9。

表1-9　　　　　　　　　　　　　　　　项目财务资料　　　　　　　　　　单位：万元

项目	20×3年						20×4年						
	预售收入	管理人员工资	业务招待费	广告费和业务宣传费	营业税、城建税、教育费附加、地方教育费附加(5.6%)	预缴土地增值税(1%)	预售收入	销售收入（不含结转的预售收入）	完工开发成本	管理人员工资	业务招待费	广告费和业务宣传费	营业税、城建税、教育费附加、地方教育费附加(5.6%)	预缴土地增值税(1%)
A1房产	6 000	60	100	300	336	60		4 000	7 000	70	120	200	504	90
A2房产							5 000							

除上述业务外，不考虑其他纳税事项。

甲房地产公司会计处理为：未完工产品预售收入不确认"主营业务收入"，而通过"预收账款"科目核算，待开发产品完工后，再从"预收账款"科目结转到"主营业务收入"科目。未完工产品预售收入缴纳的税费不确认"营业税金及附加"，"应交税费"科目存在借方余额，待开发产品完工后，再结转到"营业税金及附加"科目。完工产品销售收入确认"主营业务收入"，相应税费直接确认"营业税金及附加"。

甲房地产公司两个年度的企业所得税计算和申报表填写示范如下：

1. 20×3 年度企业所得税计算：

（1）预计毛利额＝6 000×10％＝600（万元）。

（2）可扣除项目合计 786 万元，其中：

①管理人员工资 60 万元；

②业务招待费 30 万元（6 000×0.5％＝30，100×60％＝60，应扣除 30 万元）；

③广告费和业务宣传费 300 万元（6 000×15％＝900，300＜900，可全额扣除）；

④预售收入缴纳的营业税金及附加 396 万元。

（3）应纳税所得额＝600－786＝－186 万元，亏损，应纳企业所得税＝0 万元。

（4）纳税申报表的填写：

①未完工开发产品 A1 房产预售收入在《A105010 视同销售和房地产开发企业特定业务纳税调整明细表》第 23 行"1. 销售未完工产品的收入"的"税收金额"栏填列 6 000 万元；未完工开发产品 A1 房产预计毛利额在《A105010 视同销售和房地产开发企业特定业务纳税调整明细表》第 24 行"2. 销售未完工产品预计毛利额"的"税收金额"与"纳税调整金额"栏填列 600 万元。

②实际发生的营业税金及附加、土地增值税，在《A105010 视同销售和房地产开发企业特定业务纳税调整明细表》第 25 行的"3. 实际发生的营业税金及附加、土地增值税"中"税收金额"与"纳税调整金额"栏填列 396 万元。

③在《A105010 视同销售和房地产开发企业特定业务纳税调整明细表》第 21 行"三、房地产开发企业特定业务计算的纳税调整额（22－26）"、22 行"（一）房地产企业销售未完工开发产品特定业务计算的纳税调整额（24－25）"的"税收金额"与"纳税调整金额"栏自动生成 204 万元。同时，《A105000 纳税调整项目明细表》第 39 行"（四）房地产开发企业特定业务计算的纳税调整额（填写 A105010）"也会自动生成。

④职工薪酬、业务招待费、广告费和业务宣传费分别填写在《A105000 纳税调整项目明细表》第 14 行"（二）职工薪酬（填写 A105050)"、第 15 行"（三）业务招待费支出"与第 16 行"（四）广告费和业务宣传费支出（填写 A105060)"，填列方法与非房地产企业相同。

⑤假设该公司管理人员工资、业务招待费、广告费和业务宣传费均在"管理费用"科目列支，则填写《A104000 期间费用明细表》第 3 列管理费用：职工薪酬 60 万元，业务招待费 100 万元，广告费和业务宣传费 300 万元，合计 460 万元，填列方法与非房地产企业相同。

填写后的《企业所得税年度纳税申报表》及附表《A105000 纳税调整项目明细

表》、《A105010 视同销售和房地产开发企业特定业务纳税调整明细表》见表 1-10、表 1-11、表 1-12，其他附表的填写方法与非房地产企业相同，较为简单，略。有灰色底纹区域为自动生成。

表 1-10　　　　　中华人民共和国企业所得税年度纳税申报表（A 类）

行次	类别	项目	金额
1	利润总额计算	一、营业收入（填写 A101010\101020\103000）	0.00
2		减：营业成本（填写 A102010\102020\103000）	0.00
3		营业税金及附加	
4		销售费用（填写 A104000）	0.00
5		管理费用（填写 A104000）	4 600 000.00
6		财务费用（填写 A104000）	0.00
7		资产减值损失	
8		加：公允价值变动收益	
9		投资收益	
10		二、营业利润（1-2-3-4-5-6-7+8+9）	-4 600 000.00
11		加：营业外收入（填写 A101010\101020\103000）	0.00
12		减：营业外支出（填写 A102010\102020\103000）	0.00
13		三、利润总额（10+11-12）	-4 600 000.00
14	应纳税所得额计算	减：境外所得（填写 A108010）	0.00
15		加：纳税调整增加额（填写 A105000）	2 740 000.00
16		减：纳税调整减少额（填写 A105000）	0.00
17		减：免税、减计收入及加计扣除（填写 A107010）	0.00
18		加：境外应税所得抵减境内亏损（填写 A108000）	0.00
19		四、纳税调整后所得（13-14+15-16-17+18）	-1 860 000.00
20		减：所得减免（填写 A107020）	0.00
21		减：抵扣应纳税所得额（填写 A107030）	0.00
22		减：弥补以前年度亏损（填写 A106000）	0.00
23		五、应纳税所得额（19-20-21-22）	-1 860 000.00
24	应纳税额计算	税率（25%）	25.00%
25		六、应纳所得税额（23×24）	0.00
26		减：减免所得税额（填写 A107040）	0.00
27		减：抵免所得税额（填写 A107050）	0.00
28		七、应纳税额（25-26-27）	0.00
29		加：境外所得应纳所得税额（填写 A108000）	0.00
30		减：境外所得抵免所得税额（填写 A108000）	0.00
31		八、实际应纳所得税额（28+29-30）	0.00
32		减：本年累计实际已预缴的所得税额	
33		九、本年应补（退）所得税额（31-32）	0.00
34		其中：总机构分摊本年应补（退）所得税额（填写 A109000）	0.00
35		财政集中分配本年应补（退）所得税额（填写 A109000）	0.00
36		总机构主体生产经营部门分摊本年应补（退）所得税额（填写 A109000）	0.00
37	附列资料	以前年度多缴的所得税额在本年抵减额	
38		以前年度应缴未缴在本年入库所得税额	

表 1-11　　　　　　　　　　　　　纳税调整项目明细表

行次	项目	账载金额	税收金额	调增金额	调减金额
		1	2	3	4
1	一、收入类调整项目（2＋3＋4＋5＋6＋7＋8＋10＋11）	＊	＊	—	—
2	（一）视同销售收入（填写 A105010）	＊	—	—	＊
3	（二）未按权责发生制原则确认的收入（填写 A105020）	—	—	—	—
4	（三）投资收益（填写 A105030）	—	—	—	—
5	（四）按权益法核算长期股权投资对初始投资成本调整确认收益	＊	＊	＊	
6	（五）交易性金融资产初始投资调整	＊	＊		＊
7	（六）公允价值变动净损益		＊		
8	（七）不征税收入	＊	＊		
9	其中：专项用途财政性资金（填写 A105040）	＊	＊	—	—
10	（八）销售折扣、折让和退回			—	—
11	（九）其他			—	—
12	二、扣除类调整项目（13＋14＋15＋16＋17＋18＋19＋20＋21＋22＋23＋24＋26＋27＋28＋29）	＊	＊	700 000.00	—
13	（一）视同销售成本（填写 A105010）	＊	—	＊	
14	（二）职工薪酬（填写 A105050）	60 000.00	60 000.00	—	—
15	（三）业务招待费支出	1 000 000.00	300 000.00	700 000.00	＊
16	（四）广告费和业务宣传费支出（填写 A105060）	＊	＊	—	—
17	（五）捐赠支出（填写 A105070）	—	—		＊
18	（六）利息支出				＊
19	（七）罚金、罚款和被没收财物的损失		＊		＊
20	（八）税收滞纳金、加收利息		＊		＊
21	（九）赞助支出		＊		＊
22	（十）与未实现融资收益相关在当期确认的财务费用				
23	（十一）佣金和手续费支出		—		＊
24	（十二）不征税收入用于支出所形成的费用	＊	＊		＊
25	其中：专项用途财政性资金用于支出所形成的费用（填写 A105040）	＊	＊	—	＊
26	（十三）跨期扣除项目				

续表

行次	项目	账载金额	税收金额	调增金额	调减金额
		1	2	3	4
27	（十四）与取得收入无关的支出		＊	—	＊
28	（十五）境外所得分摊的共同支出	＊	＊		＊
29	（十六）其他				
30	三、资产类调整项目（31＋32＋33＋34）	＊	＊	—	—
31	（一）资产折旧、摊销（填写 A105080）	—	—	—	—
32	（二）资产减值准备金		＊		
33	（三）资产损失（填写 A105090）	—	—	—	—
34	（四）其他				
35	四、特殊事项调整项目（36＋37＋38＋39＋40）	＊	＊	2 040 000.00	—
36	（一）企业重组（填写 A105100）	—	—		
37	（二）政策性搬迁（填写 A105110）	＊	＊		
38	（三）特殊行业准备金（填写 A105120）	—	—		
39	（四）房地产开发企业特定业务计算的纳税调整额（填写 A105010）	＊	2 040 000.00	2 040 000.00	—
40	（五）其他	＊	＊		
41	五、特别纳税调整应税所得	＊	＊		
42	六、其他	＊	＊		
43	合计（1＋12＋30＋35＋41＋42）	＊	＊	2 740 000.00	—

表 1-12　　　　　　　视同销售和房地产开发企业特定业务纳税调整明细表

行次	项目	税收金额	纳税调整金额
		1	2
1	一、视同销售（营业）收入（2＋3＋4＋5＋6＋7＋8＋9＋10）	—	—
2	（一）非货币性资产交换视同销售收入		
3	（二）用于市场推广或销售视同销售收入		
4	（三）用于交际应酬视同销售收入		
5	（四）用于职工奖励或福利视同销售收入		
6	（五）用于股息分配视同销售收入		
7	（六）用于对外捐赠视同销售收入		
8	（七）用于对外投资项目视同销售收入		
9	（八）提供劳务视同销售收入		
10	（九）其他		
11	二、视同销售（营业）成本（12＋13＋14＋15＋16＋17＋18＋19＋20）	—	—
12	（一）非货币性资产交换视同销售成本		
13	（二）用于市场推广或销售视同销售成本		
14	（三）用于交际应酬视同销售成本		

行次	项目	税收金额	纳税调整金额
		1	2
15	（四）用于职工奖励或福利视同销售成本		
16	（五）用于股息分配视同销售成本		
17	（六）用于对外捐赠视同销售成本		
18	（七）用于对外投资项目视同销售成本		
19	（八）提供劳务视同销售成本		
20	（九）其他		
21	三、房地产开发企业特定业务计算的纳税调整额（22－26）	2 040 000.00	2 040 000.00
22	（一）房地产企业销售未完工开发产品特定业务计算的纳税调整额（24－25）	2 040 000.00	2 040 000.00
23	1. 销售未完工产品的收入	60 000 000.00	＊
24	2. 销售未完工产品预计毛利额	6 000 000.00	6 000 000.00
25	3. 实际发生的营业税金及附加、土地增值税	3 960 000.00	3 960 000.00
26	（二）房地产企业销售的未完工产品转完工产品特定业务计算的纳税调整额（28－29）	—	—
27	1. 销售未完工产品转完工产品确认的销售收入		＊
28	2. 转回的销售未完工产品预计毛利额		
29	3. 转回实际发生的营业税金及附加、土地增值税		

2. 20×4 年度企业所得税计算：

（1）开发产品完工后，企业应及时结算其计税成本并计算此前销售收入的实际毛利额，同时将其实际毛利额与其对应的预计毛利额之间的差额，计入当年度企业本项目与其他项目合并计算的应纳税所得额。

A1 房产（完工产品）的实际毛利额＝主营业务收入－主营业务成本＝10 000－7 000＝3 000（万元）；

实际毛利额与其对应的预计毛利额之间的差额＝3 000－600＝2 400（万元）；

A2 房产（未完工产品）的预计毛利额＝预售收入×10％＝5 000×10％＝500（万元）；

A1、A2 房产销售收入和预售收入对应的应纳税所得额＝2 400＋500＝2 900（万元）。

（2）可扣除项目合计 909 万元，其中：

①管理人员工资 70 万元；

②业务招待费 45 万元（9 000×0.5％＝45，120×60％＝72，应扣除 45 万元）；

③广告宣传费 200 万元（9 000×15％＝1 350，200＜1 350，可全额扣除）；

④营业税金及附加 594 万元（其中：预售收入缴纳 330 万元，销售收入缴纳 264 万元）。

（3）去年可弥补亏损额 186 万元。

（4）应纳税所得额＝2 900－909－186＝1 805（万元），应纳企业所得税＝1 805×25％＝451.25（万元）。

（5）纳税申报表的填写：

①《A101010 一般企业收入明细表》第 3 行"1. 销售商品收入"填写 10 000 万元，即销售收入 4 000 万元与结转的上年度预售收入 6 000 万元。填列方法与非房地产企业相同。

②《A102010 一般企业成本支出明细表》第 3 行"1. 销售商品成本"填写 7 000万元。填列方法与非房地产企业相同。

③《A104000 期间费用明细表》第 3 列管理费用：职工薪酬 70 万元，业务招待费 120万元，广告费和业务宣传费 200 万元，合计 390 万元，填列方法与非房地产企业相同。

④《A105000 纳税调整项目明细表》：职工薪酬、业务招待费、广告费和业务宣传费分别填写在《A105000 纳税调整项目明细表》第 14 行"（二）职工薪酬（填写A105050）"、第 15 行"（三）业务招待费支出"与第 16 行"（四）广告费和业务宣传费支出（填写 A105060）"，填列方法与非房地产企业相同。

⑤未完工开发产品 A1 房产预售收入，在《A105010 视同销售和房地产开发企业特定业务纳税调整明细表》第 23 行"1. 销售未完工产品的收入"的"税收金额"栏填列5 000 万元；未完工开发产品 A1 房产预计毛利额，在《A105010 视同销售和房地产开发企业特定业务纳税调整明细表》第 24 行"2. 销售未完工产品预计毛利额"的"税收金额"与"纳税调整金额"栏填列 500 万元。

⑥实际发生的营业税金及附加、土地增值税，在《A105010 视同销售和房地产开发企业特定业务纳税调整明细表》第 25 行的"3. 实际发生的营业税金及附加、土地增值税"中"税收金额"与"纳税调整金额"栏填列 330 万元。

⑦销售未完工产品转完工产品确认的销售收入，在《A105010 视同销售和房地产开发企业特定业务纳税调整明细表》第 27 行的"1. 销售未完工产品转完工产品确认的销售收入"中"税收金额"栏填列 6 000 万元。第 28 行的"2. 转回的销售未完工产品预计毛利额"中"税收金额"与"纳税调整金额"栏填列 600 万元。

⑧在《A105010 视同销售和房地产开发企业特定业务纳税调整明细表》第 29 行的"3. 转回实际发生的营业税金及附加、土地增值税"中"税收金额"与"纳税调整金额"栏填列 396 万元。

⑨《A105010 视同销售和房地产开发企业特定业务纳税调整明细表》第 21 行"三、房地产开发企业特定业务计算的纳税调整额（22—26）"、22 行"（一）房地产企业销售未完工开发产品特定业务计算的纳税调整额（24—25）"的"税收金额"与"纳税调整金额"栏自动生成。同时，《A105000 纳税调整项目明细表》第 39 行"（四）房地产开发企业特定业务计算的纳税调整额（填写 A105010）"也会自动生成。

⑩《A100000 中华人民共和国企业所得税年度纳税申报表（A 类）》第 3 行"营业税金及附加"填写 660 万元（销售收入缴纳 264 万元与 A1 房产完工结转的上年度预售收入缴纳的 396 万元）。本案例中其他行次数据均自动生成。

填写后的《企业所得税年度纳税申报表》及附表《A105000 纳税调整项目明细表》、《A105010 视同销售和房地产开发企业特定业务纳税调整明细表》见表 1-13、表1-14、表 1-15，其他附表的填写方法与非房地产企业相同，较为简单，略。有灰色底纹区域为自动生成。

表 1-13　　　　　　中华人民共和国企业所得税年度纳税申报表（A 类）

行次	类别	项目	金额
1	利润总额计算	一、营业收入（填写 A101010＼101020＼103000）	100 000 000.00
2		减：营业成本（填写 A102010＼102020＼103000）	70 000 000.00
3		营业税金及附加	6 600 000.00
4		销售费用（填写 A104000）	0.00
5		管理费用（填写 A104000）	3 900 000.00
6		财务费用（填写 A104000）	0.00
7		资产减值损失	
8		加：公允价值变动收益	
9		投资收益	
10		二、营业利润（1－2－3－4－5－6－7＋8＋9）	19 500 000.00
11		加：营业外收入（填写 A101010＼101020＼103000）	0.00
12		减：营业外支出（填写 A102010＼102020＼103000）	0.00
13		三、利润总额（10＋11－12）	19 500 000.00
14	应纳税所得额计算	减：境外所得（填写 A108010）	0.00
15		加：纳税调整增加额（填写 A105000）	750 000.00
16		减：纳税调整减少额（填写 A105000）	340 000.00
17		减：免税、减计收入及加计扣除（填写 A107010）	0.00
18		加：境外应税所得抵减境内亏损（填写 A108000）	0.00
19		四、纳税调整后所得（13－14＋15－16－17＋18）	19 910 000.00
20		减：所得减免（填写 A107020）	0.00
21		减：抵扣应纳税所得额（填写 A107030）	0.00
22		减：弥补以前年度亏损（填写 A106000）	1 860 000.00
23		五、应纳税所得额（19－20－21－22）	18 050 000.00
24	应纳税额计算	税率（25%）	25.00%
25		六、应纳所得税额（23×24）	4 512 500.00
26		减：减免所得税额（填写 A107040）	0.00
27		减：抵免所得税额（填写 A107050）	0.00
28		七、应纳税额（25－26－27）	4 512 500.00
29		加：境外所得应纳所得税额（填写 A108000）	0.00
30		减：境外所得抵免所得税额（填写 A108000）	0.00
31		八、实际应纳所得税额（28＋29－30）	4 512 500.00
32		减：本年累计实际已预缴的所得税额	
33		九、本年应补（退）所得税额（31－32）	4 512 500.00
34		其中：总机构分摊本年应补（退）所得税额（填写 A109000）	0.00
35		财政集中分配本年应补（退）所得税额（填写 A109000）	0.00
36		总机构主体生产经营部门分摊本年应补（退）所得税额（填写 A109000）	0.00
37	附列资料	以前年度多缴的所得税额在本年抵减额	
38		以前年度应缴未缴在本年入库所得税额	

表 1-14　　　　　　　　　　　纳税调整项目明细表

行次	项目	账载金额 1	税收金额 2	调增金额 3	调减金额 4
1	一、收入类调整项目（2＋3＋4＋5＋6＋7＋8＋10＋11）	＊	＊	—	—
2	（一）视同销售收入（填写 A105010）	＊		—	＊
3	（二）未按权责发生制原则确认的收入（填写 A105020）	—			—
4	（三）投资收益（填写 A105030）	—			—
5	（四）按权益法核算长期股权投资对初始投资成本调整确认收益	＊	＊	＊	
6	（五）交易性金融资产初始投资调整	＊	＊		＊
7	（六）公允价值变动净损益		＊		
8	（七）不征税收入	＊	＊		
9	其中：专项用途财政性资金（填写 A105040）	＊	＊		
10	（八）销售折扣、折让和退回			—	
11	（九）其他				
12	二、扣除类调整项目（13＋14＋15＋16＋17＋18＋19＋20＋21＋22＋23＋24＋26＋27＋28＋29）	＊	＊	750 000.00	—
13	（一）视同销售成本（填写 A105010）	＊	—	＊	
14	（二）职工薪酬（填写 A105050）	70 000.00	70 000.00	—	
15	（三）业务招待费支出	1 200 000.00	450 000.00	750 000.00	＊
16	（四）广告费和业务宣传费支出（填写 A105060）	＊	＊	—	
17	（五）捐赠支出（填写 A105070）	—	—	—	＊
18	（六）利息支出				
19	（七）罚金、罚款和被没收财物的损失		＊	—	
20	（八）税收滞纳金、加收利息		＊	—	＊
21	（九）赞助支出		＊	—	＊
22	（十）与未实现融资收益相关在当期确认的财务费用				
23	（十一）佣金和手续费支出		—		
24	（十二）不征税收入用于支出所形成的费用	＊	＊		＊
25	其中：专项用途财政性资金用于支出所形成的费用（填写 A105040）	＊	＊	—	＊
26	（十三）跨期扣除项目				

续表

行次	项目	账载金额 1	税收金额 2	调增金额 3	调减金额 4
27	（十四）与取得收入无关的支出		＊	—	＊
28	（十五）境外所得分摊的共同支出	＊	＊	—	＊
29	（十六）其他				
30	三、资产类调整项目（31＋32＋33＋34）	＊	＊		
31	（一）资产折旧、摊销（填写 A105080）	—	—	—	—
32	（二）资产减值准备金		＊		
33	（三）资产损失（填写 A105090）	—	—		
34	（四）其他				
35	四、特殊事项调整项目（36＋37＋38＋39＋40）	＊	＊	—	340 000.00
36	（一）企业重组（填写 A105100）	—	—	—	—
37	（二）政策性搬迁（填写 A105110）	＊			
38	（三）特殊行业准备金（填写 A105120）	—	—		
39	（四）房地产开发企业特定业务计算的纳税调整额（填写 A105010）	＊	−340 000.00	—	340 000.00
40	（五）其他	＊	＊		
41	五、特别纳税调整应税所得	＊	＊		
42	六、其他	＊	＊		
43	合计（1＋12＋30＋35＋41＋42）	＊	＊	750 000.00	340 000.00

表 1-15　　　　　视同销售和房地产开发企业特定业务纳税调整明细表

行次	项目	税收金额 1	纳税调整金额 2
1	一、视同销售（营业）收入（2＋3＋4＋5＋6＋7＋8＋9＋10）		
2	（一）非货币性资产交换视同销售收入		
3	（二）用于市场推广或销售视同销售收入		
4	（三）用于交际应酬视同销售收入		
5	（四）用于职工奖励或福利视同销售收入		
6	（五）用于股息分配视同销售收入		
7	（六）用于对外捐赠视同销售收入		
8	（七）用于对外投资项目视同销售收入		
9	（八）提供劳务视同销售收入		
10	（九）其他		
11	二、视同销售（营业）成本（12＋13＋14＋15＋16＋17＋18＋19＋20）		
12	（一）非货币性资产交换视同销售成本		
13	（二）用于市场推广或销售视同销售成本		
14	（三）用于交际应酬视同销售成本		

续表

行次	项目	税收金额	纳税调整金额
		1	2
15	（四）用于职工奖励或福利视同销售成本		
16	（五）用于股息分配视同销售成本		
17	（六）用于对外捐赠视同销售成本		
18	（七）用于对外投资项目视同销售成本		
19	（八）提供劳务视同销售成本		
20	（九）其他		
21	三、房地产开发企业特定业务计算的纳税调整额（22—26）	−340 000.00	−340 000.00
22	（一）房地产企业销售未完工开发产品特定业务计算的纳税调整额（24—25）	1 700 000.00	1 700 000.00
23	1. 销售未完工产品的收入	50 000 000.00	*
24	2. 销售未完工产品预计毛利额	5 000 000.00	5 000 000.00
25	3. 实际发生的营业税金及附加、土地增值税	3 300 000.00	3 300 000.00
26	（二）房地产企业销售的未完工产品转完工产品特定业务计算的纳税调整额（28—29）	2 040 000.00	2 040 000.00
27	1. 销售未完工产品转完工产品确认的销售收入	60 000 000.00	*
28	2. 转回的销售未完工产品预计毛利额	6 000 000.00	6 000 000.00
29	3. 转回实际发生的营业税金及附加、土地增值税	3 960 000.00	3 960 000.00

三、企业所得税季度申报与年度汇算清缴税务处理及纳税申报示范综合案例

（一）雨丰机械公司基本情况与财务资料

1. 雨丰机械公司基本情况

L 市雨丰机械制造有限公司（以下简称雨丰机械公司），纳税人识别号：370000000000000，系增值税一般纳税人，主要经营范围：生产和销售机械设备及零配件，通常适用的增值税税率为17%，企业所得税税率为25%。

2. 雨丰机械公司财务资料

（1）20×4年，雨丰机械公司营业收入18 227 000.00 元，营业成本11 530 000.00 元，利润总额2 508 690.00 元，本年累计实际已预缴的所得税额352 172.50 元。其中，第四季度实现营业收入4 576 750.00 元，营业成本2 902 500.00 元，利润总额627 778.00 元。

（2）企业全年平均从业人数为297 人，资产总额（全年平均数）为24 477 872.79 元。

（3）雨丰机械公司账面损益类科目全年累计发生额见表1-16。

表1-16　　　　雨丰机械公司账面损益类科目全年累计发生额
20×4 年 1—12 月　　　　　　　　　　单位：元

科目	发生额
主营业务收入	17 280 000.00
其中：销售货物	16 980 000.00
提供劳务	300 000.00

续表

科目	发生额
其他业务收入	947 000.00
其中：材料销售收入	907 000.00
其他	40 000.00
主营业务成本	10 810 000.00
其中：销售货物成本	10 560 000.00
提供劳务成本	250 000.00
其他业务成本	720 000.00
其中：材料销售成本	700 000.00
其他	20 000.00
营业税金及附加	37 770.00
销售费用	1 978 000.00
管理费用	2 699 000.00
财务费用	1 413 000.00
投资收益	400 000.00
营业外收入	2 466 000.00
其中：出售无形资产收益	300 000.00
债务重组收益	106 000.00
政府补助收入	800 000.00
捐赠收入	1 260 000.00
营业外支出	926 540.00
其中：罚款支出	12 500.00
非常损失	62 000.00
捐赠支出	852 040.00

（4）雨丰机械公司其他财务情况在"（二）雨丰机械公司与企业所得税相关的经济业务"中的"业务资料"中注明。

（二）雨丰机械公司与企业所得税相关的经济业务

本示范案例仅列举20×4年度发生的与企业所得税相关的经济业务，同类业务只列一笔，类似业务和知识延伸在"相关链接"中讲解，与企业所得税无关的经济业务不再列出。

业务1　视同销售

［业务资料］

12月1日，雨丰机械公司将外购的一批存货甲商品用于职工福利，该批存货购入成本为10 000元，购入时已抵扣进项税额1 700元。企业账务处理为：

借：应付职工薪酬——职工福利　　　　　　　　　　　　　　　　11 700
　　贷：库存商品——甲商品　　　　　　　　　　　　　　　　　　10 000
　　　　应交税费——应交增值税（进项税额转出）　　　　　　　　1 700

[**税收政策**]

1.《国家税务总局关于企业处置资产所得税处理问题的通知》（国税函〔2008〕828号）第二条规定：

企业将资产移送他人的下列情形，因资产所有权属已发生改变而不属于内部处置资产，应按规定视同销售确定收入。

（一）用于市场推广或销售；

（二）用于交际应酬；

（三）用于职工奖励或福利；

（四）用于股息分配；

（五）用于对外捐赠；

（六）其他改变资产所有权属的用途。

2. 国税函〔2008〕828号文件第三条规定，企业发生本通知第二条规定情形时，属于企业自制的资产，应按企业同类资产同期对外销售价格确定销售收入；属于外购的资产，可按购入时的价格确定销售收入。

注：国税函〔2010〕148号文件曾引用该条"企业处置外购资产按购入时的价格确定销售收入，是指企业处置该项资产不是以销售为目的，而是具有代替职工福利等费用支出性质，且购买后一般在一个纳税年度内处置"。

但国税函〔2010〕148号文件已作废，对外购商品的处理，在《国家税务总局关于发布〈中华人民共和国企业所得税年度纳税申报表（A类，2014年版）〉的公告》（国家税务总局公告2014年第63号）的年度纳税申报表填报说明中第5行"用于职工奖励或福利视同销售收入"明确"企业外购资产或劳务不以销售为目的，用于替代职工福利费用支出，且购置后在一个纳税年度内处置的，可以按照购入价格确认视同销售收入"。

[**税务处理**]

根据上述政策，本业务调整事项如下：

1. 外购存货用于市场推广或销售，交际应酬、职工奖励或福利、股息分配、对外捐赠等用途，可按购入时的价格确定视同销售收入。因此，在企业所得税汇算清缴时，按照甲商品购入时的价格调增视同销售收入10 000元（附表三"纳税调整项目明细表"第2行"视同销售收入"第3列"调增金额"）和视同销售成本10 000元（第21行"视同销售成本"第4列"调减金额"）。

相关链接

　1. 自产资产和外购资产视同销售的计税依据有时候并不相同。

　2. 增值税和企业所得税视同销售的计税依据有时候并不相同，我们顺便比较一下企业所得税、增值税、消费税视同销售范围和计税依据的区别。

　对企业所得税、增值税、消费税视同销售范围和计税依据的区别总结，见表1-17：

表 1-17

项目	企业所得税	增值税	消费税
视同销售的范围规定	1. 企业发生非货币性资产交换，以及将货物、财产、劳务用于捐赠、偿债、赞助、集资、广告、样品、职工福利或者利润分配等用途的，应当视同销售货物、转让财产或者提供劳务，但国务院财政、税务主管部门另有规定的除外。 2. 企业发生下列情形的处置资产，除将资产转移至境外以外，由于资产所有权属在形式和实质上均不发生改变，可作为内部处置资产，不视同销售确认收入，相关资产的计税基础延续计算。 (1) 将资产用于生产、制造、加工另一产品； (2) 改变资产形状、结构或性能； (3) 改变资产用途（如，自建商品房转为自用或经营）； (4) 将资产在总机构及其分支机构之间转移； (5) 上述两种或两种以上情形的混合； (6) 其他不改变资产所有权属的用途。 3. 企业将资产移送他人的下列情形，因资产所有权属已发生改变而不属于内部处置资产，应按规定视同销售确定收入。企业发生下列规定情形时，属于企业自制的资产，应按企业同类资产同期对外销售价格确定销售收入；属于外购的资产，可按购入时的价格确定销售收入。 (1) 用于市场推广或销售； (2) 用于交际应酬； (3) 用于职工奖励或福利； (4) 用于股息分配； (5) 用于对外捐赠； (6) 其他改变资产所有权属的用途	8 种视同销售行为： 1. 将货物交付其他单位或者个人代销； 2. 销售代销货物； 3. 设有两个以上机构并实行统一核算的纳税人，将货物从一个机构移送其他机构用于销售，但相关机构设在同一县（市）的除外； 4. 将自产或者委托加工的货物用于非增值税应税项目；（注：5 月 1 日后无非应税项目） 5. 将自产、委托加工的货物用于集体福利或者个人消费； 6. 将自产、委托加工或者购进的货物作为投资，提供给其他单位或者个体工商户； 7. 将自产、委托加工或者购进的货物分配给股东或者投资者； 8. 将自产、委托加工或者购进的货物无偿赠送其他单位或者个人 3 种视同销售服务、无形资产或者不动产： (1) 单位或者个体工商户向其他单位或者个人无偿提供服务，但用于公益事业或者以社会公众为对象的除外。 (2) 单位或者个人向其他单位或者个人无偿转让无形资产或者不动产，但用于公益事业或者以社会公众为对象的除外。 (3) 财政部和国家税务总局规定的其他情形	纳税人将自产自用应税消费品用于生产非应税消费品、在建工程、管理部门、非生产机构、提供劳务、馈赠、赞助、集资、广告、样品、职工福利、奖励等方面应视同销售，于移送使用时纳税
视同销售计税依据	将资产用于市场推广或销售；交际应酬、职工奖励或福利、股息分配、对外捐赠等视同销售，属于企业自制的资产，应按企业同类资产同期对外销售价格确定销售收入；属于外购的资产，可按购入时的价格确定销售收入。对于外购的资产用于非货币性资产交换、偿债、集资等其他情形，应按公允价值（按照市场价格确定的价值）确定销售收入。	纳税人有价格明显偏低并无正当理由或者有视同销售货物行为而无销售额者，按下列顺序确定销售额： (1) 按纳税人最近时期同类货物的平均销售价格确定； (2) 按其他纳税人最近时期同类货物的平均销售价格确定； (3) 按组成计税价格确定	纳税人用于换取生产资料和消费资料，投资入股和抵偿债务等方面的应税消费品，应当以纳税人同类应税消费品的最高销售价格作为计税依据计算消费税。

续表

项目	企业所得税	增值税	消费税
视同销售计税依据	企业外购资产或服务不以销售为目的，用于替代职工福利费用支出，且购置后在一个纳税年度内处置的，可以按照购入价格确认视同销售收入	纳税人发生应税行为价格明显偏低或者偏高且不具有合理商业目的的，或者发生视同销售服务、无形资产或者不动产而无销售额的，主管税务机关有权按照下列顺序确定销售额： （1）按照纳税人最近时期销售同类服务、无形资产或者不动产的平均价格确定。 （2）按照其他纳税人最近时期销售同类服务、无形资产或者不动产的平均价格确定。 （3）按照组成计税价格确定。	纳税人将自己生产的应税消费品用于其他方面的，与增值税计税依据相同

3. 某企业将自产产品用于业务宣传，产品成本 80 万元，公允价值 100 万元。

企业会计处理：

借：销售费用　　　　　　　　　　　　　　　　　　　　　　　　　　97

贷：库存商品　　　　　　　　　　　　　　　　　　　　　　　　　　80

应交税费——应交增值税（销项税额）　　　　　　　　　　　　17

企业将自产产品用于广告和业务宣传，应分解为两个行为进行税务处理：一是按公允价值销售产品；二是将以公允价值计量的产品用于广告和业务宣传。

视同销售处理时，年度申报时填报附表三"纳税调整项目明细表"第 2 行"视同销售收入"第 3 列"调增金额"100 万元，第 21 行"视同销售成本"第 4 列"调减金额"80 万元，此项视同销售业务调增应纳税所得额 20 万元。

将以公允价值计量的产品用于广告和业务宣传时，在不超过广告和业务宣传费税前扣除限额的情况下，企业对外用于业务宣传的支出额税收应确认为 117 万元。会计计入当期损益的金额为 97 万元，税收与会计处理产生差异，因此应做纳税调减 20 万元的税务处理。纳税调减时附表三"纳税调整项目明细表"第 40 行"其他"第 4 列"调减金额"填报 20 万元。

企业将自产产品用于广告和业务宣传行为净调整额为 0。

4. 某企业将自产产品用于拓展客户的业务招待行为。产品成本 80 万元，公允价值 100 万元。

企业会计处理：

借：管理费用　　　　　　　　　　　　　　　　　　　　　　　　　　97

贷：库存商品　　　　　　　　　　　　　　　　　　　　　　　　　　80

应交税费——应交增值税（销项税额）　　　　　　　　　　　　17

企业将自产产品用于业务招待，应分解为两个行为进行税务处理：一是按公允价值销售产品；二是将以公允价值计量的产品用于业务招待。

视同销售处理时，年度申报时填报附表三"纳税调整项目明细表"第 2 行"视同销售收入"第3列"调增金额"100万元，第21行"视同销售成本"第4列"调减金额"80万元，此项视同销售业务调增应纳税所得额20万元。

将以公允价值计量的产品用于业务招待时，只能按发生额的60%扣除，该产品公允价值为100万元，在不超过当年销售（营业）收入5‰的前提下只能扣60万元（100×60%）。而会计计入当期损益的金额为80万元，税收与会计处理产生差异，因此应做纳税调增20万元的税务处理。纳税调增时附表三"纳税调整项目明细表"第26行"业务招待费"第3列"调增金额"填报20万元。

企业将自产产品用于业务招待行为共调整增加纳税所得40万元（20+20）。

5. 部分纳税人对视同销售纳税调整产生了疑惑，部分纳税人仅仅调整视同销售收入，而不调整视同销售成本，他们认为，产品用于捐赠、市场推广、交际应酬等已经将产品成本记入了营业外支出、销售费用、管理费用等科目，在税前得到了扣除，若再调整视同销售成本，就重复扣除了。这部分纳税人存在多交企业所得税的风险。

按税法规定，对应的视同销售成本应当填写扣除，这符合税法配比原则的要求。而营业外支出、销售费用、管理费用的扣除是企业费用支出的扣除，与视同销售成本扣除是两种不同的扣除，不能理解为存在重复扣除问题。

6. 企业以股权等非货币性资产进行投资，投出的资产是否视同销售或转让资产？

按照《国家税务总局关于企业处置资产所得税处理问题的通知》（国税函〔2008〕828号）第二条的规定，企业将资产移送他人的，如资产所有权属发生改变，应按规定视同销售确定收入。

企业以股权等非货币性资产进行投资，应于投资协议生效且完成资产实际交割并办理股权登记手续时，确认非货币性资产转让收入的实现。

业务2 销售货物发出商品

[业务资料]

12月1日，雨丰机械公司销售货物100万元（不含增值税），成本80万元，约定3个月试用期满后，满意则付款，不满意可退货。公司会计估计相关经济利益流入概率低于50%，未确认销售收入，公司账务处理如下：

借：发出商品   800 000
   贷：库存商品   800 000

[税收政策]

《国家税务总局关于确认企业所得税收入若干问题的通知》（国税函〔2008〕875号）第一条第一项规定：

企业销售收入的确认，必须遵循权责发生制原则和实质重于形式原则。企业销售商品同时满足下列条件的，应确认收入的实现：

（1）商品销售合同已经签订，企业已将商品所有权相关的主要风险和报酬转移给购货方；

（2）企业对已售出的商品既没有保留通常与所有权相联系的继续管理权，也没有实施有效控制；

（3）收入的金额能够可靠地计量；

（4）已发生或将发生的销售方的成本能够可靠地核算。

[税务处理]

根据上述政策，税法与会计确认销售收入的区别是：相关的经济利益很可能流入企业（超过50%），会计要考虑经济利益流入企业的可能性，而税收不必考虑。这一点很好理解，因为能不能流入属于企业主观判断，税务不便于掌握。为了保证税款的收缴，经济利益的流入性不作为确认收入的条件；如果作为条件，企业的应收账款对应的销售收入就都可以延期纳税了，那怎么能行呢。

这项销售业务满足税法确认销售的条件，因此，在企业所得税汇算清缴时，调增销售收入100万元，调减销售成本80万元，共调增应纳税所得额20万元。

相关链接

若20×5年3月1日之前发生退货，企业会计处理如下：

    借：库存商品   800 000

        贷：发出商品   800 000

则20×4年度企业所得税汇算清缴时不必做纳税调整，若已完成汇算清缴申报工作，可以在20×5年度企业所得税汇算清缴时，调减应纳税所得额20万元。

若20×5年3月1日对方确认产品合格，同意付款，企业会计处理如下：

    借：应收账款或银行存款   1 170 000

        贷：主营业务收入   1 000 000

            应交税费——应交增值税（销项税额）   170 000

    借：主营业务成本   800 000

        贷：发出商品   800 000

在20×5年度企业所得税汇算清缴时，调减销售收入100万元，调增销售成本80万元，共调减应纳税所得额20万元。

业务3　确认房屋租金收入

[业务资料]

雨丰机械公司将一间办公室租赁给B公司，签订经营租赁合同，双方约定租赁起止日为20×3年1月1日—20×8年12月31日，20×3—20×4两年免除租金，20×5—20×8年每年收取租金6万元。

公司按直线法平均确认租金收入，20×3年和20×4年均应确认租金收入=24÷6=4（万元），账务处理如下：

    借：应收账款   40 000

        贷：其他业务收入   40 000

[税收政策]

1.《企业所得税法实施条例》第十九条规定：租金收入，按照合同约定的承租人应付租金的日期确认收入的实现。

2.《国家税务总局关于贯彻落实企业所得税法若干税收问题的通知》（国税函〔2010〕79号）第一条规定：根据《实施条例》第十九条的规定企业提供固定资产、包装物或者其他有形资产的使用权取得的租金收入，应按交易合同或协议规定的承租人应付租金的日期确认收入的实现。其中，如果交易合同或协议中规定租赁期限跨年度，且租金提前一次性支付的，根据《实施条例》第九条规定的收入与费用配比原则，出租人可对上述已确认的收入，在租赁期内，分期均匀计入相关年度收入。

[税务处理]

根据《企业所得税法实施条例》第十九条规定，20×3—20×4两年均不确认租金收入，企业每年确认的租金收入4万元做纳税调减处理，20×5—20×8年企业每年确认租金收入4万元，而税法确认的租金收入为6万元，每年纳税调增2万元。前两年调减8万元，后四年调增8万元，属于暂时性差异。

因此，在企业所得税汇算清缴时，调减租金收入4万元。

相关链接

1. 如果交易合同或协议中规定租赁期限跨年度，且租金提前一次性支付的，根据收入与费用配比原则，出租人可对上述已确认的收入，在租赁期内，分期均匀计入相关年度收入。

比如，甲公司与乙公司签订经营租赁合同，双方约定租赁期为20×2年1月1日—20×7年12月31日，每年租金6万元，若20×2年甲公司一次收取了2年的租金12万元，并记入其他业务收入科目，则在20×2年纳税调减6万元，在20×3年再作纳税调增6万元。

2. 不完全采用权责发生制原则的11类特殊情形。

不完全采用权责发生制原则的特殊情形包括：股息、红利等权益性投资收益，利息、租金、特许权使用费收入，接收捐赠收入，分期收款方式销售货物、分成方式取得的收入，债务重组收入，股权转让收入，政策性搬迁收入等。

（1）股息、红利等权益性投资收益收入。

《企业所得税法实施条例》第十七条规定：股息、红利等权益性投资收益，应按照被投资方做出利润分配决定的日期确认收入的实现。

《国家税务总局关于贯彻落实企业所得税法若干税收问题的通知》（国税函〔2010〕79号）规定：企业权益性投资取得股息、红利等收入，应以被投资企业股东会或股东大会做出利润分配或转股决定的日期，确定收入的实现。

（2）利息收入。

《企业所得税法实施条例》第十八条规定：利息收入，应按照合同约定的债务人应付利息的日期确认收入的实现。

（3）租金收入。

《企业所得税法实施条例》第十九条规定：租金收入，应按照合同约定的承租人应付租金的日期确认收入的实现。

《国家税务总局关于贯彻落实企业所得税法若干税收问题的通知》（国税函〔2010〕79号）规定：根据《中华人民共和国企业所得税法实施条例》第十九条的规定，企业提供固定资产、包装物或者其他有形资产的使用权取得的租金收入，应按交易合同或协议规定的承租人应付租金的日期确认收入的实现。其中，如果交易合同或协议中规定租赁期限跨年度，且租金提前一次性支付的，根据《中华人民共和国企业所得税法实施条例》第九条规定的收入与费用配比原则，出租人可对上述已确认的收入，在租赁期内，分期均匀计入相关年度收入。

出租方如为在我国境内设有机构场所、且采取据实申报缴纳企业所得的非居民企业，也按本条规定执行。

（4）特许权使用费收入。

《企业所得税法实施条例》第二十条规定：特许权使用费收入，应按照合同约定的特许权使用人应付特许权使用费的日期确认收入的实现。

（5）接受捐赠收入。

《企业所得税法实施条例》第二十一条规定：接受捐赠收入，应按照实际收到捐赠资产的日期确认收入的实现。

（6）分期收款方式销售货物收入。

《企业所得税法实施条例》第二十三条规定：以分期收款方式销售货物的，应按照合同约定的收款日期确认收入的实现；企业受托加工制造大型机械设备、船舶、飞机，以及从事建筑、安装、装配工程业务或者提供其他劳务等，持续时间超过12个月的，应按照纳税年度内完工进度或者完成的工作量确认收入的实现。

（7）采取产品分成方式收入。

《企业所得税法实施条例》第二十四条规定：采取产品分成方式取得收入的，应按照企业分得产品的日期确认收入的实现，其收入额按照产品的公允价值确定。

（8）债务重组收入。

《国家税务总局关于贯彻落实企业所得税法若干税收问题的通知》（国税函〔2010〕79号）规定：企业发生债务重组，应在债务重组合同或协议生效时确认收入的实现。

《财政部 国家税务总局关于企业重组业务企业所得税处理若干问题的通知》（财税〔2009〕59号）第六条第一项规定，企业重组符合本通知第五条规定条件的，适用特殊性税务处理：企业债务重组确认的应纳税所得额占该企业当年应纳税所得额50%以上，可以在5个纳税年度的期间内，均匀计入各年度的应纳税所得额。

（9）股权转让收入。

《国家税务总局关于贯彻落实企业所得税法若干税收问题的通知》（国税函〔2010〕79号）规定：企业转让股权收入，应于转让协议生效、且完成股权变更手续时，确认收入的实现。

（10）政策性搬迁收入。

《企业政策性搬迁所得税管理办法》（国家税务总局公告2012年第40号）第十五

条规定：企业在搬迁期间发生的搬迁收入和搬迁支出，可以暂不计入当期应纳税所得额，而在完成搬迁的年度，对搬迁收入和支出进行汇总清算。

《企业政策性搬迁所得税管理办法》第十六条规定：企业的搬迁收入，扣除搬迁支出后的余额，为企业的搬迁所得。企业应在搬迁完成年度，将搬迁所得计入当年度企业应纳税所得额计算纳税。

《企业政策性搬迁所得税管理办法》第十八条规定，企业搬迁收入扣除搬迁支出后为负数的，应为搬迁损失。搬迁损失可在下列方法中选择其一进行税务处理：

①在搬迁完成年度，一次性作为损失进行扣除。

②自搬迁完成年度起分3个年度，均匀在税前扣除。

上述方法由企业自行选择，但一经选定，不得改变。

(11)《国家税务总局关于非货币性资产投资企业所得税有关征管问题的公告》（国家税务总局公告2015年第33号）第一条规定：实行查账征收的居民企业（以下简称企业）以非货币性资产对外投资确认的非货币性资产转让所得，可自确认非货币性资产转让收入年度起不超过连续5个纳税年度的期间内，分期均匀计入相应年度的应纳税所得额，按规定计算缴纳企业所得税。

业务4　债务重组

[业务资料]

雨丰机械公司欠F公司货款340 000元，由于雨丰机械公司发生财务困难，资金暂时短缺，短期内不能支付已于20×4年11月20日到期的货款。20×4年12月1日，经双方协商，F公司同意雨丰机械公司以其生产的产品偿还债务。该产品的公允价值为200 000元，实际成本为160 000元。F公司于20×4年12月6日收到雨丰机械公司抵债的产品，并作为库存商品入库。该债务重组业务不符合特殊性税务处理条件。

雨丰机械公司的账务处理如下：

借：应付账款　　　　　　　　　　　　　　　　　340 000
　　贷：主营业务收入　　　　　　　　　　　　　　200 000
　　　　应交税费——应交增值税（销项税额）　　　 34 000
　　　　营业外收入——债务重组利得　　　　　　　106 000
借：主营业务成本　　　　　　　　　　　　　　　160 000
　　贷：库存商品　　　　　　　　　　　　　　　　160 000

[税收政策]

1.《财政部　国家税务总局关于企业重组业务企业所得税处理若干问题的通知》（财税〔2009〕59号）第四条第（二）项规定：

企业债务重组，相关交易应按以下规定处理：

1. 以非货币资产清偿债务，应当分解为转让相关非货币性资产、按非货币性资产公允价值清偿债务两项业务，确认相关资产的所得或损失。

2. 发生债权转股权的，应当分解为债务清偿和股权投资两项业务，确认有关债务清偿所得或损失。

3. 债务人应当按照支付的债务清偿额低于债务计税基础的差额，确认债务重组所得；债权人应当按照收到的债务清偿额低于债权计税基础的差额，确认债务重组损失。

4. 债务人的相关所得税纳税事项原则上保持不变。

2.《财政部 国家税务总局关于企业重组业务企业所得税处理若干问题的通知》（财税〔2009〕59号）第五条规定：

企业重组同时符合下列条件的，适用特殊性税务处理规定：

（一）具有合理的商业目的，且不以减少、免除或者推迟缴纳税款为主要目的。

（二）被收购、合并或分立部分的资产或股权比例符合本通知规定的比例。

（三）企业重组后的连续12个月内不改变重组资产原来的实质性经营活动。

（四）重组交易对价中涉及股权支付金额符合本通知规定比例。

（五）企业重组中取得股权支付的原主要股东，在重组后连续12个月内，不得转让所取得的股权。

3.《财政部 国家税务总局关于企业重组业务企业所得税处理若干问题的通知》（财税〔2009〕59号）第六条第（一）项规定：

企业重组符合本通知第五条规定条件的，交易各方对其交易中的股权支付部分，可以按以下规定进行特殊性税务处理：

企业债务重组确认的应纳税所得额占该企业当年应纳税所得额50%以上，可以在5个纳税年度的期间内，均匀计入各年度的应纳税所得额。

企业发生债权转股权业务，对债务清偿和股权投资两项业务暂不确认有关债务清偿所得或损失，股权投资的计税基础以原债权的计税基础确定。企业的其他相关所得税事项保持不变。

[税务处理]

上述债务重组业务不符合特殊性税务处理条件，适用一般性税务处理，其税务处理同《小企业会计准则》中处理相一致，因此，企业所得税汇算清缴时，不必进行纳税调整。

相关链接

F公司的账务处理如下：

借：库存商品		200 000
应交税费——应交增值税（进项税额）		34 000
营业外支出——债务重组损失		106 000
贷：应收账款		340 000

业务5　企业股权转让

[业务资料]

雨丰机械公司20×3年1月1日投资100万元于T公司，占T公司股权比例20%。20×4年11月，T公司未分配利润50万元，雨丰机械公司应享有其中20%，即10万元。20×4 年 12 月，雨丰机械公司将该项股权转让给 C 企业，当月取得转让收入为 120 万元，同月，雨丰机械公司股权在工商部门办理股权变更登记为 C 企业，确认投资收益 10 万元（120－10－100）。

借：应收股利　　　　　　　　　　　　　　　　　　　　　　10
　　贷：投资收益　　　　　　　　　　　　　　　　　　　　　　10
借：银行存款　　　　　　　　　　　　　　　　　　　　　　10
　　贷：应收股利　　　　　　　　　　　　　　　　　　　　　　10
借：银行存款　　　　　　　　　　　　　　　　　　　　　　110
　　贷：长期股权投资　　　　　　　　　　　　　　　　　　　　100
　　　　投资收益　　　　　　　　　　　　　　　　　　　　　　10

[税收政策]

《国家税务总局关于企业所得税法若干税收问题的通知》（国税函〔2010〕79 号）规定，企业转让股权，应于转让协议生效、且完成股权变更手续时，确认收入的实现。转让股权收入扣除为取得该股权所发生的成本后，为股权转让所得。企业在计算股权转让所得时，不得扣除被投资企业未分配利润等股东留存收益中按该项股权所可能分配的金额。

[税务处理]

按照上述政策，税法确认的股权转让所得应该为 20 万元（120－100），虽然留存收益 10 万元在 T 公司属于税后收益，但是不能在所得额中扣减，即这里不能享受免税待遇，不可以纳税调减，应视作股权转让所得。股权转让所得不属于免税收入，企业财务处理确认的投资收益 20 万元与税法确认的股权转让所得 20 万元不存在差异，企业所得税汇算清缴时，不需要进行纳税调整。

企业正确的账务处理如下：

借：银行存款　　　　　　　　　　　　　　　　　　　　　　120
　　贷：长期股权投资　　　　　　　　　　　　　　　　　　　　100
　　　　投资收益　　　　　　　　　　　　　　　　　　　　　　20

在具体执行中，应注意：一是确认股权转让收入的实现，以转让协议生效，且完成股权变更手续为准。二是一般股权转让中，不得扣除留存收益，这与清算所得中，股东分得的剩余资产允许扣除留存收益的规定是不同的，见下文"相关链接"。三是股权转让所得不属于免税收入。

企业在计算股权转让所得时，不得扣除被投资企业未分配利润等股东留存收益中按该项股权所可能分配的金额。也就是说，虽然体现在留存收益中的税后利润一般为免税收入，但如果不进行分配而随着股权一并转让的，不视为免税收入处理。因此，企业应当先分配利润再转让股权，这样既可以降低税务风险又可以节税，两全其美。

根据《企业所得税法实施条例》的规定，居民企业应在被投资方做出利润分配决定的日期就确认收入的实现。如果居民企业在被投资方宣告发放股利后，但尚未发放股利前转让股权的，这部分已宣告但尚未发放的股利并不属于国税函〔2010〕79 号文件规定的可能分配的金额，而是确定分配的金额。因此，居民企业在被投资方宣告但尚未发放股利前转让股权的，这部分股利可以从股权转让收入中扣减。同时，受让方取得的这部分股利，不再确认为股息所得，应作为应收项目的冲减项。

相关链接

1. 注意股权转让所得与清算所得对留存收益处理的不同。

假设某企业对甲公司长期股权投资的计税基础为 100 万元，若甲公司发生清算，企业分得剩余财产为 200 万元，其中 50 万元为来源于甲企业的累计未分配利润，30 万元来源于企业的累计盈余公积。

《企业所得税法实施条例》第十一条规定："投资方企业从被清算企业分得的剩余资产，其中相当于从被清算企业累计未分配利润和累计盈余公积中应当分得的部分，应当确认为股息所得；剩余资产减除上述股息所得后的余额，超过或者低于投资成本的部分，应当确认为投资资产所得或损失。"

因此，企业应确认股息所得 80 万元，确认投资资产所得 20 万元（200－80－100）。

2. 股权平价转让或低价转让，价格偏低无正当理由的，税务机关有权调整核定转让价格。

业务6 接受捐赠

[业务资料]

雨丰机械公司 12 月 1 日接受乙公司捐赠转入的一台机器设备，取得的增值税专用发票上注明的不含税价款为 854 700.85 元，税额为 145 299.15 元，价税合计 1 000 000 元。公司账务处理如下：

借：固定资产　　　　　　　　　　　　　　　　　　854 700.85

　　应交税费——应交增值税（进项税额）　　　　　145 299.15

　　贷：营业外收入　　　　　　　　　　　　　　　　　　1 000 000

[税收政策]

《国家税务总局关于企业取得财产转让等所得企业所得税处理问题的公告》（国家税务总局公告 2010 年第 19 号）规定：企业取得财产（包括各类资产、股权、债权等）转让收入、债务重组收入、接受捐赠收入、无法偿付的应付款收入等，不论是以货币形式、还是非货币形式体现，除另有规定外，均应一次性计入确认收入的年度计算缴纳企业所得税。

[税务处理]

税法没有明确规定，接受捐赠收入可以递延纳税，因此，企业应当按照国家税务总局公告 2010 年第 19 号的规定，将捐赠收入 100 万元一次性计入当年度应纳税所得额，计算缴纳企业所得税。该业务不必进行纳税调整。

相关链接

1. 某些企业习惯将接受捐赠资产记入资本公积或其他应付款等科目，由于未按照会计准则计入营业外收入，在企业所得税汇算清缴时应当调增应纳税所得额。

2. 到目前为止，税法明确规定允许递延纳税的收入主要有下列三种情形：

（1）《国家税务总局关于发布〈企业政策性搬迁所得税管理办法〉的公告》（国家税务总局公告2012年第40号）第十五条规定：企业在搬迁期间发生的搬迁收入和搬迁支出，可以暂不计入当期应纳税所得额，而在完成搬迁的年度，对搬迁收入和支出进行汇总清算。

需要注意的是，企业由于搬迁处置存货而取得的收入，应按正常经营活动取得的收入进行所得税处理，不作为企业搬迁收入。

（2）《财政部 国家税务总局关于企业重组业务企业所得税处理若干问题的通知》（财税〔2009〕59号）对特殊性税务处理的规定：企业债务重组确认的应纳税所得额占该企业当年应纳税所得额50%以上，可以在5个纳税年度的期间内，均匀计入各年度的应纳税所得额。

（3）《财政部 国家税务总局关于非货币性资产投资企业所得税政策问题的通知》（财税〔2014〕116号）规定：居民企业（以下简称企业）以非货币性资产对外投资确认的非货币性资产转让所得，可在不超过5年期限内，分期均匀计入相应年度的应纳税所得额，按规定计算缴纳企业所得税。

《国家税务总局关于非货币性资产投资企业所得税有关征管问题的公告》（国家税务总局公告2015年第33号）规定：实行查账征收的居民企业（以下简称企业）以非货币性资产对外投资确认的非货币性资产转让所得，可自确认非货币性资产转让收入年度起不超过连续5个纳税年度的期间内，分期均匀计入相应年度的应纳税所得额，按规定计算缴纳企业所得税。

递延纳税的规定，是针对按权责发生制原则应该当年一次纳税，而给予分期纳税的优惠。而按照权责发生制原则应分期确认收入的，本就不属于递延纳税，因此，不能拘泥于上述规定，对符合权责发生制原则需要分期确认收入而一次收取款项业务可以按权责发生制原则分期纳税。

业务7　法人企业间无偿划转非货币性资产

[业务资料]

1. 雨丰集团公司将其子公司雨丰机械公司的一台机床划转到其子公司乙企业，雨丰机械公司该机床账面原值300 000元，计提折旧60 000元，该机床公允价值为260 000元。乙企业接受后即投入使用。该业务不符合特殊性税务处理条件，雨丰机械公司账务处理如下：

借：固定资产清理	240 000
累计折旧	60 000
贷：固定资产	300 000
借：营业外支出	240 000
贷：固定资产清理	240 000

2. 雨丰集团公司将其子公司甲公司的一辆汽车划转到其子公司雨丰机械公司，甲公司该汽车账面原值320 000元，计提折旧60 000元，该汽车公允价值为280 000元。

该业务不符合特殊性税务处理条件，雨丰机械公司接受后即投入使用，账务处理如下：

借：固定资产 260 000

贷：营业外收入 260 000

[税收政策]

1.《企业所得税法》第六条规定：企业以货币形式和非货币形式从各种来源取得的收入，为收入总额，包括接受捐赠收入。

2.《企业所得税法实施条例》第二十一条规定：企业所得税法第六条第（八）项所称接受捐赠收入，是指企业接受的来自其他企业、组织或者个人无偿给予的货币性资产、非货币性资产。

3.《国家税务总局关于企业处置资产所得税处理问题的通知》（国税函〔2008〕828号）第二条规定，参见"业务1"。

[税务处理]

根据上述政策规定，雨丰机械公司应做如下纳税调整：

1. 资产划出方雨丰机械公司应视同销售，按划转资产公允价值确认视同销售收入260 000元，对其计税基础确认视同销售成本240 000元，按差额20 000元调增应纳税所得额，另外还需要按照直接捐赠240 000元调增应纳税所得额，共应调增应纳税所得额260 000元。

2. 资产划入方雨丰机械公司需按照接受资产的公允价值确定应税收入280 000元，企业已计入营业外收入260 000元，按差额20 000元调增应纳税所得额。

相关链接

法人企业间无偿划转非货币性资产还存在如下其他税务风险：

1. 若是无偿划转存货、机器设备的，资产划出方还必须视同销售缴纳增值税，本例为简便起见，未考虑增值税的影响。

2. 若是无偿划转不动产或土地使用权的，资产划出方还必须视同发生应税行为缴纳增值税。另外，不符合免税条件的情况下，资产划出方还需缴纳土地增值税、产权转移书据印花税，资产划入方还需缴纳契税、产权转移书据印花税。

3. 企业接收股东划入资产的企业所得税处理。

《国家税务总局关于企业所得税应纳税所得额若干问题的公告》（国家税务总局公告2014年第29号）第二条规定：

"（一）企业接收股东划入资产（包括股东赠予资产、上市公司在股权分置改革过程中接收原非流通股股东和新非流通股股东赠予的资产、股东放弃本企业的股权，下同），凡合同、协议约定作为资本金（包括资本公积）且在会计上已做实际处理的，不计入企业的收入总额，企业应按公允价值确定该项资产的计税基础。

（二）企业接收股东划入资产，凡作为收入处理的，应按公允价值计入收入总额，计算缴纳企业所得税，同时按公允价值确定该项资产的计税基础"。

4. 特殊性税务处理。

《财政部 国家税务总局关于促进企业重组有关企业所得税处理问题的通知》（财

税〔2014〕109号）第三条规定，对100％直接控制的居民企业之间，以及受同一或相同多家居民企业100％直接控制的居民企业之间按账面净值划转股权或资产，凡具有合理商业目的、不以减少、免除或者推迟缴纳税款为主要目的，股权或资产划转后连续12个月内不改变被划转股权或资产原来实质性经营活动，且划出方企业和划入方企业均未在会计上确认损益的，可以选择按以下规定进行特殊性税务处理：（1）划出方企业和划入方企业均不确认所得。（2）划入方企业取得被划转股权或资产的计税基础，以被划转股权或资产的原账面净值确定。（3）划入方企业取得的被划转资产，应按其原账面净值计算折旧扣除。

《国家税务总局关于资产（股权）划转企业所得税征管问题的公告》（国家税务总局公告2015年第40号）第七条规定：交易一方在股权或资产划转完成日后连续12个月内发生生产经营业务、公司性质、资产或股权结构等情况变化，致使股权或资产划转不再符合特殊性税务处理条件的，发生变化的交易一方应在情况发生变化的30日内报告其主管税务机关，同时书面通知另一方。另一方应在接到通知后30日内将有关变化报告其主管税务机关。

《国家税务总局关于资产（股权）划转企业所得税征管问题的公告》（国家税务总局公告2015年第40号）第八条规定："本公告第七条所述情况发生变化后60日内，原交易双方应按以下规定进行税务处理：

（一）属于本公告第一条第（一）项规定情形的，母公司应按原划转完成时股权或资产的公允价值视同销售处理，并按公允价值确认取得长期股权投资的计税基础；子公司按公允价值确认划入股权或资产的计税基础。

属于本公告第一条第（二）项规定情形的，母公司应按原划转完成时股权或资产的公允价值视同销售处理；子公司按公允价值确认划入股权或资产的计税基础。

属于本公告第一条第（三）项规定情形的，子公司应按原划转完成时股权或资产的公允价值视同销售处理；母公司应按撤回或减少投资进行处理。

属于本公告第一条第（四）项规定情形的，划出方应按原划转完成时股权或资产的公允价值视同销售处理；母公司根据交易情形和会计处理对划出方按分回股息进行处理，或者按撤回或减少投资进行处理，对划入方按以股权或资产的公允价值进行投资处理；划入方按接受母公司投资处理，以公允价值确认划入股权或资产的计税基础。

（二）交易双方应调整划转完成纳税年度的应纳税所得额及相应股权或资产的计税基础，向各自主管税务机关申请调整划转完成纳税年度的企业所得税年度申报表，依法计算缴纳企业所得税"。

业务8　分期收款发出商品

[业务资料]

雨丰机械公司采用分期收款发出商品方式销售货物一批，20×4年12月1日与客户签订销售合同，合同规定每年1月、4月、7月、10月四个月的20日之前结算货款。20×4年12月20日发出商品，开具增值税专用发票。公司账务处理如下：

借：应收账款	117 000
贷：主营业务收入	100 000
应交税费——应交增值税（销项税额）	17 000
借：主营业务成本	80 000
贷：库存商品	80 000

[税收政策]

《企业所得税法实施条例》第二十三条规定，企业的下列生产经营业务可以分期确认收入的实现：

（1）以分期收款方式销售货物的，按照合同约定的收款日期确认收入的实现；

（2）企业受托加工制造大型机械设备、船舶、飞机，以及从事建筑、安装、装配工程业务或者提供其他劳务等，持续时间超过 12 个月的，按照纳税年度内完工进度或者完成的工作量确认收入的实现。

《增值税暂行条例》第十九条规定，增值税纳税义务发生时间：销售货物或者应税劳务，为收讫销售款项或者取得索取销售款项凭据的当天；先开具发票的，为开具发票的当天。

[税务处理]

由于该企业提前开具发票，因此企业增值税纳税义务时间也相应提前到开具发票的当天，造成了增值税与企业所得税纳税义务时间的不同。

在企业所得税上未到合同约定的日期，是不确认收入的，企业应调减应纳税所得额20 000 元（100 000－80 000）。若企业不做调整，早缴税款，就不能享受延迟缴纳税款的好处。

相关链接

1. 很多企业习惯于开具发票确认收入，正是这种习惯造成了提前交税的结果。企业可以这样进行账务处理，减少纳税调整的麻烦，又符合税收政策：

发出商品，开具增值税专用发票时：

借：应收账款

贷：应交税费——应交增值税（销项税额）

合同约定收款日期：

借：应收账款

贷：主营业务收入

借：银行存款

贷：应收账款

2. 增值税、企业所得税纳税义务发生时间不一定相同。

业务 9　取得财政性资金（一）

[业务资料]

20×4 年 12 月 1 日，雨丰机械公司受让一宗国有土地，实际支付土地出让金 190

万元。12 月 31 日，市财政局以财政支持的方式退还土地款 90 万元作为奖励，但未具体规定资金的专项用途。公司财务处理如下：

收到返还土地价款时，冲减土地账面价值：

借：无形资产——土地使用权　　　　　　　　　　　　　　　　　 −900 000

　　贷：银行存款　　　　　　　　　　　　　　　　　　　　　 −900 000

公司摊销土地使用权时，仍按 190 万元摊销。

[税收政策]

1.《财政部 国家税务总局关于财政性资金、行政事业性收费、政府性基金有关企业所得税政策问题的通知》（财税〔2008〕151 号）第一条规定：

（一）企业取得的各类财政性资金，除属于国家投资和资金使用后要求归还本金的以外，均应计入企业当年收入总额。

（二）对企业取得的由国务院财政、税务主管部门规定专项用途并经国务院批准的财政性资金，准予作为不征税收入，在计算应纳税所得额时从收入总额中减除。

本条所称财政性资金，是指企业取得的来源于政府及其有关部门的财政补助、补贴、贷款贴息，以及其他各类财政专项资金，包括直接减免的增值税和即征即退、先征后退、先征后返的各种税收，但不包括企业按规定取得的出口退税款；所称国家投资，是指国家以投资者身份投入企业、并按有关规定相应增加企业实收资本（股本）的直接投资。

2.《财政部 国家税务总局关于专项用途财政性资金企业所得税处理问题的通知》（财税〔2011〕70 号）规定：

一、企业从县级以上各级人民政府财政部门及其他部门取得的应计入收入总额的财政性资金，凡同时符合以下条件的，可以作为不征税收入，在计算应纳税所得额时从收入总额中减除：（一）企业能够提供规定资金专项用途的资金拨付文件；（二）财政部门或其他拨付资金的政府部门对该资金有专门的资金管理办法或具体管理要求；（三）企业对该资金以及以该资金发生的支出单独进行核算。

二、根据实施条例第二十八条的规定，上述不征税收入用于支出所形成的费用，不得在计算应纳税所得额时扣除；用于支出所形成的资产，其计算的折旧、摊销不得在计算应纳税所得额时扣除。

三、企业将符合本通知第一条规定条件的财政性资金作不征税收入处理后，在 5 年（60 个月）内未发生支出且未缴回财政部门或其他拨付资金的政府部门的部分，应计入取得该资金第六年的应税收入总额；计入应税收入总额的财政性资金发生的支出，允许在计算应纳税所得额时扣除。

[税务处理]

企业应结合返还财政资金的具体情况，对照财税〔2008〕151 号文件及《财政部 国家税务总局关于专项用途财政性资金企业所得税处理问题的通知》（财税〔2011〕70 号）规定判断是否属于不征税收入。

根据上述规定，退还的土地款 90 万元不符合不征税条件，应并入收入总额缴纳企业所得税。该企业正确会计处理应为：

借：银行存款   900 000

    贷：营业外收入   900 000

由于企业会计处理错误，应调增应纳税所得额 90 万元。

业务 10　取得财政性资金（二）

20×4 年 12 月 1 日，雨丰机械公司收到市财政局拨付的技术创新基金 80 万元，记入"营业外收入"，12 月该基金用于技术创新的费用支出 10 万元。该公司能够提供规定资金专项用途的资金拨付文件，市财政局对该资金有专门的资金管理办法，该公司对该资金以及以该资金发生的支出单独进行核算。

[税收政策]

1.《财政部 国家税务总局关于财政性资金、行政事业性收费、政府性基金有关企业所得税政策问题的通知》（财税〔2008〕151 号）第一条规定，参见"业务 9　取得财政性资金（一）"。

2.《财政部 国家税务总局关于专项用途财政性资金企业所得税处理问题的通知》（财税〔2011〕70 号）规定，参见"业务 9　取得财政性资金（一）"。

3.《财政部 国家税务总局关于财政性资金、行政事业性收费、政府性基金有关企业所得税政策问题的通知》（财税〔2008〕151 号）规定：企业的不征税收入用于支出所形成的费用，不得在计算应纳税所得额时扣除；企业的不征税收入用于支出所形成的资产，其计算的折旧、摊销不得在计算应纳税所得额时扣除。

[税务处理]

该公司收到市财政局拨付的技术创新基金 80 万元符合财税〔2011〕70 号文件不征税收入条件的规定，属于不征税收入，应调减应纳税所得额 80 万元，同时不征税收入形成的支出不得税前扣除，应调增应纳税所得额 10 万元。

相关链接

1. 税务上将收入总额分为征税收入和不征税收入，征税收入进而又分为应税收入和免税收入。免税收入属于应征税而未征税收入，其与不征税收入存在很大区别，无论是免税收入还是不征税收入，税法均有明确列示。

税法上目前明确的免税收入主要有：国债利息收入，符合条件的居民企业之间的股息、红利等权益性投资收益，符合条件的非营利组织的收入。

税法上目前明确的不征税收入主要有：财政性资金、行政事业性收费、政府性基金。

不征税收入和免税收入可以这样理解：

不征税收入：从政府部门取得的收入，并非企业自身经营活动带来的收入。相关费用支出不得税前扣除。

免税收入：企业自身经营活动带来的收入，但因符合税法的优惠政策而免于征税的收入。相关费用支出可以税前扣除。

2. 不征税税收入举例：

（1）自2008年1月1日起，核力发电企业取得的增值税退税款，专项用于还本付息，不征收企业所得税。（财税〔2008〕38号，《财政部 国家税务总局关于核电行业税收政策有关问题的通知》）

（2）符合条件的软件企业按照《财政部 国家税务总局关于软件产品增值税政策的通知》（财税〔2011〕100号）规定取得的即征即退增值税款，由企业专项用于软件产品研发和扩大再生产并单独进行核算，可以作为不征税收入，在计算应纳税所得额时从收入总额中减除。（财税〔2012〕27号，《财政部 国家税务总局关于进一步鼓励软件产业和集成电路产业发展企业所得税政策的通知》）

（3）经认定的动漫企业自主开发、生产动漫产品，可申请享受国家现行鼓励软件产业发展的所得税优惠政策。（财税〔2009〕65号，《财政部 国家税务总局关于扶持动漫产业发展有关税收政策问题的通知》）

（4）社会保障基金投资收入。

①对社保基金理事会、社保基金投资管理人管理的社保基金银行存款利息收入，社保基金从证券市场中取得的收入，包括买卖证券投资基金、股票、债券的差价收入，证券投资基金红利收入，股票的股息、红利收入，债券的利息收入及产业投资基金收益、信托投资收益等其他投资收入，作为企业所得税不征税收入。

②对社保基金投资管理人、社保基金托管人从事社保基金管理活动取得的收入，依照税法的规定征收企业所得税。（财税〔2008〕136号，《财政部 国家税务总局关于全国社会保障基金有关企业所得税问题的通知》）

3. 不征税税收入取得的利息收入是否属于不征税收入？

企业取得不征税的财政性资金，常常会将这些收入存入银行取得利息等收入。对于这些利息收入，目前有相当一部分纳税人错误地认为，不用计算缴纳企业所得税，因而在年终汇算清缴时常常将其从收入中剔除，其实这种做法也是错误的。按照税法的规定，企业所有资金的利息收入都必须并入应税收入总额，除非税法规定不予征税或者免税。而且更为重要的是，税法只规定对符合条件的财政拨款以及符合不征税条件的财政性资金本身不征税，并未规定对这些不征税收入所产生的利息收入不征税。

但根据《财政部 国家税务总局关于非营利组织企业所得税免税收入问题的通知》（财税〔2009〕122号）的规定，非营利组织的不征税收入和免税收入孳生的银行存款利息收入为免税收入。

业务11　取得专利权转让收入

[业务资料]

雨丰机械公司12月1日取得专利权转让收入400万元，与该项技术转让有关的成本和费用为370万元。公司符合免税条件的技术转让所得为30万元。

[税收政策]

《企业所得税法实施条例》第九十条规定：企业所得税法第二十七条第（四）项所

称符合条件的技术转让所得免征、减征企业所得税，是指一个纳税年度内，居民企业技术转让所得不超过 500 万元的部分，免征企业所得税；超过 500 万元的部分，减半征收企业所得税。

[税务处理]

符合免税条件的技术转让所得 30 万元，免征企业所得税，应调减应纳税所得额。

相关链接

1. 符合条件的技术转让所得可以免征、减征企业所得税。符合条件的技术转让所得免征、减征企业所得税，是指一个纳税年度内，居民企业技术转让所得不超过 500 万元的部分，免征企业所得税；超过 500 万元的部分，减半征收企业所得税。

技术转让所得＝技术转让收入－技术转让成本－相关税费

技术转让收入是指当事人履行技术转让合同后获得的价款，不包括销售或转让设备、仪器、零部件、原材料等非技术性收入。不属于与技术转让项目密不可分的技术咨询、技术服务、技术培训等收入，不得计入技术转让收入。

技术转让成本是指转让的无形资产的净值，即该无形资产的计税基础减除在资产使用期间按照规定计算的摊销扣除额后的余额。

相关税费是指技术转让过程中实际发生的有关税费，包括除企业所得税和允许抵扣的增值税以外的各项税金及其附加、合同签订费用、律师费等相关费用及其他支出。

2.《合同法》规定，技术转让合同包括以下类型：专利权转让合同、专利申请权转让合同、专利实施许可合同和技术秘密转让合同。

3. 享受优惠政策需要具备的条件：

（1）享受优惠的技术转让主体是企业所得税法规定的居民企业；

（2）技术转让属于财政部、国家税务总局规定的范围；

（3）境内技术转让经省级以上科技部门认定；

（4）向境外转让技术经省级以上商务部门认定；

（5）国务院税务主管部门规定的其他条件。

特别关注：《企业所得税法》第二条规定，本法所称居民企业，是指依法在中国境内成立，或者依照外国（地区）法律成立但实际管理机构在中国境内的企业。因此，技术转让税收优惠政策不仅适用于内资企业，也适用于符合条件的外资企业。

4. 财务核算要求：企业应单独计算技术转让所得，并合理分摊企业的期间费用；没有单独计算的，不得享受技术转让所得企业所得税优惠。

5. 办理减免税备案手续的时限：企业发生技术转让，应在纳税年度终了后至报送年度纳税申报表以前，向主管税务机关办理减免税备案手续。《企业所得税法》第五十四条规定，企业应当自年度终了之日起 5 个月内，向税务机关报送年度企业所得税纳税申报表，并汇算清缴，结清应缴应退税款。

6. 技术转让的范围，包括居民企业转让专利技术、计算机软件著作权、集成电路布图设计权、植物新品种、生物医药新品种，以及财政部和国家税务总局确定的其他技术。

其中：专利技术，是指法律授予独占权的发明、实用新型和非简单改变产品图案的外观设计。

所称技术转让，是指居民企业转让其拥有符合本通知第一条规定技术的所有权或5年以上（含5年）全球独占许可使用权的行为。自2015年10月1日起，全国范围内的居民企业转让5年（含，下同）以上非独占许可使用权取得的技术转让所得，纳入享受企业所得税优惠的技术转让所得范围。

7. 技术转让应签订技术转让合同。其中，境内的技术转让须经省级以上（含省级）科技部门认定登记，跨境的技术转让须经省级以上（含省级）商务部门认定登记，涉及财政经费支持产生技术的转让，需省级以上（含省级）科技部门审批。

居民企业技术出口应由有关部门按照商务部、科技部发布的《中国禁止出口限制出口技术目录》（商务部、科技部令2008年第12号）进行审查。居民企业取得禁止出口和限制出口技术转让所得，不享受技术转让减免企业所得税优惠政策。

8. 居民企业从直接或间接持有股权之和达到100%的关联方取得的技术转让所得，不享受技术转让减免企业所得税优惠政策。

9. 居民企业取得中华人民共和国企业所得税法实施条例第八十六条、第八十七条、第八十八条和第九十条（技术转让所得）规定可减半征收企业所得税的所得，是指居民企业应就该部分所得单独核算并依照25%的法定税率减半缴纳企业所得税。

10. 可以计入技术转让收入的技术咨询、技术服务、技术培训收入，是指转让方为使受让方掌握所转让的技术投入使用、实现产业化而提供的必要的技术咨询、技术服务、技术培训所产生的收入，并应同时符合以下条件：

（1）在技术转让合同中约定的与该技术转让相关的技术咨询、技术服务、技术培训；

（2）技术咨询、技术服务、技术培训收入与该技术转让项目收入一并收取价款。

根据技术合同登记的有关规定，与技术转让相关的技术咨询、技术服务、技术培训，只能是在技术转让合同中约定的内容，即为掌握所转让的技术投入使用而提供的必要服务，而为产品售后、维护、升级等提供的技术咨询、技术服务、技术培训，不允许与技术转让合同混同，必须单独签订技术合同。在技术转让合同之外另行签订的技术咨询、技术服务、技术培训合同，已超出了技术转让必要的技术服务与指导事项，与技术开发并无紧密关系。如果将其列为税收优惠范围，则对鼓励技术开发、技术转让和国家税收政策的执行产生不利影响。

业务 12　取得股息、红利等权益性投资收益

[业务资料]

雨丰机械公司 20×3 年 1 月 1 日以 200 万元取得 M 公司 60％的股权。20×4 年 4 月 M 公司股东大会做出利润分配决定，分配现金股利 50 万元。4 月，雨丰机械公司做出如下账务处理：

借：应收股利　　　　　　　　　　　　　300 000（500 000×60％）

　　贷：投资收益　　　　　　　　　　　　　　　　　　300 000

借：银行存款　　　　　　　　　　　　　　　　　　　300 000

　　贷：应收股利　　　　　　　　　　　　　　　　　　300 000

[税收政策]

1.《企业所得税法》第二十六条第二款规定：符合条件的居民企业之间的股息、红利等权益性投资收益为免税收入。

2.《企业所得税法实施条例》第十七条规定：股息、红利等权益性投资收益是指企业因权益性投资从被投资方取得的收入。股息、红利等权益性投资收益，除国务院财政、税务主管部门另有规定外，按照被投资方做出利润分配决定的日期确认收入的实现。

3.《企业所得税法实施条例》第八十三条规定：企业所得税法第二十六条第（二）项所称符合条件的居民企业之间的股息、红利等权益性投资收益，是指居民企业直接投资于其他居民企业取得的投资收益。企业所得税法第二十六条第（二）项和第（三）项所称股息、红利等权益性投资收益，不包括连续持有居民企业公开发行并上市流通的股票不足 12 个月取得的投资收益。

4.《国家税务总局关于贯彻落实企业所得税法若干税收问题的通知》（国税函〔2010〕79 号）规定：对企业权益性投资取得股息、红利收入，应以被投资企业股东大会做出利润分配或转股决定的日期，确定收入的实现。被投资企业将股权（票）溢价所形成的资本公积转为股本的，不作为投资方企业的股息、红利收入，投资方企业也不得增加该项长期投资的计税基础。

[税务处理]

雨丰机械公司因投资 M 公司而取得的投资收益 300 000 元，为免税收入，应调减应纳税所得额。

相关链接

1. 怎样理解：符合条件的居民企业之间的股息、红利等权益性投资收益？

（1）什么叫"符合条件"？

①居民企业之间——不包括投资"独资企业、合伙企业、非居民企业"；

②直接投资——不包括"间接投资"；

③连续持有居民企业公开发行并上市流通的股票在一年（12 个月）以上取得的投资收益。

（2）什么叫"权益性投资"？

权益性投资是指，为获取其他企业的权益或净资产所进行的投资。如对其他企业的普通股股票投资、为获取其他企业股权的联营投资等，均属权益性投资。企业进行这种投资是为取得对另一企业的控制权，或实施对另一个企业的重大影响，或为了其他目的。

2. 对连续持有居民企业公开发行并上市流通的股票不足12个月取得的投资收益，应按规定征税，主要是考虑这种投资，并不以股息、红利收入为主要目的，主要是从二级市场获得股票转让收益，而且买卖和变动频繁，税收管理难度大，因此，实施条例将持有上市公司股票的时间短于12个月的股息红利收入排除在免税范围之外。

3. 企业转让股权所得的收益，是资产的增值，是财产转让所得，不属于企业所得税法所称"权益性投资收益"免税范畴，应根据税法规定的财产转让所得缴纳企业所得税。

4. 不属于税法规定的免税股息、红利：

①从境外被投资企业取得的股息、红利。

②收回投资时，投资收回额大于初始投资成本和投资后新增留存收益中权属于企业的份额部分。

③撤回或减少投资时，投资收回额大于初始投资成本和投资后新增留存收益中权属于企业的份额部分。

④转让股权时，投资后被投资企业新增留存收益中属于企业的份额。

⑤被投资企业用预计利润分配的股息、红利。

⑥超出被投资企业留存收益而分配的股息、红利。

⑦合作或合资开发房地产项目的，合作方或合资方从开发企业取得未缴纳企业所得税的营业利润。

业务13　捐赠支出

[业务资料]

20×4年，雨丰机械公司向某公益性社会团体捐赠60万元，该团体在20×4年度《公益性捐赠税前扣除资格的公益性社会团体名单》中，取得省财政部门印制并加盖接受捐赠单位印章的公益性捐赠票据1份。公司账务处理如下：

借：营业外支出　　　　　　　　　　　　　　　　　　　　600 000
　　贷：银行存款　　　　　　　　　　　　　　　　　　　　　　600 000

[税收政策]

1. 《企业所得税法》第九条规定：企业发生的公益性捐赠支出，在年度利润总额12%以内的部分，准予在计算应纳税所得额时扣除。

2. 《企业所得税法实施条例》第五十一条规定：企业所得税法第九条所称公益性捐赠，是指企业通过公益性社会团体或者县级以上人民政府及其部门，用于《中华人民共和国公益事业捐赠法》规定的公益事业的捐赠。

3.《财政部 国家税务总局 民政部关于公益性捐赠税前扣除有关问题的通知》（财税〔2008〕160号）第八条规定：公益性社会团体和县级以上人民政府及其组成部门和直属机构在接受捐赠时，应按照行政管理级次分别使用由财政部或省、自治区、直辖市财政部门印制的公益性捐赠票据，并加盖本单位的印章。

4.《财政部 国家税务总局 民政部关于公益性捐赠税前扣除有关问题的通知》（财税〔2008〕160号）第一条规定：企业通过公益性社会团体或者县级以上人民政府及其部门，用于公益事业的捐赠支出，在年度利润总额12%以内的部分，准予在计算应纳税所得额时扣除。年度利润总额，是指企业依照国家统一会计制度的规定计算的大于零的数额。

5.《财政部 国家税务总局 民政部关于公益性捐赠税前扣除有关问题的补充通知》财税〔2010〕45号）第五条规定：

对于通过公益性社会团体发生的公益性捐赠支出，企业或个人应提供省级以上（含省级）财政部门印制并加盖接受捐赠单位印章的公益性捐赠票据，或加盖接受捐赠单位印章的《非税收入一般缴款书》收据联，方可按规定进行税前扣除。

对于通过公益性社会团体发生的公益性捐赠支出，主管税务机关应对照财政、税务、民政部门联合公布的名单予以办理，即接受捐赠的公益性社会团体位于名单内的，企业或个人在名单所属年度向名单内的公益性社会团体进行的公益性捐赠支出可按规定进行税前扣除；接受捐赠的公益性社会团体不在名单内，或虽在名单内但企业或个人发生的公益性捐赠支出不属于名单所属年度的，不得扣除。

6.《中华人民共和国慈善法》（中华人民共和国主席令第四十三号）第七十六条规定：自然人、法人和其他组织捐赠财产用于慈善活动的，依法享受税收优惠。企业慈善捐赠支出超过法律规定的准予在计算企业所得税应纳税所得额时扣除的部分，允许结转以后三年内在计算应纳税所得额时扣除。境外捐赠用于慈善活动的物资，依法减征或者免征进口关税和进口环节增值税。

[税务处理]

公益性捐赠支出税前扣除需注意以下几点：

1. 公益性捐赠，是指企业通过公益性社会团体或者县级以上人民政府及其部门，用于《中华人民共和国公益事业捐赠法》规定的公益事业的捐赠。公益性社会团体实行"名单管理"：（1）接受捐赠的公益性社会团体在名单内；（2）企业发生的公益性捐赠支出属于名单所属年度。

2. 取得合法票据，企业应提供省级以上（含省级）财政部门印制并加盖接受捐赠单位印章的公益性捐赠票据，或加盖接受捐赠单位印章的《非税收入一般缴款书》收据联，方可按规定进行税前扣除。

3. 企业发生的公益性捐赠支出，在年度利润总额12%以内的部分，准予在计算应纳税所得额时扣除。年度利润总额，是指企业依照国家统一会计制度的规定计算的大于零的数额。年度利润总额若是小于零，则公益性捐赠支出不得税前扣除。

该企业向某公益性社会团体捐赠60万元，属于公益性捐赠支出，可以在年度利润总额12%以内税前扣除。

4. 县级以上人民政府及其组成部门和直属机构的公益性捐赠税前扣除资格不需要认定。

业务14 支付企业日常费用（一）

[业务资料]

1. 记账凭证。

表1-18

记 账 凭 证

20×4 年 12 月 02 日

记 字第 03 号
附 件 2 张

摘要	一级账户	明细账户	借方金额	贷方金额
购办公用品	管理费用	办公费	500.00	
招待客人	管理费用	业务招待费	100.00	
支付费用	库存现金			600.00
		合计	600.00	600.00

会计主管：珠珠　　　　记账：丹丹　　　　审核：何花　　　　出纳：娜娜　　　　制单：丹丹

注：附件仅只列示与税务风险相关的原始凭证，下同。

2. 附件——机打发票。

表1-19

××省国家税务局通用机打发票

（L市）

发 票 联　　　　　　发票代码：000000000001

（国家税务局监制章）　　发票号码：00000002

密码

开票日期：20×4—12—01　　　行业分类：商业　　　　　　　00000002

客户名称：雨丰机械			客户代码：026			
地址：L市XX区XX路6号			银行及账号：37000000800660000XXX			
品名及名称	规格	单位	数量	单价	金额	备注
办公桌		张	1	500.00	500.00	

合计人民币（大写）⊗ 伍佰元整　　　　　　¥500.00

L市XXX办公用品商场（发票专用章）

填票人：XX　　　　收款人：YY

第一联 发票联（购货单位付款凭证）（手开无效）

注：此发票二○×四年底前开具有效，开具金额超过十万元无效。

该公司全称为：L市雨丰机械制造有限公司。

3. 附件——定额发票。

表 1-20

注：
此发票二〇×四年底前开具有效

××省国家税务局通用定额发票
（省国税局监制章）
发 票 联
发票代码：000000000032
发票号码：00000027
密码：

壹 佰 元
（加盖发票专用章有效）

X国税发票字［20×4］1552号 1.6千本×50×2
＊XX发发科技发展有限公司20×4年10月印＊

注：此发票票面未加盖发票专用章。

［税收政策］

1.《中华人民共和国发票管理办法》（中华人民共和国国务院令第587号）第二十一条规定：不符合规定的发票，不得作为财务报销凭证，任何单位和个人有权拒收。

2.《国家税务总局关于进一步加强普通发票管理工作的通知》（国税发〔2008〕80号）第八条第二款规定：在日常检查中发现纳税人使用不符合规定发票特别是没有填开付款方全称的发票，不得允许纳税人用于税前扣除、抵扣税款、出口退税和财务报销。

3.《国家税务总局关于认真做好2011年打击发票违法犯罪活动工作的通知》（国税发〔2011〕25号）规定：进一步加强对纳税单位和个人发票使用情况的检查。各级税务机关要将发票检查作为税务检查的必查步骤和必查项目，将纳税单位和个人发票使用情况的检查与行业税收专项检查、区域税收专项整治、重点税源企业检查、专案检查工作一同布置、一同组织、一同进行，做到"查账必查票"、"查案必查票"、"查税必查票"。

［税务处理］

表1-19：发票客户名称"雨丰机械"未使用付款方全称"L市雨丰机械制造有限公司"，不能税前扣除。表1-20：未加盖发票专用章发票，不能税前扣除。企业应当在企业所得税汇算清缴时调增应纳税所得额600元。

相关链接

在实际工作中，企业有时候很难取得合规的正式发票，只能以白条、收据等不合规票据入账，有时也是无奈之举，然而，我国目前实行的是"以票控税"的管理制度，按照税法规定，应做纳税调整。

企业使用不合规票据列支成本、费用的现象，在中小企业中相当普遍，几乎每一家中小企业都存在这个问题，有的金额甚至相当巨大，有必要引起足够的重视。

通常，企业不合规票据的类型主要有下列几种：

1. 发票无抬头，即单位名称一栏未填写内容，或只填写"北京"、"山东"等字样；

2. 抬头名称不是本企业，即用票面为其他单位的发票列支费用，这在存在关联方的企业比较常见。

3. 抬头名称为个人，即单位名称一栏填写某人姓名，通常为公司老板、股东等人员的姓名，如在个人名下的车辆保险费用等。

4. 抬头名称不是本企业全称，这种发票最为普遍，通常填写企业的简称，像"L市雨丰商贸有限公司"填写为"雨丰"，甚至有的填写为"雨风"、"雨沣"等别字。

5. 发票未盖章，发票一般应当加盖发票专用章，未盖章的发票无效。《国务院关于修改〈中华人民共和国发票管理办法〉的决定》（中华人民共和国国务院令第587号）第九条规定：开具发票应当按照规定的时限、顺序、栏目，全部联次一次性如实开具，并加盖发票专用章。原来的规定是可以加盖发票专用章或者财务专用章，而现在只能加盖发票专用章。

6. 以前年度发票，比如，企业用开票日期为"20×2年10月1日"的发票作为原始凭证在20×3年1月入账，违背了权责发生制原则，不能在20×3年度税前扣除。扣除方法参考国家税务总局公告2012年第15号第六条规定。

7. 过期发票，也称旧版发票，比如《国家税务总局关于全国统一式样发票衔接问题的通知》（国税函〔2009〕648号）规定"本通知明确简并取消的票种可使用到2010年12月31日，2011年1月1日起，使用新版统一通用发票"。也就是说，2011年1月1日起，国税函〔2009〕648号文件明确简并取消的发票就成了旧版发票，不再允许税前扣除。

8. 收据、白条。收据可以分为内部收据和外部收据。外部收据又分为税务部门监制、财务部门监制、部队收据三种。内部收据是单位内部的自制凭证，用于单位内部发生的业务，如材料内部调拨、收取员工押金、退还多余出差借款等，这时的内部自制收据是合法的凭证，可以作为成本费用入账。单位之间发生业务往来，收款方在收款以后不需要纳税的，收款方就可以开具税务部门监制的收据。行政事业单位发生的行政事业性收费，可以使用财政部门监制的收据。单位与部队之间发生业务往来，按照规定不需要纳税的，可以使用部队监制的收据，这种收据也是合法的凭证，可以入账。除上述几种收据外，单位或个人在收付款时使用的其他自制收据，就是日常所说的"白条"，是不能作为凭证入账的。

9. 发票开具内容笼统含糊。发票开具内容笼统含糊，往往为虚假的经济业务，此类发票内容多为"办公用品"、"计算机耗材"、"打印纸"、"烟、酒、茶"、"培训费"、"宣传费"、"会议费"、"维修费"等内容，且发票金额较大。如在大型商场购买代金券，分成若干办公用品发票开具，把酒店餐饮支出列入会议费，公费旅游支出开具培训费等。

《国家税务总局关于转发中纪委〈关于坚决制止开具虚假发票公款报销行为的通知〉

的通知》（国税函〔2003〕230号）规定：财务报销必须规范报销凭证，附正规发票，如果采购商品较多，货物名称、单价、数量等不能在发票中详细反映，还应附供应商提供的明细清单。以上要求不仅限于办公用品的购置，对会议费、培训费、印制费、物业管理、维修、劳务、软件开发、设备租赁、车辆保险等各项费用的支出，亦应按以上要求办理。

《国家税务总局稽查局关于重点企业发票使用情况检查工作相关问题的补充通知》（稽便函〔2011〕31号）规定：对企业列支项目为"会议费"、"餐费"、"办公用品"、"佣金"和各类手续费等的发票，须列为必查发票进行重点检查。对此类发票要逐笔进行查验比对，重点检查企业是否存在利用虚假发票及其他不合法凭证虚构业务项目、虚列成本费用等问题。对必查发票要逐笔进行查验比对，通过对资金、货物等流向和发票信息的审核分析，重点检查其业务的真实性。

目前需要附证明的发票主要是会议费、差旅费、培训费、办公用品费等。会议费和培训费的证明材料应包括：会议时间、地点、出席人员、内容、目的、费用标准、会议材料（会议议程、讨论专件、领导讲话）、支付凭证等。召开董事会会议的会议费也应该按照上述规定提供资料。差旅费的证明材料包括出差时间、地点、人数、事由、天数、费用标准等。

10. 费用项目与发票不符。这主要是发生费用后无法取得发票而使用其他发票顶替入账，比如：有的企业费用项目为招待餐费，后面附的发票却是盖有鞋店章的发票；有的企业费用项目为装卸费，后面附的却是公共汽车票。

11. 假发票。有的假发票很好识别，比如，发票代码的2~5位为行政区划代码前4位，若行政区划代码与发票专用章上的单位所在地不符，则肯定为假票；国税发〔2009〕142号文件规定手工发票的限额应严格控制在百元版和千元版，若为万元版通用手工发票则肯定为假票；又比如，一些不同日期的连号发票一般为假发票。有的假发票不易识别，需要到税局网站查询。

12. 费用重复列支。

业务15　支付企业日常费用（二）

[业务资料]

表1-21

记 账 凭 证
20×4年12月2日

记　字第03号
附　件　2张

摘要	一级账户	明细账户	借方金额	贷方金额
支付酒水款	管理费用	办公费	5 000.00	
支付业务宣传费	管理费用	业务宣传费	10 000.00	
支付费用	库存现金			15 000.00

续表

摘要	一级账户	明细账户	借方金额	贷方金额
合计			15000.00	15000.00

会计主管：珠珠　　记账：丹丹　　审核：何花　　出纳：娜娜　　制单：丹丹

附件：货物名称分别为"酒水"与"礼品"的发票两份，无其他相关资料证明酒水用于办公，礼品用于业务宣传。已知：公司账面全年列支业务招待费84 000元，广告费和业务宣传费136 000元。

[税收政策]

1.《企业所得税法实施条例》（中华人民共和国国务院令第512号）第四十三条规定：企业发生的与生产经营活动有关的业务招待费支出，按照发生额的60%扣除，但最高不得超过当年销售（营业）收入的5‰。

2.《企业所得税法实施条例》（中华人民共和国国务院令第512号）第四十四条规定：企业发生的符合条件的广告费和业务宣传费支出，除国务院财政、税务主管部门另有规定外，不超过当年销售（营业）收入15%的部分，准予扣除；超过部分，准予在以后纳税年度结转扣除。

[税务处理]

实际工作中，许多企业财务人员经常将业务招待费与会议费、差旅费、办公费、福利费、业务宣传费等其他费用混淆，将本属于业务招待费的支出计入其他费用，造成招待费核算不准确。该企业列支的酒水、礼品费用未在招待费中列支，应重新归集招待费和业务宣传费：企业所得税汇算清缴时，招待费调增15 000元，业务宣传费调减10 000元。

相关链接

1. 业务招待费的列支范围。

在业务招待费的列支范围上，不论是会计还是税法都未给予准确的界定。在税务执法实践中，通常将业务招待费的支付范围界定为与企业生产经营活动有关的餐饮、香烟、酒水、食品、赠送的礼品、土特产品、旅游门票、正常的娱乐活动等费用支出。企业应准备足够有效的材料来证明与生产经营有关，并同时保证业务招待费用的真实性，越客观的证据越有效。

企业应将业务招待费与会议费、业务宣传费等其他费用严格区分，不得将业务招待费挤入其他费用。同时要严格区分给客户的回扣、贿赂等非法支出，对此不能作为业务招待费而应直接做纳税调整。

一般来讲，外购礼品用于赠送的，应作为业务招待费，但如果礼品是纳税人自行生产或经过委托加工，赠送给潜在客户，对企业的形象、产品有标记及宣传作用的，也可作为业务宣传费；但是，赠送给既有客户，是用来维系客户关系的一种手段，不能起到宣传企业形象的作用，应作为业务招待费。

2. 业务招待费≠餐费，餐费≠业务招待费。

在实际工作中，有的企业财务人员认为餐费就是业务招待费，也有的企业财务人员认为业务招待费就是餐费,错误地把餐费和业务招待费划上等号,导致企业多缴或少缴企业所得税。其实餐费与业务招待费不是一回事!

(1)业务招待费≠餐费:业务招待费除了用于接待的餐费,还包括向客户赠送的礼品、正常的娱乐活动等。

(2)餐费≠业务招待费:

①重大节日的员工聚餐、加班工作餐等,这些与接待客户根本没有关系,只是企业内部员工发生的餐费,显然不属于业务招待费,聚餐可以在福利费列支,工作餐则可以在办公费列支。

②差旅费中发生的餐费可全额税前扣除。差旅费是指出差旅途中的费用支出,包括购买车、船、火车、飞机的票费、住宿费、伙食补助费及其他方面的支出。使用餐费发票报销出差旅途中的用餐费用需填写差旅费报销单,列明出差人员姓名、地点、时间、任务等内容,与车票、住宿费发票等支付凭证等一起作为附件。

在证明资料不足的情况下,为了减少税企争议,建议企业最好不用餐费发票报销,而改用发放误餐补助的方式,这样不但在企业所得税前可以扣除,也不征收个人所得税。

根据《财政部 国家税务总局关于误餐补助范围确定问题的通知》(财税字〔1995〕82号)的规定,对个人因公在城区、郊区工作,不能在工作单位或返回就餐,确实需要在外就餐,根据实际误餐顿数,按合理的标准领取的误餐费不征税;对一些单位以误餐补助名义发给职工的补贴、津贴,应当并入当月工资、薪金所得计征个人所得税。

③会议费中发生的餐费可全额税前扣除。会议费是指召开会议所发生的一切合理费用,包括租用会议场所费用、会议资料费、交通费、茶水费、餐费、住宿费等支出。但企业要保存好会议费的证明材料,具体包括会议时间、地点、出席人员、内容、目的、费用标准、支付凭证等。另外,最好不要单独开具餐费发票,而应根据实际用途一并按会议费开具发票。

为了准确划分餐费的费用项目,建议企业完善财务制度,将业务招待费与差旅费、会议费和职工福利费严格区分,不得将业务招待费挤入这些费用,同时把不属于业务招待费的餐费分离出来,但注意保留能够证明费用项目的证明资料,以备税务机关检查,避免不必要的税务风险。

3. 业务招待费的扣除基数。

根据国税函〔2008〕1081号文件的规定,企业计算年度可在企业所得税前扣除的业务招待费,应以《收入明细表》中的"销售(营业)收入合计"即主营业务收入、其他业务收入和视同销售收入之和为基数计算确定。对经税务机关查增的收入,企业纳税申报时未在"销售(营业)收入合计"中申报,大部分税务机关认为是企业对扣除权利的放弃,其数据不可以追加作为所属年度业务招待费的计算基数。

但是,《河北省国家税务局 河北省地方税务局关于明确企业所得税若干业务问题的公告》(河北省国家税务局、河北省地方税务局公告2012年第1号)第十二条规定:

对纳税人在稽查、检查过程中查补的收入，可以作为所属年度企业业务招待费、广告费和业务宣传费的计算基数。河北省是个特例，其他省市无此规定的不可以参考。

4. 从事股权投资业务的企业业务招待费扣除限额。

《国家税务总局关于贯彻落实企业所得税法若干税收问题的通知》（国税函〔2010〕79号）第八条规定：对从事股权投资业务的企业（包括集团公司总部、创业投资企业等），其从被投资企业所分配的股息、红利以及股权转让收入，可以按规定的比例计算业务招待费扣除限额。

计算基数仅包括从被投资企业所分配的股息、红利以及股权转让收入三项收入，不包括权益法核算的账面投资收益，以及按公允价值计量金额资产的公允价值变动。

5. 企业在筹建期间，发生的与筹办活动有关的业务招待费支出，可按实际发生额的60%计入企业筹办费，并按有关规定在税前扣除。扣除时不受当期销售（营业）收入5‰的限制。

企业在筹建期间，发生的广告费和业务宣传费，可按实际发生额计入企业筹办费，并按有关规定在税前扣除。扣除时不受当期销售（营业）收入15%的限制。

6. 筹建期如何界定？是否企业从开业到取得第一笔销售收入之前都叫筹建期？

筹建期是指企业被批准筹建之日起至开始生产、经营（包括试生产、试经营）之日的期间。不同行业企业其开始生产、经营之日的确认标准不同，因此应根据企业实际情况予以判断，不能仅以企业取得第一笔销售收入作为判断开始生产经营的唯一标准。

7. 企业正在筹建还未生产，有房租费、电费等非经营性收入，当年度是作为收入申报，还是冲减筹办费？

根据《国家税务总局关于贯彻落实企业所得税法若干税收问题的通知》（国税函〔2010〕79号）的相关规定，企业自开始生产经营的年度，为开始计算企业损益的年度。企业在筹建期间，取得了房租费、电费等非生产性收入，冲减相应的筹建费用。

8. 广告费、业务宣传费。

（1）发生：按权责发生制原则属于当期负担的广告宣传费，不管是否在当期支付，不超过当年销售（营业）收入15%的部分，可以在当期扣除；超过部分，准予在以后纳税年度结转扣除。《企业所得税税前扣除办法》（国税发〔2000〕84号）已经失效，其第四十一条关于广告费支出必须符合已实际支付费用的条件也随之失效。

（2）符合条件：广告费的支付对象应当具有广告业从业资质。

（3）不再区分广告费和业务宣传费，广告费和业务宣传费实行合并扣除。

广告费，是指企业通过一定的媒介和形式直接或间接地介绍自己所推销的商品或者所提供的服务，以达到促销目的所支付给广告经营者，发布者的费用。

业务宣传费是指企业开展业务宣传活动所支付的费用，主要是指未通过媒体传播的广告性支出，包括企业发放的印有企业标志的礼品、纪念品等。

9. 业务招待费与业务宣传费的区分：

（1）是否对企业的形象、产品有宣传作用。外购礼品用于赠送的，应作为业务招待费，纳税人自行生产或经过委托加工对企业的形象、产品有标记及宣传作用的礼品，赠送潜在客户的，也可作为业务宣传费。

（2）赠送的对象是潜在客户还是既有客户。作为业务宣传费列支的必须是企业潜在的客户而不是既有的客户，向路人赠送企业简介和产品说明书，向路人散发宣传单，在重要场所悬挂横幅，向不特定潜在客户赠送的标有本企业名称、电话号码、产品标识等带有广告性质的礼品等，这些都是对潜在客户的一种宣传，可以作为业务宣传费按规定在税前扣除，但应提供证据证明其与生产经营的宣传有关。如果将礼品送给既有客户，这些客户对企业已经有所了解，起不到宣传企业形象的作用，故应作为业务招待费。这种赠送礼品的行为只是维系客户关系的一种业务手段。

10. 企业申报扣除的广告费和业务宣传费支出应与赞助支出严格区分。税法规定不得税前扣除的赞助支出是指非广告性质的赞助支出，而广告性质的赞助支出可以作为广告费和业务宣传费扣除，在实际处理广告性质的赞助支出时，应与相关接受赞助方签订协议或合同，约定广告宣传的具体内容，并通过拍照或录像的方式保留广告宣传具体内容的影像证明资料等，证明属于与生产经营有关的业务宣传费性质支出，才能税前扣除，否则视为赞助支出，一律不得扣除。对取得的发票、收据等资料内容应注意不得有"赞助费"的字样。

11. 广告费和业务宣传费支出税前扣除的特殊规定。

《财政部 国家税务总局关于广告费和业务宣传费支出税前扣除政策的通知》（财税〔2012〕48 号）规定：

（1）对化妆品制造与销售、医药制造和饮料制造（不含酒类制造，下同）企业发生的广告费和业务宣传费支出，不超过当年销售（营业）收入 30% 的部分，准予扣除；超过部分，准予在以后纳税年度结转扣除。

（2）对签订广告费和业务宣传费分摊协议（以下简称分摊协议）的关联企业，其中一方发生的不超过当年销售（营业）收入税前扣除限额比例内的广告费和业务宣传费支出可以在本企业扣除，也可以将其中的部分或全部按照分摊协议归集至另一方扣除。另一方在计算本企业广告费和业务宣传费支出企业所得税税前扣除限额时，可将按照上述办法归集至本企业的广告费和业务宣传费不计算在内。

（3）烟草企业的烟草广告费和业务宣传费支出，一律不得在计算应纳税所得额时扣除。

（4）本通知自 2011 年 1 月 1 日起至 2015 年 12 月 31 日止执行。

该文件执行到期后，很可能会有后续政策，请及时关注最新政策。

业务 16　支付罚款、滞纳金、违约金

[**业务资料**]

12 月 4 日，雨丰机械公司因少缴税款被主管税务机关处以罚款 10 000 元并加收滞纳金 500 元，计入营业外支出。同日，因未能按时交货而向购货方支付违约金 2 000元，取得收据 1 份，计入营业外支出。

［税收政策］

1.《企业所得税法》第八条规定：企业实际发生的与取得收入有关的、合理的支出，包括成本、费用、税金、损失和其他支出，准予在计算应纳税所得额时扣除。

2.《企业所得税法》第十条第四项中规定：在计算应纳税所得额时，罚金、罚款和被没收财物的损失不得扣除。

3.《国家税务总局关于印发〈中华人民共和国企业所得税年度纳税申报表〉的通知》（国税发〔2008〕101号）明确规定："罚金、罚款和被没收财物的损失"不包括纳税人按照经济合同规定支付的违约金（包括银行罚息）、罚款和诉讼费。

［税务处理］

罚款通常分为两类：

一类是行政性罚款，其大多依据的是国家法律、行政法规，具有较强的法定性和强制性，如工商登记部门、税务部门、公安部门对企业的罚款。

另一类是经营性罚款，主要是根据经济合同或行业惯例，对企业在经营活动中的违约行为给予的惩罚，如纳税人按照经济合同规定支付的违约金（包括银行罚息）、罚款和诉讼费等。

罚款性质不同，税前扣除规定也不同。行政性罚款不得在税前扣除，而经营性罚款可在企业所得税前全额扣除。

在企业所得税汇算清缴时，应调增应纳税所得额10 500元。

相关链接

行政性罚款通常需要取得财政票据，而经营性罚款有的需要取得发票，有的则不需要取得发票，具体有下列5种情形：

1. 签订购销合同的双方，如合同未履行，收到违约金的一方作为营业外收入，并入当期应纳税所得税额，计算缴纳所得税。因为未发生经营活动，所以不涉及流转税问题，不需要取得发票。

2. 签订购销合同的双方，如销售方不能按期交货等（不包括质量问题）原因造成违约，购货方收到的违约金，作为营业外收入，并入当期应纳税所得税额，计算缴纳所得税。因为未实际发生销售商品、提供服务等经营活动，所以不涉及流转税问题，不需要取得发票。

3. 签订购销合同的双方，如销售方因质量问题造成违约，则属销售折让的范畴，购货方收到的违约金应做进项转出处理。购货方需提供主管税务机关出具的销售折让或退货证明，销售方凭此开具红字发票。

4. 合同已履行，因购货方违约而付给销售方的违约金，应属于价外费用，要随同价款一起计征流转税。此时，销售方收到的违约金应开具发票。

5. 购货方（付款方）收取违约金，无论对方在何时违约，都不需要开具发票，只需开具收据。开具发票的前提是销售商品、提供劳务等而取得了经营收入，而购货方收取的违约金并不是经营收入，因此不需要开具发票。

销售方应当开具发票的，购货方必须以发票作为合法凭证，否则不得税前扣除。

业务 17　借款利息支出（一）

[业务资料]

雨丰机械公司的注册资本为 1 000 万元。20×4 年按同期金融机构贷款利率从其关联方借款 3 000 万元，发生借款利息 60 万元。企业不能够提供相关资料证明该关联方借款符合独立交易原则、该企业的实际税负不高于境内关联方。公司账务处理如下：

借：财务费用　　　　　　　　　　　　　　　　　　　　　　　　600 000

　　贷：银行存款　　　　　　　　　　　　　　　　　　　　　　　600 000

[税收政策]

1.《企业所得税法实施条例》第三十八条规定：

企业在生产经营活动中发生的下列利息支出，准予扣除：

（一）非金融企业向金融企业借款的利息支出、金融企业的各项存款利息支出和同业拆借利息支出、企业经批准发行债券的利息支出；

（二）非金融企业向非金融企业借款的利息支出，不超过按照金融企业同期同类贷款利率计算的数额的部分。

2.《国家税务总局关于企业所得税若干问题的公告》（国家税务总局 2011 年第 34 号公告）第一条"关于金融企业同期同类贷款利率确定问题"规定：

根据《实施条例》第三十八条规定，非金融企业向非金融企业借款的利息支出，不超过按照金融企业同期同类贷款利率计算的数额的部分，准予税前扣除。鉴于目前我国对金融企业利率要求的具体情况，企业在按照合同要求首次支付利息并进行税前扣除时，应提供"金融企业的同期同类贷款利率情况说明"，以证明其利息支出的合理性。

"金融企业的同期同类贷款利率情况说明"中，应包括在签订该借款合同当时，本省任何一家金融企业提供同期同类贷款利率情况。该金融企业应为经政府有关部门批准成立的可以从事贷款业务的企业，包括银行、财务公司、信托公司等金融机构。"同期同类贷款利率"是指在贷款期限、贷款金额、贷款担保以及企业信誉等条件基本相同下，金融企业提供贷款的利率。既可以是金融企业公布的同期同类平均利率，也可以是金融企业对某些企业提供的实际贷款利率。

3.《财政部 国家税务总局关于企业关联方利息支出税前扣除标准有关税收政策问题的通知》（财税〔2008〕121 号）规定：

一、在计算应纳税所得额时，企业实际支付给关联方的利息支出，不超过以下规定比例和税法及其实施条例有关规定计算的部分，准予扣除，超过的部分不得在发生当期和以后年度扣除。

企业实际支付给关联方的利息支出，符合本通知第二条规定外，其接受关联方债权性投资与其权益性投资比例为：

（一）金融企业，为 5∶1；

（二）其他企业，为 2∶1。

二、企业如果能够按照税法及其实施条例的有关规定提供相关资料，并证明相关交易活动符合独立交易原则的；或者该企业的实际税负不高于境内关联方的，其实际支付给境内关联方的利息支出，在计算应纳税所得额时准予扣除。

4.《特别纳税调整实施办法（试行）》（国税发〔2009〕2号）第八十九条规定：

企业关联债资比例超过标准比例的利息支出，如要在计算应纳税所得额时扣除，除遵照本办法第三章规定外，还应准备、保存、并按税务机关要求提供以下同期资料，证明关联债权投资金额、利率、期限、融资条件以及债资比例等均符合独立交易原则：

（一）企业偿债能力和举债能力分析；

（二）企业集团举债能力及融资结构情况分析；

（三）企业注册资本等权益投资的变动情况说明；

（四）关联债权投资的性质、目的及取得时的市场状况；

（五）关联债权投资的货币种类、金额、利率、期限及融资条件；

（六）企业提供的抵押品情况及条件；

（七）担保人状况及担保条件；

（八）同类同期贷款的利率情况及融资条件；

（九）可转换公司债券的转换条件；

（十）其他能够证明符合独立交易原则的资料。

5.《特别纳税调整实施办法（试行）》（国税发〔2009〕2号）第九十条规定：企业未按规定准备、保存和提供同期资料证明关联债权投资金额、利率、期限、融资条件以及债资比例等符合独立交易原则的，其超过标准比例的关联方利息支出，不得在计算应纳税所得额时扣除。

[税务处理]

由于债务人支付给债权人的利息可以在税前扣除，而股东获得的股息不能在税前扣除，纳税人在为投资经营而筹措资金时，常常刻意设计资金来源结构，加大借入资金比例，扩大债务与权益的比率，形成"资本弱化"，但由于财务人员对税法政策掌握不够全面，仅仅知道利率超过金融企业同期同类贷款利率的部分需要纳税调整，却不知道关联方借款利息支出扣除还要受到债资比的限制，而给企业带来税务风险。

关联方借款利息支出税前扣除必须同时受利率不超过金融企业同期同类贷款利率和债资比例限制的制约。

许多财务人员看不懂财税〔2008〕121号文件的规定，这条规定的意思就是：对于金融企业从关联方取得的借款金额超过其权益性投资（注册资本）500%，其他企业超过200%的，超过部分的利息支出不得税前扣除，未超过部分的利息支出准予按照金融机构同类同期贷款利率计算的数额内税前扣除。

该公司债资比例为3(3 000÷1 000)，大于其接受关联方债权性投资与其权益性投资比例2，因此，不得扣除的利息支出＝年度实际支付的全部关联方利息×(1－标准比例÷关联债资比例)＝60×(1－2/3)＝20(万元)，需要调增应纳税所得额。

企业要想不受债资比例限制全额扣除关联方利息，则必须按照《特别纳税调整实施办法（试行）》（国税发〔2009〕2号）第八十九条和第九十条规定提供相关证明资料。

相关链接

1. 上面是企业间借款利息扣除的税务扣除规定，下面看一下企业向个人借款利息支出的扣除条件。

《国家税务总局关于企业向自然人借款的利息支出企业所得税税前扣除问题的通知》（国税函〔2009〕777号）规定：

"一、企业向股东或其他与企业有关联关系的自然人借款的利息支出，应根据《中华人民共和国企业所得税法》（以下简称税法）第四十六条及《财政部 国家税务总局关于企业关联方利息支出税前扣除标准有关税收政策问题的通知》（财税〔2008〕121号）规定的条件，计算企业所得税扣除额。

二、企业向除第一条规定以外的内部职工或其他人员借款的利息支出，其借款情况同时符合以下条件的，其利息支出在不超过按照金融企业同期同类贷款利率计算的数额的部分，根据税法第八条和税法实施条例第二十七条规定，准予扣除。

（一）企业与个人之间的借贷是真实、合法、有效的，并且不具有非法集资目的或其他违反法律、法规的行为；

（二）企业与个人之间签订了借款合同"。

2. 融资性售后回租业务，租赁期间，承租人支付的属于融资利息的部分，作为企业财务费用在税前扣除。不受金融企业同期同类贷款利率的限制。税法依据：《国家税务总局关于融资性售后回租业务中承租方出售资产行为有关税收问题的公告》（国家税务总局公告2010年第13号）。

3. 金融机构同期同类贷款利率的确定。

（1）金融企业：为经政府有关部门批准成立的可以从事贷款业务的企业，包括银行、财务公司、信托公司等金融机构。可见，金融企业既包括银行，也包括经政府有关部门批准成立的可以从事贷款业务的财务公司、信托公司等；

（2）金融企业同期同类贷款：是指在贷款期限、贷款金额、贷款担保以及企业信誉等条件基本相同下，金融企业提供贷款的利率。既可以是金融企业公布的同期同类平均利率，也可以是金融企业对某些企业提供的实际贷款利率。即国家税务总局2011年第34号公告将贷款利息放宽到全部企业对金融企业"实际支付的利息"。

（3）企业税前扣除需提供的证明材料：鉴于目前我国对金融企业利率要求的具体情况，企业在按照合同要求首次支付利息并进行税前扣除时，应提供"金融企业的同期同类贷款利率情况说明"，以证明其利息支出的合理性。"金融企业的同期同类贷款利率情况说明"中，应包括在签订该借款合同当时，本省任何一家金融企业提供同期同类贷款利率情况。

（4）注意要点：

①提供资料的时间是首次支付利息并进行税前扣除时；最晚在汇算清缴前提供即可，因为汇算清缴以前也无须做纳税调整。

②提供本省任何一家金融企业同期同类贷款利率情况即可；由于金融企业包括了

"信托公司、财务公司"等金融机构，而信托公司的利率是比较高的，因此企业在本省范围内找到一家这样的参考标准，应不难，该规定意味着，只要企业支付的利息不太过分，基本上就可以按照"实际支付的利息"扣除。

4. 关联债资比例的具体计算方法。

$$\frac{企业从其关联方接受的债权性投资}{与企业接受的权益性投资的比例} = \frac{年度各月平均关联债权投资之和(X1+X2+\cdots+X12)}{年度各月平均权益投资之和(Y1+Y2+\cdots+Y12)}$$

其中：

各月平均关联债权投资 Xn ＝(关联债权投资月初账面余额＋月末账面余额)/2 $(n＝1、2\cdots12)$

各月平均权益投资 Yn ＝(权益投资月初账面余额＋月末账面余额)/2 $(n＝1、2\cdots12)$

5.《企业所得税法实施条例》第一百一十九条规定：权益性投资，是指企业接受的不需要偿还本金和支付利息，投资人对企业净资产拥有所有权的投资。

权益性投资为企业资产负债表上的所有者权益数额，当所得者权益小于实收资本与资本公积之和，则权益性投资为实收资本与资本公积之和；当实收资本与资本公积之和小于实收资本，则权益性投资为实收资本。即：权益性投资为所有者权益、实收资本与资本公积、实收资本三个数额中的较大者。

6. 利息支出包括直接或间接关联债权投资实际支付的利息、担保费、抵押费和其他具有利息性质的费用。

业务18　借款利息支出（二）

[业务资料]

雨丰机械公司在 20×4 年列支向非金融企业和个人借款的利息支出 20 万元，未取得利息发票，仅凭对方开具的收取利息的收据入账。列支向雨丰集团资金结算中心的利息支出 26 万元，也未取得发票，仅取得结算中心自制的利息收据入账。公司账务处理如下：

借：财务费用　　　　　　　　　　　　　　　　　　　　　　　　460 000
　　贷：银行存款　　　　　　　　　　　　　　　　　　　　　　460 000

[税收政策]

1.《发票管理办法》第二十条规定：销售商品、提供服务以及从事其他经营活动的单位和个人，对外发生经营业务收取款项，收款方应向付款方开具发票；特殊情况下由付款方向收款方开具发票。

2.《销售服务、无形资产、不动产注释》规定：贷款，是指将资金贷与他人使用而取得利息收入的业务活动。各种占用、拆借资金取得的收入，包括金融商品持有期间

（含到期）利息（保本收益、报酬、资金占用费、补偿金等）收入、信用卡透支利息收入、买入返售金融商品利息收入、融资融券收取的利息收入，以及融资性售后回租、押汇、罚息、票据贴现、转贷等业务取得的利息及利息性质的收入，按照贷款服务缴纳增值税。

3. 《营业税改征增值税试点过渡政策的规定》（财税〔2016〕36 号附件 3）关于统借统还项目免征增值税的规定：

统借统还业务中，企业集团或企业集团中的核心企业以及集团所属财务公司按不高于支付给金融机构的借款利率水平或者支付的债券票面利率水平，向企业集团或者集团内下属单位收取的利息。

统借方向资金使用单位收取的利息，高于支付给金融机构借款利率水平或者支付的债券票面利率水平的，应全额缴纳增值税。

统借统还业务，是指：

（1）企业集团或者企业集团中的核心企业向金融机构借款或对外发行债券取得资金后，将所借资金分拨给下属单位（包括独立核算单位和非独立核算单位，下同），并向下属单位收取用于归还金融机构或债券购买方本息的业务。

（2）企业集团向金融机构借款或对外发行债券取得资金后，由集团所属财务公司与企业集团或者集团内下属单位签订统借统还贷款合同并分拨资金，并向企业集团或者集团内下属单位收取本息，再转付企业集团，由企业集团统一归还金融机构或债券购买方的业务。

[税务处理]

从上述规定我们可以得出如下结论：

1. 企业向关联方收取的利息费用需缴纳增值税的，开具发票；免征增值税的，也属于增值税征税范围，也应该开具发票。

2. 企业向无关联的自然人的借款支出应真实、合法、有效，收取利息的个人需要配合企业到主管地税机关申请代开发票，并承担相应的营业税（增值税）、城建税、教育费附加、地方性税费附加和个人所得税。如果企业替个人"扛税"，即代为承担这些税款一般也很难被税务机关同意在税前扣除。

3. 实务中，对于结算中心开具的收据，税务机关通常将其认定为不合规票据，不允许在所得税税前扣除，企业取得的税务机关监制的发票，才可以税前扣除。

该公司利息支出均属于应取得而未取得发票的情形，应调增应纳税所得额 46 万元。

相关链接

1. 关于"统借统还"借款利息企业所得税的税前扣除凭据，营改增以前，由于财税字〔2000〕7 号文件规定统借统还业务不缴纳营业税，税务机关一般不要求代开利息收入的发票，使用收据即可税前扣除。但是，营改增后，统借统还免征增值税，应该取得发票。另外，企业应当有充足的证明材料来证明自己的借款利息支出属于"统借统还"性质。

集团公司总部每年可编制《统借统还本金及利息支出分摊计算表》，将从银行借来的资金下发使用及利息分摊情况进行统计，列明总计从银行取得多少贷款，下发各项目公司多少本金，每个项目公司应当负担的利息是多少，同时提供银行贷款合同、集团内借款利息费用分摊的协议等相关的证明材料，证明自己下拨的贷款及收取的利息属于"统借统还"性质；而各子公司凭借《统借统还本金及利息支出分摊计算表》、实际取得借款额及支付利息费用的收据等相关证明材料与主管税局沟通，证明自己使用的借款及列支的利息支出均属于"统借统还"性质。

2. 融资费用资本化和费用化。

企业通过发行债券、取得贷款、吸收保户储金等方式融资而发生的合理的费用支出，符合资本化条件的，应计入相关资产成本；不符合资本化条件的，应作为财务费用，准予在企业所得税前据实扣除。

3. 信托公司和财务公司"计收利息清单（付息通知）"能否作为税前扣除的合法凭据，部分税务机关做出明确：

向非金融机构借款如何提供同期同类金融机构证明？信托投资公司收利息不开发票，可否参照银行收息单据？

企业可通过行业协会或其他社会关系获得金融企业同期同类贷款利率情况。信托投资公司收取利息应开具发票。（北京国税）

业务 19　银行承兑汇票贴现利息支出

［业务资料］

雨丰机械公司销售货物取得一份银行承兑汇票，票面金额 50 万元，雨丰机械公司将该汇票出售给乙公司，取得银行存款 45 万元，列支财务费用——贴现息 5 万元，附件为一份收据及贴现凭证复印件（申请贴现人为乙公司）。

［税收政策］

1.《企业所得税法》第八条规定：企业实际发生的与取得收入有关的、合理的支出，包括成本、费用、税金、损失和其他支出，准予在计算应纳税所得额时扣除。

2.《企业所得税法实施条例》第二十七条规定：企业所得税法第八条所称有关的支出，是指与取得收入直接相关的支出。企业所得税法第八条所称合理的支出，是指符合生产经营活动常规，应当计入当期损益或者有关资产成本的必要和正常的支出。

3.《中华人民共和国票据法》第十条规定：票据的签发、取得和转让，应当遵循诚实信用的原则，具有真实的交易关系和债权债务关系。票据的取得，必须给付对价，即应当给付票据双方当事人认可的相对应的代价。

［税务处理］

真实、合法和合理是纳税人经营活动中发生支出可以税前扣除的主要条件和基本原则。合法性是指无论支出是否实际发生或合理与否，如果是非法支出，不符合税法的有关规定，即使财务会计法规或制度规定可作为费用支出，也不得在企业所得税前扣除。合法性是显而易见的，也就是非法支出不允许在税前扣除。

单纯从票据上看，由于没有取得合规票据，该笔贴现息支出也不可以税前扣除。当然，即使该企业取得了乙公司开具的利息发票，由于出售银行承兑汇票违反了《中华人民共和国票据法》，相关的费用仍然不得税前扣除。

在企业所得税汇算清缴时，企业应当调增应纳税所得额 50 000 元。

业务 20　担保支出

[业务资料]

雨丰机械公司董事长与甲公司董事长为表兄弟，甲公司需要向银行借款，需要雨丰机械公司作担保人。经董事会批准，雨丰机械公司以厂房为被担保人甲公司提供连带责任担保，后因甲公司扩大生产经营规模，资金短缺，回笼资金也出现困难，不能按期足额偿还银行贷款，雨丰机械公司代为偿还银行利息 30 万元，计入财务费用。公司账务处理如下：

借：财务费用　　　　　　　　　　　　　　　　　　　　　　　300 000
　　贷：银行存款　　　　　　　　　　　　　　　　　　　　　　300 000

[税收政策]

《企业资产损失所得税税前扣除管理办法》（国家税务总局公告 2011 年第 25 号）第四十四条规定：企业对外提供与本企业生产经营活动有关的担保，因被担保人不能按期偿还债务而承担连带责任，经追索，被担保人无偿还能力，对无法追回的金额，比照本办法规定的应收款项损失进行处理。与本企业生产经营活动有关的担保是指企业对外提供的与本企业应税收入、投资、融资、材料采购、产品销售等生产经营活动相关的担保。"

[税务处理]

根据上述政策规定，雨丰机械公司为甲公司提供担保与本企业生产经营活动无关，另外，甲公司不能按期足额偿还银行贷款，也未必真无偿还能力，可能只是暂时的资金短缺，因此，担保人代被担保人偿还的银行利息 30 万元，不得税前扣除。

在企业所得税汇算清缴时，企业应当调增应纳税所得额 30 万元。

业务 21　固定资产计提折旧（一）

[业务资料]

雨丰机械公司将一台机器设备评估增值金额记入"资本公积"科目，并按评估增值后的资产价值计提折旧，20×4 年比按资产原值多计提折旧 1 万元。

雨丰机械公司将一台机器设备无偿借出，20×4 年该设备仍然计提折旧 0.6 万元。

[税收政策]

1.《企业所得税法实施条例》第五十六条规定：

企业的各项资产，包括固定资产、生物资产、无形资产、长期待摊费用、投资资产、存货等，以历史成本为计税基础。

前款所称历史成本，是指企业取得该项资产时实际发生的支出。

企业持有各项资产期间资产增值或者减值，除国务院财政、税务主管部门规定可以确认损益外，不得调整该资产的计税基础。

2.《企业所得税法》第十一条规定：

在计算应纳税所得额时，企业按照规定计算的固定资产折旧，准予扣除。下列固定资产不得计算折旧扣除：

（一）房屋、建筑物以外未投入使用的固定资产；

（二）以经营租赁方式租入的固定资产；

（三）以融资租赁方式租出的固定资产；

（四）已足额提取折旧仍继续使用的固定资产；

（五）与经营活动无关的固定资产；

（六）单独估价作为固定资产入账的土地；

（七）其他不得计算折旧扣除的固定资产。

［税务处理］

企业的各项资产以历史成本为计税基础，该企业评估增值部分计提的折旧1万元，不得税前扣除，在企业所得税汇算清缴时，企业应当调增应纳税所得额。

企业无偿借出的固定资产，相关的经济利益没有流入企业，属于与经营活动无关的固定资产，该项固定资产所计提的折旧0.6万元，不属于与取得应税收入相关的支出，不得在企业所得税税前扣除。

因此，在企业所得税汇算清缴时，企业应调增应纳税所得额1.6万元。

相关链接

1. 企业列支的不得税前扣除的固定资产折旧费用，通常还有下列情形：

（1）除房屋、建筑物以外未投入使用的固定资产折旧都不得税前扣除，只有房屋、建筑物，无论是否闲置都可以税前扣除。

（2）非公司名下的固定资产，以在股东个人名下的车辆最为常见。

（3）以收据等不合规票据列支的固定资产。

2. "停止使用"是否包括季节性停工和大修理停工？

季节性停工期间的固定资产折旧不属于上述不得扣除的范围，因此《企业所得税法实施条例》第五十九条规定的停止使用的固定资产，应当自停止使用月份的次月起停止计算折旧，不包括季节性停工和大修理期间的固定资产折旧。季节性停用和大修理停用是与企业生产经营相关的暂时停用，是生产安排所需，是为了更好地为生产服务，不属于未投入使用的固定资产，因此，该部分的设备应该提取折旧。

3. 企业购入已提足折旧的固定资产怎样计提折旧？

《企业所得税法实施条例》五十八条第一项规定：外购的固定资产，以购买价款和支付的相关税费以及直接归属于使该资产达到预定用途发生的其他支出为计税基础。

对于企业购入已提足折旧的固定资产，主管税务机关首先应当根据已使用过固定资产的新旧磨损程度、使用情况以及是否进行改良等因素合理估计新旧程度，然后与该固定资产的法定折旧年限相乘确定。如果有关固定资产的新旧程度难以准确估计，主管税务机关有权采取其他合理方法。

4. 高值易耗品单位价值较高，但使用时间低于 12 个月，需要作为固定资产吗？

《企业所得税法实施条例》第五十七条规定，企业所得税法第十一条所称固定资产，是指企业为生产产品、提供劳务、出租或者经营管理而持有的、使用时间超过 12 个月的非货币性资产，包括房屋、建筑物、机器、机械、运输工具以及其他与生产经营活动有关的设备、器具、工具等。对于固定资产的判定，不能仅仅依据价值的高低，而应当根据税法的规定综合考虑，高值易耗品虽然单位价值高，但是使用时间一般不超过 12 个月，所以不能视为固定资产，可作为低值易耗品进行管理，相关费用可以税前一次扣除。

5. 对于固定资产的判定，不能仅仅依据价值的高低，企业不能将价值相对较低但符合规定的电子设备、办公家具等固定资产作为低值易耗品在管理费用或销售费用科目一次性列支。

业务 22　固定资产计提折旧（二）

[业务资料]

雨丰机械公司一辆货车按照 8 年计提折旧，20×4 年共计提折旧 3 万元；一台生产设备按照 5 年计提折旧，20×4 年共计提折旧 2 万元。其他固定资产均按照税法最低年限计提折旧。

[税收政策]

1.《企业所得税法实施条例》第六十条规定：

除国务院财政、税务主管部门另有规定外，固定资产计算折旧的最低年限如下：

（一）房屋、建筑物，为 20 年；

（二）飞机、火车、轮船、机器、机械和其他生产设备，为 10 年；

（三）与生产经营活动有关的器具、工具、家具等，为 5 年；

（四）飞机、火车、轮船以外的运输工具，为 4 年；

（五）电子设备，为 3 年。

2.《国家税务总局关于企业所得税应纳税所得额若干税务处理问题的公告》（国家税务总局公告 2012 年第 15 号）第八条规定：根据《企业所得税法》第二十一条规定，对企业依据财务会计制度规定，并实际在财务会计处理上已确认的支出，凡没有超过《企业所得税法》和有关税收法规规定的税前扣除范围和标准的，可按企业实际会计处理确认的支出，在企业所得税前扣除，计算其应纳税所得额。

[税务处理]

货车按照 8 年计提折旧，超过《企业所得税法》规定的运输工具折旧年限 4 年，没有超过《企业所得税法》和有关税收法规规定的税前扣除范围和标准的，为减少会计与税法差异的调整，便于税收征管，企业按照会计上确认的支出，在税务处理时，将不再进行调整。

生产设备按照 5 年计提折旧，低于《企业所得税法》规定的生产设备折旧年限 10 年，按税法规定的最低年限应计提折旧 1 万元，会计比税法多计提折旧 1 万元，在企业所得税汇算清缴时，企业应调增应纳税所得额 1 万元。

相关链接

除税法明确规定可以加速折旧的固定资产以外，均不得加速折旧。

1. 符合条件的固定资产可以加速折旧，加速折旧政策如下：

(1)《国家税务总局关于企业固定资产加速折旧所得税处理有关问题的通知》(国税发〔2009〕81号)规定，可以采取缩短折旧年限或者采取加速折旧方法的固定资产为：由于技术进步，产品更新换代较快的固定资产；常年处于强震动、高腐蚀状态的固定资产。

①采取缩短折旧年限方法的，最低折旧年限不得低于法定折旧年限的60％。

②采取加速折旧方法的，可以采取双倍余额递减法或者年数总和数。

应在取得该固定资产后一个月内，向其企业所得税主管税务机关备案，并报送有关资料。

(2)《财政部 国家税务总局关于进一步鼓励软件产业和集成电路产业发展企业所得税政策的通知》(财税〔2012〕27号)第七条规定：企业外购的软件，凡符合固定资产或无形资产确认条件的，可以按照固定资产或无形资产进行核算，其折旧或摊销年限可以适当缩短，最短可为2年(含)。

(3)《财政部 国家税务总局关于进一步鼓励软件产业和集成电路产业发展企业所得税政策的通知》(财税〔2012〕27号)第八条规定：集成电路生产企业的生产设备，其折旧年限可以适当缩短，最短可为3年(含)。

(4)《财政部、国家税务总局关于完善固定资产加速折旧企业所得税政策的通知》(财税〔2014〕75号)规定：

①对生物药品制造业，专用设备制造业，铁路、船舶、航空航天和其他运输设备制造业，计算机、通信和其他电子设备制造业，仪器仪表制造业，信息传输、软件和信息技术服务业等6个行业的企业2014年1月1日后新购进的固定资产，可缩短折旧年限或采取加速折旧的方法。

对上述6个行业的小型微利企业2014年1月1日后新购进的研发和生产经营共用的仪器、设备，单位价值不超过100万元的，允许一次性计入当期成本费用在计算应纳税所得额时扣除，不再分年度计算折旧；单位价值超过100万元的，可缩短折旧年限或采取加速折旧的方法。

②对所有行业企业2014年1月1日后新购进的专门用于研发的仪器、设备，单位价值不超过100万元的，允许一次性计入当期成本费用在计算应纳税所得额时扣除，不再分年度计算折旧；单位价值超过100万元的，可缩短折旧年限或采取加速折旧的方法。

③对所有行业企业持有的单位价值不超过5 000元的固定资产，允许一次性计入当期成本费用在计算应纳税所得额时扣除，不再分年度计算折旧。

④企业按本通知第一条、第二条规定缩短折旧年限的，最低折旧年限不得低于企业所得税法实施条例第六十条规定折旧年限的60％；采取加速折旧方法的，可采取双倍余额递减法或者年数总和法。本通知第一至三条规定之外的企业固定资产加速折旧所得税处理问题，继续按照企业所得税法及其实施条例和现行税收政策规定执行。

（5）《国家税务总局关于固定资产加速折旧税收政策有关问题的公告》（国家税务总局公告2014年第64号）规定：

①对生物药品制造业，专用设备制造业，铁路、船舶、航空航天和其他运输设备制造业，计算机、通信和其他电子设备制造业，仪器仪表制造业，信息传输、软件和信息技术服务业等行业企业（以下简称六大行业），2014年1月1日后购进的固定资产（包括自行建造），允许按不低于企业所得税法规定折旧年限的60%缩短折旧年限，或选择采取双倍余额递减法或年数总和法进行加速折旧。

六大行业按照国家统计局《国民经济行业分类与代码（GB/4754—2011）》确定。今后国家有关部门更新国民经济行业分类与代码，从其规定。

六大行业企业是指以上述行业业务为主营业务，其固定资产投入使用当年主营业务收入占企业收入总额50%（不含）以上的企业。所称收入总额，是指企业所得税法第六条规定的收入总额。

②企业在2014年1月1日后购进并专门用于研发活动的仪器、设备，单位价值不超过100万元的，可以一次性在计算应纳税所得额时扣除；单位价值超过100万元的，允许按不低于企业所得税法规定折旧年限的60%缩短折旧年限，或选择采取双倍余额递减法或年数总和法进行加速折旧。

用于研发活动的仪器、设备范围口径，按照《国家税务总局关于印发〈企业研究开发费用税前扣除管理办法（试行）〉的通知》（国税发〔2008〕116号）或《科学技术部 财政部 国家税务总局关于印发〈高新技术企业认定管理工作指引〉的通知》（国科发火〔2008〕362号）规定执行。

企业专门用于研发活动的仪器、设备已享受上述优惠政策的，在享受研发费加计扣除时，按照《国家税务总局关于印发〈企业研发费用税前扣除管理办法（试行）〉的通知》（国税发〔2008〕116号）、《财政部 国家税务总局关于研究开发费用税前加计扣除有关政策问题的通知》（财税〔2013〕70号）的规定，就已经进行会计处理的折旧、费用等金额进行加计扣除。

六大行业中的小型微利企业研发和生产经营共用的仪器、设备，可以执行本条第一、二款的规定。所称小型微利企业，是指企业所得税法第二十八条规定的小型微利企业。

③企业持有的固定资产，单位价值不超过5 000元的，可以一次性在计算应纳税所得额时扣除。企业在2013年12月31日前持有的单位价值不超过5 000元的固定资产，其折余价值部分，2014年1月1日以后可以一次性在计算应纳税所得额时扣除。

④企业采取缩短折旧年限方法的，对其购置的新固定资产，最低折旧年限不得低于企业所得税法实施条例第六十条规定的折旧年限的60%；企业购置已使用过的固定资产，其最低折旧年限不得低于实施条例规定的最低折旧年限减去已使用年限后剩余年限的60%，最低折旧年限一经确定，一般不得变更。

⑤企业的固定资产采取加速折旧方法的，可以采用双倍余额递减法或者年数总和法。加速折旧方法一经确定，一般不得变更。

所称双倍余额递减法或者年数总和法，按照《国家税务总局关于企业固定资产加速折旧所得税处理有关问题的通知》（国税发〔2009〕81号）第四条的规定执行。

⑥企业的固定资产既符合该公告优惠政策条件，同时又符合《国家税务总局关于企业固定资产加速折旧所得税处理有关问题的通知》（国税发〔2009〕81号）、《财政部 国家税务总局关于进一步鼓励软件产业和集成电路产业发展企业所得税政策的通知》（财税〔2012〕27号）中相关加速折旧政策条件的，可由企业选择其中最优惠的政策执行，且一经选择，不得改变。

⑦企业固定资产采取一次性税前扣除、缩短折旧年限或加速折旧方法的，预缴申报时，须同时报送《固定资产加速折旧（扣除）预缴情况统计表》，年度申报时，实行事后备案管理，并按要求报送相关资料。

企业应将购进固定资产的发票、记账凭证等有关凭证、凭据（购入已使用过的固定资产，应提供已使用年限的相关说明）等资料留存备查，并应建立台账，准确核算税法与会计差异情况。

主管税务机关应对适用该公告规定优惠政策的企业加强后续管理，对预缴申报时享受了优惠政策的企业，年终汇算清缴时应对企业全年主营业务收入占企业收入总额的比例进行重点审核。

⑧该公告适用于2014年及以后纳税年度。

（6）《财政部 国家税务总局关于进一步完善固定资产加速折旧企业所得税政策的通知》（财税〔2015〕106号）规定：

①对轻工、纺织、机械、汽车等四个领域重点行业（具体范围见附件，略）的企业2015年1月1日后新购进的固定资产，可由企业选择缩短折旧年限或采取加速折旧的方法。

②对上述行业的小型微利企业2015年1月1日后新购进的研发和生产经营共用的仪器、设备，单位价值不超过100万元的，允许一次性计入当期成本费用在计算应纳税所得额时扣除，不再分年度计算折旧；单位价值超过100万元的，可由企业选择缩短折旧年限或采取加速折旧的方法。

③企业按该通知第一条、第二条规定缩短折旧年限的，最低折旧年限不得低于企业所得税法实施条例第六十条规定折旧年限的60%；采取加速折旧方法的，可采取双倍余额递减法或者年数总和法。

按照企业所得税法及其实施条例有关规定，企业根据自身生产经营需要，也可选择不实行加速折旧政策。

④该通知自2015年1月1日起执行。2015年前3季度按该通知规定未能计算办理的，统一在2015年第4季度预缴申报时享受优惠或2015年度汇算清缴时办理。

（7）《国家税务总局关于进一步完善固定资产加速折旧企业所得税政策有关问题的公告》（国家税务总局公告2015年第68号）规定：

①对轻工、纺织、机械、汽车等四个领域重点行业（以下简称四个领域重点行业）企业2015年1月1日后新购进的固定资产（包括自行建造，下同），允许缩短折旧年限或采取加速折旧方法。

四个领域重点行业按照财税〔2015〕106号附件"轻工、纺织、机械、汽车四个领域重点行业范围"确定。今后国家有关部门更新国民经济行业分类与代码，从其规定。

四个领域重点行业企业是指以上述行业业务为主营业务，其固定资产投入使用当年的主营业务收入占企业收入总额50%（不含）以上的企业。所称收入总额，是指企业所得税法第六条规定的收入总额。

②对四个领域重点行业小型微利企业2015年1月1日后新购进的研发和生产经营共用的仪器、设备，单位价值不超过100万元（含）的，允许在计算应纳税所得额时一次性全额扣除；单位价值超过100万元的，允许缩短折旧年限或采取加速折旧方法。

用于研发活动的仪器、设备范围口径，按照《国家税务总局关于印发〈企业研究开发费用税前扣除管理办法（试行）〉的通知》（国税发〔2008〕116号）或《科学技术部 财政部 国家税务总局关于印发〈高新技术企业认定管理工作指引〉的通知》（国科发火〔2008〕362号）规定执行。

小型微利企业，是指企业所得税法第二十八条规定的小型微利企业。

③企业按该公告第一条、第二条规定缩短折旧年限的，对其购置的新固定资产，最低折旧年限不得低于实施条例第六十条规定的折旧年限的60%；对其购置的已使用过的固定资产，最低折旧年限不得低于实施条例规定的最低折旧年限减去已使用年限后剩余年限的60%。最低折旧年限一经确定，不得改变。

④企业按该公告第一条、第二条规定采取加速折旧方法的，可以采用双倍余额递减法或者年数总和法。加速折旧方法一经确定，不得改变。

双倍余额递减法或者年数总和法，按照《国家税务总局关于固定资产加速折旧所得税处理有关问题的通知》（国税发〔2009〕81号）第四条的规定执行。

⑤企业的固定资产既符合该公告优惠政策条件，又符合《国家税务总局关于企业固定资产加速折旧所得税处理有关问题的通知》（国税发〔2009〕81号）、《财政部 国家税务总局关于进一步鼓励软件产业和集成电路产业发展企业所得税政策的通知》（财税〔2012〕27号）中有关加速折旧优惠政策条件，可由企业选择其中一项加速折旧优惠政策执行，且一经选择，不得改变。

⑥企业应将购进固定资产的发票、记账凭证等有关资料留存备查，并建立台账，准确反映税法与会计差异情况。

⑦该公告适用于2015年及以后纳税年度。企业2015年前3季度按公告规定未能享受加速折旧优惠的，可将前3季度应享受的加速折旧部分，在2015年第4季度企业所得税预缴申报时享受，或者在2015年度企业所得税汇算清缴时统一享受。

2. 生产性生物资产计算折旧的最低年限如下：

（1）林木类生产性生物资产，为10年；

（2）畜类生产性生物资产，为3年。

（《企业所得税法实施条例》第六十四条）

3. 企业使用的叉车应作为生产设备按10年计提折旧还是作为运输设备按4年计

提折旧？

根据《固定资产分类与代码标准（GBT 14885—2010）》，企业使用的叉车是工程机械类，因此应该按10年计提折旧。

也有某些国税局解答：属于与生产有关车辆，在总局没有具体规定前，可由企业自行选择税收处理方式，一经选择，不得随意改变。

业务23　固定资产计提折旧（三）

[业务资料]

20×3年12月20日，雨丰机械公司一座办公楼已经达到预定可使用状态，但是因为尚未办理工程竣工决算而未取得全额发票，公司按照合同暂估了办公楼成本200万元，20×4年1—6月份计提折旧4.75万元。20×4年7月取得全额发票，办公楼实际成本为164万元，公司及时调整了办公楼成本，7—12月份计提折旧3.895万元，但是未调整1—6月份原已计提的折旧。

[税收政策]

《国家税务总局关于贯彻落实企业所得税法若干税收问题的通知》（国税函〔2010〕79号）规定：企业固定资产投入使用后，由于工程款项尚未结清未取得全额发票的，可暂按合同规定的金额计入固定资产计税基础计提折旧，待发票取得后进行调整。但该项调整应在固定资产投入使用后12个月内进行。

[税务处理]

雨丰机械公司按照《企业会计准则第4号——固定资产》规定的"已达到预定可使用状态但尚未办理竣工决算的固定资产，应当按照估计价值确定其成本，并计提折旧；待办理竣工决算后，再按实际成本调整原来的暂估价值，但不需要调整原已计提的折旧额"进行处理，符合会计规定，但是税法和会计存在差异：会计规定不需要调整原已计提的折旧额，税法规定在固定资产投入使用后12个月内调整原已计提的折旧额。

调整方法如表1-22所示：

表1-22

取得发票时间	计税基础	已提折旧	未提折旧
12个月内取得发票	调整	调整	调整
12个月后取得发票	调整	不调整	调整

因此，20×4年1—6月份按税法规定，多计提折旧：47 500－38 950＝8 550（元），在企业所得税汇算清缴时，企业应调增应纳税所得额8 550元。

企业所得税汇算清缴时，应调增应纳税所得额8 550元。

业务24　房屋改建支出与机器设备修理支出

[业务资料]

20×4年，雨丰机械公司将一台机器设备的修理支出30万元计入制造费用一次性列支，该设备的修理支出达到其原值的 60%，修理后该设备可以延长使用年限 1 年。另将租赁的房屋（合同约定的剩余租赁期限 3 年）发生的改建支出 6 万元记入"管理费用"一次性列支。

[税收政策]

1.《企业所得税法》第十三条规定：

在计算应纳税所得额时，企业发生的下列支出作为长期待摊费用，按照规定摊销的，准予扣除：

（一）已足额提取折旧的固定资产的改建支出；

（二）租入固定资产的改建支出；

（三）固定资产的大修理支出；

（四）其他应当作为长期待摊费用的支出。

2.《企业所得税法实施条例》第六十八条规定：固定资产的改建支出，是指改变房屋或者建筑物结构、延长使用年限等发生的支出。已足额提取折旧的固定资产的改建支出，按照固定资产预计尚可使用年限分期摊销；租入固定资产的改建支出，按照合同约定的剩余租赁期限分期摊销。

3.《企业所得税法实施条例》第六十九条规定：

固定资产的大修理支出，按照固定资产尚可使用年限分期摊销。

固定资产的大修理支出，是指同时符合下列条件的支出：（1）修理支出达到取得固定资产时的计税基础 50% 以上；（2）修理后固定资产的使用年限延长 2 年以上。

4.《企业所得税法实施条例》第七十条规定：其他应当作为长期待摊费用的支出，自支出发生月份的次月起，分期摊销，摊销年限不得低于 3 年。

[税务处理]

达到税法规定标准的固定资产改建支出及大修理支出，不得一次性列支费用，应计入长期待摊费用，分期摊销；达不到税法规定标准的固定资产改建支出及修理支出，一次性列支费用，当期全额税前扣除。

固定资产修理支出 30 万元，未达到税法规定的固定资产大修理支出标准，不应作为长期待摊费用，可作为当期费用，按规定在企业所得税前一次扣除，不必进行纳税调整。

租入固定资产的改建支出 6 万元，按照合同约定的剩余租赁期限 3 年分期摊销，每年摊销 2 万元。

企业所得税汇算清缴时，应调增应纳税所得额 4 万元。

相关链接

1. 上述税收政策中，长期待摊费用中未包括开办费，因此，开办费可以在开始经营之日的当年一次性扣除，也可以按照"其他应当作为长期待摊费用的支出"不低于 3 年分期摊销，但是处理方法一经选定，不得改变。

《国家税务总局关于企业所得税若干税务事项衔接问题的通知》（国税函〔2009〕98 号）第九条规定：新税法中开（筹）办费未明确列作长期待摊费用，企业可以在开始经营之日的当年一次性扣除，也可以按照新税法有关长期待摊费用的处理规定处理，但一经选定，不得改变。

2.《国家税务总局关于企业所得税若干问题的公告》（国家税务总局公告2011年第34号）第四条规定：企业对房屋、建筑物固定资产在未足额提取折旧前进行改扩建的，如属于的推倒重置，该资产原值减除提取折旧后的净值，应并入重置后的固定资产计税成本，并在该固定资产投入使用后的次月起，按照税法规定的折旧年限，一并计提折旧；如属于提升功能、增加面积的，该固定资产的改扩建支出，并入该固定资产计税基础，并从改扩建完工投入使用后的次月起，重新按税法规定的该固定资产折旧年限计提折旧，如该改扩建后的固定资产尚可使用的年限低于税法规定的最低年限的，可以按尚可使用的年限计提折旧。

3. 绿化用的树和花草支出一次性进费用，还是分期摊销？

各地处理不一致。

①问：企业对新建厂区进行绿化，购入了一批绿化用的树和花草。这些支出可否在企业所得税前扣除？如果可以扣除，是一次性计入费用，还是分期摊销？

答：根据《中华人民共和国企业所得税法》第八条规定，企业实际发生的与取得收入有关的、合理的支出，包括成本、费用、税金、损失和其他支出，准予在计算应纳税所得额时扣除。企业在日常经营活动中发生的与生产经营有关的、合理的厂区绿化费用，应凭真实、合法、有效凭据在税前扣除。如果发生的厂区绿化费用金额较大，原则上应按照《中华人民共和国企业所得税法》及其实施细则关于长期待摊费用的规定进行处理。与生产经营无关的绿化费用，根据税法规定不允许税前扣除。（大连国税热点问题2012年第8期）

②问：企业为厂区绿化发生的购置草坪、树木支出，如何在企业所得税税前扣除？

答：企业为厂区绿化发生的购臵草坪、树木支出，税收上没有特殊规定，可以在该项支出实际发生年度税前扣除。（青岛市国家税务局2013年度企业所得税热点政策问答）

业务25　固定资产建造期间的支出

[业务资料]

20×4年，雨丰机械公司将房屋建造期间的借款利息10万元计入财务费用，将竣工结算前发生的房屋装修支出12万元计入管理费用。20×4年末，该房屋尚未竣工。

[税收政策]

1.《企业所得税法实施条例》第五十七条规定：固定资产，是指企业为生产产品、提供劳务、出租或者经营管理而持有的、使用时间超过12个月的非货币性资产，包括房屋、建筑物、机器、机械、运输工具以及其他与生产经营活动有关的设备、器具、工具等。

2.《企业所得税法实施条例》第三十七条规定：企业为购置、建造固定资产、无形资产和经过12个月以上的建造才能达到预定可销售状态的存货发生借款的，在有关资产购置、建造期间发生的合理的借款费用，应当作为资本性支出计入有关资产的成本，并依照本条例的规定扣除。

[税务处理]

该企业将资本性的支出作为费用一次性列支，减少了当期利润，少缴了企业所得税，应调增应纳税所得额。

1. 竣工结算前发生的房屋装修支出，应计入固定资产原值，不低于 20 年计提折旧。若房屋的装修费用发生在竣工结算后，符合固定资产改建支出情形的，发生的改建支出也应增加固定资产计税基础。

2. 房屋建造期间的借款利息，应当作为资本性支出计入房屋的成本，按税法规定计提折旧。

企业所得税汇算清缴时，应调增应纳税所得额 22 万元。

业务 26　土地使用权摊销

[业务资料]

雨丰机械公司的土地使用权账面价值为 200 万元，按 20 年来摊销，每年摊销 10 万元，已知：该公司取得的土地使用权的有效期是 50 年，营业执照的有效期为 20 年。

[税收政策]

《企业所得税法实施条例》第六十七条规定：无形资产按照直线法计算的摊销费用，准予扣除。无形资产的摊销年限不得低于 10 年。作为投资或者受让的无形资产，有关法律规定或者合同约定了使用年限的，可以按照规定或者约定的使用年限分期摊销。

[税务处理]

通常情况下，有关法律规定或者合同约定土地使用权的使用年限即是其使用寿命，因此该公司取得的土地使用权应按 50 年摊销，每年摊销 4 万元，企业应当调增应纳税所得额 6 万元（10－4）。

相关链接

《企业所得税法实施条例》第六十六条规定：外购的无形资产，以购买价款和支付的相关税费以及直接归属于使该资产达到预定用途发生的其他支出为计税基础。

无形资产的计税基础应当包含支付的相关税费以及直接归属于使该资产达到预定用途发生的其他支出，有的企业未将这部分税费和支出计入无形资产账面价值，而是直接计入管理费用，对此应当进行纳税调整。

业务 27　支付手续费及佣金

[业务资料]

1. 12 月 1 日，雨丰机械公司以现金方式支付某中介服务公司佣金 1 万元。

2. 12 月 7 日，雨丰机械公司仅以工资单的形式列支业务手续费及佣金支出 8 000 元。

[税收政策]

《财政部 国家税务总局关于企业手续费及佣金支出税前扣除政策的通知》（财税〔2009〕29 号）规定：

一、企业发生与生产经营有关的手续费及佣金支出，不超过以下规定计算限额以内的部分，准予扣除；超过部分，不得扣除。

1. 保险企业：财产保险企业按当年全部保费收入扣除退保金等后余额的15%（含本数，下同）计算限额；人身保险企业按当年全部保费收入扣除退保金等后余额的10%计算限额。

2. 其他企业：按与具有合法经营资格中介服务机构或个人（不含交易双方及其雇员、代理人和代表人等）所签订服务协议或合同确认的收入金额的5%计算限额。

二、企业应与具有合法经营资格中介服务企业或个人签订代办协议或合同，并按国家有关规定支付手续费及佣金。除委托个人代理外，企业以现金等非转账方式支付的手续费及佣金不得在税前扣除。企业为发行权益性证券支付给有关证券承销机构的手续费及佣金不得在税前扣除。

三、企业不得将手续费及佣金支出计入回扣、业务提成、返利、进场费等费用。

四、企业已计入固定资产、无形资产等相关资产的手续费及佣金支出，应当通过折旧、摊销等方式分期扣除，不得在发生当期直接扣除。

五、企业支付的手续费及佣金不得直接冲减服务协议或合同金额，并如实入账。

六、企业应当如实向当地主管税务机关提供当年手续费及佣金计算分配表和其他相关资料，并依法取得合法真实凭证。

[税务处理]

1. 支付手续费及佣金的形式，除委托个人代理外，不得以现金等非转账方式支付。因此，该公司以现金方式支付的佣金1万元不得税前扣除。

2. 该公司仅以工资单的形式列支业务手续费及佣金支出是不可以税前扣除的，应当依据手续费及佣金计算分配表、发票、合同等相关资料进行税前扣除。

企业所得税汇算清缴时，应调增应纳税所得额1.8万元。

相关链接

1. 一般企业实际发生的手续费及佣金的税前扣除，必须满足以下条件：

（1）与企业的生产经营相关；

（2）需要签订书面合同或协议；

（3）签订合同或协议的单位或个人应该具有"中介服务"的经营范围以及中介服务资格证书，签订合同或协议的单位或个人，不包括交易双方及其雇员、代理人和代表人等。

（4）支付的手续费及佣金数额，不得超过税法规定比例；

（5）支付手续费及佣金的形式，除委托个人代理外，不得以现金等非转账方式支付。财政部、国家税务总局联合下文对费用支付形式进行规范，可以说是极其少见的，应该引起纳税人的高度重视。

凡是一般企业实际支付的手续费及佣金，未满足上述条件之一的，均不得税前扣除。

2. 从事代理服务、主营业务收入为手续费、佣金的企业（如证券、期货、保险代理等企业），其为取得该类收入而实际发生的营业成本（包括手续费及佣金支出），准予在企业所得税前据实扣除。（国家税务总局公告2012年第15号）

电信企业在发展客户、拓展业务等过程中（如委托销售电话入网卡、电话充值卡等），需向经纪人、代办商支付手续费及佣金的，其实际发生的相关手续费及佣金支出，不超过企业当年收入总额 5% 的部分，准予在企业所得税前据实扣除。（国家税务总局公告 2012 年第 15 号）

电信企业手续费及佣金支出，仅限于电信企业在发展客户、拓展业务等过程中因委托销售电话入网卡、电话充值卡所发生的手续费及佣金支出。（国家税务总局公告 2013 年第 59 号，《国家税务总局关于电信企业手续费及佣金支出税前扣除问题的公告》）

企业委托境外机构销售开发产品的，其支付境外机构的销售费用（含佣金或手续费）不超过委托销售收入 10% 的部分，准予据实扣除。（国税发〔2009〕31 号，《国家税务总局关于印发〈房地产开发经营业务企业所得税处理办法〉的通知》）

业务 28　劳动保护支出

[业务资料]

雨丰机械公司将一批服装作为劳动保护支出在管理费用和制造费用中列支，附件为两份发票，一份发票货物名称为工作服，数量 200 套，单价 100 元，金额 20 000 元，开票单位为某劳保用品公司；另一份发票货物名称为西服，数量 2 套，单价 5 000 元，金额 10 000 元，开票单位为某高档服装商厦。

[税收政策]

1.《企业所得税法实施条例》第四条规定：企业发生的合理的劳动保护支出，准予扣除。

2.《国家税务总局关于企业所得税若干问题的公告》（国家税务总局公告 2011 年第 34 号）第二条规定：企业根据其工作性质和特点，由企业统一制作并要求员工工作时统一着装所发生的工作服饰费用，可以作为企业合理的支出给予税前扣除。

[税务处理]

劳动保护支出需要满足以下条件：一是必须是确因工作需要，如果企业所发生的所谓支出，并非出于工作的需要，那么其支出就不得予以扣除；二是为其雇员配备或提供，而不是给其他与其没有任何劳动关系的人配备或提供；三是限于工作服、手套、安全保护用品、防暑降温品等，如高温冶炼企业职工、道路施工企业的防暑降温品，采煤工人的手套、头盔等用品。显然，该公司购买的工作服符合劳动保护支出的条件，而购买的高档知名品牌服装不符合劳动保护支出的条件，不应当直接在税前扣除。

高档服装若作为企业中、高层员工的形象塑造支出，也是公司形象宣传的需要，即使采购服装在发票上注明类别为劳保用品，也不能按照劳动保护费进行税前扣除，其实质属于一种非货币性福利。但企业计入劳动保护费就可能全额税前扣除和少计应代扣代缴职工的个人所得税。

这两套西服不属于企业统一制作并要求员工工作时统一着装所发生的工作服饰费用，也没有证据表明是公司形象宣传的需要，应界定为与公司生产经营无关的费用支出，不可以作为企业合理的支出给予税前扣除。

企业所得税汇算清缴时，应调增应纳税所得额 10 000 元。

相关链接

企业正确区分劳动保护支出和福利费支出，不仅可以防范企业所得税税务风险，也可以防范增值税税务风险。

发放给职工个人的劳动保护用品是保护劳动者安全健康的一种预防性辅助措施，不是生活福利待遇，非因工作需要和国家规定以外的带有普遍福利性质的支出，应界定为福利费支出，按照相关的标准申报扣除。

在增值税方面，劳动保护支出可以抵扣进项税额，而福利费支出不得抵扣进项税额。

业务29　车辆所发生的汽油费、保险费等费用支出

［业务资料］

雨丰机械公司与职工个人签订了车辆租赁合同，按照合同规定支付了租赁车辆所发生的租赁费 10 000 元，车辆保险费 6 000 元、汽油费 8 800 元。

［税收政策］

1.《企业所得税法》第八条规定：企业实际发生的与取得收入有关的、合理的支出，包括成本、费用、税金、损失和其他支出，准予在计算应纳税所得额时扣除。

2.《企业所得税法实施条例》第四十七条规定，企业根据生产经营活动的需要租入固定资产支付的租赁费，按照以下方法扣除：（1）以经营租赁方式租入固定资产发生的租赁费支出，按照租赁期限均匀扣除；（2）以融资租赁方式租入固定资产发生的租赁费支出，按照规定构成融资租入固定资产价值的部分应当提取折旧费用，分期扣除。

［税务处理］

企业以经营租赁方式租入车辆发生的租赁费支出，凭租赁费发票等合法有效凭据准予税前扣除。企业支付的汽油费属于与取得收入有关的、合理的支出，可以按税收规定扣除。

但是，应由个人承担的车辆购置税、车辆保险费等费用，不管是否签订租赁合同或协议，均不得在税前扣除。

企业所得税汇算清缴时，应调增应纳税所得额 6 000 元。

相关链接

1. 企业以融资租赁方式租入车辆发生的租赁费支出，租赁费不得一次税前扣除，应按照规定计入融资租入固定资产价值提取折旧费用，分期扣除。

《企业所得税法实施条例》第五十八条第三项规定：融资租入的固定资产，以租赁合同约定的付款总额和承租人在签订租赁合同过程中发生的相关费用为计税基础，租赁合同未约定付款总额的，以该资产的公允价值和承租人在签订租赁合同过程中发生的相关费用为计税基础。

融资租赁是指在实质上转移与一项资产所有权有关的全部风险和报酬的一种租赁，符合下列条件之一的租赁为融资租赁：

（1）在租赁期满时，租赁资产的所有权转让给承租方；

（2）租赁期为资产使用年限的大部分（75％或以上）；

（3）租赁期内租赁最低付款额大于或基本等于租赁开始日资产的公允价值。

2. 私车公用发生的费用可以在企业所得税前列支，但需要满足以下条件：

（1）公司与员工分别签订租赁合同。（2）在租赁合同中约定使用个人汽车所发生的费用由公司承担，支付的租赁费（不是工资）价格公允。（3）租赁支出和承担的费用能取得发票，租赁费实际支付。

可以在所得税前列支的汽车费用包括：汽油费；过路过桥费；停车费。

不可以在所得税前列支的汽车费用包括：车辆保险费；维修费；车辆购置税；折旧费等。

业务30 保险费支出

[业务资料]

雨丰机械公司为职工缴纳基本养老保险费、基本医疗保险费、失业保险费、工伤保险费、生育保险费等基本社会保险费共计 327 000 元。雨丰机械公司为公司车辆缴纳的机动车交通事故责任强制保险费为 12 000 元，给司机和保安缴纳人身意外保险费为 4 000 元。

[税收政策]

1.《企业所得税法实施条例》第三十五条规定：企业依照国务院有关主管部门或者省级人民政府规定的范围和标准为职工缴纳的基本养老保险费、基本医疗保险费、失业保险费、工伤保险费、生育保险费等基本社会保险费和住房公积金，准予扣除。企业为投资者或者职工支付的补充养老保险费、补充医疗保险费，在国务院财政、税务主管部门规定的范围和标准内，准予扣除。

2.《企业所得税法实施条例》第三十六条规定：除企业依照国家有关规定为特殊工种职工支付的人身安全保险费和国务院财政、税务主管部门规定可以扣除的其他商业保险费外，企业为投资者或者职工支付的商业保险费，不得扣除。

3.《企业所得税法实施条例》第四十六条规定：企业参加财产保险，按照规定缴纳的保险费，准予扣除。

[税务处理]

1. 为职工缴纳基本养老保险费、基本医疗保险费、失业保险费、工伤保险费、生育保险费等基本社会保险费，准予扣除。

2. 公司缴纳的机动车交通事故责任强制保险费，属于财产保险，准予税前扣除。

3. 文件中对于"特殊工种"没有具体的解释，国家税务总局企业所得税法实施条例释义中提到：国家其他法律法规强制规定企业应当为其职工投保人身安全保险。如果不是国家法律法规所强制性规定的，企业自愿为其职工投保的所谓人身安全保险而发生的保险费支出不准予税前扣除，此类保险费范围的大小、保险费率的高低、投保对象的多少等都是有国家法律法规依据的，如《建筑法》第四十八条规定，建筑施工企业必须为从事危险作业的职工办理意外伤害保险，支付保险费。《煤炭法》第四十四条规定，煤矿企业必须为煤矿井下作业职工办理意外伤害保险，支付保险费。

因此，公司给司机和保安缴纳的人身意外保险费在缴纳企业所得税时不可税前扣除。

企业所得税汇算清缴时，应调增应纳税所得额 4 000 元。

相关链接

1. 在特殊工种范围明确之前，建议企业在处理特殊工种职工人身安全保险费税前扣除时，按照谨慎性原则进行处理，否则，会带来不必要的税务风险。

在特殊工种范围明确之前，可参考《中华人民共和国特殊工种名录》（http://www.labournet.com.cn/other/teshugongzhong，特殊工种允许职工提前退休，因此有非常详细的具体特殊工种明细及具体文件）中的规定。

2. 补充养老保险费、补充医疗保险费扣除。

很多基层税务机关根据财税〔2009〕27 号文件的规定，要求企业扣除补充养老保险费、补充医疗保险费的条件之一是必须为"全体员工"上缴。而为"部分员工"上缴的，不管是否超过 5% 的标准都不能扣除。

按照《财政部 国家税务总局关于补充养老保险费 补充医疗保险费有关企业所得税政策问题的通知》（财税〔2009〕27 号）的规定，企业根据国家有关政策规定，为在本企业任职或者受雇的全体员工支付的补充养老保险费、补充医疗保险费，分别在不超过职工工资总额 5% 标准内的部分，在计算应纳税所得额时准予扣除。因此补充养老保险费、补充医疗保险费税前扣除的条件之一是为全体员工支付，为部分员工支付的不得从税前扣除。

根据《企业会计准则第 9 号——职工薪酬》的规定，企业为职工缴纳的基本养老保险金、补充养老保险费，以及为职工购买的商业养老保险，均属于企业提供的职工薪酬。（需要纳税调整）

3. 由于公司成立需要资质，使用一些人员的资质，并为其负担社会保险，但并未实际发放工资，对于此类人员的社会保险费是否可以税前扣除？

按照《企业所得税法实施条例》第三十五条的规定，企业依照国务院有关主管部门或者省级人民政府规定的范围和标准为职工缴纳的基本养老保险费、基本医疗保险费、失业保险费、工伤保险费、生育保险费等基本社会保险费和住房公积金，准予扣除。企业为资质需要而使用的人员，该人员未向企业提供劳务，企业也未支付相应的劳动报酬，不属于企业的职工，因此企业为其缴纳的五险一金不得从税前扣除。

业务 31　工资薪金及职工福利费

[业务资料]

雨丰机械公司职工的加班费、奖金等支出 22 000 元未通过职工薪酬核算而直接计入相关费用类科目。

雨丰机械公司按照《财政部关于企业加强职工福利费财务管理的通知》（财企〔2009〕242 号）的规定将未与工资薪金一起发放的住房补贴、交通补贴、通讯补贴 20 000 元记入

"应付职工薪酬——职工工资"科目。

雨丰机械公司职工食堂内固定资产的折旧额、维修费 6 000 元直接记入"管理费用——折旧费"、"管理费用——维修费"科目。

已知：公司账面全年实际发生工资薪金总额 3 018 000 元，职工福利费 418 000 元。

[税收政策]

1. 《企业所得税法实施条例》第三十四条规定：企业发生的合理的工资薪金支出，准予扣除。工资薪金，是指企业每一纳税年度支付给在本企业任职或者受雇的员工的所有现金形式或者非现金形式的劳动报酬，包括基本工资、奖金、津贴、补贴、年终加薪、加班工资，以及与员工任职或者受雇有关的其他支出。

2. 《国家税务总局关于企业工资薪金及职工福利费扣除问题的通知》（国税函〔2009〕3 号）第一条规定：

"合理工资薪金"，是指企业按照股东大会、董事会、薪酬委员会或相关管理机构制订的工资薪金制度规定实际发放给员工的工资薪金。税务机关在对工资薪金进行合理性确认时，可按以下原则掌握：

（1）企业制订了较为规范的员工工资薪金制度；

（2）企业所制订的工资薪金制度符合行业及地区水平；

（3）企业在一定时期所发放的工资薪金是相对固定的，工资薪金的调整是有序进行的；

（4）企业对实际发放的工资薪金，已依法履行了代扣代缴个人所得税义务；

（5）有关工资薪金的安排，不以减少或逃避税款为目的；

3. 《国家税务总局关于企业工资薪金及职工福利费扣除问题的通知》（国税函〔2009〕3 号）第二条规定："工资薪金总额"，是指企业按照该通知第一条规定实际发放的工资薪金总和，不包括企业的职工福利费、职工教育经费、工会经费以及养老保险费、医疗保险费、失业保险费、工伤保险费、生育保险费等社会保险费和住房公积金。属于国有性质的企业，其工资薪金，不得超过政府有关部门给予的限定数额；超过部分，不得计入企业工资薪金总额，也不得在计算企业应纳税所得额时扣除。

4. 《国家税务总局关于企业所得税应纳税所得额若干税务处理问题的公告》（国家税务总局公告 2012 年第 15 号）第一条规定：企业因雇用季节工、临时工、实习生、返聘离退休人员以及接受外部劳务派遣用工所实际发生的费用，应区分为工资薪金支出和职工福利费支出，并按《企业所得税法》规定在企业所得税前扣除。其中属于工资薪金支出的，准予计入企业工资薪金总额的基数，作为计算其他各项相关费用扣除的依据。

5. 《国家税务总局关于企业工资薪金和职工福利费等支出税前扣除问题的公告》（国家税务总局公告 2015 年第 34 号）规定：

一、企业福利性补贴支出税前扣除问题

列入企业员工工资薪金制度、固定与工资薪金一起发放的福利性补贴，符合《国家税务总局关于企业工资薪金及职工福利费扣除问题的通知》（国税函〔2009〕3 号）第一条规定的，可作为企业发生的工资薪金支出，按规定在税前扣除。

不能同时符合上述条件的福利性补贴，应作为国税函〔2009〕3 号文件第三条规定的职工福利费，按规定计算限额税前扣除。

二、企业年度汇算清缴结束前支付汇缴年度工资薪金税前扣除问题

企业在年度汇算清缴结束前向员工实际支付的已预提汇缴年度工资薪金，准予在汇缴年度按规定扣除。

三、企业接受外部劳务派遣用工支出税前扣除问题

企业接受外部劳务派遣用工所实际发生的费用，应分两种情况按规定在税前扣除：按照协议（合同）约定直接支付给劳务派遣公司的费用，应作为劳务费支出；直接支付给员工个人的费用，应作为工资薪金支出和职工福利费支出。其中属于工资薪金支出的费用，准予计入企业工资薪金总额的基数，作为计算其他各项相关费用扣除的依据。

《国家税务总局关于企业所得税应纳税所得额若干税务处理问题的公告》（国家税务总局公告2012年第15号）第一条有关企业接受外部劳务派遣用工的相关规定同时废止。

6. 《企业所得税法实施条例》第四十条规定：企业发生的职工福利费支出，不超过工资薪金总额14%的部分，准予扣除。

7. 《国家税务总局关于企业工资薪金及职工福利费扣除问题的通知》（国税函〔2009〕3号）第三条规定：

企业职工福利费，包括以下内容：

（1）尚未实行分离办社会职能的企业，其内设福利部门所发生的设备、设施和人员费用，包括职工食堂、职工浴室、理发室、医务所、托儿所、疗养院等集体福利部门的设备、设施及维修保养费用和福利部门工作人员的工资薪金、社会保险费、住房公积金、劳务费等。

（2）为职工卫生保健、生活、住房、交通等所发放的各项补贴和非货币性福利，包括企业向职工发放的因公外地就医费用、未实行医疗统筹企业职工医疗费用、职工供养直系亲属医疗补贴、供暖费补贴、职工防暑降温费、职工困难补贴、救济费、职工食堂经费补贴、职工交通补贴等。

（3）按照其他规定发生的其他职工福利费，包括丧葬补助费、抚恤费、安家费、探亲假路费等。

[税务处理]

一般企业对职工福利费扣除比例掌握较好，但是对于职工工资总额和职工福利费列支标准往往把握不准，存在少列、多列、混淆的情形。

1. 工资薪金，是指企业每一纳税年度支付给在本企业任职或者受雇的员工的所有现金形式或者非现金形式的劳动报酬，包括基本工资、奖金、津贴、补贴、年终加薪、加班工资，以及与员工任职或者受雇有关的其他支出。加班费、奖金等支出22 000元应调增工资薪金总额。

2. 按国税函〔2009〕3号文件以及国家税务总局2015年第34号公告的要求，对未与工资薪金一起发放的住房补贴、交通补贴或车改补贴、通讯补贴一律按福利费的要求进行税前扣除。这是税法和会计之间的差异，应将住房补贴、交通补贴、通讯补贴20 000元从工资薪金总额中扣减，调整到福利费中去。

3. 企业一般重视现金和货物福利，却往往忽视了福利部门的固定资产折旧费用、维修费用等也应当作为职工福利费核算。应将职工食堂内固定资产的折旧额、维修费

6 000元调整到福利费中。

另外，税法和会计核算都明确将供暖费补贴、职工防暑降温费作为福利费的组成内容。会计核算直接在成本费用中列支的，年终汇算清缴要调整到福利费总额中，一并计算是否超过福利费税前扣除标准。

企业所得税汇算清缴时，应调增工资薪金总额 2 000 元，调增职工福利费 26 000 元，这样三项经费扣除限额才能计算准确。

相关链接

1. 从上述规定看，并不是有的企业所想的做个工资表就可以税前扣除了，因为工资薪金还要符合国税函〔2009〕3号文件所列的合理性条件，除编制工资表外，还需要制订较为规范的符合行业及地区水平的员工工资薪金制度，与职工签订合法有效的劳动合同，缴纳社会保险，代扣个税，合理区分职工薪酬与福利费等其他支出，等等。

企业支付给本企业员工的工资薪金，以工资表和相应的付款单据为税前扣除凭证。

企业应按规定保管工资分配方案、工资结算单、企业与职工签订的劳动合同、个人所得税扣缴情况以及社保机构盖章的社会保险名单清册，作为备查资料。

2. 因工作需要，母公司向其子公司派遣员工，母子公司均向派遣员工支付工资薪金，员工与母公司签订劳动合同，没有与子公司签订劳动合同，其子公司支付的工资薪金如何扣除？

母公司与子公司之间存在特殊关系，员工在母公司与子公司之间因为业务关系调配也很正常，按照实质重于形式的原则，子公司若能够提供母公司出具的董事会或类似机构做出的调配决定及员工名册等充分适当的凭据，子公司发放给与其没有订立劳动合同的员工的合理的工资薪金可以税前扣除。

3. 允许税前扣除的企业员工工资是否必须以企业为员工缴纳社会保险为前提？

工资薪金发放的对象是在本企业任职或者受雇用的员工。所谓"任职或者受雇用的员工"，一般是指有连续性的服务关系，其主要收入（或者很大一部分收入）来源于任职的企业，并且这种收入基本代表了提供服务人员的劳动。对于季节性行业，由于经营活动需要雇用临时工，临时雇用人员的报酬是以计时或计件工资的形式来体现的。企业是否与员工签订劳动合同及为员工缴纳"三险一金"，可以作为对任职或者受雇用的员工进行综合判断的条件，但是不再作为必要条件。

4. 对公司的股东可以发放工资和奖金吗？

参加管理和运作的股东可以在公司领取工资和奖金，在计算个人所得税时和其他员工一样。不在公司任职的股东，不能领取工资和奖金，只能分红。

5. 关于国税函〔2009〕3号文件中的福利费范围问题，文件中的列举内容是部分列举还是全部列举？目前有的税务机关是按全部列举来执行的，也就是文件中列举的内容可以作为福利费在限额中扣除，不在范围内的内容，属于与收入无关的支出，不得税前扣除。

国家税务总局所得税司巡视员卢云在2012年4月11日与网友在线交流时明确："国税函〔2009〕3号文第三条仅列举了职工福利费的部分内容。没有列举的费用项目如确实是为企业全体属于职工福利性质的费用支出目的，且符合税法规定的权责发生制原则，以及对支出税前扣除合法性、真实性、相关性、合理性和确定性要求的，可以作为职工福利费按规定在企业所得税前扣除。"

6. 企业列支季节工、临时工、实习生、返聘离退休人员以及接受外部劳务派遣用工所实际发生的费用，税前列支需要满足下列条件：

（1）符合企业的实际经营的需要，尤其是上述费用金额较大时，一定要结合自己生产经营实际，证明上述费用支出的必要性。

（2）对于上述人员的支出，最好有股东大会、董事会、薪酬委员会或相关管理机构制定相关的制度，相关支出在制度规定的范围和标准内发生。

（3）上述人员的支出要符合行业及地区水平，如果费用过高也会面临税收调整的风险。

（4）企业应制定上述人员支出的内控制度，在相关费用发生时，留下相关内控的轨迹，比如费用发生时相关部门的申请、批准、发放、签字等。

（5）企业应准备用工协议（可以是不到劳动局备案的非正规协议）、相关人员的身份证复印件及联系电话等，以备税务机关核查。

7. 正确区分"临时工工资"与"劳务报酬"。

临时工是指具有固定工作岗位，临时性招用的人员。比如说保安、保洁等，人员可能经常性变更，甚至两三天就换人，但这个工作岗位在该单位是长期存在的。劳务是指因临时发生的事项而临时招用人员。企业不设置该项固定工作岗位，双方也不存在雇佣关系，比如厂房修缮、装卸搬运等。国税发〔1994〕89号文件第十九条规定：工资、薪金所得是属于非独立个人劳务活动，即在机关、团体、学校、部队、企事业单位及其他组织中任职、受雇而得到的报酬；劳务报酬所得则是个人独立从事各种技艺、提供各项劳务取得的报酬。两者的主要区别在于，前者存在雇佣与被雇佣关系，后者则不存在这种关系。

企业雇用临时工与正式工所支付的薪酬均属工资薪金，在支出时都可以工资单的形式体现。"临时工工资"也应记入"应付职工薪酬"科目，并且作为计提福利费、职工教育经费、工会费等的依据。

8. 企业以报销或直接支付给供应商方式支付的外籍人员费用，如房租、探亲假路费、安家费、职工医疗费、语言培训费、子女教育费、配偶继续教育费等能否作为职工福利费在税前扣除？

（1）按照财政部等八部门《关于印发〈关于企业职工教育经费提取与使用管理的意见〉的通知》（财建〔2006〕317号）第三条第（五）款的规定，与提升工作能力或沟通能力有关的语言培训费作为职工教育经费的列支范围，按不超过工资薪金总额2.5%的比例税前扣除。

（2）按照国税函〔2009〕3号文件第三条的规定，探亲假路费、安家费、房租和未实行医疗统筹企业职工医疗费用、职工供养直系亲属医疗补贴属于职工福利费的范围，同时考虑到职工福利应适用于企业全体员工，因此对外商企业发生的外籍人员探亲假路费、安家费、房租、供养直系亲属医疗补贴等适用于全体员工的费用计入企业的职工福利费支出，按不超过工资薪金总额14%的比例税前扣除；对于外籍人员在我国参加基本医疗保险的，其医疗费用不得计入职工福利费从税前扣除。

福利对象适用于全体员工是指出现相同情形的员工应享有同等的福利。

（3）外商企业按照股东大会、董事会、薪酬委员会或相关管理机构制订的工资薪金制度规定，实际发生的符合《企业所得税法实施条例》第三十四条和国税函〔2009〕3号文件第一条规定的工资薪金支出税前扣除条件的外籍员工费用（如子女教育费、配偶继续教育费）等作为企业的合理工资薪金支出从税前扣除；对不符合税法规定工资薪金支出税前扣除条件的外籍员工费用，如未在工资薪金制度中明确或未计入个人工资薪金履行代扣代缴个人所得税纳税义务的各种补助补贴等，不得作为企业发生的合理工资薪金支出从税前扣除。

业务32 职工教育经费

[业务资料]

雨丰机械公司20×4年计提职工教育经费75 500元，实际发生72 500元，列支范围符合税法规定，职工教育经费年末余额3 000元。

[税收政策]

1.《企业所得税法实施条例》第四十二条规定：除国务院财政、税务主管部门另有规定外，企业发生的职工教育经费支出，不超过工资、薪金总额2.5%的部分，准予扣除；超过部分，准予在以后纳税年度结转扣除。

2.《国家税务总局关于企业所得税若干税务事项衔接问题的通知》（国税函〔2009〕98号）第五条规定：对于在2008年以前已经计提但尚未使用的职工教育经费余额，2008年及以后新发生的职工教育经费应先从余额中冲减。仍有余额的，留在以后年度继续使用。

3.《财政部 全国总工会 国家发改委 教育部 科技部 国防科工委 人事部 劳动保障部 国务院国资委 国家税务总局 全国工商联关于企业职工教育经费提取与使用管理的意见》（财建〔2006〕317号）第一条第五项规定：

企业职工教育培训经费列支范围包括：（1）上岗和转岗培训；（2）各类岗位适应性培训；（3）岗位培训、职业技术等级培训、高技能人才培训；（4）专业技术人员继续教育；（5）特种作业人员培训；（6）企业组织的职工外送培训的经费支出；（7）职工参加的职业技能鉴定、职业资格认证等经费支出；（8）购置教学设备与设施；（9）职工岗位自学成才奖励费用；（10）职工教育培训管理费用；（11）有关职工教育的其他开支。

财建〔2006〕317号文件第一条第九项规定：企业职工参加社会上的学历教育以及个人为取得学位而参加的在职教育，所需费用应由个人承担，不能挤占企业的职工教育培训经费。

财建〔2006〕317号文件第一条第十项规定：对于企业高层管理人员的境外培训和考察，其一次性单项支出较高的费用应从其他管理费用中支出，避免挤占日常的职工教育培训经费开支。

[税务处理]

虽然雨丰机械公司计提的职工教育经费支出不超过工资、薪金总额的2.5%，但是也应当对计提而未实际发生的职工教育经费支出 3 000 元进行纳税调整。

相关链接

1. 关于职工教育经费问题，企业还应注意职工教育经费的使用范围。企业职工教育经费必须专款专用，只有"属于企业发生的与培训有关的费用"才可列入职工教育经费，列支范围参考财建〔2006〕317 号文件。企业的职工教育培训经费提取、列支与使用必须严格遵守国家有关财务会计和税收制度的规定，要保证经费专项用于职工特别是一线职工的教育和培训，严禁挪作他用。

2. 职工教育经费超过扣除限额部分，准予在以后纳税年度结转扣除，勿忘在以后年度进行纳税调减处理。

3. 关于职工教育经费问题，企业还应注意高管人员与一线职工教育经费列支的比例应该符合规定：对高管人员的培训支出不应超过年度企业发生的职工教育经费支出的 40％，因为财建〔2006〕317 号文件第一条第八项规定，为保障企业职工的学习权利和提高他们的基本技能，职工教育培训经费的 60％以上应用于企业一线职工的教育和培训。当前和今后一个时期，要将职工教育培训经费的重点投向技能型人才特别是高技能人才的培养以及在岗人员的技术培训和继续学习。

4. 特殊规定。

（1）集成电路设计企业和符合条件软件企业的职工培训费用，应单独进行核算并按实际发生额在计算应纳税所得额时扣除。（财税〔2012〕27 号，《关于进一步鼓励软件产业和集成电路产业发展企业所得税政策的通知》）

（2）经认定的动漫企业自主开发、生产动漫产品，可申请享受国家现行鼓励软件产业发展的所得税优惠政策。（财税〔2009〕65 号，《关于扶持动漫产业发展有关税收政策问题的通知》）

（3）经认定的技术先进型服务企业发生的职工教育经费支出，不超过工资薪金总额 8％的部分，准予在计算应纳税所得额时扣除；超过部分，准予在以后纳税年度结转扣除。（财税〔2010〕65 号，《财政部 国家税务总局 商务部 科技部 国家发展改革委关于技术先进型服务企业有关企业所得税政策问题的通知》）

（4）为支持中关村、东湖、张江三个国家自主创新示范区和合芜蚌自主创新综合试验区（以下统称试点地区建设），经国务院批准，现就试点地区完善企业职工教育经费税前扣除试点政策通知如下：

"一、试点地区内的高新技术企业发生的职工教育经费支出，不超过工资薪金总额 8％的部分，准予在计算企业所得税应纳税所得额时扣除；超过部分，准予在以后纳税年度结转扣除。

二、本通知所称高新技术企业，是指注册在试点地区内、实行查账征收、经试点地区省级高新技术企业认定管理机构认定的高新技术企业。

三、本通知自 2012 年 1 月 1 日起至 2014 年 12 月 31 日止执行。"

（财税〔2013〕14 号，《财政部 国家税务总局关于中关村、东湖、张江国家自主创新示范区和合芜蚌自主创新综合试验区有关职工教育经费税前扣除试点政策的通知》

业务 33　工会经费

[业务资料]

雨丰机械公司 20×4 年实际拨缴的工会经费为 60 400 元，其中：40 400 元取得工会经费收入专用收据，20 000 元未取得《工会经费收入专用收据》或工会经费代收凭据。

[税收政策]

1. 《企业所得税法实施条例》第四十一条规定：企业拨缴的工会经费，不超过工资薪金总额 2% 的部分，准予扣除。

2. 《国家税务总局关于工会经费企业所得税税前扣除凭据问题的公告》（国家税务总局公告 2010 年第 24 号）规定：自 2010 年 7 月 1 日起，企业拨缴的职工工会经费，不超过工资薪金总额 2% 的部分，凭工会组织开具的《工会经费收入专用收据》在企业所得税税前扣除。

3. 《国家税务总局关于税务机关代收工会经费企业所得税税前扣除凭据问题的公告》（国家税务总局公告 2011 年第 30 号）规定：自 2010 年 1 月 1 日起，在委托税务机关代收工会经费的地区，企业拨缴的工会经费，也可凭合法、有效的工会经费代收凭据依法在税前扣除。

[税务处理]

雨丰机械公司实际拨缴的工会经费虽未超过工资薪金总额的 2%，但由于 20 000 元的工会经费未取得《工会经费收入专用收据》或工会经费代收凭据，不能税前扣除，应当调增应纳税所得额。

相关链接

1. 从 2010 年 7 月 1 日起，启用财政部统一印制并套印财政部票据监制章的《工会经费收入专用收据》，同时废止《工会经费拨缴款专用收据》。

2. "合法、有效的工会经费代收凭据"，应包括各级工会交由税务机关使用的《工会经费（筹备金）专用缴款书》（用于银行转账）、《工会经费（筹备金）专用缴款凭证》（用于收取现金）、《代收工会经费通用缴款书》和《中华人民共和国专用税收缴款书》等相关扣缴凭证。

3. 计提而未实际发生的工会经费不得税前扣除，应当调增应纳税所得额。超过扣除限额的工会经费不准予在以后纳税年度结转扣除，属于永久性差异，这一点与职工教育经费（暂时性差异）不同。

4. 工会经费和职工教育经费可以在实际支付时按照实际发生数进行计提。工会经费和职工教育经费应该通过应付职工薪酬核算，不能直接在费用中列支。

业务 34　研究开发费用加计扣除

[业务资料]

雨丰机械公司发生支出 377 000 元，明细科目发生额分别为：直接材料费 189 000 元，新产品设计费 13 000 元，设备维修费 1 000 元，实验室修缮费 36 000 元，社会保险费 6 000 元，实验室折旧费 46 000 元，研发设备折旧费 80 000 元，现场试验费 6 000 元。

[税收政策]

1.《财政部　国家税务总局　科技部关于完善研究开发费用税前加计扣除政策的通知》（财税〔2015〕119 号）规定：

一、研发活动及研发费用归集范围

本通知所称研发活动，是指企业为获得科学与技术新知识，创造性运用科学技术新知识，或实质性改进技术、产品（服务）、工艺而持续进行的具有明确目标的系统性活动。

（一）允许加计扣除的研发费用。

企业开展研发活动中实际发生的研发费用，未形成无形资产计入当期损益的，在按规定据实扣除的基础上，按照本年度实际发生额的 50%，从本年度应纳税所得额中扣除；形成无形资产的，按照无形资产成本的 150% 在税前摊销。研发费用的具体范围包括：

1. 人员人工费用。

直接从事研发活动人员的工资薪金、基本养老保险费、基本医疗保险费、失业保险费、工伤保险费、生育保险费和住房公积金，以及外聘研发人员的劳务费用。

2. 直接投入费用。

（1）研发活动直接消耗的材料、燃料和动力费用。

（2）用于中间试验和产品试制的模具、工艺装备开发及制造费，不构成固定资产的样品、样机及一般测试手段购置费，试制产品的检验费。

（3）用于研发活动的仪器、设备的运行维护、调整、检验、维修等费用，以及通过经营租赁方式租入的用于研发活动的仪器、设备租赁费。

3. 折旧费用。

用于研发活动的仪器、设备的折旧费。

4. 无形资产摊销。

用于研发活动的软件、专利权、非专利技术（包括许可证、专有技术、设计和计算方法等）的摊销费用。

5. 新产品设计费、新工艺规程制定费、新药研制的临床试验费、勘探开发技术的现场试验费。

6. 其他相关费用。

与研发活动直接相关的其他费用，如技术图书资料费、资料翻译费、专家咨询费、高新科技研发保险费，研发成果的检索、分析、评议、论证、鉴定、评审、评估、验收费用，知识产权的申请费、注册费、代理费，差旅费、会议费等。此项费用总额不得超过可加计扣除研发费用总额的 10%。

7. 财政部和国家税务总局规定的其他费用。

（二）下列活动不适用税前加计扣除政策。

1. 企业产品（服务）的常规性升级。

2. 对某项科研成果的直接应用，如直接采用公开的新工艺、材料、装置、产品、服务或知识等。

3. 企业在商品化后为顾客提供的技术支持活动。

4. 对现存产品、服务、技术、材料或工艺流程进行的重复或简单改变。

5. 市场调查研究、效率调查或管理研究。

6. 作为工业（服务）流程环节或常规的质量控制、测试分析、维修维护。

7. 社会科学、艺术或人文学方面的研究。

二、特别事项的处理

1. 企业委托外部机构或个人进行研发活动所发生的费用，按照费用实际发生额的80％计入委托方研发费用并计算加计扣除，受托方不得再进行加计扣除。委托外部研究开发费用实际发生额应按照独立交易原则确定。

委托方与受托方存在关联关系的，受托方应向委托方提供研发项目费用支出明细情况。

企业委托境外机构或个人进行研发活动所发生的费用，不得加计扣除。

2. 企业共同合作开发的项目，由合作各方就自身实际承担的研发费用分别计算加计扣除。

3. 企业集团根据生产经营和科技开发的实际情况，对技术要求高、投资数额大，需要集中研发的项目，其实际发生的研发费用，可以按照权利和义务相一致、费用支出和收益分享相配比的原则，合理确定研发费用的分摊方法，在受益成员企业间进行分摊，由相关成员企业分别计算加计扣除。

4. 企业为获得创新性、创意性、突破性的产品进行创意设计活动而发生的相关费用，可按照本通知规定进行税前加计扣除。

创意设计活动是指多媒体软件、动漫游戏软件开发，数字动漫、游戏设计制作；房屋建筑工程设计（绿色建筑评价标准为三星）、风景园林工程专项设计；工业设计、多媒体设计、动漫及衍生产品设计、模型设计等。

三、会计核算与管理

1. 企业应按照国家财务会计制度要求，对研发支出进行会计处理；同时，对享受加计扣除的研发费用按研发项目设置辅助账，准确归集核算当年可加计扣除的各项研发费用实际发生额。企业在一个纳税年度内进行多项研发活动的，应按照不同研发项目分别归集可加计扣除的研发费用。

2. 企业应对研发费用和生产经营费用分别核算，准确、合理归集各项费用支出，对划分不清的，不得实行加计扣除。

四、不适用税前加计扣除政策的行业

1. 烟草制造业。

2. 住宿和餐饮业。

3. 批发和零售业。

4. 房地产业。

5. 租赁和商务服务业。

6. 娱乐业。

7. 财政部和国家税务总局规定的其他行业。

上述行业以《国民经济行业分类与代码（GB/4754—2011）》为准，并随之更新。

五、管理事项及征管要求

1. 本通知适用于会计核算健全、实行查账征收并能够准确归集研发费用的居民企业。

2. 企业研发费用各项目的实际发生额归集不准确、汇总额计算不准确的，税务机关有权对其税前扣除额或加计扣除额进行合理调整。

3. 税务机关对企业享受加计扣除优惠的研发项目有异议的，可以转请地市级（含）以上科技行政主管部门出具鉴定意见，科技部门应及时回复意见。企业承担省部级（含）以上科研项目的，以及以前年度已鉴定的跨年度研发项目，不再需要鉴定。

4. 企业符合本通知规定的研发费用加计扣除条件而在2016年1月1日以后未及时享受该项税收优惠的，可以追溯享受并履行备案手续，追溯期限最长为3年。

5. 税务部门应加强研发费用加计扣除优惠政策的后续管理，定期开展核查，年度核查面不得低于20%。

2.《国家税务总局关于企业研究开发费用税前加计扣除政策有关问题的公告》（国家税务总局公告2015年第97号）规定：

一、研究开发人员范围

企业直接从事研发活动人员包括研究人员、技术人员、辅助人员。研究人员是指主要从事研究开发项目的专业人员；技术人员是指具有工程技术、自然科学和生命科学中一个或一个以上领域的技术知识和经验，在研究人员指导下参与研发工作的人员；辅助人员是指参与研究开发活动的技工。

企业外聘研发人员是指与本企业签订劳务用工协议（合同）和临时聘用的研究人员、技术人员、辅助人员。

二、研发费用归集

（一）加速折旧费用的归集

企业用于研发活动的仪器、设备，符合税法规定且选择加速折旧优惠政策的，在享受研发费用税前加计扣除时，就已经进行会计处理计算的折旧、费用的部分加计扣除，但不得超过按税法规定计算的金额。

（二）多用途对象费用的归集

企业从事研发活动的人员和用于研发活动的仪器、设备、无形资产，同时从事或用于非研发活动的，应对其人员活动及仪器设备、无形资产使用情况做必要记录，并将其实际发生的相关费用按实际工时占比等合理方法在研发费用和生产经营费用间分配，未分配的不得加计扣除。

（三）其他相关费用的归集与限额计算

企业在一个纳税年度内进行多项研发活动的，应按照不同研发项目分别归集可加计扣除的研发费用。在计算每个项目其他相关费用的限额时应当按照以下公式计算：

其他相关费用限额＝《通知》（财税〔2015〕119号）第一条第一项允许加计扣除的研发费用中的第1项至第5项的费用之和×10%/（1－10%）。

当其他相关费用实际发生数小于限额时，按实际发生数计算税前加计扣除数额；当其他相关费用实际发生数大于限额时，按限额计算税前加计扣除数额。

（四）特殊收入的扣减

企业在计算加计扣除的研发费用时，应扣减已按《通知》规定归集计入研发费用，但在当期取得的研发过程中形成的下脚料、残次品、中间试制品等特殊收入；不足扣减的，允许加计扣除的研发费用按零计算。

企业研发活动直接形成产品或作为组成部分形成的产品对外销售的，研发费用中对应的材料费用不得加计扣除。

（五）财政性资金的处理

企业取得作为不征税收入处理的财政性资金用于研发活动所形成的费用或无形资产，不得计算加计扣除或摊销。

（六）不允许加计扣除的费用

法律、行政法规和国务院财税主管部门规定不允许企业所得税前扣除的费用和支出项目不得计算加计扣除。

已计入无形资产但不属于《通知》中允许加计扣除研发费用范围的，企业摊销时不得计算加计扣除。

三、委托研发

企业委托外部机构或个人开展研发活动发生的费用，可按规定税前扣除；加计扣除时按照研发活动发生费用的80%作为加计扣除基数。委托个人研发的，应凭个人出具的发票等合法有效凭证在税前加计扣除。

企业委托境外研发所发生的费用不得加计扣除，其中受托研发的境外机构是指依照外国和地区（含港澳台）法律成立的企业和其他取得收入的组织。受托研发的境外个人是指外籍（含港澳台）个人。

四、不适用加计扣除政策行业的判定

《通知》中不适用税前加计扣除政策行业的企业，是指以《通知》所列行业业务为主营业务，其研发费用发生当年的主营业务收入占企业按税法第六条规定计算的收入总额减除不征税收入和投资收益的余额50%（不含）以上的企业。

五、核算要求

企业应按照国家财务会计制度要求，对研发支出进行会计处理。研发项目立项时应设置研发支出辅助账，由企业留存备查；年末汇总分析填报研发支出辅助账汇总表，并在报送《年度财务会计报告》的同时随附注一并报送主管税务机关。研发支出辅助账、研发支出辅助账汇总表可参照本公告所附样式（见附件）编制。

六、申报及备案管理

（一）企业年度纳税申报时，根据研发支出辅助账汇总表填报研发项目可加计扣除研发费用情况归集表（见附件），在年度纳税申报时随申报表一并报送。

（二）研发费用加计扣除实行备案管理，除"备案资料"和"主要留存备查资料"按照本公告规定执行外，其他备案管理要求按照《国家税务总局关于发布〈企业所得税优惠政策事项办理办法〉的公告》（国家税务总局公告2015年第76号）的规定执行。

（三）企业应当不迟于年度汇算清缴纳税申报时，向税务机关报送《企业所得税优惠事项备案表》和研发项目文件完成备案，并将下列资料留存备查：

1. 自主、委托、合作研究开发项目计划书和企业有权部门关于自主、委托、合作研究开发项目立项的决议文件；

2. 自主、委托、合作研究开发专门机构或项目组的编制情况和研发人员名单；

3. 经科技行政主管部门登记的委托、合作研究开发项目的合同；

4. 从事研发活动的人员和用于研发活动的仪器、设备、无形资产的费用分配说明（包括工作使用情况记录）；

5. 集中研发项目研发费决算表、集中研发项目费用分摊明细情况表和实际分享收益比例等资料；

6. "研发支出"辅助账；

7. 企业如果已取得地市级（含）以上科技行政主管部门出具的鉴定意见，应作为资料留存备查；

8. 省税务机关规定的其他资料。

七、后续管理与核查

税务机关应加强对享受研发费用加计扣除优惠企业的后续管理和监督检查。每年汇算清缴期结束后应开展核查，核查面不得低于享受该优惠企业户数的 20%。省级税务机关可根据实际情况制订具体核查办法或工作措施。

八、执行时间

本公告适用于 2016 年度及以后年度企业所得税汇算清缴。

[税务处理]

根据财税〔2015〕119 号文件的规定，雨丰机械公司不得加计扣除的研发支出有实验室修缮费、从事研发活动的实验室折旧费等，共计 82 000 元，应将这些费用剔除后，按照 295 000 元（377 000－82 000）进行加计扣除。

以前，外聘研发人员的劳务费用、设备维修费、社会保险费等费用都是不可以扣除的，现在则可以扣除，要关注最新税收政策，否则就会产生税务风险，少缴或者多缴企业所得税。

相关链接

1. 《国家税务总局关于企业所得税若干税务事项衔接问题的通知》（国税函〔2009〕98 号）第八条的规定，企业技术开发费加计扣除部分已形成企业年度亏损，可以用以后年度所得弥补，但结转年限最长不得超过 5 年。

2. 企业一定要严格按照税法规定进行研究开发费用的加计扣除，防止因随意扩大研发费用加计扣除范围或对研发费用把握不准确可能带来的税务风险，这里，特别提醒纳税人：可以加计扣除的研发费用远远小于申请高新技术企业中的研发费用，更不同于财务核算中的研发费用。企业必须区分研究开发费用的三个口径：高新技术企业认定口径（国科发火〔2008〕362 号）、会计核算口径（财企〔2007〕194 号）、企业所得税加计扣除口径（财税〔2015〕119 号），三者不能混淆。

3. 企业既有软件企业证书也有高新技术企业证书，享受企业所得税优惠的时候，税务局要求其选择其中一项备案。企业选择享受软件企业的两免三减半所得税优惠政策。现企业咨询：企业是否可以享受财税〔2013〕13号文件中高新技术企业的加计扣除政策？

答：按照《财政部 国家税务总局关于进一步鼓励软件产业和集成电路产业发展企业所得税政策的通知》（财税〔2012〕27号）第二十二条的规定，软件企业可以享受的企业所得税优惠政策与企业所得税其他相同方式优惠政策存在交叉的，由企业选择一项最优惠政策执行，不叠加享受。财税〔2013〕13号文件规定示范区内高新技术企业适用的加计扣除优惠与软件企业享受的定期减免税属于不同优惠方式，因此，企业可以享受财税〔2013〕13号文件规定的加计扣除税收优惠。

业务35 存货发生实际损失

[业务资料]

20×4年，雨丰机械公司因特大暴雨损毁一批原材料，该批原材料成本62 000元，无残值。该公司已向主管税务机关申报相关资料。

该公司账务处理如下：

借：待处理财产损溢   62 000
    贷：原材料   62 000
借：营业外支出   62 000
    贷：待处理财产损溢   62 000

[税收政策]

《财政部 国家税务总局关于企业资产损失税前扣除政策的通知》（财税〔2009〕57号）第八条规定：对企业毁损、报废的固定资产或存货，以该固定资产的账面净值或存货的成本减除残值、保险赔款和责任人赔偿后的余额，作为固定资产或存货毁损、报废损失在计算应纳税所得额时扣除。

[税务处理]

该公司已向主管税务机关申报存货实际损失相关资料，存货发生的实际损失62 000元可税前扣除。

相关链接

1. 注意区分清单申报和专项申报的资产损失，并按照财税〔2009〕57号文件和国家税务总局2011年第25号公告等有关规定执行。

企业发生的资产损失，应按规定的程序和要求向主管税务机关申报后方能在税前扣除。未经申报的损失，不得在税前扣除。

企业实际资产损失，应当在其实际发生且会计上已做损失处理的年度申报扣除；法定资产损失，应当在企业向主管税务机关提供证据资料证明该项资产已符合法定资产损失确认条件，且会计上已做损失处理的年度申报扣除。

纳税申报和会计处理两个条件同时具备，方能在税前扣除，即：

（1）已符合资产损失税前扣除条件，但会计未处理，不得在税前扣除；

（2）会计上已做处理，但未进行纳税申报，也不得在税前扣除。

2. 许多企业财务人员对税法理解不透，不清楚哪些项目应该纳税调减，也不知道该如何进行纳税调减处理，结果多缴了税款，给企业带来了不应有的经济损失。为降低企业多缴税款的税务风险，笔者对在企业所得税汇算清缴时需要做纳税调减处理的项目进行了归类梳理，提醒财务人员予以重视。

企业所得税汇算清缴时需要做纳税调减处理的项目如下：

（1）广告费、业务宣传费支出和职工教育经费支出，如果以前年度超标纳税调增，在当年所得税汇算清缴时，应考虑纳税调减因素，依法做纳税调减处理。

（2）企业为开发新技术、新产品、新工艺发生的研究开发费用，未形成无形资产计入当期损益的，在按照规定据实扣除的基础上，按照研究开发费用的 50％加计扣除；形成无形资产的，按照无形资产成本的 150％摊销。

（3）企业安置残疾人员的，在按照支付给残疾职工工资据实扣除的基础上，按照支付给残疾职工工资的 100％加计扣除。

（4）以前年度工资余额已做调增处理，企业本年度发放以前年度工资的余额部分，应做纳税调减处理。

（5）以前年度发生的因未取得合法凭证已做纳税调增的应扣未扣、应计未计支出，待纳税人取得发票等合法凭证后，可以在追补确认年度企业所得税应纳税款中抵扣，不足抵扣的，可以向以后年度递延抵扣或申请退税。以前年度发生的因漏计、少计等原因导致的应提未提折旧、少结转成本等应计未计支出，待纳税人发现后，也可以在追补确认年度企业所得税应纳税款中抵扣，不足抵扣的，可以向以后年度递延抵扣或申请退税。

（6）固定资产、无形资产、长期待摊费用和投资性房地产，因会计核算与税收规定摊销年限不同而产生的纳税调减额。

（7）企业发生税法上的未按权责发生制原则确认的收入，如：分期收款销售收入，持续时间超过 12 个月的收入、利息、租金、特许权使用费收入，因会计核算与税收规定不同而产生的差异应做纳税调减处理。

（8）由于债权人原因导致债务不能清偿或不需清偿的部分，税法规定应并入所得征税，实际支付时应做纳税调减处理。

（9）从事房地产开发业务的纳税人本期将预售收入转为销售收入，其结转的预售收入已按税收规定的预计利润率计算的预计利润，应做纳税调减处理。

（10）不征税收入、免税收入、减计收入、减免税项目等应做纳税调减处理。

（11）抵扣应纳税所得额：创业投资企业采取股权投资方式投资于未上市的中小高新技术企业 2 年以上的，可以按照其投资额的 70％在股权持有满 2 年的当年抵扣该创业投资企业的应纳税所得额；当年不足抵扣的，可以在以后纳税年度结转抵扣。

（12）抵免应纳税额（而非应纳税所得额）：企业购置并实际使用《环境保护专用设备企业所得税优惠目录》、《节能节水专用设备企业所得税优惠目录》和《安全生产专用设备企业所得税优惠目录》规定的环境保护、节能节水、安全生产等专用设备的，该专用设备投资额的10%可以从企业当年的应纳税额中抵免；当年不足抵免的，可以在以后5个纳税年度结转抵免。

（13）境外已纳税超过抵免限额的部分，可以在以后5个纳税年度内，用每年度的抵免限额抵免当年应抵税额后的余额进行抵补。

（14）企业以前年度符合弥补亏损的，在年终结账汇算清缴时应考虑弥补亏损因素。

（15）其他需要做纳税调减的项目。

企业财务人员要想在企业所得税汇算清缴工作中全面、准确地处理纳税调减项目，减少企业多缴税款的税务风险，应当在平时的工作中就做好准备：设置备查簿，随时记录暂时性差异项目的发生与转回情况、每一纳税年度的纳税调整情况。这样做，既能减轻汇算清缴时的工作量，又能保证汇算清缴的全面、准确，还能更好地应对税务检查。

业务36　企业专用设备投资额抵免企业所得税

［业务资料］

雨丰机械公司20×4年12月花费200万元购置一套安全生产专用设备（属于财税〔2008〕118号文件规定的目录范围），取得增值税普通发票，其中：企业自筹资金100万元、银行贷款50万元、财政拨款50万元。另外，支付设备运费及安装调试费等相关费用2万元。该套设备于20×4年12月投入使用。财政拨款50万元计入递延收益，虽为不征税收入但因未影响当期利润，不需要纳税调整。以后年度转为营业外收入时再纳税调减。

［税收政策］

1.《财政部 国家税务总局关于执行环境保护专用设备企业所得税优惠目录、节能节水专用设备企业所得税优惠目录和安全生产专用设备企业所得税优惠目录有关问题的通知》（财税〔2008〕48号）规定：

一、企业自2008年1月1日起购置并实际使用列入《目录》范围内的环境保护、节能节水和安全生产专用设备，可以按专用设备投资额的10%抵免当年企业所得税应纳税额；企业当年应纳税额不足抵免的，可以向以后年度结转，但结转期不得超过5个纳税年度。

二、专用设备投资额，是指购买专用设备发票价税合计价格，但不包括按有关规定退还的增值税税款以及设备运输、安装和调试等费用。

三、当年应纳税额，是指企业当年的应纳税所得额乘以适用税率，扣除依照企业所得税法和国务院有关税收优惠规定以及税收过渡优惠规定减征、免征税额后的余额。

四、企业利用自筹资金和银行贷款购置专用设备的投资额，可以按企业所得税法的规定抵免企业应纳所得税额；企业利用财政拨款购置专用设备的投资额，不得抵免企业应纳所得税额。

五、企业购置并实际投入使用、已开始享受税收优惠的专用设备，如从购置之日起5个纳税年度内转让、出租的，应在该专用设备停止使用当月停止享受企业所得税优惠，并补缴已经抵免的企业所得税税款。转让的受让方可以按照该专用设备投资额的10％抵免当年企业所得税应纳税额；当年应纳税额不足抵免的，可以在以后5个纳税年度结转抵免。

六、根据经济社会发展需要及企业所得税优惠政策实施情况，国务院财政、税务主管部门会同国家发展改革委、安监总局等有关部门适时对《目录》内的项目进行调整和修订，并在报国务院批准后对《目录》进行更新。

注：现行目录为《财政部 国家税务总局 国家发展改革委关于公布节能节水专用设备企业所得税优惠目录（2008年版）和环境保护专用设备企业所得税优惠目录（2008年版）的通知》（财税〔2008〕115号）和《财政部 国家税务总局 安全监督总局关于公布安全生产专用设备企业所得税优惠目录（2008年版）的通知》（财税〔2008〕118号）两个文件规定的目录。

2.《国家税务总局关于环境保护、节能节水、安全生产等专用设备投资抵免企业所得税有关问题的通知》（国税函〔2010〕256号）规定：自2009年1月1日起，纳税人购进并实际使用《环境保护专用设备企业所得税优惠目录》、《节能节水专用设备企业所得税优惠目录》和《安全生产专用设备企业所得税优惠目录》范围内的专用设备并取得增值税专用发票的，在按照《财政部 国家税务总局关于执行环境保护专用设备企业所得税优惠目录、节能节水专用设备企业所得税优惠目录和安全生产专用设备企业所得税优惠目录有关问题的通知》（财税〔2008〕48号）第二条规定进行税额抵免时，如增值税进项税额允许抵扣，其专用设备投资额不再包括增值税进项税额；如增值税进项税额不允许抵扣，其专用设备投资额应为增值税专用发票上注明的价税合计金额。企业购买专用设备取得普通发票的，其专用设备投资额为普通发票上注明的金额。

［税务处理］

专用设备投资额，是指购买专用设备发票价税合计价格，但不包括按有关规定退还的增值税税款以及设备运输、安装和调试等费用。另外，企业购置专用设备的投资额只有自筹资金和银行贷款部分可以抵免，而利用财政拨款购置专用设备的投资额不得抵免企业应纳所得税额。因此，计算方法为：

1. 专用设备投资额＝200－50＝150（万元）；

2. 专用设备投资额抵免所得税额＝150×10％＝15（万元）。

相关链接

企业在计算专用设备投资额抵免所得税额时，一定要注意以下几点：

1. 企业投资抵免企业所得税的专用设备必须是符合国家相关规定的环保设备、节能节水设备和安全生产设备。

2. 企业按照投资额的10％抵扣当年的企业所得税时，不能将设备进项税额、运输、安装和调试等费用计算在内。

增值税进项税额允许抵扣，纳税人由于自身原因未获得抵扣，计算抵免的企业所得税时，投资额也不应包含进项税额。进项税额不能抵扣的情形主要包括：属于《增值税暂行条例》列举的不能抵扣的情形；取得发票不符合规定；超越抵扣规定的时限；

抵扣手续不符合规定。取得发票不符合规定、超越抵扣规定的时限和抵扣手续不符合规定这三种不能抵扣的情形，通常是该货物进项税本来是允许抵扣的，只是违反了相关规定，因而不能抵扣。因此，纳税人要注意取得的符合抵扣条件的专用设备发票应及时进行认证抵扣，以避免给企业带来税务风险。

3. 企业利用财政拨款购置专用设备的投资额，不得计算抵免企业应纳所得税额。

4. 已开始享受税收优惠的专用设备，在购置之日起5个纳税年度内转让、出租的，应在该专用设备停止使用当月停止享受企业所得税优惠，并补缴已经抵免的企业所得税税款。

（三）雨丰机械公司季度纳税申报表填制

企业填写的《企业所得税月（季）度预缴纳税申报表》见表1-23。对于表1-24至表1-27，因企业未发生业务，可以根据主管税务机关要求选择不填或者零申报。

1. 月（季）度预缴纳税申报时，表1-23是必须要填写的，没有发生业务也必须零申报。表1-24至表1-27仅供发生业务的企业填报，没有发生业务的企业可以根据主管税务机关要求选择不填或者零申报。

2. 详细填表说明参见《国家税务总局关于发布〈中华人民共和国企业所得税月（季）度预缴纳税申报表（2015年版）等报表〉的公告》（国家税务总局公告2015年第31号）。

表 1-23

中华人民共和国
企业所得税月（季）度预缴纳税申报表（A类）

税款所属期间：20×2年9月1日至20×2年12月31日

纳税人识别号：370000000000000

纳税人名称：L市雨丰机械制造有限公司 　　　　　　　　　金额单位：元（列至角分）

行次	项目	本期金额	累计金额
1	一、按照实际利润额预缴		
2	营业收入	4 576 750.00	18 227 000.00
3	营业成本	2 902 500.00	11 530 000.00
4	利润总额	627 778.00	2 508 690.00
5	加：特定业务计算的应纳税所得额		
6	减：不征税收入和税基减免应纳税所得额（请填附表1）		1 100 000.00
7	固定资产加速折旧（扣除）调减额（请填附表2）		
8	弥补以前年度亏损		
9	实际利润额（4行＋5行－6行－7行－8行）	627 778.00	1 408 690.00
10	税率（25%）	0.25	0.25
11	应纳所得税额（9行×10行）	156 944.50	352 172.50
12	减：减免所得税额（请填附表3）		
13	实际已预缴所得税额	—	195 228.00
14	特定业务预缴（征）所得税额		
15	应补（退）所得税额（11行－12行－13行－14行）	—	156 944.50

续表

行次	项目	本期金额	累计金额
16	减：以前年度多缴在本期抵缴所得税额		
17	本月（季）实际应补（退）所得税额	—	156 944.50
18	二、按照上一纳税年度应纳税所得额平均额预缴		
19	上一纳税年度应纳税所得额	—	
20	本月（季）应纳税所得额（19行×1/4或1/12）		
21	税率（25%）		
22	本月（季）应纳所得税额（20行×21行）		
23	减：减免所得税额（请填附表3）		
24	本月（季）实际应纳所得税额（22行－23行）		
25	三、按照税务机关确定的其他方法预缴		
26	本月（季）税务机关确定的预缴所得税额		
27	总分机构纳税人		
28	总机构	总机构分摊所得税额（15行或24行或26行×总机构分摊预缴比例）		
29		财政集中分配所得税额		
30		分支机构分摊所得税额（15行或24行或26行×分支机构分摊比例）		
31		其中：总机构独立生产经营部门应分摊所得税额		
32	分支机构	分配比例		
33		分配所得税额		

是否属于小型微利企业：	是 □	否 ☑

谨声明：此纳税申报表是根据《中华人民共和国企业所得税法》、《中华人民共和国企业所得税法实施条例》和国家有关税收规定填报的，是真实的、可靠的、完整的。

法定代表人（签字）：　　　　　　年　月　日

纳税人公章： 会计主管： 填表日期：　　年　月　日	代理申报中介机构公章： 经办人： 经办人执业证件号码： 代理申报日期：　　年　月　日	主管税务机关受理专用章： 受理人： 受理日期：　　年　月　日

表 1-24　中华人民共和国企业所得税月（季）度预缴纳税申报表（A类）附表1
不征税收入和税基类减免应纳税所得额明细表

金额单位：人民币元（列至角分）

行次	项目	本期金额	累计金额
1	合计（2行＋3行＋14行＋19行＋30行＋31行＋32行＋33行＋34行…）		
2	一、不征税收入	800 000.00	800 000.00
3	二、免税收入（4行＋5行＋……＋13行）	300 000.00	300 000.00
4	1. 国债利息收入		
5	2. 地方政府债券利息收入		

续表

行次	项目	本期金额	累计金额
6	3. 符合条件的居民企业之间的股息、红利等权益性投资收益	300 000.00	300 000.00
7	4. 符合条件的非营利组织的收入		
8	5. 证券投资基金投资者取得的免税收入		
9	6. 证券投资基金管理人取得的免税收入		
10	7. 中国清洁发展机制基金取得的收入		
11	8. 受灾地区企业取得的救灾和灾后恢复重建款项等收入		
12	9. 其他1：		
13	10. 其他2：		
14	三、减计收入（15行＋16行＋17行＋18行）		
15	1. 综合利用资源生产产品取得的收入		
16	2. 金融、保险等机构取得的涉农利息、保费收入		
17	3. 取得的中国铁路建设债券利息收入		
18	4. 其他：（请填写或选择减免项目名称及减免性质代码）		
19	四、所得减免（20行＋23行＋24行＋25行＋26行＋27行＋28行＋29行）		
20	1. 农、林、牧、渔业项目		
21	其中：免税项目		
22	减半征收项目		
23	2. 国家重点扶持的公共基础设施项目		
24	3. 符合条件的环境保护、节能节水项目		
25	4. 符合条件的技术转让项目		
26	5. 实施清洁发展机制项目		
27	6. 节能服务公司实施合同能源管理项目		
28	7. 其他1：		
29	8. 其他2：		
30	五、新产品、新工艺、新技术研发费用加计扣除		
31	六、抵扣应纳税所得额		
32	七、其他1：		
33	其他2：		
34	其他3：		

表 1-25

中华人民共和国企业所得税月（季）度预缴申报表（A类）附表2
固定资产加速折旧（扣除）明细表

金额单位：人民币元（列至角分）

行次	项目	房屋、建筑物			机器设备和其他固定资产			合计										
									本期折旧（扣除）额					累计折旧（扣除）额				
		原值	本期折旧（扣除）额	累计折旧（扣除）额	原值	本期折旧（扣除）额	累计折旧（扣除）额	原值	合计折旧额	正常折旧额	税收加速折旧额	纳税调整额	加速折旧优惠统计额	合计折旧额	正常折旧额	税收加速折旧额	纳税调整额	加速折旧优惠统计额
		1	2	3	4	5	6	7=1+4	8	9	10=2+5	11=10-8	12=10-9	13	14	15=6+3	16=15-13	17=15-14
1	一、重要行业固定资产																	
2	（一）生物药品制造业																	
3	（二）专用设备制造业																	
4	（三）铁路、船舶、航空航天和其他运输设备制造业																	
5	（四）计算机、通信和其他电子设备制造业																	
6	（五）仪器仪表制造业																	
7	（六）信息传输、软件和信息技术服务业																	
8	二、其他行业研发设备	*	*	*														

续表

行次	项目	房屋、建筑物 原值 (1)	房屋、建筑物 本期折旧(扣除)额 (2)	房屋、建筑物 累计折旧(扣除)额 (3)	机器设备和其他固定资产 原值 (4)	机器设备和其他固定资产 本期折旧(扣除)额 (5)	机器设备和其他固定资产 累计折旧(扣除)额 (6)	合计 原值 (7=1+4)	合计 本期折旧(扣除)额 合计折旧额 (8)	合计 本期折旧(扣除)额 正常折旧额 (9)	合计 本期折旧(扣除)额 税收加速折旧额 (10=2+5)	合计 本期折旧(扣除)额 纳税调整额 (11=10-8)	合计 本期折旧(扣除)额 加速折旧优惠统计额 (12=10-8-9)	合计 累计折旧(扣除)额 合计折旧额 (13)	合计 累计折旧(扣除)额 正常折旧额 (14)	合计 累计折旧(扣除)额 税收加速折旧额 (15=6+3)	合计 累计折旧(扣除)额 纳税调整额 (16=15-13)	合计 累计折旧(扣除)额 加速折旧优惠统计额 (17=15-13 15-14)
9	三、允许一次性扣除的固定资产	*	*	*														
10	（一）单位价值不超过100万元的研发仪器、设备	*	*	*														
11	其中：六大行业小型微利企业研发和生产经营共用的仪器、设备	*	*	*														
12	（二）单位价值不超过5 000元的固定资产	*	*	*														
13	合计																	

表 1-26 中华人民共和国企业所得税月（季）度预缴纳税申报表（A 类）附表 3
减免所得税额明细表

金额单位：人民币元（列至角分）

行次	项目	本期金额	累计金额
1	合计（2 行＋4 行＋5 行＋6 行）		
2	一、符合条件的小型微利企业		
3	其中：减半征税		
4	二、国家需要重点扶持的高新技术企业		
5	三、减免地方分享所得税的民族自治地方企业		
6	四、其他专项优惠（7 行＋8 行＋9 行＋…30 行）		
7	（一）经济特区和上海浦东新区新设立的高新技术企业		
8	（二）经营性文化事业单位转制企业		
9	（三）动漫企业		
10	（四）受灾地区损失严重的企业		
11	（五）受灾地区农村信用社		
12	（六）受灾地区的促进就业企业		
13	（七）技术先进型服务企业		
14	（八）新疆困难地区新办企业		
15	（九）新疆喀什、霍尔果斯特殊经济开发区新办企业		
16	（十）支持和促进重点群体创业就业企业		
17	（十一）集成电路线宽小于 0.8 微米（含）的集成电路生产企业		
18	（十二）集成电路线宽小于 0.25 微米的集成电路生产企业		
19	（十三）投资额超过 80 亿元人民币的集成电路生产企业		
20	（十四）新办集成电路设计企业		
21	（十五）国家规划布局内重点集成电路设计企业		
22	（十六）符合条件的软件企业		
23	（十七）国家规划布局内重点软件企业		
24	（十八）设在西部地区的鼓励类产业企业		
25	（十九）符合条件的生产和装配伤残人员专门用品企业		
26	（二十）中关村国家自主创新示范区从事文化产业支撑技术等领域的高新技术企业		
27	（二十一）享受过渡期税收优惠企业		
28	（二十二）横琴新区、平潭综合实验区和前海深港现代化服务业合作区企业		
29	（二十三）其他 1：		
30	（二十四）其他 2：		

表 1-27

企业所得税汇总纳税分支机构所得税分配表

税款所属期间：　　年　月　日至　　年　月　日

金额单位：人民币元（列至角分）

总机构名称：

总机构纳税人识别号	应纳所得税额	总机构分摊所得税额			总机构财政集中分配所得税额	分支机构分摊所得税额	
		分支机构名称	三项因素			分配比例	分配所得税额
			营业收入	职工薪酬	资产总额		
分支机构纳税人识别号							
分支机构情况							
合计	—						

纳税人公章：

会计主管：

填表日期：　　年　月　日

主管税务机关受理专用章：

受理人：

受理日期：　　年　月　日

国家税务总局监制

（四）雨丰机械公司年度纳税申报表填制

1. 雨丰机械公司企业所得税年度纳税申报表填写方法，见表1-28。

表1-28

业务	税务处理	申报表填写
账面损益类科目全年累计发生额	表1-16中账面损益类科目全年累计发生额，即利润表中科目累计金额	《中华人民共和国企业所得税年度纳税申报表（A类）》（A100000）"利润总额计算"中的项目，按照国家统一会计制度口径计算填报。实行企业会计准则、小企业会计准则、企业会计制度、分行业会计制度的纳税人，其数据直接取自利润表。 《一般企业收入明细表》（A101010）填报一般企业按照国家统一会计制度规定取得收入情况。 《一般企业成本支出明细表》（A102010）填报一般企业按照国家统一会计制度的规定发生成本费用支出情况。 《期间费用明细表》（A104000）填报期间费用明细项目。 上述三表根据损益类科目明细账本年累计发生额填列。 注：《期间费用明细表》（A104000）1～24行，按照三项费用明细账的本年累计发生额填列，假设为已知条件
业务1 视同销售	按照甲商品购入时的价格调增视同销售收入10 000元和调减视同销售成本10 000元	《纳税调整项目明细表》（A105000）第2行"（一）视同销售收入"：填报会计处理不确认为销售收入，税法规定确认应税收入的收入。根据《视同销售和房地产开发企业特定业务纳税调整明细表》（A105010）填报，第2列"税收金额"为表A105010第1行第1列金额；第3列"调增金额"为表A105010第1行第2列金额。 《纳税调整项目明细表》（A105000）第13行"（一）视同销售成本"：填报会计处理不作为销售核算，税法规定作为应税收入的同时，确认的销售成本金额。根据《视同销售和房地产开发企业特定业务纳税调整明细表》（A105010）填报，第2列"税收金额"为表A105010第11行第1列金额；第4列"调减金额"为表A105010第11行第2列金额的绝对值
业务2 销售货物 发出商品	调增销售收入100万元，调增销售成本80万元，共调增应纳税所得额20万元	《纳税调整项目明细表》（A105000）第11行"（九）其他"：填报其他因会计处理与税法规定有差异需纳税调整的收入类项目金额。若第2列≥第1列，将第2－1列的余额填入第3列"调增金额"，若第2列<第1列，将第2－1列余额的绝对值填入第4列"调减金额"。 《纳税调整项目明细表》（A105000）第42行"六、其他"：填报其他会计处理与税法规定存在差异需纳税调整的项目金额
业务3 确认房屋 租金收入	调减租金收入4万元	《纳税调整项目明细表》（A105000）第3行"（二）未按权责发生制原则确认的收入"：根据《未按权责发生制确认收入纳税调整明细表》（A105020）填报，第1列"账载金额"为表A105020第14行第2列金额；第2列"税收金额"为表A105020第14行第4列金额；表A105020第14行第6列，若≥0，填入本行第3列"调增金额"；若<0，将绝对值填入本行第4列"调减金额"。 《未按权责发生制确认收入纳税调整明细表》（A105020）适用于会计处理按权责发生制确认收入、税法规定未按权责发生制确认收入需纳税调整项目的纳税人填报

续表

业务	税务处理	申报表填写
业务4 债务重组	不必进行纳税调整	《纳税调整项目明细表》（A105000）第36行"（一）企业重组"：根据《企业重组纳税调整明细表》（A105100）填报。第1列"账载金额"为表A105100第14行第1+4列金额；第2列"税收金额"为表A105100第14行第2+5列金额；表A105100第14行第7列，若≥0，填入本行第3列"调增金额"；若＜0，将绝对值填入本行第4列"调减金额"。《企业重组纳税调整明细表》（A105100）适用于发生企业重组纳税调整项目的纳税人，在企业重组日所属纳税年度分析填报
业务5 企业股权转让	税法确认投资收益20万元，会计确认投资收益20万元，不必进行纳税调整	《纳税调整项目明细表》（A105000）第4行"（三）投资收益"：根据《投资收益纳税调整明细表》（A105030）填报，第1列"账载金额"为表A105030第10行第1+8列的金额；第2列"税收金额"为表A105030第10行第2+9列的金额；表A105030第10行第11列，若≥0，填入本行第3列"调增金额"；若＜0，将绝对值填入本行第4列"调减金额"。《投资收益纳税调整明细表》（A105030）适用于发生投资收益纳税调整项目的纳税人填报
业务6 接受捐赠	会计上已确认"营业外收入"100万元，不必进行纳税调整。	《一般企业收入明细表》（A101010）第22行"捐赠利得"：填报纳税人接受的来自企业、组织或个人无偿给予的货币性资产、非货币性资产捐赠应确认的净收益
业务7 法人企业间无偿划转非货币性资产	1. 资产划出方雨丰机械公司应视同销售，按划转资产公允价值确认视同销售收入260 000元，对其计税基础确认视同销售成本240 000元，按差额20 000调增应纳税所得额，另外还需要按照直接捐赠240 000元调增应纳税所得额，共应调增应纳税所得额260 000元	《纳税调整项目明细表》（A105000）第2行"（一）视同销售收入"：填报会计处理不确认为销售收入，税法规定确认应税收入的收入。根据《视同销售和房地产开发企业特定业务纳税调整明细表》（A105010）填报，第2列"税收金额"为表A105010第1行第1列金额；第3列"调增金额"为表A105010第1行第2列金额。《纳税调整项目明细表》（A105000）第13行"（一）视同销售成本"：填报会计处理不作为销售核算，税法规定作为应税收入的同时，确认的销售成本金额。根据《视同销售和房地产开发企业特定业务纳税调整明细表》（A105010）填报，第2列"税收金额"为表A105010第11行第1列金额；第4列"调减金额"为表A105010第11行第2列金额的绝对值。《纳税调整项目明细表》（A105000）第17行"（五）捐赠支出"：根据《捐赠支出纳税调整明细表》（A105070）填报。第1列"账载金额"为表A105070第20行第2+6列金额；第2列"税收金额"为表A105070第20行第4列金额；第3列"调增金额"为表A105070第20行第7列金额。《捐赠支出纳税调整明细表》（A105070）本表适用于发生捐赠支出纳税调整项目的纳税人填报。纳税人根据税法、《财政部 国家税务总局关于公益性捐赠税前扣除有关问题的通知》（财税〔2008〕160号）等相关规定，以及国家统一企业会计制度，填报捐赠支出会计处理、税法规定，以及纳税调整情况。税法规定予以全额税前扣除的公益性捐赠不在本表填报

业务	税务处理	申报表填写
业务 7 法人企业间无偿划转非货币性资产	资产划入方雨丰机械公司需按照接受资产的公允价值确定应税收入 280 000 元，企业已计入营业外收入 260 000 元，按差额 20 000 元调增应纳税所得额	《纳税调整项目明细表》（A105000）第 11 行"（九）其他"：填报其他因会计处理与税法规定有差异需纳税调整的收入类项目金额。若第 2 列≥第 1 列，将第 2−1 列的余额填入第 3 列"调增金额"，若第 2 列＜第 1 列，将第 2−1 列余额的绝对值填入第 4 列"调减金额"
业务 8 分期收款发出商品	在企业所得税上未到合同约定的日期，是不确认收入的，企业应调减应纳税所得额 20 000 元（100 000−80 000）	《纳税调整项目明细表》（A105000）第 3 行"（二）未按权责发生制原则确认的收入"：根据《未按权责发生制确认收入纳税调整明细表》（A105020）填报，第 1 列"账载金额"为表 A105020 第 14 行第 2 列金额；第 2 列"税收金额"为表 A105020 第 14 行第 4 列金额；表 A105020 第 14 行第 6 列，若≥0，填入本行第 3 列"调增金额"；若＜0，将绝对值填入本行第 4 列"调减金额"。 《未按权责发生制确认收入纳税调整明细表》（A105020）适用于会计处理按权责发生制确认收入、税法规定未按权责发生制确认收入需纳税调整项目的纳税人填报。 《纳税调整项目明细表》（A105000）第 42 行"六、其他"：填报其他会计处理与税法规定存在差异需纳税调整的项目金额
业务 9 取得财政性资金（一）	退还土地款 90 万元，应调增应纳税所得额 90 万元	《纳税调整项目明细表》（A105000）第 11 行"（九）其他"：填报其他因会计处理与税法规定有差异需纳税调整的收入类项目金额。若第 2 列≥第 1 列，将第 2−1 列的余额填入第 3 列"调增金额"，若第 2 列＜第 1 列，将第 2−1 列余额的绝对值填入第 4 列"调减金额"
业务 10 取得财政性资金（二）	该公司收到市财政局拨付的技术创新基金 80 万元符合财税〔2011〕70 号文件不征税收入条件的规定，属于不征税收入，应调减应纳税所得额 80 万元，同时不征税收入形成的支出不得税前扣除，应调增应纳税所得额 10 万元	《专项用途财政性资金纳税调整明细表》（A105040）：本表填报纳税人发生符合不征税收入条件的专项用途财政性资金，因会计处理与税法规定不一致，需要进行纳税调整的金额。 《纳税调整项目明细表》（A105000）第 8 行"（七）不征税收入"：填报纳税人计入收入总额但属于税法规定不征的财政拨款、依法收取并纳入财政管理的行政事业性收费以及政府性基金和国务院规定的其他不征税收入。第 3 列"调增金额"填报纳税人以前年度取得财政性资金且已作为不征税收入处理，在 5 年（60 个月）内未发生支出且未缴回财政部门或其他拨付资金的政府部门，应计入应税收入额的金额；第 4 列"调减金额"填报符合税法规定不征税收入条件并作为不征税收入处理，且已计入当期损益的金额。 《纳税调整项目明细表》（A105000）第 9 行"其中：专项用途财政性资金"：根据《专项用途政财政性资金纳税调整明细表》（A105040）填报。第 3 列"调增金额"为表 A105040 第 7 行第 14 列金额；第 4 列"调减金额"为表 A105040 第 7 行第 4 列金额。 《纳税调整项目明细表》（A105000）第 24 行"（十二）不征税收入用于支出所形成的费用"：第 3 列"调增金额"填报符合条件的不征税收入用于支出所形成的计入当期损益的费用化支出金额。 《纳税调整项目明细表》（A105000）第 25 行"其中：专项用途财政性资金用于支出所形成的费用"：根据《专项用途财政性资金纳税调整明细表》（A105040）填报。第 3 列"调增金额"为表 A105040 第 7 行第 11 列金额

续表

业务	税务处理	申报表填写
业务 11 取得专利权转让收入	符合免税条件的技术转让所得 30 万元，免征企业所得税，应调减应纳税所得额	《所得减免优惠明细表》（A107020）第 33 行"四、符合条件的技术转让项目"：填报纳税人根据《国家税务总局关于技术转让所得减免企业所得税有关问题的通知》（国税函〔2009〕212 号）、《财政部 国家税务总局关于居民企业技术转让有关企业所得税政策问题的通知》（财税〔2010〕111 号）、《国家税务总局关于技术转让所得减免企业所得税有关问题的公告》（国家税务总局公告 2013 年第 62 号）等相关税收政策规定的，一个纳税年度内，居民企业将其拥有的专利技术、计算机软件著作权、集成电路布图设计权、植物新品种、生物医药新品种，以及财政部和国家税务总局确定的其他技术的所有权或 5 年以上（含 5 年）全球独占许可使用权转让取得的所得［注：自 2015 年 10 月 1 日起，全国范围内的居民企业转让 5 年（含，下同）以上非独占许可使用权取得的技术转让所得，纳入享受企业所得税优惠的技术转让所得范围］，不超过 500 万元的部分，免征企业所得税；超过 500 万元的部分，减半征收企业所得税。居民企业从直接或间接持有股权之和达到 100% 的关联方取得的技术转让所得，不享受技术转让减免企业所得税优惠政策。本行第 1 至 6 列分别填报，第 7 列填报第 34＋35 行的金额。 《所得减免优惠明细表》（A107020）第 34 行"（一）技术转让所得不超过 500 万元部分"：填报纳税人符合条件的技术转让所得不超过 500 万元的部分，免征企业所得税。 《所得减免优惠明细表》（A107020）第 35 行"（二）技术转让所得超过 500 万元部分"：填报纳税人符合条件的技术转让所得超过 500 万元的部分，减半征收企业所得税。 《中华人民共和国企业所得税年度纳税申报表（A 类）》（A100000）第 20 行"所得减免"：填报属于税法规定所得减免金额。本行通过《所得减免优惠明细表》（A107020）填报
业务 12 取得股息、红利等权益性投资收益	因投资 A 公司而取得的权益性投资收益 300 000 元，为免税收入，应调减应纳税所得额	《符合条件的居民企业之间的股息、红利等权益性投资收益情况明细表》（A107011）适用于享受符合条件的居民企业之间的股息、红利等权益性投资收益优惠的纳税人填报。 《免税、减计收入及加计扣除优惠明细表》（A107010）第 3 行"（二）符合条件的居民企业之间的股息、红利等权益性投资收益"：填报《符合条件的居民企业之间的股息、红利等权益性投资收益情况明细表》（A107011）第 10 行第 16 列金额。 《中华人民共和国企业所得税年度纳税申报表（A 类）》（A100000）第 17 行"免税、减计收入及加计扣除"：填报属于税法规定免税收入、减计收入、加计扣除金额。本行通过《免税、减计收入及加计扣除优惠明细表》（A107010）填报
业务 13 捐赠支出	某公益性社会团体捐赠 60 万元，属于公益性捐赠支出，可以在年度利润总额 12% 以内税前扣除	《捐赠支出纳税调整明细表》（A105070）填报纳税人发生捐赠支出，因会计处理与税法规定不一致，需要进行纳税调整的项目和金额。 《纳税调整项目明细表》（A105000）第 17 行"（五）捐赠支出"：根据《捐赠支出纳税调整明细表》（A105070）填报。第 1 列"账载金额"为表 A105070 第 20 行第 2＋6 列金额；第 2 列"税收金额"为表 A105070 第 20 行第 4 列金额；第 3 列"调增金额"为表 A105070 第 20 行第 7 列金额
业务 14 支付企业日常费用（一）	调增应纳税所得额 600 元	《纳税调整项目明细表》（A105000）第 29 行"（十六）其他"：填报其他因会计处理与税法规定有差异需纳税调整的扣除类项目金额。若第 1 列≥第 2 列，将第 1－2 列余额填入第 3 列"调增金额"；若第 1 列＜第 2 列，将第 1－2 列余额的绝对值填入第 4 列"调减金额"

业务	税务处理	申报表填写
业务15 支付企业日常费用（二）	企业所得税汇算清缴时，招待费调增15 000元，业务宣传费调减10 000元。账面业务招待费84 000元，广告费和业务宣传费136 000元。调整后的招待费用99 000元，广告费和业务宣传费126 000元	《广告费和业务宣传费跨年度纳税调整明细表》（A105060）填报纳税人本年发生的广告费和业务宣传费支出，因会计处理与税法规定不一致，需要进行纳税调整的项目和金额。纳税人根据税法、《财政部 国家税务总局关于广告费和业务宣传费支出税前扣除政策的通知》（财税〔2012〕48号）等相关规定，以及国家统一企业会计制度，填报广告费和业务宣传费会计处理、税法规定，以及跨年度纳税调整情况。 《纳税调整项目明细表》（A105000）第15行"（三）业务招待费支出"：第1列"账载金额"填报纳税人会计核算计入当期损益的业务招待费金额；第2列"税收金额"填报按照税法规定允许税前扣除的业务招待费支出的金额，即："本行第1列×60%"与当年销售（营业）收入×5‰的孰小值；第3列"调增金额"为第1－2列金额。 《纳税调整项目明细表》（A105000）第16行"（四）广告费和业务宣传费支出"：根据《广告费和业务宣传费跨年度纳税调整明细表》（A105060）填报，表A105060第12行，若≥0，填入第3列"调增金额"；若<0，将绝对值填入第4列"调减金额"
业务16 支付罚款、滞纳金、违约金	调增应纳税所得额10 500元	《纳税调整项目明细表》（A105000）第19行"（七）罚金、罚款和被没收财物的损失"：第1列"账载金额"填报纳税人会计核算计入当期损益的罚金、罚款和被罚没财物的损失，不包括纳税人按照经济合同规定支付的违约金（包括银行罚息）、罚款和诉讼费；第3列"调增金额"等于第1列金额。 《纳税调整项目明细表》（A105000）第20行"（八）税收滞纳金、加收利息"：第1列"账载金额"填报纳税人会计核算计入当期损益的税收滞纳金、加收利息。第3列"调增金额"等于第1列金额
业务17 借款利息支出（一）	不得扣除的利息支出20万元，需要调增应纳税所得额	《纳税调整项目明细表》（A105000）第18行"（六）利息支出"：第1列"账载金额"填报纳税人向非金融企业借款，会计核算计入当期损益的利息支出的金额；第2列"税收金额"填报按照税法规定允许税前扣除的利息支出的金额；第3列"调增金额"为第1－2列金额
业务18 借款利息支出（二）	该公司利息支出均属于应取得而未取得发票的情形，应调增应纳税所得额46万元	《纳税调整项目明细表》（A105000）第18行"（六）利息支出"：第1列"账载金额"填报纳税人向非金融企业借款，会计核算计入当期损益的利息支出的金额；第2列"税收金额"填报按照税法规定允许税前扣除的利息支出的金额；第3列"调增金额"为第1－2列金额
业务19 银行承兑汇票贴现利息支出	调增应纳税所得额50 000元	《纳税调整项目明细表》（A105000）第18行"（六）利息支出"：第1列"账载金额"填报纳税人向非金融企业借款，会计核算计入当期损益的利息支出的金额；第2列"税收金额"填报按照税法规定允许税前扣除的利息支出的金额；第3列"调增金额"为第1－2列金额
业务20 担保支出	调增应纳税所得额30万元	《纳税调整项目明细表》（A105000）第27行"（十四）与取得收入无关的支出"：第1列"账载金额"填报纳税人会计核算计入当期损益的与取得收入无关的支出的金额。第3列"调增金额"等于第1列金额

续表

业务	税务处理	申报表填写
业务 21 固定资产计提折旧（一）	企业的各项资产以历史成本为计税基础，该企业评估增值部分计提的折旧 1 万元，不得税前扣除，在企业所得税汇算清缴时，企业应当调增应纳税所得额。企业无偿借出的固定资产，相关的经济利益没有流入企业，属于与经营活动无关的固定资产，该项固定资产所计提的折旧 0.6 万元，不属于与取得应税收入相关的支出，不得在企业所得税税前扣除。因此，在企业所得税汇算清缴时，企业应调增应纳税所得额 1.6 万元	《纳税调整项目明细表》（A105000）第 31 行"（一）资产折旧、摊销"：根据《资产折旧、摊销情况及纳税调整明细表》（A105080）填报。第 1 列"账载金额"为表 A105080 第 27 行第 2 列金额；第 2 列"税收金额"为表 A105080 第 27 行第 5＋6 列金额；表 A105080 第 27 行第 9 列，若≥0，填入本行第 3 列"调增金额"；若＜0，将绝对值填入本行第 4 列"调减金额"。《资产折旧、摊销情况及纳税调整明细表》（A105080）适用于发生资产折旧、摊销及存在资产折旧、摊销纳税调整的纳税人填报。注：雨丰机械公司各类固定资产原值均与计税基础相同，且为已知条件，本年（累计）折旧、摊销额也为已知条件
业务 22 固定资产计提折旧（二）	货车按照 8 年计提折旧，超过《企业所得税法》规定的运输工具折旧年限 4 年，没有超过《企业所得税法》和有关税收法规规定的税前扣除范围和标准的，为减少会计与税法差异的调整，便于税收征管，企业按照会计上确认的支出，在税务处理时，将不再进行调整。生产设备按照 5 年计提折旧，低于《企业所得税法》规定的生产设备折旧年限 10 年，按税法规定的最低年限应计提折旧 1 万元，会计比税法多计提折旧 1 万元，在企业所得税汇算清缴时，企业应调增应纳税所得额 1 万元	《纳税调整项目明细表》（A105000）第 31 行"（一）资产折旧、摊销"：根据《资产折旧、摊销情况及纳税调整明细表》（A105080）填报。第 1 列"账载金额"为表 A105080 第 27 行第 2 列金额；第 2 列"税收金额"为表 A105080 第 27 行第 5＋6 列金额；表 A105080 第 27 行第 9 列，若≥0，填入本行第 3 列"调增金额"；若＜0，将绝对值填入本行第 4 列"调减金额"。《资产折旧、摊销情况及纳税调整明细表》（A105080）适用于发生资产折旧、摊销及存在资产折旧、摊销纳税调整的纳税人填报

业务	税务处理	申报表填写
业务23 固定资产计提折旧（三）	调增应纳税所得额8 550元	《纳税调整项目明细表》（A105000）第31行"（一）资产折旧、摊销"：根据《资产折旧、摊销情况及纳税调整明细表》（A105080）填报。第1列"账载金额"为表A105080第27行第2列金额；第2列"税收金额"为表A105080第27行第5＋6列金额；表A105080第27行第9列，若≥0，填入本行第3列"调增金额"；若＜0，将绝对值填入本行第4列"调减金额"。《资产折旧、摊销情况及纳税调整明细表》（A105080）适用于发生资产折旧、摊销及存在资产折旧、摊销纳税调整的纳税人填报
业务24 房屋改建支出与机器设备修理支出	租入固定资产的改建支出6万元，按照合同约定的剩余租赁期限3年分期摊销，每年摊销2万元。企业所得税汇算清缴时，应调增应纳税所得额4万元	《纳税调整项目明细表》（A105000）第31行"（一）资产折旧、摊销"：根据《资产折旧、摊销情况及纳税调整明细表》（A105080）填报。第1列"账载金额"为表A105080第27行第2列金额；第2列"税收金额"为表A105080第27行第5＋6列金额；表A105080第27行第9列，若≥0，填入本行第3列"调增金额"；若＜0，将绝对值填入本行第4列"调减金额"。《资产折旧、摊销情况及纳税调整明细表》（A105080）适用于发生资产折旧、摊销及存在资产折旧、摊销纳税调整的纳税人填报
业务25 固定资产建造期间的支出	该企业将资本性的支出作为费用一次性列支，减少了当期利润，少缴了企业所得税，应调增应纳税所得额。企业所得税汇算清缴时，应调增应纳税所得额22万元。在建工程完工后，调增固定资产计税基础	《纳税调整项目明细表》（A105000）第34行"（四）其他"：填报其他因会计处理与税法规定有差异需纳税调整的资产类项目金额。若第1列≥第2列，将第1－2列余额填入第3列"调增金额"；若第1列＜第2列，将第1－2列余额的绝对值填入第4列"调减金额"
业务26 土地使用权摊销	通常情况下，有关法律规定或者合同约定土地使用权的使用年限即是其使用寿命，因此该公司取得的土地使用权应按50年摊销，每年摊销4万元，企业应当调增应纳税所得额6万元（10－4）	《纳税调整项目明细表》（A105000）第31行"（一）资产折旧、摊销"：根据《资产折旧、摊销情况及纳税调整明细表》（A105080）填报。第1列"账载金额"为表A105080第27行第2列金额；第2列"税收金额"为表A105080第27行第5＋6列金额；表A105080第27行第9列，若≥0，填入本行第3列"调增金额"；若＜0，将绝对值填入本行第4列"调减金额"。《资产折旧、摊销情况及纳税调整明细表》（A105080）适用于发生资产折旧、摊销及存在资产折旧、摊销纳税调整的纳税人填报。已知该土地使用权已累计摊销30万元
业务27 支付手续费及佣金	调增应纳税所得额1.8万元	《纳税调整项目明细表》（A105000）第23行"（十一）佣金和手续费支出"：第1列"账载金额"填报纳税人会计核算计入当期损益的佣金和手续费金额；第2列"税收金额"填报按照税法规定允许税前扣除的佣金和手续费支出金额；第3列"调增金额"为第1－2列的金额

业务	税务处理	申报表填写
业务28 劳动保护支出	调增应纳税所得额10 000元	《纳税调整项目明细表》（A105000）第27行"（十四）与取得收入无关的支出"：第1列"账载金额"填报纳税人会计核算计入当期损益的与取得收入无关的支出的金额。第3列"调增金额"等于第1列金额
业务29 车辆所发生的汽油费、保险费等费用支出	调增应纳税所得额6 000元	《纳税调整项目明细表》（A105000）第27行"（十四）与取得收入无关的支出"：第1列"账载金额"填报纳税人会计核算计入当期损益的与取得收入无关的支出的金额。第3列"调增金额"等于第1列金额
业务30 保险费支出	为职工缴纳的基本社会保险费327 000元和财产保险12 000元准予扣除。给司机和保安缴纳的人身意外保险费4 000元，应调增应纳税所得额	《纳税调整项目明细表》（A105000）第14行"（二）职工薪酬"：根据《职工薪酬纳税调整明细表》（A105050）填报，第1列"账载金额"为表A105050第13行第1列金额；第2列"税收金额"为表A105050第13行第4列金额；表A105050第13行第5列，若≥0，填入本行第3列"调增金额"；若<0，将绝对值填入本行第4列"调减金额"。《职工薪酬纳税调整明细表》（A105050）填报纳税人职工薪酬会计处理、税法规定，以及纳税调整情况。《纳税调整项目明细表》（A105000）第29行"（十六）其他"：填报其他因会计处理与税法规定有差异需纳税调整的扣除类项目金额。若第1列≥第2列，将第1—2列余额填入第3列"调增金额"；若第1列<第2列，将第1—2列余额的绝对值填入第4列"调减金额"
业务31 工资薪金及职工福利费	调增工资薪金总额2 000元，调增职工福利费26 000元，这样三项经费扣除限额才能计算准确。账面工资薪金总额3 018 000元，职工福利费418 000元。调整后的工资薪金总额为3 020 000元，职工福利费为444 000元	《纳税调整项目明细表》（A105000）第14行"（二）职工薪酬"：根据《职工薪酬纳税调整明细表》（A105050）填报，第1列"账载金额"为表A105050第13行第1列金额；第2列"税收金额"为表A105050第13行第4列金额；表A105050第13行第5列，若≥0，填入本行第3列"调增金额"；若<0，将绝对值填入本行第4列"调减金额"。《职工薪酬纳税调整明细表》（A105050）填报纳税人职工薪酬会计处理、税法规定，以及纳税调整情况
业务32 职工教育经费	计提而未实际发生的职工教育经费支出3 000元，调增应纳税所得额	《纳税调整项目明细表》（A105000）第14行"（二）职工薪酬"：根据《职工薪酬纳税调整明细表》（A105050）填报，第1列"账载金额"为表A105050第13行第1列金额；第2列"税收金额"为表A105050第13行第4列金额；表A105050第13行第5列，若≥0，填入本行第3列"调增金额"；若<0，将绝对值填入本行第4列"调减金额"。《职工薪酬纳税调整明细表》（A105050）填报纳税人职工薪酬会计处理、税法规定，以及纳税调整情况

续表

业务	税务处理	申报表填写
业务33 工会经费	未取得《工会经费收入专用收据》或工会经费代收凭据的工会经费20 000元，调增应纳税所得额	《纳税调整项目明细表》（A105000）第14行"（二）职工薪酬"：根据《职工薪酬纳税调整明细表》（A105050）填报，第1列"账载金额"为表A105050第13行第1列金额；第2列"税收金额"为表A105050第13行第4列金额；表A105050第13行第5列，若≥0，填入本行第3列"调增金额"；若<0，将绝对值填入本行第4列"调减金额"。 《职工薪酬纳税调整明细表》（A105050）填报纳税人职工薪酬会计处理、税法规定，以及纳税调整情况
业务34 研究开发费用加计扣除	符合加计扣除的研究开发费用295 000元，调减应纳税所得额147 500元	《中华人民共和国企业所得税年度纳税申报表（A类）》（A100000）第17行"免税、减计收入及加计扣除"：填报属于税法规定免税收入、减计收入、加计扣除金额。本行通过《免税、减计收入及加计扣除优惠明细表》（A107010）填报。 《免税、减计收入及加计扣除优惠明细表》（A107010）第22行"（一）开发新技术、新产品、新工艺发生的研究开发费用加计扣除"：填报《研发费用加计扣除优惠明细表》（A107014）第10行第19列的金额。 《研发费用加计扣除优惠明细表》（A107014）填报本年发生的研发费用加计扣除优惠情况
业务35 存货发生实际损失	存货发生实际损失62 000元可税前扣除，企业计入营业外支出62 000元	《纳税调整项目明细表》（A105000）第33行"（三）资产损失"：根据《资产损失税前扣除及纳税调整明细表》（A105090）填报。第1列"账载金额"为表A105090第14行第1列金额；第2列"税收金额"为表A105090第14行第2列金额；表A105090第14行第3列，若≥0，填入本行第3列"调增金额"；若<0，将绝对值填入本行第4列"调减金额"。 《资产损失税前扣除及纳税调整明细表》（A105090）填报纳税人发生资产损失，以及由于会计处理与税法规定不一致，需要进行纳税调整的项目和金额。第11行"（二）非货币资产损失"：填报非货币资产损失的账载金额、税收金额以及纳税调整金额，根据《资产损失（专项申报）税前扣除及纳税调整明细表》（A105091）第6行相应数据列填报。 《资产损失（专项申报）税前扣除及纳税调整明细表》（A105091）适用于发生资产损失税前扣除专项申报事项的纳税人填报
业务36 企业专用设备投资额抵免企业所得税	专用设备投资额抵免所得税额15万元（150×10%）	《中华人民共和国企业所得税年度纳税申报表（A类）》（A100000）第27行"抵免所得税额"：填报企业当年的应纳所得税额中抵免的金额。本行通过《税额抵免优惠明细表》（A107050）填报。 《税额抵免优惠明细表》（A107050）填报本年发生的专用设备投资额抵免优惠情况

2. 填写完毕的雨丰机械公司《企业所得税年度纳税申报表》及其附表，见表1-29至表1-49，其中有颜色区域一般可以自动生成。未发生业务的申报表略。

《国家税务总局关于发布〈中华人民共和国企业所得税年度纳税申报表（A类，2014年版）〉的公告》（国家税务总局公告2014年第63号）发布的新版纳税申报表共41张：1张基础信息表，1张主表，6张收入费用明细表，15张纳税调整表，1张亏损弥补表，11 张税收优惠表，4 张境外所得抵免表，2 张汇总纳税表。与现行 16 张表格相比，虽然增加了 25 张，但由于许多表格是选项，纳税人有此业务的，可以选择填报，没有此业务的，可以不填报，从纳税人需要填写情况统计、分析，平均每一纳税人填报的表格为 12 张，因此纳税人无须被 41 张纳税申报表所吓倒。

《国家税务总局所得税司关于企业所得税年度纳税申报表部分填报口径的通知》（税总所便函〔2015〕21 号）又对国家税务总局 2014 年第 63 号公告填写说明中若干具体填报口径问题进行了修订。

《国家税务总局关于修改企业所得税年度纳税申报表（A 类，2014 年版）部分申报表的公告》（国家税务总局公告 2016 年第 3 号）再次对国家税务总局 2014 年第 63 号公告中的部分申报表进行了修改。

因此，读者若想全面学习这 41 张纳税申报表，可以参考这三个文件中的填表说明进行学习。

为了大家更好地学习这 41 张纳税申报表，笔者设计了带有公式只需填写基础数据就能够自动生成的企业所得税纳税申报表（Excel 格式），读者朋友可以将购书发票或收据等电子信息发送邮件至 17876312@qq.com 免费索取。

表 1-29　　A100000　中华人民共和国企业所得税年度纳税申报表（A 类）

行次	类别	项目	金额
1	利润总额计算	一、营业收入（填写 A101010＼101020＼103000）	18 227 000.00
2		减：营业成本（填写 A102010＼102020＼103000）	11 530 000.00
3		营业税金及附加	37 770.00
4		销售费用（填写 A104000）	1 978 000.00
5		管理费用（填写 A104000）	2 699 000.00
6		财务费用（填写 A104000）	1 413 000.00
7		资产减值损失	
8		加：公允价值变动收益	
9		投资收益	400 000.00
10		二、营业利润（1－2－3－4－5－6－7＋8＋9）	969 230.00
11		加：营业外收入（填写 A101010＼101020＼103000）	2 466 000.00
12		减：营业外支出（填写 A102010＼102020＼103000）	926 540.00
13		三、利润总额（10＋11－12）	2 508 690.00
14	应纳税所得额计算	减：境外所得（填写 A108010）	0.00
15		加：纳税调整增加额（填写 A105000）	4 326 407.20
16		减：纳税调整减少额（填写 A105000）	2 070 000.00
17		减：免税、减计收入及加计扣除（填写 A107010）	447 500.00
18		加：境外应税所得抵减境内亏损（填写 A108000）	0.00
19		四、纳税调整后所得（13－14＋15－16－17＋18）	4 317 597.20
20		减：所得减免（填写 A107020）	300 000.00
21		减：抵扣应纳税所得额（填写 A107030）	0.00
22		减：弥补以前年度亏损（填写 A106000）	0.00
23		五、应纳税所得额（19－20－21－22）	4 017 597.20

续表

行次	类别	项目	金额
24	应纳税额计算	税率（25％）	25％
25		六、应纳所得税额（23×24）	1 004 399.30
26		减：减免所得税额（填写A107040）	0.00
27		减：抵免所得税额（填写A107050）	150 000.00
28		七、应纳税额（25－26－27）	854 399.30
29		加：境外所得应纳所得税额（填写A108000）	0.00
30		减：境外所得抵免所得税额（填写A108000）	0.00
31		八、实际应纳所得税额（28＋29－30）	854 399.30
32		减：本年累计实际已预缴的所得税额	352 172.50
33		九、本年应补（退）所得税额（31－32）	502 226.80
34		其中：总机构分摊本年应补（退）所得税额（填写A109000）	0.00
35		财政集中分配本年应补（退）所得税额（填写A109000）	0.00
36		总机构主体生产经营部门分摊本年应补（退）所得税额（填写A109000）	0.00
37	附列资料	以前年度多缴的所得税额在本年抵减额	
38		以前年度应缴未缴在本年入库所得税额	

表1-30　　　　　　　A101010　一般企业收入明细表

行次	项目	金额
1	一、营业收入（2＋9）	18 227 000.00
2	（一）主营业务收入（3＋5＋6＋7＋8）	17 280 000.00
3	1. 销售商品收入	16 980 000.00
4	其中：非货币性资产交换收入	
5	2. 提供劳务收入	300 000.00
6	3. 建造合同收入	
7	4. 让渡资产使用权收入	
8	5. 其他	
9	（二）其他业务收入（10＋12＋13＋14＋15）	947 000.00
10	1. 销售材料收入	907 000.00
11	其中：非货币性资产交换收入	
12	2. 出租固定资产收入	
13	3. 出租无形资产收入	
14	4. 出租包装物和商品收入	
15	5. 其他	40 000.00
16	二、营业外收入（17＋18＋19＋20＋21＋22＋23＋24＋25＋26）	2 466 000.00
17	（一）非流动资产处置利得	300 000.00
18	（二）非货币性资产交换利得	
19	（三）债务重组利得	106 000.00
20	（四）政府补助利得	800 000.00

续表

行次	项目	金额
21	（五）盘盈利得	
22	（六）捐赠利得	1 260 000.00
23	（七）罚没利得	
24	（八）确实无法偿付的应付款项	
25	（九）汇兑收益	
26	（十）其他	

表 1-31　　　　　　　　A102010　一般企业成本支出明细表

行次	项目	金额
1	一、营业成本（2＋9）	11 530 000.00
2	（一）主营业务成本（3＋5＋6＋7＋8）	10 810 000.00
3	1. 销售商品成本	10 560 000.00
4	其中：非货币性资产交换成本	
5	2. 提供劳务成本	250 000.00
6	3. 建造合同成本	
7	4. 让渡资产使用权成本	
8	5. 其他	
9	（二）其他业务成本（10＋12＋13＋14＋15）	720 000.00
10	1. 材料销售成本	700 000.00
11	其中：非货币性资产交换成本	
12	2. 出租固定资产成本	
13	3. 出租无形资产成本	
14	4. 包装物出租成本	
15	5. 其他	20 000.00
16	二、营业外支出（17＋18＋19＋20＋21＋22＋23＋24＋25＋26）	926 540.00
17	（一）非流动资产处置损失	
18	（二）非货币性资产交换损失	
19	（三）债务重组损失	
20	（四）非常损失	62 000.00
21	（五）捐赠支出	852 040.00
22	（六）赞助支出	
23	（七）罚没支出	12 500.00
24	（八）坏账损失	
25	（九）无法收回的债券股权投资损失	
26	（十）其他	

表 1-32　　　　　　　　　　　　A104000　期间费用明细表

行次	项目	销售费用	其中：境外支付	管理费用	其中：境外支付	财务费用	其中：境外支付
		1	2	3	4	5	6
1	一、职工薪酬	1 367 809.00	*	1 559 091.00	*	*	*
2	二、劳务费	24 589.08				*	*
3	三、咨询顾问费	50 000.00		20 000.00		*	*
4	四、业务招待费		*	99 000.00	*	*	*
5	五、广告费和业务宣传费	97 000.00	*	29 000.00	*	*	*
6	六、佣金和手续费	98 080.74				3 895.00	
7	七、资产折旧摊销费		*		*	*	*
8	八、财产损耗、盘亏及毁损损失		*		*	*	*
9	九、办公费	40 028.67	*	20 080.29	*	*	*
10	十、董事会费		*	20 900.56	*	*	*
11	十一、租赁费					*	*
12	十二、诉讼费		*		*	*	*
13	十三、差旅费	104 060.50	*	50 880.90	*	*	*
14	十四、保险费	105 000.00	*	407 000.00	*	*	*
15	十五、运输、仓储费	78 090.89				*	*
16	十六、修理费			10 500.00		*	*
17	十七、包装费		*		*	*	*
18	十八、技术转让费					*	*
19	十九、研究费用			377 000.00		*	*
20	二十、各项税费		*	96 080.90	*	*	*
21	二十一、利息收支	*	*	*	*	1 359 000.00	
22	二十二、汇兑差额	*	*	*	*		
23	二十三、现金折扣	*	*	*	*	49 800.00	*
24	二十四、其他	13 341.12		9 466.35		305.00	
25	合计（1+2+3+…24）	1 978 000.00	—	2 699 000.00	—	1 413 000.00	—

表 1-33　　　　　　　　　　　　A105000　纳税调整项目明细表

行次	项目	账载金额	税收金额	调增金额	调减金额
		1	2	3	4
1	一、收入类调整项目（2+3+4+5+6+7+8+10+11）	*	*	2 190 000.00	940 000.00
2	（一）视同销售收入（填写A105010）	*	270 000.00	270 000.00	*
3	（二）未按权责发生制原则确认的收入（填写 A105020）	140 000.00	—	—	140 000.00
4	（三）投资收益（填写 A105030）	200 000.00	200 000.00	—	—

续表

行次	项目	账载金额	税收金额	调增金额	调减金额
		1	2	3	4
5	（四）按权益法核算长期股权投资对初始投资成本调整确认收益	*	*	*	
6	（五）交易性金融资产初始投资调整	*	*		*
7	（六）公允价值变动净损益		*	—	—
8	（七）不征税收入	*	*		800 000.00
9	其中：专项用途财政性资金（填写 A105040）	*	*	—	800 000.00
10	（八）销售折扣、折让和退回			—	—
11	（九）其他	260 000.00	2 180 000.00	1 920 000.00	—
12	二、扣除类调整项目（13＋14＋15＋16＋17＋18＋19＋20＋21＋22＋23＋24＋26＋27＋28＋29）	*	*	1 781 857.20	250 000.00
13	（一）视同销售成本（填写 A105010）	*	250 000.00	*	250 000.00
14	（二）职工薪酬（填写 A105050）	3 926 900.00	3 882 700.00	44 200.00	—
15	（三）业务招待费支出	99 000.00	59 400.00	39 600.00	*
16	（四）广告费和业务宣传费支出（填写 A105060）	*	x	—	—
17	（五）捐赠支出（填写 A105070）	840 000.00	301 042.80	538 957.20	*
18	（六）利息支出	1 110 000.00	400 000.00	710 000.00	*
19	（七）罚金、罚款和被没收财物的损失	10 000.00	*	10 000.00	*
20	（八）税收滞纳金、加收利息	500.00	*	500.00	*
21	（九）赞助支出		*	—	*
22	（十）与未实现融资收益相关在当期确认的财务费用				
23	（十一）佣金和手续费支出	18 000.00	—	18 000.00	*
24	（十二）不征税收入用于支出所形成的费用	*	*	100 000.00	
25	其中：专项用途财政性资金用于支出所形成的费用（填写 A105040）	*	*	100 000.00	*
26	（十三）跨期扣除项目				
27	（十四）与取得收入无关的支出	316 000.00	*	316 000.00	*
28	（十五）境外所得分摊的共同支出	*	*	—	
29	（十六）其他	4 600.00	—	4 600.00	

续表

行次	项目	账载金额	税收金额	调增金额	调减金额
		1	2	3	4
30	三、资产类调整项目（31＋32＋33＋34）	＊	＊	354 550.00	—
31	（一）资产折旧、摊销（填写A105080）	1 244 300.00	1 109 750.00	134 550.00	—
32	（二）资产减值准备金		＊	—	—
33	（三）资产损失（填写A105090）	62 000.00	62 000.00	—	—
34	（四）其他	220 000.00			220 000.00
35	四、特殊事项调整项目（36＋37＋38＋39＋40）	＊	＊	—	—
36	（一）企业重组（填写A105100）	106 000.00	106 000.00	—	—
37	（二）政策性搬迁（填写A105110）	＊	＊		
38	（三）特殊行业准备金（填写A105120）				
39	（四）房地产开发企业特定业务计算的纳税调整额（填写A105010）	＊	—	—	
40	（五）其他	＊	＊		
41	五、特别纳税调整应税所得	＊	＊		
42	六、其他	＊	＊		880 000.00
43	合计（1＋12＋30＋35＋41＋42）	＊	＊	4 326 407.20	2 070 000.00

表 1-34　　A105010　视同销售和房地产开发企业特定业务纳税调整明细表

行次	项目	税收金额	纳税调整金额
		1	2
1	一、视同销售（营业）收入（2＋3＋4＋5＋6＋7＋8＋9＋10）	270 000.00	270 000.00
2	（一）非货币性资产交换视同销售收入		—
3	（二）用于市场推广或销售视同销售收入		
4	（三）用于交际应酬视同销售收入		
5	（四）用于职工奖励或福利视同销售收入		
6	（五）用于股息分配视同销售收入		
7	（六）用于对外捐赠视同销售收入	10 000.00	10 000.00
8	（七）用于对外投资项目视同销售收入		
9	（八）提供劳务视同销售收入		
10	（九）其他	260 000.00	260 000.00
11	二、视同销售（营业）成本（12＋13＋14＋15＋16＋17＋18＋19＋20）	250 000.00	−250 000.00
12	（一）非货币性资产交换视同销售成本		—
13	（二）用于市场推广或销售视同销售成本		
14	（三）用于交际应酬视同销售成本		
15	（四）用于职工奖励或福利视同销售成本		

续表

行次	项目	税收金额	纳税调整金额
		1	2
16	（五）用于股息分配视同销售成本		—
17	（六）用于对外捐赠视同销售成本	10 000.00	−10 000.00
18	（七）用于对外投资项目视同销售成本		—
19	（八）提供劳务视同销售成本		—
20	（九）其他	240 000.00	−240 000.00
21	三、房地产开发企业特定业务计算的纳税调整额（22−26）	—	—
22	（一）房地产企业销售未完工开发产品特定业务计算的纳税调整额（24−25）	—	—
23	1. 销售未完工产品的收入		＊
24	2. 销售未完工产品预计毛利额		
25	3. 实际发生的营业税金及附加、土地增值税		
26	（二）房地产企业销售的未完工产品转完工产品特定业务计算的纳税调整额（28−29）	—	—
27	1. 销售未完工产品转完工产品确认的销售收入		＊
28	2. 转回的销售未完工产品预计毛利额		
29	3. 转回实际发生的营业税金及附加、土地增值税		

表 1-35　　　　A105020　未按权责发生制确认收入纳税调整明细表

行次	项目	合同金额（交易金额）	账载金额		税收金额		纳税调整金额
			本年	累计	本年	累计	
		1	2	3	4	5	6(4−2)
1	一、跨期收取的租金、利息、特许权使用费收入（2+3+4）	240 000.00	40 000.00	80 000.00	—	—	−40 000.00
2	（一）租金	240 000.00	40 000.00	80 000.00	—	—	−40 000.00
3	（二）利息						—
4	（三）特许权使用费						—
5	二、分期确认收入（6+7+8）	100 000.00	100 000.00	100 000.00	—	—	−100 000.00
6	（一）分期收款方式销售货物收入	100 000.00	100 000.00	100 000.00	—	—	−100 000.00
7	（二）持续时间超过 12 个月的建造合同收入						—
8	（三）其他分期确认收入						
9	三、政府补助递延收入（10+11+12）	—	—	—	—	—	
10	（一）与收益相关的政府补助						
11	（二）与资产相关的政府补助						
12	（三）其他						
13	四、其他未按权责发生制确认收入						
14	合计（1+5+9+13）	340 000.00	140 000.00	180 000.00	—	—	−140 000.00

表1-36

A105030　投资收益纳税调整明细表

行次	项目	持有收益			处置收益							纳税调整金额 11(3+10)
		账载金额 1	税收金额 2	纳税调整金额 3(2-1)	会计确认的处置收入 4	税收计算的处置收入 5	处置投资的账面价值 6	处置投资的计税基础 7	会计确认的处置所得或损失 8(4-6)	税收计算的处置所得 9(5-7)	纳税调整金额 10(9-8)	
1	一、交易性金融资产			—					—	—	—	—
2	二、可供出售金融资产			—					—	—	—	—
3	三、持有至到期投资			—					—	—	—	—
4	四、衍生工具			—					—	—	—	—
5	五、交易性金融负债			—					—	—	—	—
6	六、长期股权投资			—	1 200 000.00	1 200 000.00	1 000 000.00	1 000 000.00	200 000.00	200 000.00	—	—
7	七、短期投资			—					—	—	—	—
8	八、长期债券投资			—					—	—	—	—
9	九、其他			—					—	—	—	—
10	合计 (1+2+3+4+5+6+7+8+9)	—	—	—	1 200 000.00	1 200 000.00	1 000 000.00	1 000 000.00	200 000.00	200 000.00	—	—

表1-37

A105040 专项用途财政性资金纳税调整明细表

行次	项目	取得年度	财政性资金	符合不征税收入条件的财政性资金		以前年度支出情况					本年支出情况		本年结余情况		
				金额	其中：计入本年损益的金额	前五年度	前四年度	前三年度	前二年度	前一年度	支出金额	其中：费用化支出金额	结余金额	其中：上缴财政金额	应计入本年应税收入金额
		1	2	3	4	5	6	7	8	9	10	11	12	13	14
1	前五年度					*							—		
2	前四年度					*	*						—		
3	前三年度					*	*	*					—		
4	前二年度					*	*	*	*				—		
5	前一年度					*	*	*	*	*			—		
6	本年		800 000.00	800 000.00	800 000.00	*	*	*	*	*	100 000.00	100 000.00	700 000.00		
7	合计（1+2+3+4+5+6）	*	800 000.00	800 000.00	800 000.00	*	*	*	*	*	100 000.00	100 000.00	700 000.00	—	—

表 1-38　　　　　　　　　　　A105050　职工薪酬纳税调整明细表

行次	项目	账载金额	税收规定扣除率	以前年度累计结转扣除额	税收金额	纳税调整金额	累计结转以后年度扣除额
		1	2	3	4	5(1-4)	6(1+3-4)
1	一、工资薪金支出	3 020 000.00	*	*	3 020 000.00	—	*
2	其中：股权激励		*	*		—	*
3	二、职工福利费支出	444 000.00	14%	*	422 800.00	21 200.00	*
4	三、职工教育经费支出	75 500.00	*		72 500.00	3 000.00	3 000.00
5	其中：按税收规定比例扣除的职工教育经费	75 500.00	2.50%	0	72 500.00	3 000.00	3 000.00
6	按税收规定全额扣除的职工培训费用			*		—	*
7	四、工会经费支出	60 400.00		*	40 400.00	20 000.00	*
8	五、各类基本社会保障性缴款	327 000.00	*	*	327 000.00	—	*
9	六、住房公积金		*	*		—	*
10	七、补充养老保险			*		—	*
11	八、补充医疗保险			*		—	*
12	九、其他		*			—	—
13	合计（1+3+4+7+8+9+10+11+12）	3 926 900.00	*	0.00	3 882 700.00	44 200.00	3 000.00

表 1-39　　　　　　　A105060　广告费和业务宣传费跨年度纳税调整明细表

行次	项目	金额
1	一、本年广告费和业务宣传费支出	126 000.00
2	减：不允许扣除的广告费和业务宣传费支出	—
3	二、本年符合条件的广告费和业务宣传费支出（1-2）	126 000.00
4	三、本年计算广告费和业务宣传费扣除限额的销售（营业）收入	18 497 000.00
5	税收规定扣除率	15%
6	四、本企业计算的广告费和业务宣传费扣除限额（4×5）	2 774 550.00
7	五、本年结转以后年度扣除额（3>6，本行=3-6；3≤6，本行=0）	—
8	加：以前年度累计结转扣除额	
9	减：本年扣除的以前年度结转额〔3>6，本行=0；3≤6，本行=8或（6-3）孰小值〕	
10	六、按照分摊协议归集至其他关联方的广告费和业务宣传费（10≤3或6孰小值）	
11	按照分摊协议从其他关联方归集至本企业的广告费和业务宣传费	
12	七、本年广告费和业务宣传费支出纳税调整金额（3>6，本行=2+3-6+10-11；3≤6，本行=2+10-11-9）	—
13	八、累计结转以后年度扣除额（7+8-9）	—

表 1-40

A105070 捐赠支出纳税调整明细表

行次	受赠单位名称	公益性捐赠					非公益性捐赠	纳税调整金额
		账载金额	按税收规定计算的扣除限额	税收金额	纳税调整金额	账载金额	
	1	2	3	4	5(2－4)	6	7(5＋6)
1	某公益性社会团体	600 000.00	*	*	*	240 000.00	*
2			*	*	*		*
3			*	*	*		*
4			*	*	*		*
5			*	*	*		*
6			*	*	*		*
7			*	*	*		*
8			*	*	*		*
9			*	*	*		*
10			*	*	*		*
11			*	*	*		*
12			*	*	*		*
13			*	*	*		*
14			*	*	*		*
15			*	*	*		*
16			*	*	*		*
17			*	*	*		*
18			*	*	*		*
19			*	*	*		*
20	合计	600 000.00	301 042.80	301 042.80	298 957.20	240 000.00	538 957.20

表1-41

A105080　资产折旧、摊销情况及纳税调整明细表

行次	项目	账载金额			税收金额					纳税调整	
		资产账载金额	本年折旧、摊销额	累计折旧、摊销额	资产计税基础	按税收一般规定计算的本年折旧、摊销额	本年加速折旧额	其中：2014年及以后年度新增固定资产加速折旧额（填写A105081）	累计折旧、摊销额	金额	调整原因
		1	2	3	4	5	6	7	8	9(2-5-6)	10
1	一、固定资产（2+3+4+5+6+7）	12 060 000.00	1 084 300.00	3 252 900.00	12 060 000.00	1 049 750.00	—	—	3 218 350.00	34 550.00	
2	（一）房屋、建筑物	4 400 000.00	192 750.00	578 250.00	4 400 000.00	192 750.00		—	578 250.00	—	
3	（二）飞机、火车、轮船、机器、机械和其他生产设备	6 200 000.00	552 550.00	1 657 650.00	6 200 000.00	518 000.00		—	1 623 100.00	34 550.00	
4	（三）与生产经营活动有关的器具、工具、家具等	200 000.00	36 000.00	108 000.00	200 000.00	36 000.00			108 000.00	—	
5	（四）飞机、火车、轮船以外的运输工具	1 000 000.00	225 000.00	675 000.00	1 000 000.00	225 000.00		—	675 000.00	—	
6	（五）电子设备	260 000.00	78 000.00	234 000.00	260 000.00	78 000.00			234 000.00	—	
7	（六）其他	—		—					—	—	
8	二、生产性生物资产（9+10）	—	—	—			*	*	—	—	
9	（一）林木类	—	—	—				*		—	
10	（二）畜类	—	—	—				*			
11	三、无形资产（12+13+14+15+16+17+18）	2 000 000.00	100 000.00	300 000.00	2 000 000.00	40 000.00	*	*	—	60 000.00	
12	（一）专利权						*	*		—	
13	（二）商标权						*	*		—	

续表

行次	项目	账载金额			税收金额					纳税调整	
		资产账载金额	本年折旧、摊销额	累计折旧、摊销额	资产计税基础	按税收规定计算的本年折旧、摊销额	本年加速折旧额	其中：2014年及以后年度新增固定资产加速折旧额（填写A105081）	累计折旧、摊销额	金额	调整原因
		1	2	3	4	5	6	7	8	9(2－5－6)	10
14	（三）著作权						*	*			
15	（四）土地使用权	2 000 000.00	100 000.00	300 000.00	2 000 000.00	40 000.00	*	*		60 000.00	—
16	（五）非专利技术						*	*			—
17	（六）特许权使用费						*	*			—
18	（七）其他						*	*			
19	四、长期待摊费用（20＋21＋22＋23＋24）	60 000.00	60 000.00	60 000.00	60 000.00	20 000.00	*	*	20 000.00	40 000.00	—
20	（一）已足额提取折旧的固定资产的改建支出						*	*			
21	（二）租入固定资产的改建支出	60 000.00	60 000.00	60 000.00	60 000.00	20 000.00	*	*	20 000.00	40 000.00	—
22	（三）固定资产的大修理支出						*	*			—
23	（四）开办费						*	*			—
24	（五）其他						*	*			—
25	五、油气勘探投资						*	*			—
26	六、油气开发投资						*	*			—
27	合计（1＋8＋11＋19＋25＋26）	14 120 000.00	1 244 300.00	3 612 900.00	14 120 000.00	1 109 750.00	—	—	3 238 350.00	134 550.00	*

表 1-42　　　　　　　　A105090　资产损失税前扣除及纳税调整明细表

行次	项目	账载金额	税收金额	纳税调整金额
		1	2	3(1－2)
1	一、清单申报资产损失（2＋3＋4＋5＋6＋7＋8）	—	—	
2	（一）正常经营管理活动中，按照公允价格销售、转让、变卖非货币资产的损失			—
3	（二）存货发生的正常损耗			—
4	（三）固定资产达到或超过使用年限而正常报废清理的损失			—
5	（四）生产性生物资产达到或超过使用年限而正常死亡发生的资产损失			—
6	（五）按照市场公平交易原则，通过各种交易场所、市场等买卖债券、股票、期货、基金以及金融衍生产品等发生的损失			—
7	（六）分支机构上报的资产损失			—
8	（七）其他			—
9	二、专项申报资产损失（填写 A105091）	62 000.00	62 000.00	—
10	（一）货币资产损失（填写 A105091）		—	—
11	（二）非货币资产损失（填写 A105091）	62 000.00	62 000.00	—
12	（三）投资损失（填写 A105091）			—
13	（四）其他（填写 A105091）			—
14	合计（1＋9）	62 000.00	62 000.00	—

表 1-43　　　A105091　资产损失（专项申报）税前扣除及纳税调整明细表

行次	项目	账载金额	处置收入	赔偿收入	计税基础	税收金额	纳税调整金额
	1	2	3	4	5	6(5－3－4)	7(2－6)
1	一、货币资产损失（2＋3＋4＋5）	—	—	—	—	—	—
2							
3							
4							
5							
6	二、非货币资产损失（7＋8＋9＋10）	62 000.00			62 000.00	62 000.00	—
7	原材料（具体项目名称逐笔逐项填报）	62 000.00	—		62 000.00	62 000.00	—
8							
9							
10							
11	三、投资损失（12＋13＋14＋15）	—					—
12							
13							
14							
15							
16	四、其他（17＋18＋19）	—					—
17							
18							
19							
20	合计（1＋6＋11＋16）	62 000.00	—	—	62 000.00	62 000.00	—

表 1-44

A105100 企业重组纳税调整明细表

行次	项目	一般性税务处理			特殊性税务处理			纳税调整金额
		账载金额	税收金额	纳税调整金额	账载金额	税收金额	纳税调整金额	
		1	2	3(2−1)	4	5	6(5−4)	7(3+6)
1	一、债务重组	106 000.00	106 000.00	—			—	—
2	其中：以非货币性资产清偿债务	106 000.00	106 000.00	—			—	—
3	债转股			—			—	—
4	二、股权收购			—			—	—
5	其中：涉及跨境重组的股权收购			—			—	—
6	三、资产收购			—			—	—
7	其中：涉及跨境重组的资产收购			—			—	—
8	四、企业合并（9+10）	—	—	—	—	—	—	—
9	其中：同一控制下企业合并			—			—	—
10	非同一控制下企业合并			—			—	—
11	五、企业分立			—			—	—
12	六、其他			—			—	—
13	其中：以非货币性资产对外投资	—		—	—	—	—	—
14	合计（1+4+6+8+11+12）	106 000.00	106 000.00	—			—	—

表 1-45 　　　　A107010　免税、减计收入及加计扣除优惠明细表

行次	项目	金额
1	一、免税收入（2＋3＋4＋5）	300 000.00
2	（一）国债利息收入	
3	（二）符合条件的居民企业之间的股息、红利等权益性投资收益（填写 A107011）	300 000.00
4	（三）符合条件的非营利组织的收入	
5	（四）其他专项优惠（6＋7＋8＋9＋10＋11＋12＋13＋14）	—
6	1. 中国清洁发展机制基金取得的收入	
7	2. 证券投资基金从证券市场取得的收入	
8	3. 证券投资基金投资者获得的分配收入	
9	4. 证券投资基金管理人运用基金买卖股票、债券的差价收入	
10	5. 取得的地方政府债券利息所得或收入	
11	6. 受灾地区企业取得的救灾和灾后恢复重建款项等收入	
12	7. 中国期货保证金监控中心有限责任公司取得的银行存款利息等收入	
13	8. 中国保险保障基金有限责任公司取得的保险保障基金等收入	
14	9. 其他	
15	二、减计收入（16＋17）	—
16	（一）综合利用资源生产产品取得的收入（填写 A107012）	—
17	（二）其他专项优惠（18＋19＋20）	—
18	1. 金融、保险等机构取得的涉农利息、保费收入（填写 A107013）	—
19	2. 取得的中国铁路建设债券利息收入	
20	3. 其他	
21	三、加计扣除（22＋23＋26）	147 500.00
22	（一）开发新技术、新产品、新工艺发生的研究开发费用加计扣除（填写 A107014）	147 500.00
23	（二）安置残疾人员及国家鼓励安置的其他就业人员所支付的工资加计扣除（24＋25）	—
24	1. 支付残疾人员工资加计扣除	
25	2. 国家鼓励的其他就业人员工资加计扣除	
26	（三）其他专项优惠	
27	合计（1＋15＋21）	447 500.00

表 1-46

A107011 符合条件的居民企业之间的股息、红利等权益性投资收益优惠明细表

行次	被投资企业 1	投资性质 2	投资成本 3	投资比例 4	被投资企业利润分配确认金额		被投资企业清算确认金额			撤回或减少投资确认金额						合计 16(6+9+15)
					被投资企业做出利润分配或转股决定时间 5	依决定归属于本公司的股息、红利等权益性投资收益金额 6	分得的被投资企业清算剩余资产金额 7	被清算企业累计未分配利润和累计盈余公积应享有部分 8	应确认的股息所得 9(7与8孰小)	从被投资企业撤回或减少投资取得的资产 10	减少投资比例 11	收回初始投资成本 12(3×11)	取得资产中超过收回初始投资成本部分 13(10-12)	撤回减少投资应享有被投资企业累计未分配利润和累计盈余公积 14	应确认的股息所得 15(13与14孰小)	
1	M公司	直接投资	2 000 000.00	60%	20×4年4月	300 000.00			0.00	—		—	—	—	—	300 000.00
2	T公司	直接投资	1 000 000.00	20%	20×4年12月				0.00	1 200 000.00	100%	1 000 000.00	200 000.00	—	—	—
3									0.00	—		—	—	—	—	—
4									0.00	—		—	—	—	—	—
5									0.00	—		—	—	—	—	—
6									0.00	—		—	—	—	—	—
7									0.00	—		—	—	—	—	—
8									0.00	—		—	—	—	—	—
9									0.00	—		—	—	—	—	—
10 合计	*	*	*	*	*	300 000.00	*	*	0.00	*	*	*	*	*	—	300 000.00

A107014　研发费用加计扣除优惠明细表

表 1-47

行次	研发项目	研发活动直接消耗的材料、燃料和动力费用	直接从事研发活动的本企业在职人员费用	专门用于研发活动的有关折旧费、租赁费、运行维护费	专门用于研发活动的有关无形资产摊销费	中间试验和产品试制的有关费用、样品、样机及一般测试手段购置费	研发成果的论证、评审、验收、鉴定费用	勘探开发技术的现场试验费、新药研制的临床试验费	设计、制定、资料和翻译费用	年度研发费用合计 10(2+3+4+5+6+7+8+9)	减：作为不征税收入处理的财政性资金用于研发的部分	可加计扣除的研发费用合计 12(10—11)	计入本年损益的金额	计入本年研发费用加计扣除额 14(13×50%)	本年形成无形资产的金额	本年形成无形资产加计摊销额	以前年度形成无形资产成本本年加计摊销额	无形资产加计摊销额 18(16+17)	本年研发费用加计扣除额合计 19(14+18)
	1	2	3	4	5	6	7	8	9	10(2+3+4+5+6+7+8+9)	11	12(10—11)	13	14(13×50%)	15	16	17	18(16+17)	19(14+18)
1	某项目	189 000.00	6 000.00	81 000.00	—		—		6 000.00	13 000.00	295 000.00		295 000.00	295 000.00	147 500.00	—	—		—	147 500.00
2												—	—	—	—	—	—	—	—
3												—	—	—	—	—	—	—	—
4												—	—	—	—	—	—	—	—
5												—	—	—	—	—	—	—	—
6												—	—	—	—	—	—	—	—
7												—	—	—	—	—	—	—	—
8												—	—	—	—	—	—	—	—
9												—	—	—	—	—	—	—	—
10	合计	189 000.00	6 000.00	81 000.00	—	—	—	6 000.00	13 000.00	295 000.00	—	295 000.00	295 000.00	147 500.00	—	—	—	—	147 500.00

表 1-48

A107020 所得减免优惠明细表

行次	项目	项目收入 1	项目成本 2	相关税费 3	应分摊期间费用 4	纳税调整额 5	项目所得额 6 (1-2-3-4+5)	减免所得额 7
1	一、农、林、牧、渔业项目 (2+13)	—	—	—	—	—	—	—
2	(一) 免税项目 (3+4+5+6+7+8+9+11+12)	—	—	—	—	—	—	—
3	1. 蔬菜、谷物、薯类、油料、豆类、棉花、麻类、糖类、水果、坚果的种植						—	—
4	2. 农作物新品种的选育						—	—
5	3. 中药材的种植						—	—
6	4. 林木的培育和种植						—	—
7	5. 牲畜、家禽的饲养						—	—
8	6. 林产品的采集						—	—
9	7. 灌溉、农产品初加工、兽医、农技推广、农机作业和维修等农、林、牧、渔服务业项目						—	—
10	其中: 农产品初加工						—	—
11	8. 远洋捕捞						—	—
12	9. 其他						—	—
13	(二) 减半征税项目 (14+15+16)	—	—	—	—	—	—	—
14	1. 花卉、茶以及其他饮料作物和香料作物的种植						—	—
15	2. 海水养殖、内陆养殖						—	—
16	3. 其他						—	—
17	二、国家重点扶持的公共基础设施项目 (18+19+20+21+22+23+24+25)	—	—	—	—	—	—	—
18	(一) 港口码头项目	—					—	—

续表

行次	项目	项目收入 1	项目成本 2	相关税费 3	应分摊期间费用 4	纳税调整额 5	项目所得额 6 (1−2−3−4+5)	减免所得额 7
19	（二）机场项目							
20	（三）铁路项目							
21	（四）公路项目							
22	（五）城市公共交通项目							
23	（六）电力项目							
24	（七）水利项目							
25	（八）其他项目							
26	三、符合条件的环境保护、节能节水项目 (27+28+29+30+31+32)	—	—	—	—	—	—	—
27	（一）公共污水处理项目							
28	（二）公共垃圾处理项目							
29	（三）沼气综合开发利用项目							
30	（四）节能减排技术改造项目							
31	（五）海水淡化项目							
32	（六）其他项目							
33	四、符合条件的技术转让项目 (34+35)	4 000 000.00	2 000 000.00	500 000.00	1 200 000.00	*	300 000.00	300 000.00
34	（一）技术转让所得不超过500万元部分	*	*	*	*	*	*	300 000.00
35	（二）技术转让所得超过500万元部分	*	*	—	*	*	*	—
36	五、其他专项优惠项目 (37+38+39)	—	—	—	—	—	—	—
37	（一）实施清洁发展机制项目							
38	（二）符合条件的节能服务公司实施合同能源管理项目							
39	（三）其他							
40	合计 (1+17+26+33+36)	4 000 000.00	2 000 000.00	500 000.00	1 200 000.00	—	300 000.00	300 000.00

表 1-49

A107050　税额抵免优惠明细表

行次	项目	年度 1	本年抵免前应纳税额 2	本年允许抵免的专用设备投资额 3	本年可抵免税额 4=3×10%	以前年度已抵免额 前五年度 5	前四年度 6	前三年度 7	前二年度 8	前一年度 9	小计 10 (5+6+7+8+9)	本年实际抵免的各年度税额 11	可结转以后年度抵免的税额 12(4－10－11)
1	前五年度				—	*					—		*
2	前四年度				—	*	*				—		—
3	前三年度				—	*	*	*			—		—
4	前二年度				—	*	*	*	*		—		—
5	前一年度				—	*	*	*	*		—		—
6	本年度	20×4	1 004 399.30	1 500 000.00	150 000.00	*	*	*	*	*	*	150 000.00	—
7	本年实际抵免税额合计											150 000.00	*
8	可结转以后年度抵免的税额合计												
9	专用设备投资情况	本年允许抵免的环境保护专用设备投资额											
10		本年允许抵免的节能节水专用设备投资额											
11		本年允许抵免的安全生产专用设备投资额		1 500 000.00									

CHAPTER

2

第二章
增值税

从税收收入规模来看，增值税是我国目前最大的税种，在会计实务、纳税申报中，增值税是一个极其重要的税种，同时也是一个较难的税种，涉及增值税的相关政策也比较多，因此，不少纳税人对增值税相关政策把握不准、理解不透，出现一定的认识偏差，稍有不慎就很容易出现多缴或漏缴增值税款的情况，给企业带来一定的经济损失和税收风险。

为了帮助广大财务人员提升增值税税务处理和纳税申报实战技能，笔者在深入研究增值税相关政策的基础上，结合纳税人在日常账务处理过程中经常遇到的增值税重点问题、疑难问题及其容易忽视的问题，进行认真、系统的分析、整理，总结出了一套极其实用的增值税业务核算处理方法，帮助广大财务人员提高自己的增值税业务税务处理水平，从而正确地核算增值税业务并能够让企业合法、合理地降低增值税税负，减轻纳税人负担。

本章先对企业增值税业务处理过程中遇到的难点和重点问题进行专题讲解，然后以B市丰收计算机有限公司为例，对企业常见的增值税业务税务处理和纳税申报进行示范，以达到切实提高读者实战能力的目的。

一、一般纳税人增值税主要纳税事项

一般纳税人增值税主要纳税事项，见表 2-1。

表 2-1 　　　　　　　　　　　　一般纳税人增值税主要纳税事项

购入一般货物、接受应税服务	用于应税项目，取得抵扣凭证	支付的增值税借记"应交税费——应交增值税（进项税额）"科目
	用于应税项目，未取得抵扣凭证	支付的增值税计入成本费用
进口货物	取得海关进口增值税专用缴款书	按照海关进口增值税专用缴款书上注明的增值税额借记"应交税费——应交增值税（进项税额）"科目
购入免税货物	企业购进免税货物一般不能抵扣	支付的增值税计入货物成本
	购进免税农产品	支付的增值税借记"应交税费——应交增值税（进项税额）"科目

续表

销售货物或者提供加工、修理修配劳务、发生应税行为	销售货物或者提供加工、修理修配劳务、发生应税行为，不管开具何种发票，即使没有开具发票，也要按照税法缴纳增值税	按照销售额和规定税率计算并向购买方收取的增值税额记入"应交税费——应交增值税（销项税额）"科目
视同销售货物	（1）将货物交付其他单位或者个人代销； （2）销售代销货物； （3）设有两个以上机构并实行统一核算的纳税人，将货物从一个机构移送其他机构用于销售，但相关机构设在同一县（市）的除外； （4）将自产或者委托加工的货物用于非增值税应税项目；（2016年5月1日起全行业营改增，不再存在非增值税应税项目） （5）将自产、委托加工的货物用于集体福利或者个人消费； （6）将自产、委托加工或者购进的货物作为投资，提供给其他单位或者个体工商户； （7）将自产、委托加工或者购进的货物分配给股东或者投资者； （8）将自产、委托加工或者购进的货物无偿赠送其他单位或者个人	纳税人有价格明显偏低并无正当理由或者视同销售货物行为而无销售额者，按下列顺序确定销售额： （1）按纳税人最近时期同类货物的平均销售价格确定； （2）按其他纳税人最近时期同类货物的平均销售价格确定； （3）按组成计税价格确定。组成计税价格的公式为： 　　组成计税价格＝成本×（1＋成本利润率） 属于应征消费税的货物，其组成计税价格中应加计消费税额。 公式中的成本是指：销售自产货物的为实际生产成本，销售外购货物的为实际采购成本。公式中的成本利润率由国家税务总局确定。
视同销售服务、无形资产或者不动产	（1）单位或者个体工商户向其他单位或者个人无偿提供服务，但用于公益事业或者以社会公众为对象的除外。 （2）单位或者个人向其他单位或者个人无偿转让无形资产或者不动产，但用于公益事业或者以社会公众为对象的除外。 （3）财政部和国家税务总局规定的其他情形	纳税人发生应税行为价格明显偏低或者偏高且不具有合理商业目的的，或者发生视同销售服务、无形资产或者不动产而无销售额的，主管税务机关有权按照下列顺序确定销售额： （1）按照纳税人最近时期销售同类服务、无形资产或者不动产的平均价格确定。 （2）按照其他纳税人最近时期销售同类服务、无形资产或者不动产的平均价格确定。 （3）按照组成计税价格确定。组成计税价格的公式为： 　　组成计税价格＝成本×（1＋成本利润率） 成本利润率由国家税务总局确定。 不具有合理商业目的，是指以谋取税收利益为主要目的，通过人为安排，减少、免除、推迟缴纳增值税税款，或者增加退还增值税税款
兼营	1. 适用一般计税方法的纳税人，兼营简易计税方法计税项目、免征增值税项目而无法划分不得抵扣的进项税额，按下列公式计算不得抵扣的进项税额： $$\text{不得抵扣的进项税额} = \text{当期无法划分的全部进项税额} \times \left(\text{当期简易计税方法计税项目销售额} + \text{免征增值税项目销售额}\right) \div \text{当期全部销售额}$$ 主管税务机关可以按照上述公式依据年度数据对不得抵扣的进项税额进行清算。	

兼营	2. 纳税人兼营免税、减税项目的，应当分别核算免税、减税项目的销售额；未分别核算的，不得免税、减税。 纳税人发生应税行为适用免税、减税规定的，可以放弃免税、减税，依照规定缴纳增值税。放弃免税、减税后，36个月内不得再申请免税、减税。 纳税人发生应税行为同时适用免税和零税率规定的，纳税人可以选择适用免税或者零税率。 3. 纳税人兼营销售货物、劳务、服务、无形资产或者不动产，适用不同税率或者征收率的，应当分别核算适用不同税率或者征收率的销售额；未分别核算的，从高适用税率。 (1) 兼有不同税率的销售货物、加工修理修配劳务、服务、无形资产或者不动产，从高适用税率。 (2) 兼有不同征收率的销售货物、加工修理修配劳务、服务、无形资产或者不动产，从高适用征收率。 (3) 兼有不同税率和征收率的销售货物、加工修理修配劳务、服务、无形资产或者不动产，从高适用税率
混合销售	一项销售行为如果既涉及服务又涉及货物，为混合销售。从事货物的生产、批发或者零售的单位和个体工商户的混合销售行为，按照销售货物缴纳增值税；其他单位和个体工商户的混合销售行为，按照销售服务缴纳增值税。 本条所称从事货物的生产、批发或者零售的单位和个体工商户，包括以从事货物的生产、批发或者零售为主，并兼营销售服务的单位和个体工商户在内
不得从销项税额中抵扣进项税额的情形	下列项目的进项税额不得从销项税额中抵扣： (1) 用于简易计税方法计税项目、免征增值税项目、集体福利或者个人消费的购进货物、加工修理修配劳务、服务、无形资产和不动产。其中涉及的固定资产、无形资产、不动产，仅指专用于上述项目的固定资产、无形资产（不包括其他权益性无形资产）、不动产。 纳税人的交际应酬消费属于个人消费。 (2) 非正常损失的购进货物，以及相关的加工修理修配劳务和交通运输服务。 (3) 非正常损失的在产品、产成品所耗用的购进货物（不包括固定资产）、加工修理修配劳务和交通运输服务。 (4) 非正常损失的不动产，以及该不动产所耗用的购进货物、设计服务和建筑服务。 (5) 非正常损失的不动产在建工程所耗用的购进货物、设计服务和建筑服务。 纳税人新建、改建、扩建、修缮、装饰不动产，均属于不动产在建工程。 (6) 购进的旅客运输服务、贷款服务、餐饮服务、居民日常服务和娱乐服务。 (7) 财政部和国家税务总局规定的其他情形	购进货物、加工修理修配劳务、服务、无形资产和不动产时能够确定进项税额不能抵扣的，直接将进项税额计入购进货物、加工修理修配劳务、服务、无形资产和不动产的成本或费用；购进货物、加工修理修配劳务、服务、无形资产和不动产时无法确定进项税额能否抵扣的，可先计入"进项税额"，待确定发生不予抵扣项目时，再通过"进项税额转出"，记入相关科目

续表

销项税额的确定	开具增值税专用发票和增值税普通发票，按发票上注明的税额确定。没有开具增值税专用发票和增值税普通发票的，按公式计算确定： $$\frac{销项}{税额} = \frac{不含税}{销售额} \times 增值税税率，不含税销售额 = \frac{含税}{销售额} \div \left(1 + \frac{增值税}{税率}\right)$$ 原增值税纳税人： 销售额为纳税人销售货物或者应税劳务向购买方收取的全部价款和价外费用，但是不包括收取的销项税额。价外费用，包括价外向购买方收取的手续费、补贴、基金、集资费、返还利润、奖励费、违约金、滞纳金、延期付款利息、赔偿金、代收款项、代垫款项、包装费、包装物租金、储备费、优质费、运输装卸费以及其他各种性质的价外收费。但下列项目不包括在内： (1) 受托加工应征消费税的消费品所代收代缴的消费税； (2) 同时符合以下条件的代垫运输费用： ①承运部门的运输费用发票开具给购买方的； ②纳税人将该项发票转交给购买方的。 (3) 同时符合以下条件代为收取的政府性基金或者行政事业性收费： ①由国务院或者财政部批准设立的政府性基金，由国务院或者省级人民政府及其财政、价格主管部门批准设立的行政事业性收费； ②收取时开具省级以上财政部门印制的财政票据； ③所收款项全额上缴财政。 (4) 销售货物的同时代办保险等而向购买方收取的保险费，以及向购买方收取的代购买方缴纳的车辆购置税、车辆牌照费。 营改增纳税人： 销售额，是指纳税人发生应税行为取得的全部价款和价外费用，财政部和国家税务总局另有规定的除外。 价外费用，是指价外收取的各种性质的收费，但不包括以下项目： (1) 代为收取并符合本办法第十条规定的政府性基金或行政事业性收费。 (2) 以委托方名义开具发票代委托方收取的款项。
进项税额的确定	(1) 从销售方取得的增值税专用发票（含税控机动车销售统一发票，下同）上注明的增值税额。 (2) 从海关取得的海关进口增值税专用缴款书上注明的增值税额。 (3) 购进农产品，除取得增值税专用发票或者海关进口增值税专用缴款书外，按照农产品收购发票或者销售发票上注明的农产品买价和13%的扣除率计算的进项税额。计算公式为： 进项税额 = 买价 × 扣除率 买价，是指纳税人购进农产品在农产品收购发票或者销售发票上注明的价款和按照规定缴纳的烟叶税。 购进农产品，按照《农产品增值税进项税额核定扣除试点实施办法》抵扣进项税额的除外。 (4) 从境外单位或者个人购进服务、无形资产或者不动产，自税务机关或者扣缴义务人取得的解缴税款的完税凭证上注明的增值税额
进项税额转出的确定	1. 适用一般计税方法的纳税人，兼营简易计税方法计税项目、免征增值税项目而无法划分不得抵扣的进项税额，按照下列公式计算不得抵扣的进项税额： $$\frac{不得抵扣的}{进项税额} = \frac{当期无法划分的}{全部进项税额} \times \left(\frac{当期简易计税方法}{计税项目销售额} + \frac{免征增值税}{项目销售额}\right) \div \frac{当期全部}{销售额}$$ 主管税务机关可以按照上述公式依据年度数据对不得抵扣的进项税额进行清算。

进项税额转出的确定	2. 已抵扣进项税额的购进货物（不含固定资产）、劳务、服务，发生不得抵扣进项税额情形（简易计税方法计税项目、免征增值税项目除外）的，应当将该进项税额从当期进项税额中扣减；无法确定该进项税额的，按照当期实际成本计算应扣减的进项税额。 3. 已抵扣进项税额的固定资产、无形资产或者不动产在发生不得抵扣进项税额情形的情况下，按下列公式确定进项税额转出金额： 进项税额转出＝固定资产、无形资产或者不动产净值×适用税率
月末缴纳增值税	1. 企业应将当月发生的应交未交增值税额自"应交税费——应交增值税"科目转入"未交增值税"明细科目，借记"应交税费——应交增值税（转出未交增值税）"科目，贷记"应交税费——未交增值税"科目。 2. 将本月多交的增值税自"应交税费——应交增值税"科目转入"未交增值税"明细科目，借记"应交税费——未交增值税"科目，贷记"应交税费——应交增值税（转出多交增值税）"科目。 3. 当月上交本月增值税时，借记"应交税费——应交增值税（已交税金）"科目，贷记"银行存款"科目。 4. 当月上交上月应交未交的增值税，借记"应交税费——未交增值税"科目，贷记"银行存款"科目
应纳增值税税额的计算	应纳增值税税额＝销项税额－(进项税额＋上期留抵－进项税额转出－免抵退货物应退税额+纳税检查调整税额)＋简易办法应纳税额
纳税期限	一般纳税人申报期限为每月1日至15日（遇最后一日为法定节假日的，顺延1日；在每月1日至15日内有连续3日以上法定休假日的，按休假日天数顺延，要随时关注税务局通知）

二、增值税低税率及简易征收所涉及的疑难问题

增值税低税率及简易征收所涉及的疑难问题主要包括：发票开具类型、适用税率、开具方法、相应的申报表填写等重点疑难问题，具体见表2-2。

表2-2　　　　　　　增值税低税率及简易征收疑难问题汇总表

类别	相关政策	发票类型	开具方法	申报表填写
适用13%税率的货物	1. 粮食、食用植物油； 2. 自来水、暖气、冷气、热水、煤气、石油液化气、天然气、沼气、居民用煤炭制品； 3. 图书、报纸、杂志； 4. 饲料、化肥、农药、农机、农膜； 5. 农产品（具体征税范围暂继续按照《财政部 国家税务总局关于印发〈农业产品征税范围注释〉的通知》（财税字	可以开具增值税专用发票	金额栏：不含税销售额 税率栏：13% 税额栏：不含税销售额×13%	填写增值税纳税申报表附列资料（一）"一、一般计税方法计税"中"13%税率"中的相关栏次

续表

类别	相关政策	发票类型	开具方法	申报表填写
适用13%税率的货物	〔1995〕52号）及现行相关规定执行）； 6. 音像制品； 7. 电子出版物； 8. 二甲醚； 9. 国务院规定的其他货物。 1～4项为增值税暂行条例规定的4类货物，5～8项为财税〔2009〕9号文件规定的4类货物			
按3%征收率简易征收类（一般纳税人）	一般纳税人销售自产的下列货物，可选择按照简易办法依照3%征收率计算缴纳增值税： 1. 县及县以下小型水力发电单位生产的电力。小型水力发电单位，是指各类投资主体建设的装机容量为5万千瓦以下（含5万千瓦）的小型水力发电单位。 2. 建筑用和生产建筑材料所用的砂、土、石料。 3. 以自己采掘的砂、土、石料或其他矿物连续生产的砖、瓦、石灰（不含粘土实心砖、瓦）。 4. 用微生物、微生物代谢产物、动物毒素、人或动物的血液或组织制成的生物制品。 5. 自来水。 6. 商品混凝土（仅限于以水泥为原料生产的水泥混凝土）	可以开具增值税专用发票	金额栏：价税合计销售额÷（1+3%） 税率栏：3% 税额栏：不含税销售额×3%	填写增值税纳税申报表附列资料（一）"二、简易计税方法计税"中"3%征收率的货物及加工修理修配劳务"相关栏次。 增值税纳税申报表主表第5栏"（二）按简易办法计税销售额"和第21栏"简易计税办法计算的应纳税额"自动生成
按3%征收率简易征收类（一般纳税人）	一般纳税人销售货物属于下列情形之一的，暂按简易办法依照3%征收率计算缴纳增值税： 1. 寄售商店代销寄售物品（包括居民个人寄售的物品在内）。 2. 典当业销售死当物品。 3. 经国务院或国务院授权机关批准的免税商店零售的免税品	可以开具增值税专用发票	金额栏：价税合计销售额÷（1+3%） 税率栏：3% 税额栏：不含税销售额×3%	填写增值税纳税申报表附列资料（一）"二、简易计税方法计税"中"3%征收率的货物及加工修理修配劳务"相关栏次。 增值税纳税申报表主表第5栏"（二）按简易办法计税销售额"和第21栏"简易计税办法计算的应纳税额"自动生成
可按3%征收率简易征收类（一般纳税人）	1. 两类企业批发零售生物制品，可选择简易办法计算缴纳增值税：一是取得（食品）药品监督管理部门颁发的《药品经营许可证》的药品经营企业，二是取得兽医行政管理部门颁发的《兽药经营许可证》的兽用药品经营企业。 2. 公共交通运输服务。 公共交通运输服务，包括轮客渡、公	可以开具增值税专用发票	金额栏：价税合计销售额÷（1+3%） 税率栏：3% 税额栏：不含税销售额×3%	填写增值税纳税申报表附列资料（一）"二、简易计税方法计税"中"3%征收率的货物及加工修理修配劳务"相关栏次。 增值税纳税申报表主表第5栏"（二）按简易办法计税销售额"和第

续表

类别	相关政策	发票类型	开具方法	申报表填写
可按 3% 征收率简易征收类（一般纳税人）	交客运、地铁、城市轻轨、出租车、长途客运、班车。 班车，是指按固定路线、固定时间运营并在固定站点停靠的运送旅客的陆路运输服务。 3. 经认定的动漫企业为开发动漫产品提供的动漫脚本编撰、形象设计、背景设计、动画设计、分镜、动画制作、摄制、描线、上色、画面合成、配音、配乐、音效合成、剪辑、字幕制作、压缩转码（面向网络动漫、手机动漫格式适配）服务，以及在境内转让动漫版权（包括动漫品牌、形象或者内容的授权及再授权）。 动漫企业和自主开发、生产动漫产品的认定标准和认定程序，按照《文化部 财政部 国家税务总局关于印发〈动漫企业认定管理办法（试行）〉的通知》（文市发〔2008〕51号）的规定执行。 4. 电影放映服务、仓储服务、装卸搬运服务、收派服务和文化体育服务。 5. 以纳入营改增试点之日前取得的有形动产为标的物提供的经营租赁服务。 6. 在纳入营改增试点之日前签订的尚未执行完毕的有形动产租赁合同			21 栏"简易计税办法计算的应纳税额"自动生成
按照简易办法依照 3% 征收率减按 2% 征收增值税（一般纳税人）	1. 销售属于税法规定不得抵扣进项税额的固定资产，按照简易办法依照 3% 征收率减按 2% 征收增值税。 2. 销售旧货	只能开具普通发票，不能开具增值税专用发票	增值税普通发票： 金额栏：价税合计销售额÷(1+3%) 税率栏：3% 税额栏：不含税销售额×3%	填写增值税纳税申报表附列资料（一）"二、简易计税方法计税"中"3%征收率的货物及加工修理修配劳务"相关栏次。 增值税纳税申报表主表第 5 栏"（二）按简易办法计税销售额"和第 21 栏"简易计税办法计算的应纳税额"自动生成。 将计算的减征税额填入主表第 23 栏"应纳税额减征额"栏次

续表

类别	相关政策	发票类型	开具方法	申报表填写
按 2% 的征收率征收增值税（小规模纳税人）	1. 小规模纳税人销售自己使用过的固定资产。 2. 销售旧货。 旧货，是指进入二次流通的具有部分使用价值的货物（含旧机动车、旧摩托车和旧游艇），但不包括使用过的物品	只能开具普通发票，不能代开增值税专用发票	金额栏：填写含税销售额 应纳税额＝含税销售额÷(1＋3％)×2％	小规模纳税人销售自己使用过的固定资产和旧货，其不含税销售额填写在《增值税纳税申报表（适用于小规模纳税人）》第 4 栏"销售使用过的应税固定资产不含税销售额"，其利用税控器具开具的普通发票不含税销售额填写在第 5 栏。销售额＝含税销售额/(1＋3％)。 申报表第 12 栏"本期应纳税额"填写本期按征收率计算缴纳的应纳税额。第 12 栏"本期应纳税额"数据＝第 4 栏数据×2％＋第 1 栏数据×3％，在纳税申报时系统会自动生成。 第 13 栏"本期应纳税额减征额"填写纳税人本期按照税法规定减征的增值税应纳税额。包含可在增值税应纳税额中全额抵减的增值税税控系统专用设备费用以及技术维护费，可在增值税应纳税额中抵免的购置税控收款机的增值税税额。因此，小规模纳税人销售自己使用过的固定资产和旧货的减征额不填在此栏
按 3% 征收率简易征收类（小规模纳税人）	小规模纳税人销售自己使用过的除固定资产以外的物品，应按3%的征收率征收增值税	开具普通发票，可代开增值税专用发票	金额栏：填写含税销售额 应纳税额＝含税销售额÷(1＋3％)×3％	将不含税销售额填入增值税纳税申报表第 1 栏"应征增值税不含税销售额"。其中，税务机关代开的增值税专用发票销售额填入第 2 栏"税务机关代开的增值税专用发票不含税销售额"。税控器具开具的应税货物及劳务、应税

续表

类别	相关政策	发票类型	开具方法	申报表填写
按 3% 征收率简易征收类（小规模纳税人）				服务的普通发票注明的金额换算的不含税销售额填入第 3 栏"税控器具开具的普通发票不含税销售额"。 申报表第 12 栏"本期应纳税额"数据＝第 4 栏数据×2%＋第 1 栏数据×3%，在纳税申报时系统会自动生成
政策依据	《中华人民共和国增值税暂行条例》（国务院令 538 号）、《中华人民共和国增值税暂行条例实施细则》（财政部 国家税务总局令 50 号）、《国家税务总局关于增值税简易征收政策有关管理问题的通知》（国税函〔2009〕90 号）、《财政部 国家税务总局关于部分货物适用增值税低税率和简易办法征收增值税政策的通知》（财税〔2009〕9 号）、《国家税务总局关于药品经营企业销售生物制品有关增值税问题的公告》（国家税务总局公告 2012 年第 20 号）、《财政部 国家税务总局关于简并增值税征收率政策的通知》（财税〔2014〕57 号）、《国家税务总局关于简并增值税征收率有关问题的公告》（国家税务总局公告 2014 年第 36 号）、《财政部 国家税务总局关于全面推开营业税改征增值税试点的通知》（财税〔2016〕36 号）			

温馨提醒

1. 增值税一般纳税人按简易征收办法征税后，对生产销售简易征收货物购进的进项税额不得抵扣。

2. 一般纳税人选择3%征收率简易征收办法计算缴纳增值税后，36 个月内不得变更计税方法。

3. 开具发票一定要准确掌握税率，特别是一些比较容易搞错的情况，举例如下：

（1）金属矿采选产品、非金属矿采选产品增值税税率为 17%，但居民用煤炭制品与自来水、暖气、煤气等生活必需品适用 13% 的低税率。

（2）环氧大豆油、氢化植物油不属于食用植物油的征税范围，应适用 17% 增值税税率。（国家税务总局公告 2011 年第 43 号）

（3）国内印刷企业承印的经新闻出版主管部门批准印刷且采用国际标准书号编序的境外图书，属于《中华人民共和国增值税暂行条例》第二条规定的"图书"，适用 13% 增值税税率。（国家税务总局公告 2013 年第 10 号）

（4）农用挖掘机、养鸡设备系列、养猪设备系列产品属于农机，适用 13% 增值税税率。（国家税务总局公告 2014 年第 12 号）

三、纳税人销售自己使用过的固定资产、旧货、其他物品等疑难问题

表 2-3　　　　　销售自己使用过的固定资产、旧货、其他物品疑难问题汇总表

纳税人	销售情形	税务处理	发票类型	计税公式
一般纳税人	1. 纳税人购进或者自制固定资产时为小规模纳税人，登记为一般纳税人后销售该固定资产。 2. 增值税一般纳税人发生按简易办法征收增值税应税行为，销售其按照规定不得抵扣且未抵扣进项税额的固定资产（国家税务总局公告 2012 年第 1 号）	按照简易办法依照 3% 征收率减按 2% 征收增值税	只能开具增值税普通发票（税率一栏按 3%）	增值税 = 售价/(1＋3%)×2%
	2009 年 1 月 1 日前购进或者自制的固定资产	按照简易办法依照 3% 征收率减按 2% 征收增值税	只能开具增值税普通发票（税率一栏按 3%）	增值税 = 售价/(1＋3%)×2%
	纳税人销售自己使用过的固定资产，适用简易办法依照 3% 征收率减按 2% 征收增值税政策的，可以放弃减税（国家税务总局公告 2015 年第 90 号）	按照简易办法依照 3% 征收率征收增值税	可以开具增值税专用发票	增值税 = 售价/(1＋3%)×3%
	2009 年 1 月 1 日后购进或者自制的固定资产（国家税务总局公告 2012 年第 1 号规定的情形除外）	按照适用税率征收增值税	可以开具增值税专用发票（税率一栏按适用税率）	增值税 = 售价/(1＋17%)×17%（适用税率一般为 17%）
	销售自己使用过的除固定资产以外的其他物品	按照适用税率征收增值税		
	销售旧货	按照简易办法依照 3% 征收率减按 2% 征收增值税	只能开具增值税普通发票（税率一栏按 3%）	增值税 = 售价/(1＋3%)×2%
小规模纳税人（除其他个人外）	1. 销售旧货； 2. 销售自己使用过的固定资产（不区分购进年限）	按 2% 征收率征收增值税	只能开具普通发票，不得代开增值税专用发票	增值税 = 售价/(1＋3%)×2%
	销售自己使用过的除固定资产以外的其他物品	按 3% 征收率征收增值税	可以代开增值税专用发票	增值税 = 售价/(1＋3%)×3%

　　说明：旧货，是指进入二次流通的具有部分使用价值的货物（含旧机动车、旧摩托车和旧游艇），但不包括使用过的物品。

四、增值税扣税凭证主要审查内容

　　增值税扣税凭证主要审查内容见表 2-4：

表 2-4   增值税扣税凭证主要审查内容

增值税专用发票的审查	增值税专用发票（包括货物运输业增值税专用发票、税控系统开具的机动车销售统一发票），按增值税专用发票上注明的税额抵扣。 （注：货物运输业增值税专用发票最迟可使用至 2016 年 6 月 30 日，7 月 1 日起停止使用）
	增值税专用发票中的品名、数量、金额等项目真实，并与实际交易相符
	增值税专用发票准确、完整，特别是购买方名称、税号、地址、电话、开户银行及账号、货物名称、数量、单价、金额、税率、税额等，一定要检查无误
	是否属于不得开具增值税专用发票的情形： （一）属于下列情形之一的，不得开具增值税专用发票： （1）向消费者个人销售服务、无形资产或者不动产。 （2）适用免征增值税规定的应税行为。 （二）金融商品转让，不得开具增值税专用发票。 （三）经纪代理服务，向委托方收取的政府性基金或者行政事业性收费，不得开具增值税专用发票，可以开具普通发票。 （四）试点纳税人提供有形动产融资性售后回租服务，向承租方收取的有形动产价款本金，不得开具增值税专用发票，可以开具普通发票。 （五）选择差额征税办法计算销售额的试点纳税人，向旅游服务购买方收取并支付的相关费用。不得开具增值税专用发票，可以开具普通发票。 （六）商业企业一般纳税人零售的烟、酒、食品、服装、鞋帽（不包括劳保专用部分）、化妆品等消费品，不得开具增值税专用发票。 （七）增值税一般纳税人销售免税货物，一律不得开具专用发票，但国有粮食购销企业销售免税粮食除外。 （八）小规模纳税人不能自行开具增值税专用发票。 小规模纳税人发生应税行为，购买方索取增值税专用发票的，可以向主管税务机关申请代开
	价外费用，可与销售货物合并开具增值税专用发票，但需要在不同栏次中注明，也可单独开具增值税专用发票，货物名称一栏可填写为手续费、贴现息、逾期付款利息等价外费用名称
	汇总填开发票，"货物或应税劳务、服务名称"栏不填写，"计量单位"、"数量"、"单价"栏可以不填写。但汇总填开的专用发票，必须附有使用防伪税控系统开具的加盖发票专用章的销货清单
	折扣方式销售货物，销售额和折扣额在同一张发票上分别注明是指销售额和折扣额在同一张发票上的"金额"栏分别注明的，可按折扣后的销售额征收增值税。未在同一张发票"金额"栏注明折扣额，而仅在发票的"备注"栏注明折扣额的，折扣额不得从销售额中减除
	红字发票开具符合要求，不得由购货方给销售方开具等额发票来替代
	是否按照增值税纳税义务的发生时间开具： 1.《增值税专用发票使用规定》（国税发〔2006〕156 号）第十一条规定，增值税专用发票按照增值税纳税义务的发生时间开具。 2. 根据《中华人民共和国增值税暂行条例》第十九条规定，增值税纳税义务发生时间为： （1）销售货物或者应税劳务，为收讫销售款项或者取得索取销售款项凭据的当天；先开具发票的，为开具发票的当天。 （2）进口货物，为报关进口的当天。 增值税扣缴义务发生时间为纳税人增值税纳税义务发生的当天。

续表

增值税专用发票的审查	3.《增值税暂行条例实施细则》第三十八条规定，条例第十九条第一款第（一）项规定的收讫销售款项或者取得索取销售款项凭据的当天，按销售结算方式的不同，具体为： （1）采取直接收款方式销售货物，不论货物是否发出，均为收到销售款或者取得索取销售款凭据的当天； （2）采取托收承付和委托银行收款方式销售货物，为发出货物并办妥托收手续的当天； （3）采取赊销和分期收款方式销售货物，为书面合同约定的收款日期的当天，无书面合同的或者书面合同没有约定收款日期的，为货物发出的当天； （4）采取预收货款方式销售货物，为货物发出的当天，但生产销售生产工期超过 12 个月的大型机械设备、船舶、飞机等货物，为收到预收款或者书面合同约定的收款日期的当天； （5）委托其他纳税人代销货物，为收到代销单位的代销清单或者收到全部或者部分货款的当天。未收到代销清单及货款的，为发出代销货物满 180 天的当天； （6）销售应税劳务，为提供劳务同时收讫销售款或者取得索取销售款的凭据的当天； （7）纳税人发生本细则第四条第（三）项至第（八）项所列视同销售货物行为，为货物移送的当天。 4. 根据《营业税改征增值税试点实施办法》（财税〔2016〕36 号附件 1）第四十五条规定，增值税纳税义务、扣缴义务发生时间为： （1）纳税人发生应税行为并收讫销售款项或者取得索取销售款项凭据的当天；先开具发票的，为开具发票的当天。 收讫销售款项，是指纳税人销售服务、无形资产、不动产过程中或者完成后收到款项。取得索取销售款项凭据的当天，是指书面合同确定的付款日期；未签订书面合同或者书面合同未确定付款日期的，为服务、无形资产转让完成的当天或者不动产权属变更的当天。 （2）纳税人提供建筑服务、租赁服务采取预收款方式的，其纳税义务发生时间为收到预收款的当天。 （3）纳税人从事金融商品转让的，为金融商品所有权转移的当天。 （4）纳税人发生本办法第十四条规定情形的，其纳税义务发生时间为服务、无形资产转让完成的当天或者不动产权属变更的当天。 （5）增值税扣缴义务发生时间为纳税人增值税纳税义务发生的当天
海关进口增值税专用缴款书	海关进口增值税专用缴款书，按海关进口增值税专用缴款书注明的税额抵扣。 海关进口增值税专用缴款书项目填写要齐全；能够提供相关单证，海关进口增值税专用缴款书原件、纸制抵扣清单及抵扣清单电子信息要一致，专用缴款书号码、进口口岸代码、进口口岸名称、填发日期、税款金额等项目一致，采集抵扣凭证份数与清单采集信息记录数目相符，纸质清单数据和清单电子信息一致。 海关进口增值税专用缴款书上标明有两个单位名称的，即，既有代理进口单位名称，又有委托进口单位名称的，只准予其中取得专用缴款书原件的一个单位抵扣税款。申报抵扣税款的委托进口单位，必须提供相应的海关进口增值税专用缴款书原件、委托代理合同及付款凭证，否则，不予抵扣进项税款
农产品收购发票和销售发票	农产品收购发票或者销售发票，按照农产品收购发票或者销售发票上注明的农产品买价和 13％的扣除率计算的进项税额抵扣。买价，包括纳税人购进农产品在农产品收购发票或者销售发票上注明的价款和按规定缴纳的烟叶税。进项税额计算公式： $$进项税额＝买价×13\%$$ 农产品收购发票仅限于从事农业产品收购、加工、经营业务的增值税一般纳税人领购使用。在增值税一般纳税人向农业生产者个人收购其自产农产品时，可以自行开具农产品收购发票。 增值税一般纳税人向农业生产单位收购农产品，以及向从事农产品经营的单位和个人购进农产品的，不得自行开具农产品收购发票，而应由农业生产单位、或农产品经营者开具普通发票，或到税务机关申请代开发票；经营者是一般纳税人的可以按规定开具专用发票
完税凭证	纳税人凭完税凭证抵扣进项税额的，应当具备书面合同、付款证明和境外单位的对账单或者发票。资料不全的，其进项税额不得从销项税额中抵扣

五、不得从销项税额中抵扣进项税额的情形

下列项目的进项税额不得从销项税额中抵扣：

（1）用于简易计税方法计税项目、免征增值税项目、集体福利或者个人消费的购进货物、加工修理修配劳务、服务、无形资产和不动产。其中涉及的固定资产、无形资产、不动产，仅指专用于上述项目的固定资产、无形资产（不包括其他权益性无形资产）、不动产。

纳税人的交际应酬消费属于个人消费。

温馨提醒

1. 不动产、无形资产的具体范围，按照《营业税改征增值税试点实施办法》（财税〔2016〕36号）所附的《销售服务、无形资产或者不动产注释》执行。

固定资产，是指使用期限超过12个月的机器、机械、运输工具以及其他与生产经营有关的设备、工具、器具等有形动产。

增值税所称固定资产，不包括房屋、建筑物等不动产，这是其与企业所得税和会计准则的区别。

2. 只有专门用于简易计税方法计税项目、免征增值税项目、集体福利或者个人消费的固定资产、无形资产（不包括其他权益性无形资产）、不动产进项税额才不得抵扣，其他混用的固定资产进项税额均可以抵扣。

3. 集体福利或者个人消费，是指企业内部供职工使用的食堂、浴室、理发室、宿舍、幼儿园等福利设施及其设备、物品或者纳税人以福利、奖励、津贴等形式发放给职工的个人物品和纳税人的交际应酬消费。另外，劳保用品取得增值税专用发票的可以抵扣进项税额。

个人消费包括纳税人的交际应酬消费。如：业务招待费中列支的各类礼品、烟、酒，不得抵扣进项税额。

（2）非正常损失的购进货物，以及相关的加工修理修配劳务和交通运输服务。

（3）非正常损失的在产品、产成品所耗用的购进货物（不包括固定资产）、加工修理修配劳务和交通运输服务。

（4）非正常损失的不动产，以及该不动产所耗用的购进货物、设计服务和建筑服务。

（5）非正常损失的不动产在建工程所耗用的购进货物、设计服务和建筑服务。

纳税人新建、改建、扩建、修缮、装饰不动产，均属于不动产在建工程。

（6）购进的旅客运输服务、贷款服务、餐饮服务、居民日常服务和娱乐服务。

温馨提醒

纳税人接受贷款服务向贷款方支付的与该笔贷款直接相关的投融资顾问费、手续费、咨询费等费用，其进项税额不得从销项税额中抵扣。

融资性售后回租纳入贷款服务，其进项税额不得从销项税额中抵扣。

购买文化体育服务、教育医疗服务、旅游服务、住宿服务允许抵扣进项税额。

物业管理服务不属于居民日常服务，而是属于商务辅助服务中的企业管理服务，因此可以抵扣进项税额。

住宿服务不属于居民日常服务，因此可以抵扣进项税额。

（7）财政部和国家税务总局规定的其他情形。

上述第（4）项、第（5）项所称货物，是指构成不动产实体的材料和设备，包括建筑装饰材料和给排水、采暖、卫生、通风、照明、通讯、煤气、消防、中央空调、电梯、电气、智能化楼宇设备及配套设施。

温馨提醒

非正常损失，是指因管理不善造成货物被盗、丢失、霉烂变质，以及因违反法律法规造成货物或者不动产被依法没收、销毁、拆除的情形。

如何理解"管理不善"？

一般来说，管理不善属于主观原因，企业是可以避免发生的，但企业还是发生了该类损失，则企业应该自己承担责任，税收上不应鼓励。如果一些发生的原因是企业难以控制的，如自然灾害损失等不可抗力形成的资产损失，纳税人已经尽到保护的义务，国家则不应再加重其负担。另外因市场环境的突然变化，大量存货滞销导致产品过期而导致的损失，并非由于管理不善引起的，也应属于正常损失。

实务操作中，纳税人在遇到货物损失时应区别对待，而不是全部做进项税额转出处理。比如，税法明确非正常损失为管理不善造成被盗、丢失、霉烂变质等损失，而自然灾害也会造成货物霉烂变质，但自然灾害不属于非正常损失，这种情况下，企业应保留相关证据，或由中介机构出具货物损失鉴证，这样才能确保非正常损失的真实性，税务机关才能相信和认可。

举例说明如下：

1. 企业生产不合格产品所耗用的原材料是否属于非正常损失？已抵扣的进项税额需要转出吗？

根据上述规定，企业生产不合格产品不属于非正常损失，不必进行进项税额转出。

2. 新华书店的图书盘亏、毁损损失，因政策变动而积压的财税图书，进项税额是否需要转出？

新华书店的图书盘亏、毁损损失显然属于因人为管理责任而毁损、被盗造成的非正常损失，该类资产损失进项税额应予以转出。而因政策变动而积压的财税图书可以理解为"政策因素造成的损失"，是企业无法控制的，不是因为管理不善引起的，属于正常损失，进项税额无须转出。

3. 过期商品是否属于"非正常损失"？

商品过期一般有下列几种情形：

对于鲜活、易腐烂变质或者易失效的商品（保质期15天以内），比如鲜奶，如果超过保质期报废，一般不属于非正常损失。除此之外的商品，如果超过保质期导致商品报废，属于主观上应当或应当可以控制的情形，应当界定为管理不善，属于非正常损失，否则属于正常损失。

产品过期（不含鲜活等），按照以销定产或以销定购的管理理论，属于管理不善造成的霉烂变质，应当进行进项税额转出，不属于管理不善造成的霉烂变质，不需进行进项税额转出。

产品过季节、断码等，如果还具有原商品属性，售价虽然可能偏低，但是存在合理理由，不需要进行进项税额转出。

过期商品的处理在实践中存在争议，但是部分地区的国税部门发布了规定，明确过期商品的损失不属于非正常损失的范围，例如：

《青海省国家税务局关于增值税有关业务问题的通知》（青国税函〔2006〕113号）规定，"有保质期的货物因过期报废而造成的损失，除责任事故以外，可以按照不属于《增值税暂行条例》和《实施细则》规定的非正常损失，准予从销项税额中抵扣其进项税额"。

《四川省国家税务局关于印发〈增值税若干政策问题解答（之一）〉的通知》（川国税函〔2008〕155号）规定，"企业销售过期、过季节商品、缺码（不配套）商品、工业企业报废产品等属正常损失范围，其外购货物或应税劳务的进项税额允许抵扣，不做进项转出"。

《安徽省国家税务局关于若干增值税政策和管理问题的通知》（皖国税函〔2008〕10号）规定，"纳税人因库存商品已过保质期、商品滞销或被淘汰等原因，将库存货物报废或低价销售处理的，不属于非正常损失，不需要做进项税额转出处理"。

2009年11月9日，国家税务总局纳税服务司问题解答中也指出，"纳税人生产或购入在货物外包装或使用说明书中注明有使用期限的货物，超过有效（保质）期无法进行正常销售，需作销毁处理的，可视作企业在经营过程中的正常经营损失，不纳入非正常损失"。

在企业所得税处理中，不区分正常损失与非正常损失，只要是与生产经营有关的、合理的损失均可按规定的程序和要求向主管税务机关申报后在税前扣除。

已抵扣进项税额的购进货物（不含固定资产）、劳务、服务，发生上述规定情形（简易计税方法计税项目、免征增值税项目除外）的，应当将该进项税额从当期进项税额中扣减；无法确定该进项税额的，按照当期实际成本计算应扣减的进项税额。

已抵扣进项税额的固定资产、无形资产或者不动产，发生上述规定情形的，按照下列公式计算不得抵扣的进项税额：

不得抵扣的进项税额＝固定资产、无形资产或者不动产净值×适用税率

固定资产、无形资产或者不动产净值，是指纳税人根据财务会计制度计提折旧或摊销后的余额。

有下列情形之一者，应当按照销售额和增值税税率计算应纳税额，不得抵扣进项税额，也不得使用增值税专用发票：

(1) 一般纳税人会计核算不健全，或者不能够提供准确税务资料的。

(2) 应当办理一般纳税人资格登记而未办理的。

【例2-1】 甲公司管理部门领用生产用原材料一批赠送客户，实际成本为2 000元；为建设厂房领用生产用原材料一批，实际成本为10 000元。则甲公司账务处理为：

借：营业外支出		2 340
贷：原材料		2 000
应交税费——应交增值税（进项税额转出）		340
借：在建工程		11 700
贷：原材料		10 000
应交税费——应交增值税（进项税额转出）		1 700

【例2-2】 甲公司由于保管不善，原材料发生非常损失，其实际成本为2 000元；在产品发生非常损失，其实际成本为20 000元，其中所耗原材料成本为10 000元；产成品发生非正常损失，其实际成本为26 000元，其中所耗原材料成本为18 000元。

分为两种情况：

情况一：这些原材料在购入时均取得专用发票进行了抵扣，则甲公司账务处理为：

首先，计算进项税转出额：

原材料进项税转出：2 000×17%＝340（元）

在产品进项税转出：10 000×17%＝1 700（元）

产成品进项税转出：18 000×17%＝3 060（元）[有的会计计算为：26 000×17%＝4 420（元），是要多交冤枉税的]

会计处理如下：

借：待处理财产损溢——待处理流动资产损溢		2 340
贷：原材料		2 000
应交税费——应交增值税（进项税额转出）		340
借：待处理财产损溢——待处理流动资产损溢		21 700
贷：生产成本		20 000
应交税费——应交增值税（进项税额转出）		1 700
借：待处理财产损溢——待处理流动资产损溢		29 060
贷：库存商品		26 000
应交税费——应交增值税（进项税额转出）		3 060

情况二：这些原材料在购入时没有取得专用发票、没有抵扣，则甲公司账务处理为：

不必做进项税额转出，直接进行账务处理：

借：待处理财产损溢——待处理流动资产损溢		48 000
贷：原材料		2 000
生产成本		20 000

库存商品　　　　　　　　　　　　　　　　　　　　　　　　　　26 000

【例2-3】 20×3年7月10日，甲公司接受乙公司捐赠的一台设备，增值税专用发票上注明的价款为100 000元，增值税为17 000元。20×4年7月20日，该设备由于保管不慎被盗（不考虑相关的支出和收入），该设备20×3年8月至20×4年7月已按会计准则计提折旧10 000元。甲公司账务处理如下：

1. 20×3年7月10日，甲公司收到捐赠设备时：

借：固定资产　　　　　　　　　　　　　　　　　　　　　　　　100 000

应交税费——应交增值税（进项税额）　　　　　　　　　　　17 000

贷：营业外收入　　　　　　　　　　　　　　　　　　　　　117 000

2. 20×4年7月20日，该设备由于保管不慎被盗处理时，该设备净值＝100 000－10 000＝90 000（元），应予以转出的进项税额＝90 000×17％＝15 300（元）。

借：固定资产清理　　　　　　　　　　　　　　　　　　　　　　90 000

累计折旧　　　　　　　　　　　　　　　　　　　　　　　　10 000

贷：固定资产　　　　　　　　　　　　　　　　　　　　　100 000

借：固定资产清理　　　　　　　　　　　　　　　　　　　　　　15 300

贷：应交税费——应交增值税（进项税额转出）　　　　　　　15 300

借：营业外支出　　　　　　　　　　　　　　　　　　　　　　105 300

贷：固定资产清理　　　　　　　　　　　　　　　　　　　　105 300

温馨提醒

1. 若确定原材料购入时原抵扣的进项税额，直接转出即可，若不能确定则需要计算出原材料应该转出的进项税额，需要注意相应的运费进项税额也要一并转出，计算公式为：

进项税额转出＝（材料成本－运费）×17％＋运费×11％

2. 若原材料是免税农产品，计算公式为：

进项税额转出＝原材料成本/（1－13％）×13％

3. 在产品、产成品发生上述行为，在确定进项税额转出金额时，按照生产这些在产品、产成品所耗用购进货物或应税劳务已经抵扣了的进项税额计算，而不是在产品、产成品的实际成本，因为实际成本里还包括一些没有抵扣的诸如人工费、折旧费等成本费用。

在产品、产成品所耗用购进货物或应税劳务已经抵扣了的进项税额能够确定的，直接转出，不能确定的则计算转出，计算公式同1。

4. 已抵扣进项税额的固定资产、无形资产或者不动产净值在发生上述行为的情况下，按下列公式确定进项税额转出金额：

进项税额转出＝固定资产、无形资产或者不动产净值×适用税率

六、视同销售的增值税财税处理

（一）视同销售服务、无形资产或者不动产的财税处理

下列情形视同销售服务、无形资产或者不动产：

（1）单位或者个体工商户向其他单位或者个人无偿提供服务，但用于公益事业或者以社会公众为对象的除外。

（2）单位或者个人向其他单位或者个人无偿转让无形资产或者不动产，但用于公益事业或者以社会公众为对象的除外。

（3）财政部和国家税务总局规定的其他情形。

【例2-4】 甲公司系一家从事笔记本技术研发与软件服务的企业，假设20×3年12月甲公司仅发生以下业务：

（1）向乙公司（非关联企业）提供软件服务，取得收入212万元（含税），开具了增值税专用发票，尚未收款。

（2）向丙公司（关联企业）提供与乙公司相同的软件服务，取得收入106万元（含税），开具了增值税专用发票，尚未收款。

（3）向丁公司（关联企业）免费提供与乙公司相同的软件服务，未开具发票。

甲公司向丙公司（关联企业）提供与乙公司相同的软件服务，取得收入106万元（含税），相比较为非关联企业提供服务的收入明显偏低且不具有合理商业目的；向丁公司免费提供与乙公司相同的软件服务，应当视同提供应税服务。两笔业务均应按照纳税人最近时期提供同类应税服务的平均价格确定为212万元。

$$12月甲公司应税服务销售额=212\div(1+6\%)\times6\%\times3=36(万元)$$

借：应收账款——乙公司	2 120 000
——丙公司	1 060 000
营业外支出	3 180 000
贷：主营业务收入	6 000 000
应交税费——应交增值税（销项税额）	360 000

（二）将货物交付他人代销的财税处理

将货物交付他人代销的销售方式，应视同销售，和一般销售行为基本相同，明显会产生经济利益的流入。不同的是，委托方和代销方签订委托代销协议，并按照协议规定，委托方将货物交付与受托方，货物仅仅进行了空间的转移，而所有权并未发生转移，经济利益也没有流入委托方，因此其交付货物时不能确认为收入。

对于委托方何时确认销售收入和增值税纳税义务发生时间有如下规定：

《中华人民共和国增值税暂行条例》第十九条规定："增值税纳税义务发生时间：（一）销售货物或者应税劳务，为收讫销售款项或者取得索取销售款项凭据的当天；先开具发票的，为开具发票的当天。"

《中华人民共和国增值税暂行条例实施细则》第三十八条规定："条例第十九条第一款第（一）项规定的收讫销售款项或者取得索取销售款项凭据的当天，按销售结算方式的不同，具体为：……（五）委托其他纳税人代销货物，为收到代销单位的代销清单或

者收到全部或者部分货款的当天。未收到代销清单及货款的，为发出代销货物满180天的当天"。

根据上述两条规定，委托方将货物交付他人代销，一般将收到代销方转来的代销清单的当天确认为纳税义务发生时间，开具增值税专用发票的时间也应当为收到代销清单的当天。但在实际工作中可能存在另外三种情况：一是在收到代销清单之前提前开具发票，这种情况下，增值税纳税义务发生时间为开具发票的当天；二是在收到代销清单之前已经收到全部或部分货款，这种情况下，增值税纳税义务发生时间为收到全部或部分货款的当天；三是发出代销商品超过180天仍未收到代销清单及货款的，这种情况下，也应该视同销售实现，一律征收增值税，增值税纳税义务发生时间为发出代销商品满180天的当天。

根据委托代销协议的约定有两种结算方式，一种是视同买断，另一种是根据销售额的一定比例收取手续费。

1. 受托方作为自购自销处理的，视同买断，不涉及手续费的问题，企业应在受托方销售货物并交回代销清单时，为受托方开具专用发票，按"价税合计"栏的金额，借记"银行存款"、"应收账款"等科目，按"金额"栏的金额，贷记"主营业务收入"、"其他业务收入"等科目，按"税额"栏的金额，贷记"应交税费——应交增值税（销项税额）"科目。

【例2-5】 甲公司是一家电脑生产企业，20×3年1月与乙公司签订委托代销协议，按照协议规定，甲公司按不含税销售价格5 800元/台向乙公司收取销售货款，乙公司实际的销售价格在甲公司确定的指导价格范围内自主决定，实际售价与合同价的差额归乙公司所有，甲公司不再支付代销手续费。20×3年1月甲公司发出电脑1 300台，电脑实际成本为5 000元/台，至2月底结账时，收到乙公司的代销清单，代销清单显示乙公司销售1 000台，乙公司实际销售价格6 000元/台，则甲公司应按销售数量和合同价格确认销售收入，计算的增值税销项税额为98.6万元。甲公司会计处理为：

(1) 将委托代销商品发给乙公司时：

借：发出商品或委托代销商品　　　　　　　　　　　　　　　　　6 500 000

　　贷：库存商品　　　　　　　　　　　　　　　　　　　　　　　6 500 000

(2) 收到乙公司的代销清单时：

借：应收账款　　　　　　　　　　　　　　　　　　　　　　　6 786 000

　　贷：主营业务收入　　　　　　　　　　　　　　　　　　　　　5 800 000

　　　　应交税费——应交增值税（销项税额）　　　　　　　　　　 986 000

借：主营业务成本　　　　　　　　　　　　　　　　　　　　　5 000 000

　　贷：发出商品或委托代销商品　　　　　　　　　　　　　　　　5 000 000

2. 受托方只根据销售额的一定比例收取代销手续费的，企业应在受托方交回代销清单时，为受托方开具专用发票，按"价税合计"栏的金额扣除手续费后的余额，借记"银行存款"、"应收账款"等科目，按手续费金额，借记"销售费用"等科目，按"金额"栏的金额，贷记"主营业务收入"、"其他业务收入"等科目；按"税额"栏的金额，贷记"应交税费——应交增值税（销项税额）"科目。

【例 2-6】 甲公司是一家电脑生产企业，20×3 年 1 月与乙公司签订委托代销协议，按照协议规定，乙公司应按不含税销售价格 6 000 元/台进行销售，甲公司按照 200 元/台向乙公司支付手续费。20×3 年 1 月甲公司发出电脑 1 300 台，电脑实际成本为 5 000 元/台，至 2 月底结账时，收到乙公司的代销清单，代销清单显示乙公司销售 1 000 台，则甲公司应按销售清单确认销售收入，计算的增值税销项税额为 102 万元。甲公司会计处理为：

(1) 将委托代销商品发给乙公司时：

借：发出商品或委托代销商品   6 500 000
　　贷：库存商品   6 500 000

(2) 收到乙公司的代销清单时：

借：应收账款   7 020 000
　　贷：主营业务收入   6 000 000
　　　　应交税费——应交增值税（销项税额）   1 020 000
借：销售费用——手续费   200 000
　　贷：银行存款   200 000
借：主营业务成本   5 000 000
　　贷：发出商品或委托代销商品   5 000 000

（三）销售代销货物的财税处理

1. 企业将销售代销货物作为自购自销处理的，视同买断，不涉及手续费问题，在这种方式下，代销方销售委托代销的货物就和销售自有的货物一样会带来经济利益的流入。其中，和委托方约定的结算价格就是企业取得此收入的成本，而实际的销售价格就是这项业务经济利益的总流入量。所以应该在销售货物时，为购货方开具专用发票，确认销售收入，记入"主营业务收入"科目。

编制会计分录时，按专用发票"价税合计"栏的金额，借记"应收账款"等科目；按"税额"栏的金额，贷记"应交税费——应交增值税（销项税额）"科目，按"金额"栏的金额，贷记"主营业务收入"等科目。

【例 2-7】 承例 2-5，乙公司应按实际销售价格确认销售收入，则乙公司会计处理为：

(1) 收到受托代销的商品，按数量 1 300 台和约定的价格 5 800 元/台处理：

借：受托代销商品   7 540 000
　　贷：受托代销商品款   7 540 000

(2) 销售代销商品时，按销售数量 1 000 台和销售价格 6 000 元/台处理：

借：应收账款   7 020 000
　　贷：主营业务收入   6 000 000
　　　　应交税费——应交增值税（销项税额）   1 020 000

同时结转代销商品 1 000 台的成本：

借：主营业务成本   5 800 000

贷：受托代销商品 5 800 000

（3）收到对方发票：

借：受托代销商品款 5 800 000

应交税费——应交增值税（进项税额） 986 000

贷：应付账款 6 786 000

2. 企业销售代销货物只根据销售额的一定比例收取代销手续费的，代销方提供的其实只是一种服务，所收取的手续费就是委托方支付的劳务费用，虽然会带来经济利益的流入，但是这种流入和实质上的销售是有区别的。实质上的销售是将销售收入和相应的销售成本配比的，而这种行为所取得的手续费收入不是销售所得，没有相应的销售成本配比，这种劳务行为应该属于其他业务收入。代销方和委托方进行结算的款项是全部的销售收入，因此在代销商品销售完成时，不确认"主营业务收入"，而是将相应款项扣除手续费后作为对委托方的负债，结算时支付给委托方，但是代销方应在销售货物时，为购货方开具专用发票。

编制会计分录时，按"价税合计"栏金额，借记"银行存款"等科目，按"金额"栏的金额，贷记"应付账款"科目，按"税额"栏的金额，贷记"应交税费——应交增值税（销项税额）"科目。

【例 2-8】 承例 2-6，则乙公司会计处理为：

（1）收到受托代销的商品，按数量 1 300 台和约定的价格 6 000 元/台处理：

借：受托代销商品 7 800 000

贷：受托代销商品款 7 800 000

（2）销售代销商品时，按销售数量 1 000 台和销售价格 6 000 元/台处理：

借：银行存款 7 020 000

贷：应付账款 6 000 000

应交税费——应交增值税（销项税额） 1 020 000

同时结转代销商品 1 000 台的成本：

借：受托代销商品款 6 000 000

贷：受托代销商品 6 000 000

（3）收到对方发票时：

借：应交税费——应交增值税（进项税额） 1 020 000

贷：应付账款 1 020 000

（4）支付货款并确认代销手续费时：

借：应付账款 7 020 000

贷：其他业务收入——手续费收入 188 679

应交税费——应交增值税（销项税额） 11 321

银行存款 6 820 000

（四）非同一县（市）将货物从一个机构移送其他机构用于销售的财税处理

非同一县（市）将货物从一个机构移送其他机构用于销售，应做视同销售，计算销项税额，其增值税纳税义务发生时间为货物移送的当天。

《国家税务总局关于企业所属机构间移送货物征收增值税问题的通知》（国税发〔1998〕137号）规定：

非同一县（市）将货物从一个机构移送其他机构用于销售，所称的用于销售，是指受货机构发生以下情形之一的经营行为：

1. 向购货方开具发票；

2. 向购货方收取货款。

受货机构的货物移送行为有上述两项情形之一的，应当向所在地税务机关缴纳增值税；未发生上述两项情形的，则应由总机构统一缴纳增值税。

如果受货机构只就部分货物向购买方开具发票或收取货款，则应当区别不同情况计算，并分别向总机构所在地或分支机构所在地缴纳税款。

满足视同销售条件时，移送货物的一方应视同销售，在货物移送当天开具增值税专用发票，计算销项税额，异地受货机构符合条件可做进项税额抵扣，会计处理与正常销售业务相同。

受货机构没有发生上述两项情形的，机构之间移送货物不属于"用于销售"的行为，收货方只相当于一个仓库使用，只做货物进、销、存仓库保管账，不做涉税的会计处理。移货方也不用视同销售计算缴纳增值税，等到货物实际对外销售时，再确认收入计算缴纳增值税。

（五）自产、委托加工或购买货物无偿赠送他人的财税处理

企业将自产、委托加工或购买的货物无偿赠送他人，应视同销售货物计算应交增值税。

对于为什么要视同销售，可以这样来理解：自产、委托加工的货物本身所耗原材料和支付的加工费等项目的"进项税额"、购买货物时的"进项税额"已从"销项税额"中抵扣了，若不视同销售，企业就会占国家的便宜；试想，买卖双方若互相"赠送"，国家将无法收税。为了堵塞税收漏洞，这类业务要视同销售计税。

无偿赠送他人的行为虽然发生了所有权的转移，但企业并未获得经济利益，企业资产、所有者权益都没有增加。无偿赠送不是企业的经营活动，更不是实质上的销售行为，因此不符合收入确认的条件，不能作为收入处理，只能按成本进行结转。

确认销售成立、发生纳税义务并开具增值税专用发票或普通发票的时间，为移送货物的当天。

账务处理时，按货物的成本价，贷记"库存商品"、"原材料"等科目，按同类货物的销售价格或组成计税价格和规定的增值税税率计算的销项税额，贷记"应交税费——应交增值税（销项税额）"，按货物的成本价和销项税额，借记"营业外支出"等科目。

【例2-9】甲公司将一批自产的产品作为救灾物资捐赠给某灾区，该批产品实际成本16 000元，同类货物的销售价格为20 000元，其适用的增值税税率为17%。则甲公司会计处理为：

销项税额＝20 000×17%＝3 400（元）

借：营业外支出　　　　　　　　　　　　　　　　　　　　　　　19 400

　　贷：库存商品　　　　　　　　　　　　　　　　　　　　　　16 000

　　　　应交税费——应交增值税（销项税额）　　　　　　　　　3 400

（六）自产、委托加工或购买货物作为投资，提供给其他单位或个体工商户的财税处理

企业将自产或委托加工的货物作为投资，提供给其他单位或个体工商户，应视同销售货物计算应交增值税。

这种视同销售行为可以这样理解：长期股权投资等资产的增加就是货物投资转出给企业带来的经济利益，只不过其表现形式不是货币资金而已。换一个角度来考虑，如果企业采取货币资金方式取得同等份额的投资，其所支付的货币资金的金额应该是和该货物的公允价值以及相应的增值税额相等，而不是和该货物的生产成本及按其公允价值计算的增值税之和对等。可见，这种视同销售行为所产生的长期股权投资等要按照投出货物的公允价值和相应的增值税来进行计量。

账务处理时，按同类货物的公允价值和销项税额，借记"长期股权投资"等科目，按货物的公允价值，贷记"主营业务收入"等科目，按同类货物的公允价值和规定的增值税税率计算的销项税额，贷记"应交税费——应交增值税（销项税额）"科目。

【例 2-10】　20×3 年 4 月，甲公司经董事会批准，将自产的一批成本为 40 万元、公允价值为 50 万元的商品向 A 公司进行投资，则甲公司会计处理为：

借：长期股权投资——A 公司　　　　　　　　　　　　　　　585 000

　　贷：主营业务收入　　　　　　　　　　　　　　　　　　500 000

　　　　应交税费——应交增值税（销项税额）　　　　　　　　85 000

借：主营业务成本　　　　　　　　　　　　　　　　　　　　400 000

　　贷：库存商品　　　　　　　　　　　　　　　　　　　　400 000

（七）将自产、委托加工或者购进的货物分配给股东或者投资者的财税处理

企业将自制、委托加工或购进的货物分配给股东或投资者，由于股东或投资者是有别于该企业的另一个会计主体，虽然没有直接反映出与交易相关的经济利益流入企业，但其已将商品所有权的主要风险和报酬转移给了股东或投资者。其经济利益的流入表现为间接的形式，实际上它与将货物出售后取得货币资产，然后再分配利润给股东，并无实质区别，只是没有现金流入或流出而已。现在以货物的形式分发股利或利润就会使企业的其他资产少流出企业，间接地相当于有经济利益流入企业，这种流入的表现就是企业债务的减少，因此应该确认收入。

确认销售成立、发生纳税义务并开具增值税专用发票（股东或投资者为法人且为一般纳税人）或普通发票（投资者或股东为自然人或小规模纳税人）的时间，为分配货物的当天。

账务处理时，应按货物的公允价值贷记"主营业务收入"、"其他业务收入"科目，按货物的公允价值和适用税率计算的应纳增值税税额，贷记"应交税费——应交增值税（销项税额）"科目，按分配货物的公允价值和应纳增值税两项之和，借记"应付利润"科目。

【例 2-11】 甲公司系一家生产电脑的企业，20×3 年 1 月 26 日以其生产的成本为 45 000 元的笔记本电脑和委托加工成本为 20 000 元的彩电作为应付利润分配给投资者，这批电脑的售价为 60 000 元，委托加工产品彩电没有同类产品售价。则甲公司会计处理为：

笔记本电脑应计销项税额＝60 000×17％＝10 200（元）

委托加工产品彩电组成计税价格＝20 000×（1＋10％）＝22 000（元）

委托加工产品彩电应计销项税额＝22 000×17％＝3 740（元）

借：应付利润	95 940
贷：主营业务收入	60 000
其他业务收入	22 000
应交税费——应交增值税（销项税额）	13 940

结转成本分录略。

（八）自产、委托加工货物用于集体福利或个人消费的财税处理

企业将自产、委托加工的货物用于集体福利或个人消费等，应视同销售货物计算应交增值税。

这种视同销售行为常见于企业以非货币资产的形式支付职工薪酬的情形。虽然职工是企业内部人员，但是通过薪酬的方式向其转移非货币资产，该资产在转移后变成了职工的私有财产，企业不再具有所有权和控制权，这与将货物分配给股东或投资者一样，实质上也是一种资产的对外转移，会使企业的其他资产少流出企业，间接地相当于有经济利益流入企业，这种流入的表现同样是企业债务的减少，因此应该按其公允价值确认收入。

账务处理时，按同类货物的公允价值（销售价格）和销项税额，借记"在建工程"、"应付职工薪酬——职工福利费"等科目，按同类货物的公允价值（销售价格），贷记"主营业务收入"等科目，按同类货物的公允价值（销售价格）和规定的增值税税率计算的销项税额，贷记"应交税费——应交增值税（销项税额）"科目。

【例 2-12】 甲公司系一家生产电脑的企业，共有管理人员 20 人，20×3 年 12 月以其生产的成本为 80 000 元的笔记本电脑作为元旦福利发放给管理人员，这批电脑的售价为 100 000 元。则甲公司会计处理为：

（1）公司决定发放非货币福利时：

借：管理费用	117 000
贷：应付职工薪酬——非货币性福利	117 000

（2）实际发放非货币性福利时（注意与外购产品发放福利的区别）：

借：应付职工薪酬——非货币性福利	117 000
贷：主营业务收入	100 000
应交税费——应交增值税（销项税额）	17 000
借：主营业务成本	80 000
贷：库存商品	80 000

七、包装物缴纳增值税的财税处理

随同产品出售但单独计价的包装物，按价税合计金额，借记"银行存款"、"应收账款"等科目，按包装物单独计价所得价款，贷记"其他业务收入"科目，按增值税税额贷记"应交税费——应交增值税（销项税额）"科目。

随同产品出售但不单独计价的包装物，按货物与包装物的价税合计金额，借记"银行存款"、"应收账款"等科目，贷记"主营业务收入"科目，按增值税税额贷记"应交税费——应交增值税（销项税额）"科目。

对于纳税人为销售货物而出租、出借包装物收取的押金，《国家税务总局关于印发〈增值税若干问题的规定〉的通知》（国税发〔1993〕154号）明确指出，纳税人为销售货物而出租、出借包装物收取的押金，单独记账核算的，不并入销售额征税；但对因逾期未收回包装物不再退还的押金，应按所包装货物的适用税率计算销项税额。

企业对逾期未退还包装物而没收的押金，按收取的押金（含增值税的销售额），借记"其他应付款"科目，按规定的税率将含增值税的押金收入换算为不含增值税的销售额，贷记"其他业务收入"等科目，按不含增值税的销售额和规定的税率计算的增值税，贷记"应交税费——应交增值税（销项税额）"科目。

温馨提醒

1. 纳税人为销售货物而出租、出借包装物收取的押金，没有单独记账核算的，应当并入销售额征税。

2. 逾期，是指按合同规定实际逾期或以1年为期限作为标准，对收取1年以上的押金，无论是否退还均应并入销售额征税。

3. 特殊情形：酒类（除啤酒、黄酒外）包装物押金的增值税财税处理比较特殊，另外还涉及消费税的财税处理。《国家税务总局关于加强增值税征收管理若干问题的通知》（国税发〔1995〕192号）规定："从1995年6月1日起，对销售除啤酒、黄酒外的其他酒类产品而收取的包装物押金，无论是否返还以及会计上如何核算，均应并入当期销售额征税。"

4. 根据原规定，出租包装物收取的押金，与销售货物无关的，则无论是否退还押金，均不征收增值税。

这里提醒读者注意：单纯的出租包装物属于有形动产租赁，已经属于营改增范围，不再缴纳营业税而缴纳增值税，但是，有形动产租赁收取押金怎样缴纳增值税的问题，目前并无明确税法规定，希望读者密切关注后续政策。

参考《国家税务总局关于印发〈增值税若干问题的规定〉的通知》（国税发〔1993〕154号）"纳税人为销售货物而出租、出借包装物收取的押金，单独记账核算的，不并入销售额征税；但对因逾期未收回包装物不再退还的押金，应按所包装货物的适用税率计算销项税额"之规定，根据增值税基本原理推测：有形动产租赁收取的押金与销售货物而出租、出借包装物收取的押金的增值税税务处理应当相同。

【例2-13】　甲公司是一家食品生产企业，于20×3年1月销售给乙公司一批食品，其中随同产品出售但单独计价的包装物计税价值为 10 万元，另外还有一部分约定 3 个月后返还的包装物价值为 1 万元，收取包装物押金 11 700 元。20×3 年 4 月乙公司未能返还包装物，则甲公司没收包装物押金 11 700 元。

1. 20×3 年 1 月销售食品时，包装物随同产品出售但单独计价：

借：银行存款   117 000

贷：其他业务收入   100 000

应交税费——应交增值税（销项税额）   17 000

收取包装物押金时：

借：银行存款   11 700

贷：其他应付款   11 700

2. 20×3 年 4 月乙公司未能返还包装物，没收包装物押金时：

借：其他应付款   11 700

贷：其他业务收入   10 000

应交税费——应交增值税（销项税额）   1 700

【例 2-14】 甲公司是一家粮食白酒、啤酒生产销售企业，在销售啤酒和白酒的同时收取包装物押金，20×3 年 1 月销售情况如下：

销售白酒情况：销售白酒 40 万斤，不含税销售收入 100 万元，另外收取包装物押金 11 700 元，约定 3 个月后返还包装物，若 20×3 年 4 月逾期未能返还包装物，则没收包装物押金。（白酒适用消费税税率为 20%，定额税率为 0.5 元/斤）

销售啤酒情况：销售啤酒 100 吨，每吨不含税售价 2 600 元，随同产品出售但单独计价的包装物计税价值 10 万元，另外还有一部分约定 3 个月后返还的包装物价值 1 万元，收取包装物押金 11 700 元。20×3 年 4 月乙公司未能返还包装物，则甲公司没收包装物押金 11 700 元。每吨啤酒出厂价格（含包装物及包装物押金）在 3 000 元（不含 3 000 元，不含增值税）以下的，单位税额为 220 元/吨。每吨啤酒出厂价格在 3 000 元（含 3 000 元，不含增值税）以上的，单位税额为 250 元/吨。

《国家税务总局关于印发〈增值税若干问题的规定〉的通知》（国税发〔1993〕154 号）规定：纳税人为销售货物而出租、出借包装物收取的押金，单独记账核算的，不并入销售额征税；但对因逾期未收回包装物不再退还的押金，应按所包装货物的适用税率计算销项税额。

《国家税务总局关于加强增值税征收管理若干问题的通知》（国税发〔1995〕192 号）规定：从 1995 年 6 月 1 日起，对除售出啤酒、黄酒外的其他酒类产品而收取的包装物押金，无论是否返还以及会计上如何核算，均应并入当期销售额征收增值税。

《财政部 国家税务总局关于酒类产品包装物押金征税案例的通知》（财税字〔1995〕53 号）规定：从 1995 年 6 月 1 日起，对酒类产品生产企业销售酒类产品而收取的包装物押金，无论如何核算均需并入酒类产品销售额中，依酒类产品的适用税率征收消费税。

根据上述规定，酒厂销售除啤酒、黄酒以外的其他酒类而收取的包装物押金，无论是否返还以及会计上如何核算，均应该缴纳增值税和消费税，因此，贵公司销售白酒收取的包装物押金应缴纳增值税。

销售啤酒、黄酒收取的包装物押金，没有单独记账核算的，应当并入销售额征税；单独记账核算的，不并入销售额征税，但对因逾期未收回包装物不再退还的押金，应按所包装货物的适用税率计算销项税额。

1. 销售白酒账务处理。

(1) 20×3 年 1 月销售白酒时：

借：银行存款		1 181 700
贷：主营业务收入		1 000 000
其他应付款		11 700
应交税费——应交增值税（销项税额）		170 000

(2) 计算 40 万斤白酒应纳消费税税额＝100×20％＋40×0.5＝40（万元）。

借：营业税金及附加		400 000
贷：应交税费——应交消费税		400 000

(3) 计算包装物押金应纳增值税税额＝11 700/1.17×17％＝1 700（元）；
计算包装物押金应纳消费税税额＝11 700/1.17×20％＝2 000（元）。

借：销售费用或营业税金及附加		3 700
贷：应交税费——应交增值税（销项税额）		1 700
应交税费——应交消费税		2 000

将计提的流转税金计入销售费用还是营业税金及附加，企业会计准则和税收法规对此也没有明确规定，不管怎样处理都不会影响纳税和利润核算，所以都是可行的。考虑到企业销售产品收取押金的做法实质上是企业的一种营销策略，由此产生的所有支出计入销售费用更为合适，这样能较好地反映企业经济业务的实质，也有利于企业做出更适当的财务预算方案。

(4) 20×3 年 4 月包装物到期时：

①若收回包装物：

借：其他应付款		11 700
贷：银行存款		11 700

②若未收回包装物，没收包装物押金时：

借：其他应付款		11 700
贷：其他业务收入		11 700

2. 销售啤酒账务处理。

(1) 20×3 年 1 月销售啤酒时：

借：银行存款		304 200
贷：主营业务收入		260 000
应交税费——应交增值税（销项税额）		44 200

包装物随同产品出售但单独计价：

借：银行存款		117 000

　　贷：其他业务收入　　　　　　　　　　　　　　　　　　　　　　　　100 000

　　　　应交税费——应交增值税（销项税额）　　　　　　　　　　　　　17 000

　收取包装物押金：

　　借：银行存款　　　　　　　　　　　　　　　　　　　　　　　　　　11 700

　　　贷：其他应付款　　　　　　　　　　　　　　　　　　　　　　　　11 700

　（2）计算啤酒应纳消费税税额＝100×250＝25 000（元）。

　　　借：营业税金及附加　　　　　　　　　　　　　　　　　　　　　　25 000

　　　　贷：应交税费——应交消费税　　　　　　　　　　　　　　　　　25 000

　（3）20×3年4月乙公司未能返还包装物，没收包装物押金时：

　　借：其他应付款　　　　　　　　　　　　　　　　　　　　　　　　　11 700

　　　贷：其他业务收入　　　　　　　　　　　　　　　　　　　　　　　10 000

　　　　应交税费——应交增值税（销项税额）　　　　　　　　　　　　　 1 700

八、以旧换新的增值税财税处理

　　以旧换新是指企业在销售货物时，有偿向购买方回收旧货物的行为。购买方在购买新货物时，如果能把同类旧货物交给企业，就能获得一定的折扣，旧货物起的作用类似于折价券。

　　按我国现行增值税法的规定，纳税人采取以旧换新方式销售货物的（金银首饰除外），应按新货物的同期销售价格确定销售额，不得扣减旧货物的收购价格。销售货物与有偿收购旧的货物是两项不同的业务活动，销售额与收购额不能相互抵减。

　　企业采用以旧换新（含翻新改制）方式销售金银首饰的，《财政部 国家税务总局关于金银首饰等货物征收增值税问题的通知》（财税字〔1996〕74号）明确规定，"对金银首饰以旧换新业务，可以按销售方实际收取的不含增值税的全部价款征收增值税"。有的金银首饰零售企业，对以旧换新销售金银首饰业务的税收政策不十分明确，按新金银首饰的销售收入计算销项税额，导致多缴税款。实际上，消费税为价内税，增值税为价外税，这种情况决定了实行从价定率办法征收消费税的消费品，其消费税税基和增值税税基是一致的。

　　【例2-15】　20×3年2月，甲商场采取以旧换新的方式销售彩电，新彩电含税售价5 850元，旧彩电折价850元/台，当月销售彩电100台。则该商场的账务处理为：

　　借：库存现金　　　　　　　　　　　　　　　　　　　　　　　　　　500 000

　　　库存商品　　　　　　　　　　　　　　　　　　　　　　　　　　 85 000

　　　贷：主营业务收入　　　　　　　　　　　　　　　　　　　　　　　500 000

　　　　应交税费——应交增值税（销项税额）　　　　　　　　　　　　　85 000

　　【例2-16】　甲公司为一家金银首饰零售企业，系增值税一般纳税人。20×3年2月采用以旧换新的方式销售金银首饰4万元，换入的旧金银首饰作价1万元，收到现金3万元，金银首饰消费税税率为5%，则甲公司账务处理为：

　　1. 增值税销项税额＝30 000/（1＋17%）×17%＝4 358.97（元），确认收入＝10 000＋30 000－4 358.97＝35 641.03（元）。

借：材料采购   10 000

　库存现金   30 000

　　贷：主营业务收入   35 641.03

　　　应交税费——应交增值税（销项税额）   4 358.97

2. 应交消费税＝30 000/(1＋17%)×5%＝1 282.05（元）。

借：营业税金及附加   1 282.05

　　贷：应交税费——应交消费税   1 282.05

九、增值税优惠政策的财税处理

（一）增值税"直接免征"的财税处理

直接免征增值税，即纳税人不必缴纳增值税款。例如《中华人民共和国增值税暂行条例》规定的免税项目：①农业生产者销售的自产农产品；②避孕药品和用具；③古旧图书；④直接用于科学研究、科学试验和教学的进口仪器、设备；⑤外国政府、国际组织无偿援助的进口物资和设备；⑥由残疾人的组织直接进口供残疾人专用的物品；⑦销售的自己使用过的物品。

按照增值税专用发票管理规定，除国家另有规定外，纳税人销售免税项目不得开具专用发票，尽管不能开具增值税专用发票，但其开具给购买方的普通发票金额却是含税销售额，并且按含税销售额收取款项。

下面举例说明增值税"直接免征"的财税处理。

【例2-17】 某酒类生产企业销售副产品酒糟，开具普通发票，票面金额11 700元，销售酒类产品不含税销售额40 000元，购进原材料的进项税额为1 000元，则该企业销售酒糟的相关账务处理如下：

1. 开具普通发票时，会计分录为：

借：银行存款   11 700

　　贷：主营业务收入   10 000

　　　应交税费——应交增值税（销项税额）   1 700

2. 应将销项税额作为直接免征的税额进行结转，会计分录为：

借：应交税费——应交增值税（减免税款）   1 700

　　贷：主营业务收入   1 700

3. 在购进项目部分用于免税项目的情况下，为生产免税货物而耗用的原材料的进项税额不得抵扣，对于免税项目应转出的进项税额要计入成本。进项税额转出金额可采用销售额比例法计算，即用免税项目的销售额占总销售额的比例来计算分摊应转出的进项税额。进项税额转出＝1 000×10 000/(10 000＋40 000)＝200（元），会计分录为：

借：主营业务成本   200

　　贷：应交税费——应交增值税（进项税额转出）   200

如果纳税人购进货物或者发生劳务时已经明确要用于免税项目，其购进货物或者发生劳务时进项税额就应计入采购成本，不用进行进项税额转出的账务处理。

温馨提醒

《企业会计准则第 16 号——政府补助》应用指南中明确规定："除税收返还外，税收优惠还包括直接减征、免征、增加计税抵扣额、抵免部分税额等形式。这类税收优惠并未直接向企业无偿提供资产，不作为本准则规范的政府补助"，因而，直接免征的增值税税额不能按照政府补助进行账务处理记入"营业外收入"。根据《企业会计准则第 14 号——收入》对收入的定义："收入，是指企业在日常活动中形成的、会导致所有者权益增加的、与所有者投入资本无关的经济利益的总流入"，企业享受增值税直接免征形成的经济利益流入是与企业日常活动密不可分的，完全符合收入的定义，因而，企业直接免征的增值税税额应该记入企业的"主营业务收入"。《小企业会计准则》也同样处理。

（二）增值税"直接减征"的财税处理

直接减征，即按应征税款的一定比例征收。一般纳税人、小规模纳税人销售自己使用过的物品和旧货，适用按简易办法依 3% 征收率减按 2% 征收增值税。除此之外，目前，还没有按比例减征的其他规定，大多是采用降低税率或按简易办法征收的方式给予优惠。

【例 2-18】 某一般纳税人销售旧摩托车三辆，取得价款 10 300 元，开具增值税普通发票，金额栏 10 000 元，税率栏 3%，税额栏 300 元，则该企业销售旧摩托车的相关账务处理如下：

确认销售收入时，按正常销售确认收入：

借：银行存款 10 300
　　贷：主营业务收入（销售旧设备时，记入"固定资产清理"） 10 000
　　　　应交税费——未交增值税（按 3% 征收率计算） 300

根据《企业会计准则第 16 号——政府补助》应用指南和《企业会计准则第 14 号——收入》的规定，直接减征的税款应记入"营业外收入——政府补助"。《小企业会计准则》也同样处理。

借：应交税费——未交增值税（按 1% 计算减征额） 100
　　贷：营业外收入 100

温馨提醒

很多人都将按简易办法征收增值税的业务通过"销项税额"核算，其实并不妥当，因为这样处理，增值税纳税申报表的销项税额无法与应交增值税明细账的销项税额金额相符，造成账表不符。而应该通过"未交增值税"核算，这样才能做到增值税纳税申报表和应交增值税明细账相符。

（三）增值税"即征即退"、"先征后退"、"先征后返"的财税处理

"即征即退"：即税务机关将应征的增值税征收入库后，即时退还；"先征后退"：与即征即退差不多，只是退税的时间略有差异；"先征后返"：即税务机关正常将增值税征收入库，然后由财政机关按税收政策规定审核并返还企业所缴入库的增值税。

"即征即退"、"先征后退"、"先征后返"三种优惠的区别是：①返还机关不同，即征即退、先征后退的税款由税务机关退还，先征后返的税款由财政机关返还；②取得的时间不同，即征即退最快，先征后退次之，先征后返最慢。

"即征即退"、"先征后退"、"先征后返"三种优惠的共同点是：都是在增值税正常缴纳之后退库，对增值税抵扣链条的完整性并无影响，因此，销售货物时，可以按规定开具增值税专用发票，正常计算销项税额，购买方也可以凭票正常抵扣。

《企业会计准则第16号——政府补助》应用指南规定，这3种优惠政策完全符合政府补助的定义，所退（返）税款应记入"营业外收入——政府补助"。账务处理如下：

销售商品时，根据正常销售确认收入：

　　借：银行存款

　　　贷：主营业务收入

　　　　　应交税费——应交增值税（销项税额）

缴纳增值税款时，与平常账务处理相同：

　　借：应交税费——应交增值税（已交税金）（本月上交本月应交的增值税）

　　　　应交税费——未交增值税（本月上交以前期间应交未交的增值税）

　　　贷：银行存款

收到增值税返还：

　　借：银行存款

　　　贷：营业外收入——政府补助

除了收到增值税返还的会计处理，其他会计处理与普通购销业务相同，不再举例。

下面以增值税"即征即退"的账务处理举例说明。

【例2-19】　甲租赁公司，为经人民银行、银监会、商务部批准经营融资租赁业务的试点纳税人，增值税一般纳税人，主要从事有形动产经营性租赁和融资租赁服务，已办理融资租赁即征即退优惠审批资格认定手续。20×3年12月份发生下列业务：

1. 取得有形动产经营性租赁收入，开具增值税专用发票，销售额1 000 000元，销项税额170 000元；

2. 取得有形动产融资租赁收入，开具增值税专用发票，销售额500 000元，销项税额85 000元；

3. 取得的增值税专用发票已全部认证，其中：购入专门用于融资租赁业务的设备1台，金额100 000，税额17 000元；用于经营性租赁业务的支出，金额250 000，税额42 500元。

甲租赁公司应纳税额的计算与账务处理如下：

1. 甲租赁公司一般应税服务应纳税额的计算：

有形动产经营性租赁收入销项税额为170 000元；

有形动产经营性租赁收入进项税额为42 500元；

有形动产经营性租赁收入应纳税额＝170 000－42 500＝127 500（元）。

2. 甲租赁公司即征即退应税服务应纳税额的计算：

经人民银行、银监会、商务部批准经营融资租赁业务的试点纳税人中的一般纳税人提供有形动产融资租赁服务，对其增值税实际税负超过3%的部分实行增值税即征即退政策。

符合即征即退条件的有形动产融资租赁销项税额为85 000元；

符合即征即退条件的有形动产融资租赁进项税额为17 000元；

即征即退应税服务应纳税额＝85 000－17 000＝68 000（元）；

增值税即征即退退税额＝68 000－500 000×3％＝53 000（元）。

3. 账务处理。

提供有形动产融资租赁服务时：

借：银行存款		585 000
贷：主营业务收入		500 000
应交税费——应交增值税（销项税额）		85 000

购进设备时：

借：固定资产		100 000
应交税费——应交增值税（进项税额）		17 000
贷：银行存款		117 000

结转未交增值税：

借：应交税费——应交增值税（转出未交增值税）		68 000
贷：应交税费——未交增值税		68 000

缴纳增值税款时：

借：应交税费——未交增值税		68 000
贷：银行存款		68 000

收到增值税返还：

借：银行存款		53 000
贷：营业外收入——政府补助		53 000

温馨提醒

一般货物及劳务和应税服务、即征即退货物劳务及应税服务需分开核算，分开填写申报表。

即征即退货物劳务及应税服务的进项税额单独计算，无法划分的进项税额，应按照销项税额比例确定该货物劳务及应税服务应分摊的进项税额。对于专门用于相应货物劳务及应税服务的生产设备、工具等固定资产的进项税额，不得进行分摊。

即征即退货物劳务及应税服务的销项税额、进项税额等相关数据均应在增值税纳税申报表"即征即退货物及劳务和应税服务"列填写。

相关链接

《财政部 国家税务总局关于增值税、营业税、消费税实行先征后返等办法有关城建税和教育费附加政策的通知》（财税〔2005〕72号）规定：对增值税、营业税、消费税（以下简称"三税"）实行先征后返、先征后退、即征即退办法的，除另有规定外，对随"三税"附征的城市维护建设税和教育费附加，一律不予退（返）还。

十、商业企业以返利、返点、促销费、进店费、展示费、管理费等名义向生产企业收取的各种费用的增值税财税处理

商业企业以返利、返点、促销费、进店费、展示费、管理费等名义向生产企业收取的各种费用的财税处理，分为两种情况：

（一）商业企业收取与商品销售量、销售额无必然关系的各项费用的税务与会计处理

对商业企业向供货方收取的与商品销售量、销售额无必然联系，且商业企业向供货方提供一定劳务的收入，例如进场费、广告促销费、上架费、展示费、管理费等，不属于平销返利，不冲减当期增值税进项税额，这种情况下，商业企业应当开具发票，供货方对此类费用作为销售费用列支。

【例 2-20】 商业企业甲公司为一般纳税人，生产企业乙公司是其常年货物供应商。20×3 年 7 月甲公司共向乙公司购货 11.7 万元，并向乙公司收取进场费、上架费等费用 1 万元，开具普通发票，乙公司用银行存款支付费用。会计处理如下：

商业企业甲公司：

借：银行存款（或应付账款）	10 000
贷：其他业务收入	9 433.96
应交税费——应交增值税（销项税额）	566.04

生产企业乙公司：

借：销售费用	10 000
贷：银行存款	10 000

（二）商业企业收取与商品销售量、销售额挂钩的各种返还收入的税务与会计处理

根据《国家税务总局关于商业企业向货物供应方收取的部分费用征收流转税问题的通知》（国税发〔2004〕36 号）的规定，对商业企业向供货方收取的与商品销售量、销售额挂钩（如以一定比例、金额、数量计算）的各种返还收入，无论采用何种返利方式（现金返利或实物返利），均应按照平销返利行为的有关规定冲减当期增值税进项税额。

当期应转出的进项税额的计算公式为：

$$进项税额转出 = \frac{当期取得的}{返还资金} \bigg/ \left(1 + \frac{所购货物适用}{增值税税率}\right) \times \frac{所购货物适用}{增值税税率}$$

商业企业对收到"平销返利"的会计处理："平销返利"实质上是货物供应方对商业企业进销差价损失的弥补，且一般是在商品售出后结算的，因此应冲减"主营业务成本"。若是在次年才收到返利，应通过"以前年度损益调整"核算，若商品尚未售出就收到返利，则冲减"库存商品"。

生产企业（供货方）对给予商业企业"平销返利"的会计处理：按销售折让进行处理。有两种方法：一种方法是在销售时，将返利（即折让金额）和销售价款开在同一张发票上，进行财税处理时可以直接按折让后的金额入账；第二种方法是在实际返还时按有关规定开具红字发票冲销收入和冲减销项税额，进行财税处理时可以用红字冲销原来确定的销售收入和相应的销项税额。

几种不同的返利方式会计处理举例如下：

1. 现金返利

【例2-21】 承例2-20，20×3年8月，甲公司已经全部以相同价格对外销售该批货物，甲公司按货物销售额的10%与乙公司结算返利，甲公司收到的1.17万元现金返利，应转出进项税额：11 700÷1.17×17%＝1 700（元），同时冲减"主营业务成本"10 000元。

商业企业甲公司会计处理如下：

借：银行存款   11 700
　贷：主营业务成本   10 000
　　　应交税费——应交增值税（进项税额转出）   1 700

若收到返利时，商品尚未售出，则冲减库存商品：

借：银行存款   11 700
　贷：库存商品   10 000
　　　应交税费——应交增值税（进项税额转出）   1 700

生产企业乙公司会计处理如下：

借：银行存款   −11 700
　贷：主营业务收入   −10 000
　　　应交税费——应交增值税（销项税额）   −1 700

2. 实物返利，供货方开具增值税专用发票

【例2-22】 假设上例中乙公司以一批含税公允价值1.17万元的商品返利，同时乙公司向甲公司开具了增值税专用发票，则甲公司会计处理如下：

借：库存商品   10 000
　　应交税费——应交增值税（进项税额）   1 700
　贷：主营业务成本   10 000
　　　应交税费——应交增值税（进项税额转出）   1 700

3. 实物返利，供货方开具普通发票

【例2-23】 假设上例中乙公司向甲公司开具的是普通发票，则甲公司会计处理如下：

借：库存商品   11 700
　贷：主营业务成本   10 000
　　　应交税费——应交增值税（进项税额转出）   1 700

十一、销售折扣、折扣销售、销售折让的增值税财税处理

（一）销售折扣（现金折扣）

销售折扣又称现金折扣，是企业在销售货物或发生应税行为后，为了鼓励购货方及早偿还货款而给予付款方的折扣优惠。企业为了鼓励客户提前付款，一般规定付款方在不同的期限内付款可享受不同比例的折扣，付款时间越早，折扣越大。所以，销售折扣发生在销售货物或发生应税行为之后，实质上是一种企业为了尽快收款而发生的融资性质的财务费用，折扣额相当于为收款而支付的利息，因此，现金折扣额应计入财务费

用，不得抵减销售额和销项税额。

【例2-24】　甲公司销售某品牌电脑，该品牌电脑的销售价格为4 000元/台（不含增值税），甲公司规定付款条件为2/10，1/20，n/30，甲公司销售给乙商场该品牌电脑100台。乙商场已于8天内付款。甲公司会计处理如下：

销售实现时：

借：应收账款 468 000

　　贷：主营业务收入 400 000

　　　　应交税费——应交增值税（销项税额） 68 000

销货后第8天收到货款时：

折扣额=468 000×2%=9 360（元）

借：银行存款 458 640

　　财务费用 9 360

　　贷：应收账款 468 000

（二）折扣销售（商业折扣）

折扣销售又称商业折扣，是指企业在销售货物或发生应税行为时，因购货方购买数量较多等原因，而按照一定折扣率（或折扣额）折扣后的优惠价格进行销售。因为折扣是与销售货物或发生应税行为同时发生的，若将销售额和折扣额在同一张发票上分别注明，可直接按照折扣后的金额作为销售额计提销项税额，若折扣额另开发票，不论会计如何处理，均不得从销售额中扣除。因为商业折扣与实现销售同时发生，买卖双方均按折扣后的价格成交，所以会计上对其不需单独做账务处理，又因为发票价格就是扣除折扣后的实际售价，所以可按发票上的金额计算销项税额。

《国家税务总局关于折扣额抵减增值税应税销售额问题通知》（国税函〔2010〕56号）明确规定，纳税人采取折扣方式销售货物，销售额和折扣额在同一张发票上分别注明是指销售额和折扣额在同一张发票上的"金额"栏分别注明的，可按折扣后的销售额征收增值税。未在同一张发票"金额"栏注明折扣额，而仅在发票的"备注"栏注明折扣额的，折扣额不得从销售额中减除。

《营业税改征增值税试点实施办法》（财税〔2016〕36号文件附件1）第四十三条规定：纳税人发生应税行为，将价款和折扣额在同一张发票上分别注明的，以折扣后的价款为销售额；未在同一张发票上分别注明的，以价款为销售额，不得扣减折扣额。这一点与原一般纳税人规定相同。

商业折扣仅限于价格上的折扣，若销货方将自产、委托加工和购买的货物用于实物折扣，则该实物折扣不得从销售额中减除，因为这属于"捆绑销售"（买一赠一），应该按照实际收款金额确认销售额计提销项税额。

【例2-25】　甲公司销售某品牌电脑，该品牌电脑的销售价格为4 000元/台（不含增值税），甲公司规定购买100台以上，可获得5%的商业折扣；购买200台以上，可获得8%的商业折扣。甲公司向丙商场销售该品牌电脑300台。甲公司会计处理如下：

销售实现时，应收账款=4 000×300×1.17×92%=1 291 680（元）。

借：应收账款　　　　　　　　　　　　　　　　　　　　1 291 680
　　贷：主营业务收入　　　　　　　　　　　　　　　　　1 104 000
　　　　应交税费——应交增值税（销项税额）　　　　　　187 680

（三）销售折让

销售折让，是指企业在销售货物或发生应税行为后，由于货物或应税行为品种、质量等本身的原因而给予付款方在销售总额上一定的减让。销售折让与现金折扣虽然都是发生在销售货物或发生应税行为之后，但实质上销售折让会使原销售总额减少，所以销售折让要冲减当期销售额和销项税额。需要注意的是，销售折让属于资产负债表日后事项的，应按《企业会计准则第 29 号——资产负债表日后事项》的相关规定进行处理。

【例 2-26】　甲公司销售某品牌电脑，该品牌电脑的销售价格为 4 000 元/台（不含增值税），甲公司向丙商场销售该品牌电脑 100 台，丙商场尚未付款。几天后丙商场发现该品牌电脑存在质量问题，但是不影响销售，丙商场要求甲公司降价，甲公司给予每台 50 元的销售折让，甲公司会计处理如下：

销售实现时，应收账款＝4 000×100×1.17＝468 000（元）。

借：应收账款　　　　　　　　　　　　　　　　　　　　　468 000
　　贷：主营业务收入　　　　　　　　　　　　　　　　　　400 000
　　　　应交税费——应交增值税（销项税额）　　　　　　　68 000

甲公司给予每台 50 元的销售折让，开具红字发票：

借：应收账款　　　　　　　　　　　　　　　　　　　　　－5 850
　　贷：主营业务收入　　　　　　　　　　　　　　　　　　－5 000
　　　　应交税费——应交增值税（销项税额）　　　　　　　－850

十二、捆绑销售、买一赠一等促销方式的增值税财税处理

捆绑销售、买一赠一，就是企业为了促进销售，而将本企业两种以上的商品一同销售，或者销售一件大商品赠送一件小商品，或者购买商品达到一定金额时赠送一定的商品等。其增值税账务处理是一样的。

【例 2-27】　甲商场规定购买一套价值 800 元（含税）的西服，赠送一条价值 80 元（含税）的领带，某批发商购买了 100 套价值 800 元的西服，同时获赠了 100 条价值 80 元的领带，假设 100 套西服和 100 条领带的成本分别为 50 000 元、5 000 元。

《国家税务总局关于确认企业所得税收入若干问题的通知》（国税函〔2008〕875 号）第三条规定：企业以买一赠一等方式组合销售本企业商品的，不属于捐赠，应将总的销售金额按各项商品的公允价值的比例来分摊确认各项的销售收入。

《增值税暂行条例实施细则》规定，将自产、委托加工或购买的货物无偿赠送他人，应视同销售计算增值税销项税额。买一赠一与无偿赠送虽然都是赠送行为，但二者之间存在本质区别。

1. 法律意义上的无偿赠送是指出于感情或其他原因而做出的无私慷慨行为。而销售货物后赠送货物的行为是有偿购物在先、赠送于后的有偿赠送行为，是商场为了刺激

消费而采取的促销手段。

2. 对于赠送财产的质量，根据《合同法》的规定，无偿赠送的财产有瑕疵，赠送人不承担责任。而顾客使用赠送的商品如果出现质量问题，商场必须承担相应的责任。

因此，购物赠送的货物不是无偿赠送，不能视同销售计算增值税。

可见，买一赠一在企业所得税和增值税处理上都不属于视同销售。

所赠送领带的价值是通过出售商品西服实现的，因此，领带属于"捆绑销售"或者叫做"买一赠一"，不属于视同销售范畴，因此仅应该按照实际收款金额 80 000 元计算销售收入、计提销项税额。

"买一赠一"实际上就是实物折扣，根据《国家税务总局关于折扣额抵减增值税应税销售额问题通知》（国税函〔2010〕56 号）的规定，纳税人采取折扣方式销售货物，销售额和折扣额在同一张发票上分别注明是指销售额和折扣额在同一张发票上的"金额"栏分别注明的，可按折扣后的销售额征收增值税；未在同一张发票"金额"栏注明折扣额，而仅在发票的"备注"栏注明折扣额的，折扣额不得从销售额中减除。因此，甲商场在开具发票时，应将销售额和折扣额在同一张发票上分别注明，有两种开票方式，即：

第一种开票方式：先按照销售 100 件西服计 80 000 元和 100 条领带计 8 000 元分别填列两栏，然后在下一栏按照领带销售额开具折扣额 8 000 元（负数），最后的销售金额和税额合计 80 000 元。

第二种开票方式：销售 100 件西服计 80 000 元和西服折扣额分别填列两栏，100 条领带计 8 000 元和领带折扣额分别填列两栏，西服折扣额和领带折扣额按照西服和领带的公允价值比例分摊总折扣额 8 000 元，最后的销售金额和税额合计 80 000 元。

第二种方式最好，对于第一种方式一般税务机关也都认可，除这两种方式之外的其他开票方式都是不符合税法规定的。

企业应当做出的账务处理如下：

西服销售额＝80 000×80 000÷88000/1.17＝62 160.06（元），

领带销售额＝80 000×8 000÷88000/1.17＝6 216.01（元）。

借：银行存款　　　　　　　　　　　　　　　　　　80 000
　　贷：主营业务收入——西服　　　　　　　　　　　62 160.06
　　　　　　　　——领带　　　　　　　　　　　　　6 216.01
　　　　应交税费——应交增值税（销项税额）　　　　11 623.93
　　借：主营业务成本——西服　　　　　　　　　　　50 000
　　　　　　　　——领带　　　　　　　　　　　　　5 000
　　贷：库存商品　　　　　　　　　　　　　　　　　55 000

温馨提醒

以"买一赠一"方式销售货物的，所赠送的商品，单独开具发票的，或者不开具发票直接做出库处理（借记"销售费用"等科目，贷记"库存商品"科目）的，需要视同销售缴纳增值税。

十三、纳税人兼营的增值税财税处理

纳税人销售货物、加工修理修配劳务、服务、无形资产或者不动产适用不同税率或者征收率的，应当分别核算适用不同税率或者征收率的销售额，未分别核算销售额的，按照以下方法适用税率或者征收率：

1. 兼有不同税率的销售货物、加工修理修配劳务、服务、无形资产或者不动产，从高适用税率。

2. 兼有不同征收率的销售货物、加工修理修配劳务、服务、无形资产或者不动产，从高适用征收率。

3. 兼有不同税率和征收率的销售货物、加工修理修配劳务、服务、无形资产或者不动产，从高适用税率。

【例2-28】 甲运输公司8月份取得收入情况为：货物运输业务收入111万元，货物运输代理服务收入21.2万元，仓储服务收入42.4万元，经营性租赁车辆收入11.7万元。上述收入均为含税收入，款项通过银行存款结算。

1. 该企业分别核算销售额，应税服务销售额分别按不同税率计算：

货物运输业务收入 $= 111 \div (1 + 11\%) = 100$ (万元)

货物运输代理服务收入 $= 21.2 \div (1 + 6\%) = 20$ (万元)

仓储服务收入 $= 42.4 \div (1 + 6\%) = 40$ (万元)

经营性租赁车辆收入 $= 11.7 \div (1 + 17\%) = 10$ (万元)

应交增值税 $= 100 \times 11\% + 60 \times 6\% + 10 \times 17\% = 16.3$ (万元)

借：银行存款　　　　　　　　　　　　　　　　　　　　1 863 000
　　贷：主营业务收入——货物运输服务　　　　　　　　　1 000 000
　　　　　　　　　　——物流辅助服务　　　　　　　　　　600 000
　　　　　　　　　　——经营租赁服务　　　　　　　　　　100 000
　　　　应交税费——应交增值税（销项税额）　　　　　　　163 000

2. 该企业未分别核算销售额，应税服务销售额按从高适用税率计算：

应税服务销售额 $= (111 + 21.2 + 42.4 + 11.7) \div (1 + 17\%) = 159.23$ (万元)

应交增值税 $= 159.23 \times 17\% = 27.07$ (万元)

借：银行存款　　　　　　　　　　　　　　　　　　　　1 863 000
　　贷：主营业务收入　　　　　　　　　　　　　　　　　1 592 300
　　　　应交税费——应交增值税（销项税额）　　　　　　　270 700

十四、混合销售的增值税财税处理

在日常税务处理中，混合销售行为和兼营行为经常发生，不少会计却将这两项业务混淆，造成多缴或少缴增值税款。可见，这两项业务的税务处理对不少会计来说还是一个难点。

我们先来看一下两项业务的概念和税收规定。

1. 混合销售

一项销售行为如果既涉及服务又涉及货物，为混合销售。从事货物的生产、批发或者零售的单位和个体工商户的混合销售行为，按照销售货物缴纳增值税；其他单位和个体工商户的混合销售行为，按照销售服务缴纳增值税。

所称从事货物的生产、批发或者零售的单位和个体工商户，包括以从事货物的生产、批发或者零售为主，并兼营销售服务的单位和个体工商户在内。

混合销售行为成立的行为标准有两点，一是其销售行为必须是一项；二是该项行为必须既涉及服务又涉及货物，其"货物"是指增值税税法中规定的有形动产，包括电力、热力和气体；服务是指属于改征范围的交通运输服务、建筑服务、金融保险服务、邮政服务、电信服务、现代服务、生活服务等。

因此，在确定混合销售是否成立时，其行为标准中的上述两点必须是同时存在，如果一项销售行为只涉及销售服务，不涉及货物，这种行为就不是混合销售行为；反之，如果涉及销售服务和涉及货物的行为，不是存在同一项销售行为之中，这种行为也不是混合销售行为。

例如，生产货物的单位，在销售货物的同时附带运输，其销售货物及提供运输的行为属于混合销售行为，所收取的货物款项及运输费用应一律按销售货物计算缴纳增值税。

2. 兼营

纳税人兼营销售货物、劳务、服务、无形资产或者不动产，适用不同税率或者征收率的，应当分别核算适用不同税率或者征收率的销售额；未分别核算的，从高适用税率。

3. 混合销售和兼营的区别

通过上述规定可以看出混合销售和兼营的区别，具体见表2-5。

表 2-5　　　　　　　　　　　混合销售和兼营的区别

混合销售	兼营
销售货物和服务是在同一项销售行为中发生的	销售货物、劳务、服务、无形资产或者不动产是纳税人经营范围中的经营项目，不在同一项销售行为中发生
销售货物和服务的价款是同时从一个购买方取得的	销售货物、劳务、服务、无形资产或者不动产不是同时发生在同一购买者身上，价款要向两个以上的购买者收取

混合销售和兼营业务常见代表业务举例如下：

（1）专业设备安装公司，负责替客户安装，客户提供设备，安装公司收取安装费，此时只就安装收入缴纳增值税。

（2）专业设备安装公司，负责替客户安装，安装公司负责采购并提供设备，安装公司收取设备费和安装费，属于混合销售，其安装费和设备费应打包一起按公司主业安装收入缴纳增值税。

（3）专业设备销售公司，负责替客户 A 安装收取安装费，另向客户 B 销售设备收取设备费，属于兼营，其设备费和安装费应分别核算缴纳增值税。

（4）专业设备销售公司，负责替客户安装，向客户收取设备费和安装费，属于混合销售，其设备费和安装费应打包一起按公司主业设备销售收入缴纳增值税。

下面分别就混合销售和兼营两种行为进行举例说明。

【例2-29】 甲公司是一家空调销售公司，在销售空调的同时负责为客户安装。20×3年7月销售空调取得不含税收入200 000元，同时为客户提供安装服务，取得不含税收入10 000元，本月允许抵扣的进项税额为25 700元。

甲公司的销售和安装业务发生在同一项销售行为中，两项业务的款项同时向某一个购买者收取，该行为属混合销售行为，由于公司经营主业为货物销售，此项混合销售行为只缴纳增值税。增值税税额为：（200 000＋10 000）×17％－25 700＝10 000（元）。

【例2-30】 乙公司从事装饰材料销售业务，并兼营装饰装修业务，20×3年7月销售装饰材料取得不含税收入100万元，装饰装修业务取得不含税收入40万元，本月允许抵扣的进项税额为10万元。

若乙公司分开核算销售额，应缴纳增值税：100×17％＋40×11％－10＝11.4（万元）。

兼营业务分开核算要做到以下几点：①合同或协议分开签订；②发票分别开具；③会计处理分别入账，分开核算。

十五、兼营免税、减税项目的增值税财税处理

纳税人兼营免税、减税项目的，应当分别核算免税、减税项目的销售额；未分别核算销售额的，不得免税、减税。

适用一般计税方法的纳税人，兼营简易计税方法计税项目、免征增值税项目而无法划分不得抵扣的进项税额，按照下列公式计算不得抵扣的进项税额：

$$\text{不得抵扣的进项税额}=\text{当期无法划分的全部进项税额}\times\left(\text{当期简易计税方法计税项目销售额}+\text{免征增值税项目销售额}\right)\div\text{当期全部销售额}$$

主管税务机关可以按照上述公式依据年度数据对不得抵扣的进项税额进行清算。

【例2-31】 乙公司从事网站设计、技术开发等业务，7月提供网站设计服务取得收入636万元（含税），取得技术开发业务收入212万元（含税），技术开发服务已通过主管税务机关免征增值税的审批，本月因网站设计业务取得专用发票上注明的税额10万元，因技术开发业务取得专用发票上注明的税额6万元，无法划分网站设计、技术开发业务的进项税额8万元。

1. 若乙公司分开核算销售额：

因无法划分计算的不得抵扣的进项税额＝8×200÷（600＋200）＝2（万元）；

免税项目的进项税额6万元不得抵扣，因此，允许抵扣的进项税额＝10＋8－2＝16（万元）；

应缴纳增值税＝636÷（1＋6％）×6％－16＝20（万元）。

2. 若乙公司未分别核算销售额，技术开发业务不得免税。企业放弃免税的，可以抵扣进项税额。

应缴纳增值税＝636÷（1＋6％）×6％＋212÷（1＋6％）×6％－（10＋6＋8）＝24（万元）。

十六、月末缴纳增值税的财税处理

（1）企业应将当月发生的应交未交增值税额自"应交税费——应交增值税"科目转入"未交增值税"明细科目，借记"应交税费——应交增值税（转出未交增值税）"科目，贷记"应交税费——未交增值税"科目。

（2）将本月多交的增值税自"应交税费——应交增值税"科目转入"未交增值税"明细科目，借记"应交税费——未交增值税"科目，贷记"应交税费——应交增值税（转出多交增值税）"科目。

（3）当月上交本月增值税时，借记"应交税费——应交增值税（已交税金）"科目，贷记"银行存款"科目。

（4）当月上交上月应交未交的增值税，借记"应交税费——未交增值税"科目，贷记"银行存款"科目。

（5）"应交税费——应交增值税"科目的期末借方余额，反映尚未抵扣的增值税。"应交税费——未交增值税"科目的期末借方余额，反映多交的增值税；贷方余额，反映未交的增值税。

值得注意的是，企业当月缴纳当月的增值税，仍然通过"应交税费——应交增值税（已交税金）"科目核算；当月缴纳以前各期未交的增值税，则通过"应交税费——未交增值税"科目核算，不通过"应交税费——应交增值税（已交税金）"科目核算。

【例2-32】　某公司月末缴纳增值税的账务处理如下：

1. 本月缴纳本月增值税款1 000元，账务处理为：

借：应交税费——应交增值税（已交税金）　　　　　　　　　　　1 000
　　贷：银行存款　　　　　　　　　　　　　　　　　　　　　　　1 000

2. 本月销项税额为20 000元，进项税额为15 000元，则本月应交增值税为5 000元；扣除本月已经缴纳的本月增值税1 000元，月末尚未缴纳的增值税款为4 000元，账务处理为：

借：应交税费——应交增值税（转出未交增值税）　　　　　　　　4 000
　　贷：应交税费——未交增值税　　　　　　　　　　　　　　　　4 000

3. 若本月销项税额为16 500元，进项税额为15 000元，则本月应交增值税为1 500元；扣除本月已经缴纳的本月增值税2 000元，月末多交增值税500元，多交的500元一般不会退回，可以直接抵下月应交增值税款，账务处理为：

借：应交税费——未交增值税　　　　　　　　　　　　　　　　　500
　　贷：应交税费——应交增值税（转出多交增值税）　　　　　　　500

4. 若本月销项税额为13 000元，进项税额为15 000元，则本月应交增值税为－2 000

元（即留抵进项税额2 000元），本月缴纳本月增值税款1 000元应转出，账务处理为：

  借：应交税费——未交增值税   1 000

    贷：应交税费——应交增值税（转出多交增值税）   1 000

十七、增值税检查调整的财税处理

  税务机关对增值税检查时，对于查处的调增或调减增值税税额，企业应通过"应交税费——增值税检查调整"专户进行核算。

  该账户专门核算在增值税检查中查出的以前各期应补、应退的增值税税额，借方登记检查调减的销项税额、检查调增的进项税额，贷方登记检查调增的销项税额、检查调减的进项税额、检查调增的进项税额转出及检查调增的小规模纳税人应交增值税税额，余额可能在贷方，也可能在借方，期末一般应将其余额转入"应交税费——未交增值税"账户。只有当"应交税费——增值税检查调整"账户余额在贷方，且"应交税费——未交增值税"账户余额在借方，后者金额大于前者金额时，才按增值税检查调整专户的贷方余额直接缴纳增值税税款。

  还有一点必须记住：缴纳税务机关查补的增值税税款的同时必须缴纳相应的城建税等营业税金及附加。

（一）年终结账前查补进项税方面的账务调整

  1. 扣税凭证不合法。如果取得的进项凭证不合法而企业抵扣了该进项税，检查发现后应做如下账务调整：

    借：主营业务成本、库存商品等

      贷：应交税费——增值税检查调整

  2. 不应抵扣进项税额而抵扣。企业发生的职工福利等非应税项目按规定不应抵扣进项税额，如果企业进行了抵扣，检查发现后应做如下账务处理：

    借：应付职工薪酬等

      贷：应交税费——增值税检查调整

  3. 应做进项税额转出而未转出。如用于免征增值税项目的应税服务，企业应负担的进项税应从进项税额中转出，经检查发现未做转出处理的，应做如下账务处理：

    借：主营业务成本等

      贷：应交税费——增值税检查调整

  4. 少抵扣进项税额。在税法规定的期限内，如果企业少抵扣了进项税额，依照规定在计算出少抵扣的税额后，做如下账务处理：

    借：原材料、主营业务成本等（红字）

      贷：应交税费——增值税检查调整（红字）

  5. 价外费用未计销项税额。如果企业价外向购货方收取代收款项等符合税法规定的各种性质的价外费用未计提销项税额的，按适用税率计算出应补的增值税后，做如下账务处理：

    借：其他应付款（代收、代垫款项）

      贷：应交税费——增值税检查调整

6. 适用税率有误。企业因税率使用错误造成少计销项税的，做如下账务处理：

借：本年利润

贷：应交税费——增值税检查调整

7. 视同销售或提供应税服务等业务未计销项税额。如果企业向其他单位或者个人无偿提供交通运输业和现代服务业服务等视同提供应税服务未计提销项税额的，应按当期同类应税服务的价格或按组成的计税价格计算销售额后计提销项税额，并进行如下账务处理：

借：应付职工薪酬、营业外支出等

贷：应交税费——增值税检查调整

如果发生多计，则用红字做上述分录。

（二）年终结账后对以往年度增值税查补的调整

执行《企业会计准则》的纳税人，对以前年度增值税进行检查补税，如果涉及非损益科目或涉及损益科目但非重大差错，按结账前的有关账务处理方法进行调整；如果涉及损益科目且为重大差错，应将查增、查减相抵后应补的增值税进行如下账务处理：

借：以前年度损益调整

贷：应交税费——增值税检查调整

借：利润分配——未分配利润

贷：以前年度损益调整

同时，企业还应相应调整"应交税费——应交所得税"、"盈余公积"等项目的计提数并调整有关报表的年初余额。

若执行《小企业会计准则》，则对以前年度增值税进行检查补税，与"（一）年终结账前查补进项税方面的账务调整"方法相同。

【例 2-33】 甲公司系增值税一般纳税人。20×3 年 4 月 10 日，税务机关对其检查时发现有两笔会计业务：3 月 8 日，无偿为某公司提供运输服务，同类服务 3 月份销售额 10 万元，企业未进行账务处理，3 月 12 日，购进商品 10 万元，用于发放非货币性薪酬，企业抵扣进项税额 17 000 元。

20×3 年 4 月，甲公司对上述两笔业务，应做如下查补税款的分录：

1. 企业无偿为某公司提供运输服务，应视同提供应税服务，按同类服务销售额 10 万元补提销项税额，调账分录如下：

借：营业外支出   11 000

贷：应交税费——增值税检查调整   11 000

2. 企业用于非应税项目的货物，其进项税额不得抵扣。调账分录如下：

借：应付职工薪酬   17 000

贷：应交税费——增值税检查调整   17 000

（假设本题不考虑个人所得税扣缴的调整）

3. 结转"增值税检查调整"科目余额：

借：应交税费——增值税检查调整   28 000

贷：应交税费——未交增值税   28 000

4. 补交税款：

借：应交税费——未交增值税 　　　　　　　　　　　　　　28 000

　　贷：银行存款 　　　　　　　　　　　　　　　　　　　　28 000

另外，需要支付罚款及滞纳金，还必须同时补缴相应的城建税等营业税金及附加，账务处理略。

【例 2-34】 继续以上例甲公司业务为例，假设这两笔业务处理差错于 20×4 年 3 月发现，甲公司执行《企业会计准则》，不考虑罚款及滞纳金、营业税金及附加，那么应当怎样进行账务处理？

在不是重大差错的情况下调账处理同上，若构成重大差错，则

借：以前年度损益调整 　　　　　　　　　　　　　　　　11 000

　　贷：应交税费——增值税检查调整 　　　　　　　　　　11 000

（将损益类科目换为"以前年度损益调整"科目）

借：应付职工薪酬 　　　　　　　　　　　　　　　　　　17 000

　　贷：应交税费——增值税检查调整 　　　　　　　　　　17 000

借：应交税费——增值税检查调整 　　　　　　　　　　　28 000

　　贷：应交税费——未交增值税 　　　　　　　　　　　　28 000

借：应交税费——未交增值税 　　　　　　　　　　　　　28 000

　　贷：银行存款 　　　　　　　　　　　　　　　　　　　28 000

结转"以前年度损益调整"余额：

借：利润分配——未分配利润 　　　　　　　　　　　　　11 000

　　贷：以前年度损益调整 　　　　　　　　　　　　　　　11 000

同时，相应调整"应交税费——应交所得税"、"盈余公积"等项目的计提数并调整有关报表的年初余额（略）。

十八、纳税人增值税税控系统专用设备和技术维护费用抵减增值税税额的账务处理

《财政部 国家税务总局关于增值税税控系统专用设备和技术维护费用抵减增值税税额有关政策的通知》（财税〔2012〕15 号）规定：

1. 增值税纳税人 2011 年 12 月 1 日（含，下同）以后初次购买增值税税控系统专用设备（包括分开票机）支付的费用，可凭购买增值税税控系统专用设备取得的增值税专用发票，在增值税应纳税额中全额抵减（抵减额为价税合计额），不足抵减的可结转下期继续抵减。增值税纳税人非初次购买增值税税控系统专用设备支付的费用，由其自行负担，不得在增值税应纳税额中抵减。

温馨提醒

《国家税务总局关于全面推行增值税发票系统升级版有关问题的公告》（国家税务总局公告 2015 年第 19 号）规定：

自 2015 年 4 月 1 日起在全国范围分步全面推行增值税发票系统升级版，增值税发票系统升级版纳税人端税控设备包括金税盘和税控盘（以下统称专用设备）。专用设备均可开具增值税专用发票、货物运输业增值税专用发票（最迟可使用至 2016 年 6 月 30 日，7 月 1 日起停止使用）、增值税普通发票和机动车销售统一发票。

纳税人使用增值税普通发票开具收购发票，系统在发票左上角自动打印"收购"字样。

通用定额发票、客运发票和二手车销售统一发票继续使用。除通用定额发票、客运发票和二手车销售统一发票，一般纳税人和小规模纳税人发生增值税业务对外开具发票应当使用专用设备开具。

2. 增值税纳税人 2011 年 12 月 1 日以后缴纳的技术维护费（不含补缴的 2011 年 11 月 30 日以前的技术维护费），可凭技术维护服务单位开具的技术维护费发票，在增值税应纳税额中全额抵减，不足抵减的可结转下期继续抵减。技术维护费按照价格主管部门核定的标准执行。

3. 增值税一般纳税人支付的两项费用在增值税应纳税额中全额抵减的，其增值税专用发票不作为增值税抵扣凭证，其进项税额不得从销项税额中抵扣。

（一）一般纳税人的账务处理

按税法有关规定，增值税一般纳税人初次购买增值税税控系统专用设备支付的费用以及缴纳的技术维护费允许在增值税应纳税额中全额抵减的，应在"应交税费——应交增值税"科目下增设"减免税款"专栏，用于记录该企业按规定抵减的增值税应纳税额。

企业购入增值税税控系统专用设备，按实际支付或应付的金额，借记"固定资产"科目，贷记"银行存款"、"应付账款"等科目。按规定抵减的增值税应纳税额，借记"应交税费——应交增值税（减免税款）"科目，贷记"递延收益"科目。按期计提折旧，借记"管理费用"等科目，贷记"累计折旧"科目；同时，借记"递延收益"科目，贷记"管理费用"等科目。

企业发生技术维护费，按实际支付或应付的金额，借记"管理费用"等科目，贷记"银行存款"等科目。按规定抵减的增值税应纳税额，借记"应交税费——应交增值税（减免税款）"科目，贷记"管理费用"等科目。

【例 2-35】 20×3 年 1 月，甲运输公司首次购入增值税税控系统设备，支付价款 2 004 元，同时支付当年增值税税控系统专用设备技术维护费 407 元。当月两项合计抵减当月增值税应纳税额 2 411 元。该公司电子设备按 5％残值率和 3 年计提折旧。

首次购入增值税税控系统专用设备和支付防伪税控系统专用设备技术维护费的账务处理：

借：固定资产——增值税税控系统专用设备　　　　　　　　　　2 004
　　管理费用　　　　　　　　　　　　　　　　　　　　　　　407
　贷：银行存款　　　　　　　　　　　　　　　　　　　　　　　2 411

抵减当月增值税应纳税额的账务处理：

借：应交税费——应交增值税（减免税款）　　　　　　　2 411
　　贷：管理费用　　　　　　　　　　　　　　　　　　　　　407
　　　　递延收益　　　　　　　　　　　　　　　　　　　　2 004

各月计提折旧的账务处理：

借：管理费用　　　　　　　　　　　　　　　　　　　　52.88
　　贷：累计折旧　　　　　　　　　　　　　　　　　　　　52.88
借：递延收益　　　　　　　　　　　　　　　　　　　　52.88
　　贷：管理费用　　　　　　　　　　　　　　　　　　　　52.88

增值税一般纳税人将增值税税控系统专用设备费及技术维护费的税额抵减情况填入《增值税纳税申报表附列资料（四）》第一行"增值税税控系统专用设备费及技术维护费"相应列次。

增值税一般纳税人将抵减金额填入《增值税纳税申报表（适用于增值税一般纳税人）》第23栏"应纳税额减征额"。当本期减征额小于或等于第19栏"应纳税额"与第21栏"简易计税办法计算的应纳税额"之和时，按本期减征额实际填写；当本期减征额大于第19栏"应纳税额"与第21栏"简易计税办法计算的应纳税额"之和时，按本期第19栏与第21栏之和填写，本期减征额不足抵减部分结转下期继续抵减。

（二）小规模纳税人的账务处理

按税法有关规定，小规模纳税人初次购买增值税税控系统专用设备支付的费用以及缴纳的技术维护费允许在增值税应纳税额中全额抵减的，按规定抵减的增值税应纳税额应直接冲减"应交税费——应交增值税"科目。

企业购入增值税税控系统专用设备，按实际支付或应付的金额，借记"固定资产"科目，贷记"银行存款"、"应付账款"等科目。按规定抵减的增值税应纳税额，借记"应交税费——应交增值税"科目，贷记"递延收益"科目。按期计提折旧，借记"管理费用"等科目，贷记"累计折旧"科目；同时，借记"递延收益"科目，贷记"管理费用"等科目。

企业发生技术维护费，按实际支付或应付的金额，借记"管理费用"等科目，贷记"银行存款"等科目。按规定抵减的增值税应纳税额，借记"应交税费——应交增值税"科目，贷记"管理费用"等科目。

"应交税费——应交增值税"科目期末如为借方余额，应根据其流动性在资产负债表中的"其他流动资产"项目或"其他非流动资产"项目列示；如为贷方余额，应在资产负债表中的"应交税费"项目列示。

小规模纳税人将抵减金额填入《增值税纳税申报表（适用于小规模纳税人）》第11栏"本期应纳税额减征额"。当本期减征额小于或等于第10栏"本期应纳税额"时，按本期减征额实际填写；当本期减征额大于第10栏"本期应纳税额"时，按本期第10栏填写，本期减征额不足抵减部分结转下期继续抵减。

小规模纳税人的账务处理较为简单，不再举例。

十九、辅导期一般纳税人的特殊财税处理

辅导期一般纳税人的特殊账务处理有"待抵扣进项税额"和"增购发票预缴税款"两种情况，除这两种外，其他账务处理与正式一般纳税人相同。

（一）"待抵扣进项税额"的账务处理

辅导期纳税人取得的增值税专用发票抵扣联、海关进口增值税专用缴款书应当在交叉稽核比对无误后，方可抵扣进项税额。

辅导期纳税人应当在"应交税费"科目下增设"待抵扣进项税额"明细科目，核算尚未交叉稽核比对的增值税抵扣凭证注明或者计算的进项税额。

辅导期纳税人取得增值税抵扣凭证后，借记"应交税费——待抵扣进项税额"明细科目，贷记相关科目。交叉稽核比对无误后，根据交叉稽核比对结果相符的增值税抵扣凭证本期数据申报抵扣进项税额，借记"应交税费——应交增值税（进项税额）"科目，贷记"应交税费——待抵扣进项税额"科目。经核实不得抵扣的进项税额，红字借记"应交税费——待抵扣进项税额"科目，红字贷记相关科目。

（二）"增购发票预缴税款"的账务处理

关于辅导期一般纳税人"增购发票预缴税款"的账务处理，笔者见过不同的人用不同的方法，但是能够做到既能让增值税的账务处理过程清楚明白，又能使增值税科目与纳税申报表相一致的方法并没有几个人会。下面，笔者将把这种方法奉献给大家。

预缴税款时，借记"应交税费——应交增值税（已交税金）"科目，贷记"银行存款"科目。

月末本月应交税费大于预缴税金，余额部分借记"应交税费——应交增值税（转出未交增值税）"科目，贷记"应交税费——未交增值税"科目。月末终了后15日内扣款时，借记"应交税费——未交增值税"科目，贷记"银行存款"科目。

月末本月应交税费小于预缴税金，余额部分借记"应交税费——未交增值税"科目，贷记"应交税费——应交增值税（转出多交增值税）"科目。多交增值税由以后月份实现的增值税抵减。

【例2-36】 甲公司为辅导期一般纳税人，本期购进一批原材料，取得增值税专用发票，不含税价100 000元，进项税额17 000元，发票已经认证，货款以银行存款支付。本期销售商品取得含税收入234 000元，已收到货款。本期因增购发票预缴税款10 000元。上期认证发票进项税额30 000元本期交叉稽核比对结果相符，已经收到《稽核结果通知书》。本期甲公司账务处理如下：

1. 甲公司销售商品：

借：银行存款　　　　　　　　　　　　　　　　　　　　　234 000
　　贷：主营业务收入　　　　　　　　　　　　　　　　　　200 000
　　　　应交税费——应交增值税（销项税额）　　　　　　　34 000

2. 甲公司购进原材料，发票本期已经认证但下期经过交叉稽核比对结果相符才能申报抵扣：

借：原材料　　　　　　　　　　　　　　　　　　　　　　100 000

　　　　应交税费——待抵扣进项税额　　　　　　　　　　　　　　　17 000
　　　　　贷：银行存款　　　　　　　　　　　　　　　　　　　　　　117 000
　　3. 甲公司增购发票预缴税款 10 000 元：
　　　　借：应交税费——应交增值税（已交税金）　　　　　　　　　　10 000
　　　　　贷：银行存款　　　　　　　　　　　　　　　　　　　　　　10 000
　　4. 上期认证发票进项税额 30 000 元本期交叉稽核比对结果相符，收到《稽核结果通知书》：
　　　　借：应交税费——应交增值税（进项税额）　　　　　　　　　　30 000
　　　　　贷：应交税费——待抵扣进项税额　　　　　　　　　　　　　30 000
　　5. 计算本期应交增值税＝本月销项税额 34 000－进项税额 30 000＝4 000（元）。
　　6. 将本期应交增值税与预缴税款比较。
　　由于预交 10 000 元，抵减本期应交增值税 4 000 元，还多交 6 000 元，将多交部分转入"应交税费——未交增值税"科目：
　　　　借：应交税费——未交增值税　　　　　　　　　　　　　　　　6 000
　　　　　贷：应交税费——应交增值税（转出多交增值税）　　　　　　6 000
　　此时，"应交税费——应交增值税"科目月末借方余额＝－34 000＋10 000＋30 000－6 000＝0，即"应交税费——应交增值税"科目月末无余额；"应交税费——未交增值税"科目借方余额为 6 000 元，即期末多缴税额。
　　申报时，本月实现增值税 4 000 元将在填完附表后在增值税纳税申报表主表 24 行"应纳税额合计"自动生成，预缴税款 10 000 元填在增值税纳税申报表主表 28 行"分次预缴税额"栏，32 行"期末未缴税额（多缴为负数）"为－6 000，与"应交税费——未交增值税"科目借方余额一致。
　　如果本月销项小于进项，没有增值税应纳税款，这时把预缴税款 10 000 元转入"应交税费——未交增值税"科目（账务处理同上）。月末"应交税费——应交增值税"科目借方余额为留抵税金；与增值税纳税申报表主表 20 行"期末留抵税额"金额一致。"应交税费——未交增值税"科目月末借方余额为预缴税款 10 000 元，与增值税纳税申报表主表 32 行"期末未缴税额（多缴为负数）"一致。

二十、小规模纳税人增值税常见纳税事项与账务处理

　　一般情况下，小规模纳税人销售货物或者提供应税劳务，只能开具普通发票，不能开具增值税专用发票，普通发票上的金额为含税销售额，而小规模纳税人的销售额不包括其应纳增值税税额，在计算增值税税额时，应先将含税销售额转化为不含税销售额。

　　　　应纳增值税税额＝不含税销售额×征收率
　　　　不含税销售额＝含税销售额÷（1＋征收率）

　　小规模纳税人增值税征收率为 3%，征收率的调整，由国务院决定。
　　小规模纳税人购入货物无论是否具有增值税专用发票，其支付的增值税额均不计入

进项税额，不得由销项税额抵扣，而是计入购入货物的成本。

小规模纳税人只需设置应交增值税明细科目，不需要在应交增值税明细科目中设置专栏。每个月应交增值税额一般为"应交税费——应交增值税"的贷方发生额。

1. 购入货物或接受应税劳务的账务处理。

由于小规模纳税人实行简易办法计算缴纳增值税，其购入货物或接受应税劳务所支付的增值税额应直接计入有关货物及劳务的成本。在编制会计分录时，应按支付的全部价款和增值税，借记"材料采购"、"原材料"、"制造费用"、"管理费用"、"销售费用"、"其他业务成本"等科目，贷记"银行存款"、"应付账款"、"应付票据"等科目。

2. 销售货物或提供应税劳务的账务处理。

小规模纳税人销售货物或提供应税劳务，应按实现的销售收入（不含税）与按规定收取的增值税额合计，借记"银行存款"、"应收账款"、"应收票据"等科目，按实现的不含税销售收入，贷记"主营业务收入"、"其他业务收入"等科目，按规定收取的增值税额，贷记"应交税费——应交增值税"科目。发生的销货退回，做相反的会计分录。

3. 小规模纳税人销售自己使用过的固定资产和旧货，减按 2% 的征收率征收增值税，应开具普通发票，不得由税务机关代开增值税专用发票。按下列公式确定销售额和应纳税额：

$$销售额＝含税销售额/(1＋3\%)$$
$$应纳税额＝销售额×2\%$$

4. 缴纳增值税款的账务处理。

小规模纳税人按规定的纳税期限上缴税款时，借记"应交税费——应交增值税"科目，贷记"银行存款"等科目。收到退回多缴的增值税时，做相反的会计分录。

二十一、一般纳税人增值税税务处理和纳税申报操作综合案例

（一）丰收公司的基本信息

B市丰收计算机有限公司（以下简称丰收公司）是增值税一般纳税人，主要从事计算机的生产和销售业务、技术服务，还兼营运输业务。基本信息如下：

纳税人识别号：000000000000066

所属行业：计算机整机制造

法定代表人姓名：雨泽

注册地址：B市××区××路6号

营业地址：B市××区××路6号

开户银行及账号：30000000800310000000

企业登记注册类型：有限责任公司

电话号码：6668888

20×3年1—5月数据：应税货物销售额 200 800 000 元，应税劳务销售额 8 500 000

元，销项税额 34 931 500 元，进项税额 27 047 935 元，进项税额转出 52 030 元。20×3年初有上年未交增值税 2 004 250 元，本月缴纳上月增值税。

（二）20×3 年 6 月份丰收公司发生的相关增值税业务

（1）丰收公司购入用于生产电脑的原材料，取得原材料供应商开具的增值税专用发票 40 份，增值税专用发票上注明金额 2 900 万元，税额 493 万元，取得货物运输企业开具的增值税专用发票 9 份，增值税专用发票上注明金额 20 万元，税额 2.2 万元。以银行存款支付价款货款，材料已到达并验收入库。

（2）丰收公司购入生产用设备一台，取得增值税专用发票 1 份，增值税专用发票上注明金额 50 000 元，税额 8 500 元，款项均以银行存款支付。

（3）丰收公司以直接销售方式将 6 000 台电脑按 6 000 元/台的不含税价格销售给代理商，已经全部开具增值税专用发票，共计 40 份，不含税金额 3 600 万元，税额 612 万元，截至本月底已经收到货款 4 000 万元，尚有 212 万元货款未收到。

（4）丰收公司与乙公司签订委托代销协议，按照协议规定，乙公司应按不含税销售价格 6 000 元/台进行销售，丰收公司按照 200 元/台向乙公司支付手续费。20×3 年 6 月丰收公司发出电脑 1 300 台，电脑实际成本为 5 000 元/台，至 6 月底结账时，收到乙公司的代销清单，代销清单显示乙公司销售 1 000 台，丰收公司按销售清单确认的销售数量 1 000 台和不含税销售金额 600 万元开具增值税专用发票 7 份。

（5）丰收公司将电脑 400 台按 6 000 元/台的不含税价格赊销给代理商丙公司，双方约定，丙公司 7 月 20 日付款，丰收公司收到货款的当天开具增值税专用发票。

（6）丰收公司直接向个人销售电脑 20 台，取得不含税销售收入 12 万元，开具增值税普通发票 20 份。

（7）将自产电脑 10 台无偿赠送给 B 市的一所中学，电脑实际成本为 5 000 元/台，同期销售价格为 6 000 元/台。

（8）丰收公司提供的电脑修理修配劳务开具增值税专用发票 10 份，不含税金额为 12 万元。

（9）丰收公司取得技术服务费收入 106 万元，开具增值税专用发票 20 份，销售额为 100 万元，销项税额为 6 万元。

（10）丰收公司取得运输收入 77.7 万元，开具增值税专用发票 9 份，销售额为 70万元，销项税额为 7.7 万元。

（11）外购自来水、电力，支付含税价款合计 4.68 万元，取得增值税普通发票 2份。外购低值易耗品，支付含税价款合计 3.51 万元，取得增值税专用发票 5 份。

（12）销售本公司一台旧的机器设备，取得含税销售额 10.3 万元，该设备为 2008年 12 月购买。丰收公司按规定开具了普通发票 1 份。

（13）公司管理部门领用生产用原材料一批用于集体福利和个人消费，实际成本为 20 000 元。

（14）由于保管不善，原材料发生非常损失，其实际成本为 8 000 元。

（15）期初未缴税额 2 165 266 元，6 月份缴纳上期税款 2 165 266 元。

（16）计算本期应交增值税税款。

（三）丰收公司 6 月份发生的增值税业务账务处理

注：非增值税业务会计分录略。

（1）进项税额＝493＋2.2＝495.2（万元）

原材料入账价值＝2 900＋20＝2 920（万元）

账务处理：

借：原材料		29 200 000
应交税费——应交增值税（进项税额）		4 952 000
贷：银行存款		34 152 000

（2）账务处理：

借：固定资产		50 000
应交税费——应交增值税（进项税额）		8 500
贷：银行存款		58 500

（3）账务处理：

借：银行存款		40 000 000
应收账款		2 120 000
贷：主营业务收入		36 000 000
应交税费——应交增值税（销项税额）		6 120 000

（4）收到乙公司的代销清单时，账务处理为：

借：应收账款		7 020 000
贷：主营业务收入		6 000 000
应交税费——应交增值税（销项税额）		1 020 000

（5）由于丰收公司与丙公司约定 7 月付款，所以当期的销项税额是 0。

（6）账务处理：

借：银行存款		140 400
贷：主营业务收入		120 000
应交税费——应交增值税（销项税额）		20 400

（7）无偿赠送增值税销项税额＝10×6 000×17％＝10 200（元），账务处理为：

借：营业外支出		60 200
贷：库存商品		50 000
应交税费——应交增值税（销项税额）		10 200

（8）账务处理：

借：银行存款		140 400
贷：主营业务收入		120 000
应交税费——应交增值税（销项税额）		20 400

（9）取得技术服务收入：

借：银行存款		1 060 000
贷：主营业务收入		1 000 000
应交税费——应交增值税（销项税额）		60 000

（10）取得运输收入：

借：银行存款 777 000

　　贷：主营业务收入 700 000

　　　　应交税费——应交增值税（销项税额） 77 000

（11）外购自来水、电力，取得增值税普通发票，不能抵扣。外购低值易耗品，支付含税价款合计 3.51 万元，取得增值税专用发票 5 份，可以抵扣。账务处理为：

借：周转材料 30 000

　　应交税费——应交增值税（进项税额） 5 100

　　贷：银行存款 35 100

（12）销售使用过的机器设备应缴纳的增值税额＝10.3/(1＋3%)×10 000×2%＝2 000（元），账务处理为：

借：银行存款 103 000

　　贷：固定资产清理 100 000

　　　　应交税费——未交增值税 3 000

借：应交税费——未交增值税 1 000

　　贷：营业外收入 1 000

（13）公司管理部门领用生产用原材料一批用于集体福利和个人消费，应做进项税额转出，账务处理为：

借：营业外支出 23 400

　　贷：原材料 20 000

　　　　应交税费——应交增值税（进项税额转出） 3 400

（14）账务处理：

借：待处理财产损溢——待处理流动资产损溢 9 360

　　贷：原材料 8 000

　　　　应交税费——应交增值税（进项税额转出） 1 360

（15）账务处理：

借：应交税费——未交增值税 2 165 266

　　贷：银行存款 2 165 266

（16）计算本月应交增值税＝销项税额－进项税额＋进项税额转出＝7 328 000－4 965 600＋4 760＝2 367 160（元）。

借：应交税费——应交增值税（转出未交增值税） 2 367 160

　　贷：应交税费——未交增值税 2 367 160

（四）丰收公司整理 6 月份纳税资料

（1）开具增值税专用发票和普通发票情况。

金税设备月度资料统计功能主要用于查询企业金税盘某一个会计月的各种发票领用存及销项金额、税额等统计资料。点击"报税处理/发票资料统计/金税设备月度资料统计"菜单项或快捷图标"月度统计"。在弹出的指定汇总范围窗口中，选择发票种类、年份、月份和所属税期后点击"确认"按钮。系统弹出月度资料统计窗口，显示该种发票的统计数据：

本期防伪税控系统共开具增值税专用发票 86 份，其中：47 份增值税专用发票为销售电脑，金额为 42 000 000 元，税率 17%，税额 7 140 000 元；10 份增值税专用发票为提供修理修配劳务，金额为 120 000 元，税率 17%，税额 20 400 元；20 份增值税专用发票为技术服务费收入，金额为 100 万元，税率 6%，税额 6 万元；9 份增值税专用发票为运输收入，金额为 70 万元，税率 11%，税额 7.7 万元。

本期共开具增值税普通发票 20 份，金额为 120 000 元，税额 20 400 元。

（2）未开具发票情况。

将自产电脑 10 台无偿赠送给 B 市的一所中学未开具发票，应按视同销售缴纳增值税，同期销售金额 60 000 元，增值税税额 10 200 元。

（3）简易征收办法征收增值税情况。

销售本公司一台旧的机器设备，按 3% 征收率减按 2% 征收增值税，开具普通发票 1 份，税率 3%，销售金额为 100 000 元，应纳税额为 3 000 元，按 2% 征收增值税 2 000 元，即减征额为 1 000 元。

（4）发票认证情况。

将本月取得的增值税专用发票全部认证，《认证结果通知书》及认证结果清单显示：已认证相符的、符合本期抵扣条件的增值税专用发票 55 份，金额 29 280 000 元，税额 4 965 600 元。

（5）进项税额转出情况。

①公司管理部门领用生产用原材料一批用于集体福利和个人消费，实际成本为 20 000 元，进项税转出 3 400 元。

②由于保管不善，原材料发生非常损失，其实际成本为 8 000 元，进项税转出 1 360 元。

（6）其他情况。

①上期留抵税额为 0；

②20×3 年 1—5 月数据：应税货物销售额 200 800 000 元，应税劳务销售额 8 500 000 元，销项税额 34 931 500 元，进项税额 27 047 935 元，进项税额转出 52 030 元。20×3 年初有上年未交增值税 2 004 250 元，本月缴纳上月增值税。

（五）丰收公司《增值税纳税申报表》主表及附表的填列

（1）根据资料"（1）开具增值税专用发票和普通发票情况"填列。

①将销售额 42 120 000 元、销项税额 7 160 400 元填列在《增值税纳税申报表附列资料（一）》第 1 行"17% 税率的货物及加工修理修配劳务"第 1、2 列"开具增值税专用发票"栏内。

②将销售额 700 000 元、销项税额 77 000 元填列在《增值税纳税申报表附列资料（一）》第 4 行"11% 税率"第 1、2 列"开具增值税专用发票"栏内。

③将销售额 1 000 000 元、销项税额 60 000 元填列在《增值税纳税申报表附列资料（一）》第 5 行"6% 税率"第 1、2 列"开具增值税专用发票"栏内。

（2）根据资料"（1）开具增值税专用发票和普通发票情况"填列。

将销售额 120 000 元、销项税额 20 400 元填列在《增值税纳税申报表附列资料

（一）》第 1 行"17％税率的货物及加工修理修配劳务"第 3、4 列"开具其他发票"栏内。

（3）根据资料"（2）未开具发票情况"填列。

将销售额 60 000 元、销项税额 10 200 元填列在《增值税纳税申报表附列资料（一）》第 1 行"17％税率的货物及加工修理修配劳务"第 5、6 列"未开具发票"栏内。

（4）根据资料"（3）简易征收办法征收增值税情况"填列。

将销售额 100 000 元、销项税额 3 000 元填列在《增值税纳税申报表附列资料（一）》第 11 行"3％征收率的货物及加工修理修配劳务"第 3、4 列"开具其他发票"栏内。

（5）根据资料"（4）发票认证情况"填列。

《增值税纳税申报表附列资料（二）》第 2 栏"其中：本期认证相符且本期申报抵扣"中的"份数、金额、税额"栏内的数据分别为"55"、"2 9280 000"、"4 965 600"。

《增值税纳税申报表附列资料（二）》第 35 栏"本期认证相符的增值税专用发票"中的"份数、金额、税额"栏内的数据分别为"55"、"29 280 000"、"4 965 600"。

（6）根据资料"（5）进项税额转出情况"填列。

将公司管理部门领用生产用原材料进项税转出额 3 400 元填列在《增值税纳税申报表附列资料（二）》第 15 栏"集体福利、个人消费"中的"税额"栏内。

将原材料发生非常损失进项税转出额 1 360 元填列在《增值税纳税申报表附列资料（二）》第 16 栏"非正常损失"中的"税额"栏内。

（7）其他数据的填列。

在完成以上数据填列后，增值税纳税申报表附列资料（一）、（二）中的其他栏次的数据都会自动生成。

在对增值税纳税申报表附列资料（一）、（二）进行保存后，增值税纳税申报表主表的大部分数据已经自动生成。这时可以检查自动生成的数据是否正确，一般来说，只要附表正确，主表也会正确。

对于不能自动生成的数据要手工填入：根据资料"（3）简易征收办法征收增值税情况"将 1 000 元直接填入第 23 栏"应纳税额减征额"。

至此，增值税申报表填列完成，详见表 2-6 至表 2-14，未发生业务的表格不需要填写，可以进行 0 申报。

增值税纳税申报表主表及附表填列完成后，随同资产负债表、利润表、现金流量表进行纳税申报。除了这些全国统一的报表外，个别省份可能还需要填报一些其他报表，其他报表通常比较简单，不再赘述。

表 2-6　　　　　　　　　　　**增值税纳税申报表**

（适用于增值税一般纳税人）

　　根据国家税收法律法规及增值税相关规定制定本表。纳税人不论有无销售额，均应按税务机关核定的纳税期限填写本表，并向当地税务机关申报。

税款所属时间：自 20×3 年 6 月 1 日至 20×3 年 6 月 30 日　　　　　填表日期：20×3 年 7 月 7 日

金额单位：元至角分

纳税人识别号	000000000000066			所属行业	计算机整机制造		
纳税人名称	B 市丰收计算机有限公司（公章）	法定代表人姓名	雨泽	注册地址	B 市××区××路 6 号	生产经营地址	B 市××区××路 6 号
开户银行及账号	30000000800310000000			登记注册类型	有限责任公司	电话号码	6668888

	项　目	栏次	一般项目		即征即退项目	
			本月数	本年累计	本月数	本年累计
销售额	（一）按适用税率计税销售额	1	44 000 000	253 300 000		
	其中：应税货物销售额	2	42 300 000	243 100 000		
	应税劳务销售额	3	1 700 000	10 200 000		
	纳税检查调整的销售额	4				
	（二）按简易办法计税销售额	5	100 000	100 000		
	其中：纳税检查调整的销售额	6				
	（三）免、抵、退办法出口销售额	7			—	—
	（四）免税销售额	8			—	—
	其中：免税货物销售额	9			—	—
	免税劳务销售额	10			—	—
税款计算	销项税额	11	7 328 000	42 259 500		
	进项税额	12	4 965 600	32 013 535		
	上期留抵税额	13				—
	进项税额转出	14	4 760	56 790		
	免、抵、退应退税额	15				
	按适用税率计算的纳税检查应补缴税额	16			—	—
	应抵扣税额合计	17=12+13−14−15+16	4 960 840	—		—
	实际抵扣税额	18（如 17＜11，则为 17，否则为 11）	4 960 840	31 956 745		

续表

税款计算	应纳税额	19＝11—18	2 367 160	10 302 755	
	期末留抵税额	20＝17—18			—
	简易计税办法计算的应纳税额	21	3 000	3 000	
	按简易计税办法计算的纳税检查应补缴税额	22			—
	应纳税额减征额	23	1 000	1 000	
	应纳税额合计	24＝19＋21—23	2 369 160	10 304 755	
税款缴纳	期初未缴税额（多缴为负数）	25	2 165 266	2 004 250	
	实收出口开具专用缴款书退税额	26			
	本期已缴税额	27＝28＋29＋30＋31	2 165 266	9 939 845	
	①分次预缴税额	28	—	—	—
	②出口开具专用缴款书预缴税额	29	—	—	—
	③本期缴纳上期应纳税额	30	2 165 266	9 939 845	
	④本期缴纳欠缴税额	31			
	期末未缴税额（多缴为负数）	32＝24＋25＋26—27	2 369 160	2 369 160	
	其中：欠缴税额（≥0）	33＝25＋26—27		—	—
	本期应补（退）税额	34＝24—28—29	2 369 160	—	—
	即征即退实际退税额	35	—		
	期初未缴查补税额	36		—	—
	本期入库查补税额	37		—	—
	期末未缴查补税额	38＝16＋22＋36—37		—	—

授权声明	如果你已委托代理人申报，请填写下列资料： 为代理一切税务事宜，现授权 （地址） 为本纳税人的代理申报人，任何与本申报表有关的往来文件都可寄与此人。 授权人签字：	申报人声明	本纳税申报表是根据国家税收法律法规及相关规定填报的，我确定它是真实的、可靠的、完整的。 声明人签字：

主管税务机关：　　　　　　　　　　接收人：　　　　　　　　　　接收日期：

表 2-7

增值税纳税申报表附列资料（一）
（本期销售情况明细）

税款所属时间：20×3 年 6 月 1 日至 20×3 年 6 月 30 日

纳税人名称：B 市丰收计算机有限公司（公章）

金额单位：元至角分

项目及栏次		开具增值税专用发票		开具其他发票		未开具发票		纳税检查调整		合计				扣除后	
		销售额	销项（应纳）税额	销售额	销项（应纳）税额	销售额	销项（应纳）税额	销售额	销项（应纳）税额	销售额	销项（应纳）税额	价税合计	服务、不动产和无形资产扣除项目本期实际扣除金额	含税（免税）销售额	销项（应纳）税额
		1	2	3	4	5	6	7	8	$9=1+3+5+7$	$10=2+4+6+8$	$11=9+10$	12	$13=11-12$	$14=13÷(100\%+税率或征收率)×税率或征收率$
一、一般计税方法计税 全部征税项目	17%税率的货物及加工修理修配劳务	1	42 120 000	7 160 400	120 000	20 400	60 000	10 200			42 300 000	7 191 000				
	17%税率的服务、不动产和无形资产	2														0
	13%税率	3											—	—	—
	11%税率	4	700 000	77 000							700 000	77 000	777 000	—	777 000	77 000
	6%税率	5	1 000 000	60 000							1 000 000	60 000	1 060 000	—	1 060 000	60 000
其中：即征即退项目	即征即退货物及加工修理修配劳务	6	—	—	—	—	—	—			—	—	—	—	—	—
	即征即退服务、不动产和无形资产	7	—	—	—	—	—	—			—	—	—	—	—	—

续表

项目及栏次		开具增值税专用发票		开具其他发票		未开具发票		纳税检查调整		合计		价税合计	服务、不动产和无形资产扣除项目本期实际扣除金额	扣除后	
														含税(免税)销售额	销项(应纳)税额
		销售额	销项(应纳)税额	销售额	销项(应纳)税额	销售额	销项(应纳)税额	销售额	销项(应纳)税额	销售额	销项(应纳)税额				
		1	2	3	4	5	6	7	8	9=1+3+5+7	10=2+4+6+8	11=9+10	12	13=11−12	14=13÷(100%+税率或征收率)×税率或征收率
二、简易计税方法计税 全部征税项目	6%征收率														
	5%征收率的货物及加工修理修配劳务 9a											—		—	—
	5%征收率的服务、不动产和无形资产 9b											—		—	—
	4%征收率 10											—		—	—
	3%征收率的货物及加工修理修配劳务 11			100 000	3 000					100 000	3 000	—		—	—
预征项目	3%征收率的服务、不动产和无形资产 12											—		—	—
	预征率 ___% 13a											—		—	—
	预征率 ___% 13b											—		—	—
	预征率 ___% 13c											—		—	—
其中：即征即退项目	即征即退货物及加工修理修配劳务 14										3 000	—		—	—
	即征即退服务、不动产和无形资产 15											—		—	—
三、免抵退税	货物及加工修理修配劳务 16											—		—	—
	服务、不动产和无形资产 17											—		—	—
四、免税	货物及加工修理修配劳务 18											—		—	—
	服务、不动产和无形资产 19											—		—	—

表 2-8　　　　　　　　**增值税纳税申报表附列资料（二）**
　　　　　　　　　　　　　　（本期进项税额明细）

税款所属时间：20×3 年 6 月 1 日至 20×3 年 6 月 30 日

纳税人名称：B市丰收计算机有限公司（公章）　　　　　　　　金额单位：元至角分

一、申报抵扣的进项税额				
项目	栏次	份数	金额	税额
（一）认证相符的税控增值税专用发票	1＝2＋3	55	29 280 000	4 965 600
其中：本期认证相符且本期申报抵扣	2	55	29 280 000	4 965 600
前期认证相符且本期申报抵扣	3			
（二）其他扣税凭证	4＝5＋6＋7＋8			
其中：海关进口增值税专用缴款书	5			
农产品收购发票或者销售发票	6			
代扣代缴税收缴款凭证	7		—	
其他	8			
（三）本期用于购建不动产的扣税凭证	9	—	—	—
（四）本期不动产允许抵扣进项税额	10	—	—	—
（五）外贸企业进项税额抵扣证明	11			
当期申报抵扣进项税额合计	12＝1＋4－9＋10＋11	55		4 965 600
二、进项税额转出额			
项目	栏次	税额	
本期进项税转出额	13＝14 至 23 之和	4 760	
其中：免税项目用	14		
集体福利、个人消费	15	3 400	
非正常损失	16	1 360	
简易计税方法征税项目用	17		
免抵退税办法不得抵扣的进项税额	18		
纳税检查调减进项税额	19		
红字专用发票信息表注明的进项税额	20		
上期留抵税额抵减欠税	21		
上期留抵税额退税	22		
其他应作进项税额转出的情形	23		
三、待抵扣进项税额				
项目	栏次	份数	金额	税额
（一）认证相符的增值税专用发票	24	—	—	—
期初已认证相符但未申报抵扣	25			
本期认证相符且本期未申报抵扣	26			
期末已认证相符但未申报抵扣	27			
其中：按照税法规定不允许抵扣	28			
（二）其他扣税凭证	29＝30 至 33 之和			
其中：海关进口增值税专用缴款书	30			
农产品收购发票或者销售发票	31			
代扣代缴税收缴款凭证	32		—	
其他	33			
	34			

续表

四、其他				
项目	栏次	份数	金额	税额
本期认证相符的增值税专用发票	35	55	29 280 000	4 965 600
代扣代缴税额	36	—		

表 2-9

增值税纳税申报表附列资料（三）
（服务、不动产和无形资产扣除项目明细）

税款所属时间： 年 月 日至 年 月 日

纳税人名称： 金额单位：元至角分

项目及栏次	本期服务、不动产和无形资产价税合计额（免税销售额）	服务、不动产和无形资产扣除项目				
		期初余额	本期发生额	本期应扣除金额	本期实际扣除金额	期末余额
	1	2	3	4＝2＋3	5（5≤1且5≤4）	6＝4－5
17%税率的项目 1						
11%税率的项目 2						
6%税率的项目（不含金融商品转让） 3						
6%税率的金融商品转让项目 4						
5%征收率的项目 5						
3%征收率的项目 6						
免抵退税的项目 7						
免税的项目 8						

注：本表仅有差额征收项目的企业填写，一般企业没有差额征收项目不需填写。

表 2-10

增值税纳税申报表附列资料（四）
（税额抵减情况表）

税款所属时间： 年 月 日至 年 月 日

纳税人名称： 金额单位：元至角分

序号	抵减项目	期初余额	本期发生额	本期应抵减税额	本期实际抵减税额	期末余额
		1	2	3＝1＋2	4≤3	5＝3－4
1	增值税税控系统专用设备费及技术维护费					
2	分支机构预征缴纳税款					
3	建筑服务预征缴纳税款					
4	销售不动产预征缴纳税款					
5	出租不动产预征缴纳税款					

注：B市丰收计算机有限公司本月未发生此项业务，不需填写。

表 2-11

增值税纳税申报表附列资料（五）
（不动产分期抵扣计算表）

税款所属时间：　　　年　月　日至　年　月　日

纳税人名称：（公章）　　　　　　　　　　　　　　　　金额单位：元至角分

期初待抵扣不动产进项税额	本期不动产进项税额增加额	本期可抵扣不动产进项税额	本期转入的待抵扣不动产进项税额	本期转出的待抵扣不动产进项税额	期末待抵扣不动产进项税额
1	2	3≤1+2+4	4	5≤1+4	6=1+2-3+4-5

注：B市丰收计算机有限公司本月未发生此项业务，不需填写。

表 2-12

固定资产（不含不动产）进项税额抵扣情况表

纳税人名称（公章）：B市丰收计算机有限公司　　　填表日期：20×3年7月7日

金额单位：元至角分

项目	当期申报抵扣的固定资产进项税额	申报抵扣的固定资产进项税额累计
增值税专用发票	8 500	8 500
海关进口增值税专用缴款书		
合计	8 500	8 500

表 2-13

本期抵扣进项税额结构明细表

税款所属时间：20×3年6月1日至20×3年6月30日

纳税人名称：B市丰收计算机有限公司（公章）　　　　金额单位：元至角分

项目	栏次	金额	税额
合计	1=2+4+5+11+16+18+27+29+30	29 280 000	4 965 600
一、按税率或征收率归集（不包括购建不动产、通行费）的进项			
17%税率的进项	2	29 080 000	4 943 600
其中：有形动产租赁的进项	3		
13%税率的进项	4		
11%税率的进项	5	200 000	22 000
其中：运输服务的进项	6	200 000	22 000
电信服务的进项	7		
建筑安装服务的进项	8		
不动产租赁服务的进项	9		
受让土地使用权的进项	10		
6%税率的进项	11		
其中：电信服务的进项	12		
金融保险服务的进项	13		
生活服务的进项	14		
取得无形资产的进项	15		
5%征收率的进项	16		
其中：不动产租赁服务的进项	17		
3%征收率的进项	18		
其中：货物及加工、修理修配劳务的进项	19		

续表

项目	栏次	金额	税额
运输服务的进项	20		
电信服务的进项	21		
建筑安装服务的进项	22		
金融保险服务的进项	23		
有形动产租赁服务的进项	24		
生活服务的进项	25		
取得无形资产的进项	26		
减按 1.5% 征收率的进项	27		
	28		
二、按抵扣项目归集的进项			
用于购建不动产并一次性抵扣的进项	29		
通行费的进项	30		
	31		
	32		

表 2-14 　　　　　　　　　　**增值税减免税申报明细表**

税款所属时间：自　　年　月　日至　　年　月　日

纳税人名称（公章）：　　　　　　　　　　　　　　　　　　金额单位：元至角分

一、减税项目					
减税性质代码及名称	栏次	期初余额	本期 发生额	本期应 抵减税额	本期实际 抵减税额	期末 余额
		1	2	3＝1＋2	4≤3	5＝3－4
合　计	1					
	2					
	3					
	4					
	5					
	6					

二、免税项目					
免税性质代码及名称	栏次	免征增值 税项目销 售额	免税销售额 扣除项目本 期实际扣除 金额	扣除后免税 销售额	免税销售额 对应的进项 税额	免税额
		1	2	3＝1－2	4	5
合　计	7					
出口免税	8		—	—		
其中：跨境服务	9		—	—		
	10					
	11					
	12					
	13					
	14					
	15					
	16					

注：B市丰收计算机有限公司没有减免优惠项目，不需填写。

CHAPTER

3

第三章
消费税

消费税，是对特定消费品和消费行为在特定环节征收的一种流转税，在保证国家财政收入的稳定增长、贯彻国家产业政策和消费政策、调节消费水平、缓解社会分配不公等方面具有重要作用。

消费税实行价内税，具有以下几个特点：

（1）征收范围具有选择性，一般是选择部分消费品和消费行为征收；

（2）征收环节具有单一性，通常是在消费品生产、委托加工、进口、零售等某一环节一次征收，但卷烟在生产环节、批发环节征收两次消费税；

（3）征收方法具有灵活性，既可以采取对消费品的数量实行从量定额的征收方法，也可以实行从价定率的征收方法，还可以实行从量定额和从价定率相结合的符合计税的征收方法；

（4）税率、税额具有差别性，可以根据消费品的价格水平、国家的产业政策和消费政策等情况，对不同消费品制定不同的税率、税额；

（5）税负具有转嫁性。消费税是世界各国普遍采用的一个税种，不仅是国家组织财政收入的重要手段，还具有独特的调节功能，在体现国家奖励政策、引导消费方向、调节市场供求、缓解社会成员之间分配不均等方面发挥着越来越重要的作用。

消费税与增值税既有联系又有区别：

（1）两者都是对货物征收，增值税对货物普遍征收，消费税对特定货物征收；

（2）通常情况下，两者计税依据相同，一般为纳税人向购买方收取的全部价款和价外费用。对从价征收消费税的应税消费品计征消费税和增值税销项税额的计税依据是相同的，均以不含增值税的销售额为计税依据，然而在某些时候计税依据并不相同，而这些不同点往往是税务处理的重点和难点，非常容易混淆；

（3）两者都属于流转税，都是全额征税的税种，不得从销售额中减除任何费用；

（4）两者的纳税环节不同，消费税是单一环节征收，增值税是在货物所有的流转环节道道征收；

（5）两者对企业所得税影响不同。消费税是价内税（计税依据中含消费税税额），与所得税有直接关系，增值税是价外税（计税依据中不含增值税税额），对所得税没有直接影响；

（6）消费税纳税人同时是增值税纳税人，增值税纳税人未必是消费税纳税人；

（7）两者都具有转嫁性。

消费税与增值税之间的联系和区别容易使纳税人混淆，笔者在此对企业消费税纳税事项进行总结，详见《消费税税目税率表》（表 3-1）、《卷烟适用税率的具体规定》（表 3-2）、《消费税主要纳税事项》（表 3-3）、《白酒、卷烟最低计税价格核定管理办法主要内容》（表 3-4）、《应税消费品的增值税和消费税不含税销售额指标对比》（表 3-5）、《应税消费品增值税、消费税组成计税价格对照表》（表 3-6）。

一、消费税税目税率表

表 3-1 消费税税目税率表

税目	税率
一、烟	
1. 卷烟	
（1）甲类卷烟——调拨价 70 元（不含增值税，含 70 元）/条以上	56%加 0.003 元/支，0.6 元/条，150 元/箱。其中：每标准条（200 支），每标准箱（5 万支）
（2）乙类卷烟——调拨价 70 元（不含增值税）/条以下	36%加 0.003 元/支，0.6 元/条，150 元/箱。其中：每标准条（200 支），每标准箱（5 万支）
商业批发	11%加 0.005 元/支
2. 雪茄烟	36%
3. 烟丝	30%
二、酒及酒精	
1. 白酒	20%加 0.5 元/500 克（或者 500 毫升）
2. 黄酒	240 元/吨
3. 啤酒	
（1）甲类啤酒——每吨啤酒出厂价格（含包装物及包装物押金）在 3 000 元（含 3 000 元，不含增值税）以上的啤酒	250 元/吨
（2）乙类啤酒——每吨啤酒出厂价格在 3 000 元（不含 3 000 元，不含增值税）以下的啤酒	220 元/吨
4. 其他酒	10%
三、化妆品	30%
四、贵重首饰及珠宝玉石	
1. 金银首饰、铂金首饰和钻石及钻石饰品	5%
2. 其他贵重首饰和珠宝玉石	10%
五、鞭炮、焰火	15%
六、成品油	
1. 汽油	1.52 元/升
2. 柴油	1.2 元/升

续表

税目	税率
3. 航空煤油	1.2 元/升
4. 石脑油	1.52 元/升
5. 溶剂油	1.52 元/升
6. 润滑油	1.52 元/升
7. 燃料油	1.2 元/升
七、摩托车	
1. 气缸容量（排气量，下同）在 250 毫升（含 250 毫升）以下的	3%
2. 气缸容量在 250 毫升以上的	10%
八、小汽车	
1. 乘用车	
（1）气缸容量（排气量，下同）在 1.0 升（含 1.0 升）以下的	1%
（2）气缸容量在 1.0 升以上至 1.5 升（含 1.5 升）的	3%
（3）气缸容量在 1.5 升以上至 2.0 升（含 2.0 升）的	5%
（4）气缸容量在 2.0 升以上至 2.5 升（含 2.5 升）的	9%
（5）气缸容量在 2.5 升以上至 3.0 升（含 3.0 升）的	12%
（6）气缸容量在 3.0 升以上至 4.0 升（含 4.0 升）的	25%
（7）气缸容量在 4.0 升以上的	40%
2. 中轻型商用客车	5%
九、高尔夫球及球具	10%
十、高档手表	20%
十一、游艇	10%
十二、木制一次性筷子	5%
十三、实木地板	5%

注：遇税率调整的，按新税率执行。

表 3-2　　　　　　　　　卷烟适用税率的具体规定

基本规定	1. 纳税人销售的卷烟因放开销售价格而经常发生价格上下浮动的，应以该牌号规格卷烟销售当月的加权平均销售价格确定征税类别和适用税率。但销售的卷烟有下列情况之一者，不得列入加权平均计算：①销售价格明显偏低并无正当理由的；②无销售价格的； 2. 卷烟由于接装过滤嘴、改变包装或其他原因提高销售价格后，应按照新的销售价格确定征税类别和适用税率； 3. 纳税人自产自用的卷烟应当按照纳税人生产的同牌号规格的卷烟销售价格确定征税类别和适用税率； 4. 委托加工的卷烟按照受托方同牌号规格卷烟的征税类别和适用税率征税； 5. 残次品卷烟应当按照同牌号规格正品卷烟的征税类别确定适用税率
从价计税中适用最高税率的情形	1. 纳税人自产自用的卷烟，没有同牌号规格卷烟销售价格的，一律按照卷烟最高税率征税； 2. 委托加工的卷烟没有同牌号规格卷烟的，一律按卷烟最高税率征税； 3. 下列卷烟不分征税类别一律按照 56% 卷烟税率征税，并按照定额每标准箱 150 元计算征税：①白包卷烟；②手工卷烟；③未经国务院批准纳入计划的企业和个人生产的卷烟

二、消费税主要纳税事项

表 3-3   消费税主要纳税事项

消费税计算方法	1. 消费税实行从价定率、从量定额，或者从价定率和从量定额复合计税（以下简称复合计税）的办法计算应纳税额。应纳税额计算公式如下： 　　实行从价定率办法计算的应纳税额＝销售额×比例税率 　　实行从量定额办法计算的应纳税额＝销售数量×定额税率 　　实行复合计税办法计算的应纳税额＝销售额×比例税率＋销售数量×定额税率 纳税人销售的应税消费品，以人民币计算销售额。纳税人以人民币以外的货币结算销售额的，应当折合成人民币计算。 从量定额的换算标准：为了规范不同产品的计量单位，《消费税暂行条例实施细则》中具体规定了吨与升两个计量单位的换算标准： 黄酒1吨＝962升　石脑油1吨＝1 385升 啤酒1吨＝988升　溶剂油1吨＝1 282升 汽油1吨＝1 388升　润滑油1吨＝1 126升 柴油1吨＝1 176升　燃料油1吨＝1 015升 航空煤油1吨＝1 246升 2. 纳税人自产自用的应税消费品，按照纳税人生产的同类消费品的销售价格计算纳税；没有同类消费品销售价格的，按照组成计税价格计算纳税。实行从价定率办法计算纳税的组成计税价格计算公式如下： 　　组成计税价格＝（成本＋利润）÷（1－比例税率） 实行复合计税办法计算纳税的组成计税价格计算公式如下： 　　组成计税价格＝（成本＋利润＋自产自用数量×定额税率）÷（1－比例税率） 同类消费品的销售价格，是指纳税人或者代收代缴义务人当月销售的同类消费品的销售价格，如果当月同类消费品各期销售价格高低不同，应按销售数量加权平均计算。但销售的应税消费品有下列情况之一的，不得列入加权平均计算：（1）销售价格明显偏低并无正当理由的；（2）无销售价格的。 如果当月无销售或者当月未完结，应按照同类消费品上月或者最近月份的销售价格计算纳税。 3. 委托加工的应税消费品，按照受托方的同类消费品的销售价格计算纳税；没有同类消费品销售价格的，按照组成计税价格计算纳税。 实行从价定率办法计算纳税的组成计税价格计算公式如下： 　　组成计税价格＝（材料成本＋加工费）÷（1－比例税率） 实行复合计税办法计算纳税的组成计税价格计算公式如下： 　　组成计税价格＝（材料成本＋加工费＋委托加工数量×定额税率）÷（1－比例税率） 加工费，是指受托方加工应税消费品向委托方所收取的全部费用（包括代垫辅助材料的实际成本）。 4. 进口的应税消费品，按照组成计税价格计算纳税。 实行从价定率办法计算纳税的组成计税价格计算公式如下： 　　组成计税价格＝（关税完税价格＋关税）÷（1－消费税比例税率） 实行复合计税办法计算纳税的组成计税价格计算公式如下： 　　组成计税价格＝（关税完税价格＋关税＋进口数量×消费税定额税率）÷（1－消费税比例税率）

应税消费品的销售额	1. 应税消费品的销售额，为纳税人销售应税消费品向购买方收取的全部价款和价外费用，不包括应向购货方收取的增值税税款。 如果纳税人应税消费品的销售额中未扣除增值税税款或者因不得开具增值税专用发票而发生价款和增值税税款合并收取的，在计算消费税时，应当换算为不含增值税税款的销售额。其换算公式为： 应税消费品的销售额＝含增值税的销售额÷（1＋增值税税率或者征收率） 2. 价外费用，是指价外向购买方收取的手续费、补贴、基金、集资费、返还利润、奖励费、违约金、滞纳金、延期付款利息、赔偿金、代收款项、代垫款项、包装费、包装物租金、储备费、优质费、运输装卸费以及其他各种性质的价外收费。但下列项目不包括在内： （1）同时符合以下条件的代垫运输费用： ①承运部门的运输费用发票开具给购买方的； ②纳税人将该项发票转交给购买方的。 （2）同时符合以下条件代为收取的政府性基金或者行政事业性收费： ①由国务院或者财政部批准设立的政府性基金，由国务院或省级人民政府及其财政、价格主管部门批准设立的行政事业性收费； ②收取时开具省级以上财政部门印制的财政票据； ③所收款项全额上缴财政。 3. 纳税人应税消费品的计税价格明显偏低并无正当理由的，由主管税务机关核定其计税价格。 4. 纳税人销售的应税消费品，以人民币以外的货币结算销售额的，其销售额的人民币折合率可以选择销售额发生的当天或者当月1日的人民币汇率中间价。纳税人应在事先确定采用何种折合率，确定后1年内不得变更
应税消费品的数量	1. 销售应税消费品的，为应税消费品的销售数量； 2. 自产自用应税消费品的，为应税消费品的移送使用数量； 3. 委托加工应税消费品的，为纳税人收回的应税消费品数量； 4. 进口应税消费品的，为海关核定的应税消费品进口征税数量
企业将生产的应税消费品直接对外销售	应交的消费税通过"营业税金及附加"核算，账务处理如下： 　借：营业税金及附加 　　贷：应交税费——应交消费税
自产自用应税消费品	1. 自产自用的应税消费品，用于连续生产应税消费品的，不纳税； 2. 用于其他方面的，于移送使用时纳税（移送时已经交过消费税的，再销售就不需要缴纳消费税）。自产自用应税消费品，有同类消费品的销售价格的，按照纳税人生产的同类消费品的销售价格计算纳税，没有同类消费品销售价格的，按照组成计税价格计算纳税。 会计上不确认收入和成本，直接按照账面价值结转应税消费品，应交的消费税直接贷记"应交税费——应交消费税"。例如，企业将生产的应税消费品用于在建工程、非生产机构，账务处理如下： 　借：在建工程、管理费用等 　　贷：库存商品 　　　　应交税费——应交增值税（销项税额） 　　　　应交税费——应交消费税

续表

应税消费品连同包装物销售的	1. 应税消费品连同包装物销售的，无论包装物是否单独计价以及在会计上如何核算，均应并入应税消费品的销售额中缴纳消费税。如果包装物不作价随同产品销售，而是收取押金，此项押金则不应并入应税消费品的销售额中征税。但对因逾期未收回的包装物不再退还的或者已收取的时间超过 12 个月的押金，应并入应税消费品的销售额，按照应税消费品的适用税率缴纳消费税。 2. 对既作价随同应税消费品销售，又另外收取押金的包装物的押金，凡纳税人在规定的期限内没有退还的，均应并入应税消费品的销售额，按照应税消费品的适用税率缴纳消费税。 3. 对酒类产品（除啤酒、黄酒以外）生产企业销售酒类产品而收取的包装物押金，无论押金是否返还及会计上如何核算，均应并入酒类产品销售额中征收消费税。 账务处理如下： 　　借：营业税金及附加 　　　　贷：应交税费——应交消费税
兼营不同税率的消费品	应当分别核算不同税率应税消费品的销售额、销售数量；未分别核算销售额、销售数量，或者将不同税率的应税消费品组成成套消费品销售的，从高适用税率，账务处理如下： 　　借：营业税金及附加 　　　　贷：应交税费——应交消费税
企业将生产的应税消费品用于换取生产资料和消费资料，投资入股和抵偿债务等方面	1. 投资入股的，会计上确认收入，结转成本，应交的消费税通过"长期股权投资"核算，账务处理如下： 　　借：长期股权投资 　　　　贷：主营业务收入 　　　　　　应交税费——应交增值税（销项税额） 　　　　　　应交税费——应交消费税 　　借：主营业务成本 　　　　贷：库存商品 2. 换取生产资料、消费资料和抵偿债务的，应交的消费税通过"营业税金及附加"核算。 (1) 换取生产资料和消费资料的账务处理为： 　　借：原材料 　　　　应交税费——应交增值税（进项税额） 　　　　贷：主营业务收入 　　　　　　应交税费——应交增值税（销项税额） 　　借：营业税金及附加 　　　　贷：应交税费——应交消费税 (2) 抵偿债务的账务处理为： 　　借：应付账款 　　　　贷：主营业务收入 　　　　　　应交税费——应交增值税（销项税额） 　　借：营业税金及附加 　　　　贷：应交税费——应交消费税

零售应税消费品（金、银、钻）	1. 经国务院批准，自 1995 年 1 月 1 日起，金银首饰消费税由生产销售环节征收改为零售环节征收。改在零售环节征收消费税的金银首饰仅限于金基、银基合金首饰以及金、银和金基、银基合金的镶嵌首饰。零售环节适用税率为 5%，在纳税人销售金银首饰、钻石及钻石饰品时征收。其计税依据是不含增值税的销售额。 2. 不属于上述范围的应征消费税的首饰，如镀金（银）、包金（银）首饰，以及镀金（银）、包金（银）的镶嵌首饰（简称非金银首饰），仍在生产销售环节征收消费税。 3. 对既销售金银首饰，又销售非金银首饰的生产、经营单位，应将两类商品划分清楚，分别核算销售额。凡划分不清楚或不能分别核算的，在生产环节销售的，一律从高适用税率征收消费税；在零售环节销售的，一律按金银首饰征收消费税。金银首饰与其他产品组成成套消费品销售的，应按销售额全额征收消费税。 4. 金银首饰连同包装物销售的，无论包装是否单独计价，也无论会计上如何核算，均应并入金银首饰的销售额，计征消费税。 5. 纳税人采用以旧换新（含翻新改制）方式销售金银首饰，应按照实际收取的不含增值税的全部价款确定计税依据征收消费税。 应交的消费税通过"营业税金及附加"核算，账务处理如下： 　借：营业税金及附加 　　贷：应交税费——应交消费税
金银首饰用于馈赠、赞助、广告、职工福利、奖励等方面	物资移送时，应交的消费税通过"营业外支出"、"销售费用"、"应付职工薪酬"等科目核算。账务处理如下： 　　借：营业外支出、销售费用等 　　　贷：应交税费——应交消费税
委托加工应税消费品	委托加工的应税消费品，是指由委托方提供原料和主要材料，受托方只收取加工费和代垫部分辅助材料加工的应税消费品。对于由受托方提供原材料生产的应税消费品，或者受托方先将原材料卖给委托方，然后再接受加工的应税消费品，以及由受托方以委托方名义购进原材料生产的应税消费品，不论在财务上是否做销售处理，都不得作为委托加工应税消费品，而应当按照销售自制应税消费品缴纳消费税
	委托加工物资收回后，直接用于销售的，应将受托方代收代缴的消费税计入委托加工物资的成本，账务处理如下： 　借：委托加工物资、库存商品等 　　贷：应付账款、银行存款等 注：委托方将收回的应税消费品，以不高于受托方的计税价格出售的，为直接出售，不再缴纳消费税；委托方以高于受托方的计税价格出售的，不属于直接出售，需按照规定申报缴纳消费税，在计税时准予扣除受托方已代收代缴的消费税
	委托加工物资收回后用于连续生产应税消费品的，按规定准予抵扣的，应按已由受托方代收代交的消费税，借记"应交税费——应交消费税"科目，账务处理如下： 　借：应交税费——应交消费税 　　贷：应付账款、银行存款等
	受托方代收代缴税款（除受托加工或翻新改制金银首饰按照税法规定由受托方缴纳消费税外），账务处理如下： 　　借：应收账款、银行存款等 　　　贷：应交税费——应交消费税

续表

进口应税消费品	企业进口应税物资在进口环节应交的消费税，计入该项物资的成本，账务处理如下：
	借：原材料、库存商品等
	    应交税费——应交增值税（进项税额）
	    贷：应付账款、银行存款等

出口应税消费品	属于生产企业直接出口或通过外贸出口应税消费品，按规定直接予以免税的，可以不计算应交消费税
	属于委托外贸企业代理出口应税消费品的，先征后退
	出口的应税消费品办理退税后，发生退关，或者国外退货进口时予以免税的，报关出口者必须及时向其机构所在地或者居住地主管税务机关申报补缴已退的消费税税款。 纳税人直接出口的应税消费品办理免税后，发生退关或者国外退货，进口时已予以免税的，经机构所在地或者居住地主管税务机关批准，可暂不办理补税，待其转为国内销售时，再申报补缴消费税
外购应税消费品已纳税额的扣除	1. 允许扣税的项目： （1）外购已税烟丝生产的卷烟； （2）外购已税化妆品生产的化妆品； （3）外购已税珠宝、玉石生产的贵重首饰及珠宝玉石； （4）外购已税鞭炮焰火生产的鞭炮焰火； （5）外购已税石脑油、燃料油为原料生产的应税消费品； （6）外购已税润滑油为原料生产的润滑油； （7）外购已税汽油、柴油用于连续生产的汽油、柴油； （8）外购已税杆头、杆身和握把为原料生产的高尔夫球杆； （9）外购已税木制一次性筷子为原料生产的木制一次性筷子； （10）外购已税实木地板为原料生产的实木地板。 上述当期准予扣除外购应税消费品已纳消费税税款的计算公式为： $$\begin{array}{l}\text{当期准予扣除的外购} \\ \text{应税消费品已纳税款}\end{array} = \begin{array}{l}\text{当期准予扣除的外购} \\ \text{应税消费品买价或数量}\end{array} \times \begin{array}{l}\text{外购应税消费品的} \\ \text{适用税率或税额}\end{array}$$ $$\begin{array}{l}\text{当期准予扣除的外购应税} \\ \text{消费品买价或数量}\end{array} = \begin{array}{l}\text{期初库存的外购应税} \\ \text{消费品的买价或数量}\end{array} + \begin{array}{l}\text{当期购进的应税} \\ \text{消费品的买价或数量}\end{array} - \begin{array}{l}\text{期末库存的外购应税} \\ \text{消费品的买价或数量}\end{array}$$ 外购已税消费品的买价是指外购应税消费品增值税专用发票上注明的销售额（不包括增值税税额）。 2. 允许扣税的只涉及同一税目中的购入应税消费品的连续加工，不能跨税目抵扣（石脑油、燃料油例外）。 3. 单位和个人外购润滑油大包装经简单加工成小包装或外购润滑油不经加工只贴商标的行为，视同应税消费品的生产行为。单位和个人发生的以上行为应当申报缴纳消费税。准予扣除外购润滑油已纳消费税。 4. 从商业企业购进应税消费品连续生产应税消费品，符合抵扣条件的，准予扣除外购应税消费品已纳消费税税款。 5. 2003年5月1日起，在零售环节纳税的金银（含铂金）首饰、钻石、钻石饰品不得抵扣外购珠宝玉石的已纳税款

委托加工收回的应税消费品已纳税额的扣除	1. 可抵税的项目有11项，与外购应税消费品的抵扣范围相同。 2. 扣税计算公式如下： $$\begin{aligned}\text{当期准予扣除的委托加工} \atop \text{应税消费品已纳税款} &= \text{期初库存的委托加工} \atop \text{应税消费品已纳税款} + \text{当期收回的委托加工} \atop \text{应税消费品已纳税款} \\ &\quad - \text{期末库存的委托加工} \atop \text{应税消费品已纳税款}\end{aligned}$$ 值得注意的是，纳税人用委托加工收回的已税珠宝玉石生产的改在零售环节征收消费税的金银、钻石首饰，在计税时一律不得扣除委托加工收回的珠宝玉石已纳的消费税税款
已缴纳消费税税款的退还	纳税人销售的应税消费品，如因质量等原因由购买者退回时，经机构所在地或者居住地主管税务机关审核批准后，可退还已缴纳的消费税税款
纳税义务发生时间	1. 纳税人生产的应税消费品，于纳税人销售时纳税。纳税人自产自用的应税消费品，用于连续生产应税消费品的，不纳税；用于生产非应税消费品、在建工程、管理部门、非生产机构、提供劳务、馈赠、赞助、集资、广告、样品、职工福利、奖励等其他方面的，于移送使用时纳税。具体为： （1）采取赊销和分期收款结算方式的，为书面合同约定的收款日期的当天，书面合同没有约定收款日期或者无书面合同的，为发出应税消费品的当天； （2）采取预收货款结算方式的，为发出应税消费品的当天； （3）采取托收承付和委托银行收款方式的，为发出应税消费品并办妥托收手续的当天； （4）采取其他结算方式的，为收讫销售款或者取得索取销售款凭据的当天。 2. 纳税人自产自用应税消费品的，为移送使用的当天。 3. 纳税人委托加工应税消费品的，为纳税人提货的当天。 4. 纳税人进口应税消费品的，为报关进口的当天
纳税地点	纳税人销售的应税消费品，以及自产自用的应税消费品，除国务院财政、税务主管部门另有规定外，应当向纳税人机构所在地或者居住地的主管税务机关申报纳税。 纳税人到外县（市）销售或者委托外县（市）代销自产应税消费品的，于应税消费品销售后，向机构所在地或者居住地主管税务机关申报纳税。 纳税人的总机构与分支机构不在同一县（市）的，应当分别向各自机构所在地的主管税务机关申报纳税；经财政部、国家税务总局或者其授权的财政、税务机关批准，可以由总机构汇总向总机构所在地的主管税务机关申报纳税。 委托加工的应税消费品，除受托方为个人外，由受托方向机构所在地或者居住地的主管税务机关解缴消费税税款。委托个人加工的应税消费品，由委托方向其机构所在地或者居住地主管税务机关申报纳税。 进口的应税消费品，由进口人或者其代理人向报关地海关申报纳税
纳税时间	消费税的纳税期限分别为1日、3日、5日、10日、15日、1个月或者1个季度。纳税人的具体纳税期限，由主管税务机关根据纳税人应纳税额的大小分别核定；不能按照固定期限纳税的，可以按次纳税。 纳税人以1个月或者1个季度为1个纳税期的，自期满之日起15日内申报纳税；以1日、3日、5日、10日或者15日为1个纳税期的，自期满之日起5日内预缴税款，于次月1日起15日内申报纳税并结清上月应纳税款。 纳税人进口应税消费品，应当自海关填发海关进口消费税专用缴款书之日起15日内缴纳税款

白酒、卷烟最低计税价格核定管理办法主要内容，见表3-4。

表 3-4

白酒最低计税价格核定管理办法主要内容	
核定情形	1. 白酒生产企业销售给销售单位的白酒，生产企业消费税计税价格低于销售单位对外销售价格（不含增值税）70％以下的，税务机关应核定消费税最低计税价格。 2. 白酒生产企业销售给销售单位的白酒，生产企业消费税计税价格高于销售单位对外销售价格70％（含70％）以上的，税务机关暂不核定消费税最低计税价格
核定程序	1. 白酒消费税最低计税价格由白酒生产企业自行申报，税务机关核定。 2. 主管税务机关应将白酒生产企业申报的销售给销售单位的消费税计税价格低于销售单位对外销售价格70％以下、年销售额1 000万元以上的各种白酒，在规定的时限内逐级上报至国家税务总局。税务总局选择其中部分白酒核定消费税最低计税价格。 3. 除税务总局已核定消费税最低计税价格的白酒外，其他符合需要核定消费税最低计税价格的白酒，消费税最低计税价格由各省、自治区、直辖市和计划单列市国家税务局核定
核定标准	消费税最低计税价格由税务机关根据生产规模、白酒品牌、利润水平等情况在销售单位对外销售价格50％至70％范围内自行核定；其中生产规模较大，利润水平较高的企业生产的需要核定消费税最低计税价格的白酒，税务机关核价幅度原则上应选择在销售单位对外销售价格60％至70％范围内
计税依据	已核定最低计税价格的白酒，生产企业实际销售价格高于消费税最低计税价格的，按实际销售价格申报纳税；实际销售价格低于消费税最低计税价格的，按最低计税价格申报纳税。 白酒生产企业未按照规定上报销售单位销售价格的，主管国家税务局应按照销售单位的销售价格征收消费税
重新核定	已核定最低计税价格的白酒，销售单位对外销售价格持续上涨或下降时间达到3个月以上、累计上涨或下降幅度在20％（含）以上的白酒，税务机关重新核定最低计税价格
卷烟最低计税价格核定管理办法主要内容	
核定情形	自2012年1月1日起，卷烟消费税最低计税价格核定范围为卷烟生产企业在生产环节销售的所有牌号、规格的卷烟
计税依据	计税价格由国家税务总局按照卷烟批发环节销售价格扣除卷烟批发环节批发毛利核定并发布。计税价格的核定公式如下： 某牌号、规格卷烟计税价格＝批发环节销售价格×（1－适用批发毛利率） 卷烟批发环节销售价格，按照税务机关采集的所有卷烟批发企业在价格采集期内销售的该牌号、规格卷烟的数量、销售额进行加权平均计算。其计算公式如下： $$\text{批发环节销售价格} = \sum \text{该牌号规格卷烟各采集点的销售额} \bigg/ \sum \text{该牌号规格卷烟各采集点的销售数量}$$ 实际销售价格高于核定计税价格的卷烟，按实际销售价格征收消费税；反之，按计税价格征税

三、应税消费品的增值税和消费税不含税销售额指标对比

表 3-5 应税消费品的增值税和消费税不含税销售额指标对比

项目	增值税不含税销售额	消费税不含税销售额	区别
定义	销售额为纳税人销售货物或者应税劳务向购买方收取的全部价款和价外费用，但是不包括收取的销项税额	销售额为纳税人销售应税消费品向购买方收取的全部价款和价外费用	基本相同
价外费用	价外费用，包括价外向购买方收取的手续费、补贴、基金、集资费、返还利润、奖励费、违约金、滞纳金、延期付款利息、赔偿金、代收款项、代垫款项、包装费、包装物租金、储备费、优质费、运输装卸费以及其他各种性质的价外收费。但下列项目不包括在内： 1. 受托加工应征消费税的消费品所代收代缴的消费税； 2. 同时符合以下条件的代垫运输费用： （1）承运部门的运输费用发票开具给购买方的； （2）纳税人将该项发票转交给购买方的。 3. 同时符合以下条件代为收取的政府性基金或者行政事业性收费： （1）由国务院或者财政部批准设立的政府性基金，由国务院或者省级人民政府及其财政、价格主管部门批准设立的行政事业性收费； （2）收取时开具省级以上财政部门印制的财政票据； （3）所收款项全额上缴财政。 4. 销售货物的同时代办保险等而向购买方收取的保险费，以及向购买方收取的代购买方缴纳的车辆购置税、车辆牌照费	价外费用，是指价外向购买方收取的手续费、补贴、基金、集资费、返还利润、奖励费、违约金、滞纳金、延期付款利息、赔偿金、代收款项、代垫款项、包装费、包装物租金、储备费、优质费、运输装卸费以及其他各种性质的价外收费。但下列项目不包括在内： 1. 同时符合以下条件的代垫运输费用： （1）承运部门的运输费用发票开具给购买方的； （2）纳税人将该项发票转交给购买方的。 2. 同时符合以下条件代为收取的政府性基金或者行政事业性收费： （1）由国务院或者财政部批准设立的政府性基金，由国务院或者省级人民政府及其财政、价格主管部门批准设立的行政事业性收费； （2）收取时开具省级以上财政部门印制的财政票据； （3）所收款项全额上缴财政	1. 二者价外费用范围不同。 2. 对于从量定额的产品，如啤酒、黄酒的定价就包含了包装物的押金在内，在增值税中，价格是不包含押金的
视同销售计税依据	纳税人有价格明显偏低并无正当理由或者有视同销售货物行为而无销售额者，按下列顺序确定销售额： （1）按纳税人最近时期同类货物的平均销售价格确定； （2）按其他纳税人最近时期同类货物的平均销售价格确定； （3）按组成计税价格确定	纳税人用于换取生产资料和消费资料，投资入股和抵偿债务等方面的应税消费品，应当以纳税人同类应税消费品的最高销售价格作为计税依据计算消费税	二者计税依据不同

续表

计算方法	1. 应税消费品的销售额，不包括应向购货方收取的增值税税款。如果纳税人应税消费品的销售额中未扣除增值税税款或者因不得开具增值税专用发票而发生价款和增值税税款合并收取的，在计算消费税时，应当换算为不含增值税税款的销售额。其换算公式为： 　　应税消费品的销售额＝含增值税的销售额÷(1＋增值税税率或者征收率) 2. 纳税人自产自用的应税消费品，按照纳税人生产的同类消费品的销售价格计算纳税；没有同类消费品销售价格的，按照组成计税价格计算纳税。 3. 委托加工的应税消费品，按照受托方的同类消费品的销售价格计算纳税；没有同类消费品销售价格的，按照组成计税价格计算纳税。 4. 进口的应税消费品，按照组成计税价格计算纳税	一般情况下相同，但是运用组成计税价格时，可能不同，具体详见《增值税、消费税组成计税价格对照表》

四、应税消费品增值税、消费税计税依据对照

表 3-6　　　　　　　　应税消费品增值税、消费税计税依据对照表

项目	增值税	消费税组成计税价格	备注
从价计税组成计税价格	销售应税消费品组成计税价格＝(成本＋利润)÷(1－消费税比例税率)	自产自用的应税消费品组成计税价格＝(成本＋利润)÷(1－比例税率)	成本利润率为《消费税若干具体问题的规定》中规定的成本利润率
	进口应税消费品组成计税价格＝(关税完税价格＋关税)÷(1－消费税比例税率)	进口的应税消费品组成计税价格＝(关税完税价格＋关税)÷(1－消费税比例税率)	
	受托加工的应税消费品只按加工费计算增值税	委托加工的应税消费品组成计税价格＝(材料成本＋加工费)÷(1－比例税率)	
从量计税组成计税价格	组成计税价格＝成本×(1＋成本利润率)＋消费税税额(从量)	不用组成计税价格	成本利润率为10％
复合计税组成计税价格	销售应税消费品组成计税价格＝(成本＋利润＋销售数量×定额税率)÷(1－消费税比例税率)	自产自用的应税消费品组成计税价格＝(成本＋利润＋自产自用数量×定额税率)÷(1－比例税率)	成本利润率为《消费税若干具体问题的规定》中规定的成本利润率
	进口应税消费品组成计税价格＝(关税完税价格＋关税＋进口数量×定额税率)÷(1－消费税比例税率)	进口的应税消费品组成计税价格＝(关税完税价格＋关税＋进口数量×消费税定额税率)÷(1－消费税比例税率)	
	受托加工的应税消费品只按加工费计算增值税。	委托加工的应税消费品组成计税价格＝(材料成本＋加工费＋委托加工数量×定额税率)÷(1－比例税率)	

续表

项目	增值税	消费税组成计税价格	备注
视同销售计税依据	纳税人有价格明显偏低并无正当理由或者有视同销售货物行为而无销售额的，按下列顺序确定销售额： 1. 按纳税人最近时期同类货物的平均销售价格确定； 2. 按其他纳税人最近时期同类货物的平均销售价格确定； 3. 按组成计税价格确定	纳税人用于换取生产资料和消费资料，投资入股和抵偿债务等方面的应税消费品，应当以纳税人同类应税消费品的最高销售价格作为计税依据计算消费税	
其他特殊情形	1. 啤酒屋自产自销啤酒，征收消费税，5月1日起营业税改为征收增值税。 2. 从量计征的应税消费品收取的押金，逾期征收增值税，但不征收消费税。啤酒的押金只是计算单位适用税额的依据。 3. 消费税视同销售的范围比增值税范围广，造成计税不一致，如将自产的轮胎（应税消费品）用于生产卡车（非应税消费品），此环节征收消费税，但不征收增值税。 4. 卷烟、白酒设定消费税最低计税价格，分别按照国税函〔2009〕271号、国税函〔2009〕380号文件的规定处理，消费税计税依据区别于增值税计税依据。 5. 新牌号、新规格卷烟消费税的计税价格的核定公式为： 某牌号规格卷烟消费税计税价格＝零售价格÷(1＋45％) 45％是指流通环节平均费用率和平均利润率		

消费税的税务处理较企业所得税、增值税要简单得多，计税依据的确定较为简单，不需要复杂的计算过程。下面对消费税的常见和典型税务处理事项进行举例说明（相关税收依据参考上述表格内容）。

【例3-1】 甲公司委托乙公司加工A产品，提供的材料成本为1 000元，加工费是500元，消费税税率是5％，增值税税率是17％，则：

$$消费税组成计税价格＝(材料成本＋加工费)÷(1－消费税税率)$$
$$＝(1 000＋500)÷(1－5％)＝1 578.95（元）$$
$$应缴纳消费税＝1 578.95×5％＝78.95（元）$$
$$应交增值税＝500×17％＝85（元）$$

【例3-2】 甲公司将生产的10 000支某品牌化妆品（消费税税率30％）用于对某公司进行投资，已知最近一个月甲公司该品牌化妆品的平均销售价格为12元/支（不含税，下同），其他企业该品牌化妆品的平均销售价格为12.5元/支，甲公司该品牌化妆品的最高销售价格13元/支，该品牌化妆品实际成本9元/支。

甲公司的账务处理如下：

按上述规定，纳税人用自产应税消费品作为投资时，

需要缴纳消费税：13×10 000×30％＝39 000（元），

需要缴纳增值税：12×10 000×17％＝20 400（元）。

借：长期股权投资 179 400
　贷：主营业务收入 120 000
　　　应交税费——应交增值税（销项税额） 20 400
　　　应交税费——应交消费税 39 000
借：主营业务成本 90 000
　贷：库存商品 90 000

【例 3-3】 某公司 5 月份销售红酒取得不含增值税销售额 5.8 万元，同时，向购货方收取手续费 0.1 万元，储备费 0.5 万元，另外代垫运费 400 元，运输公司将发票开给购货方。

向购货方收取的手续费 0.1 万元和储备费 0.5 万元应为价外费用，该公司销售红酒的计税依据＝58 000＋1 000÷(1＋17%)＋5 000÷(1＋17%)＝63 128.21（元），应交消费税＝63 128.21×10%＝6 312.82（元）。

【例 3-4】 某公司 6 月份销售化妆品一批，不含增值税价款 9.2 万元。随同化妆品出售包装物单独作价，共计 8 000 元（不含增值税）。另外，还有一批去年 5 月份随同产品销售的包装物押金 11 700 元未退回。

应税消费品连同包装物出售的，无论是否单独作价，均应并入销售额中计算消费税。因此，消费税计税依据＝92 000＋8 000＝100 000（元），应交消费税＝100 000×30%＝30 000（元）。

已收取的时间超过 12 个月的押金，应并入应税消费品的销售额，其计税依据＝11 700÷(1＋17%)＝10 000（元），应交消费税＝10 000×30%＝3 000（元）。

【例 3-5】 某公司 6 月销售粮食白酒 500 千克，金额 50 000 元（不含增值税），同时收取包装物押金 11 700 元。

对酒类产品生产企业销售除啤酒、黄酒以外的其他酒类产品而收取的包装物押金，无论是否返还，均应换算为不含增值税的销售额，其计税依据＝50 000＋11 700÷(1＋17%)＝60 000（元），应交消费税＝60 000×20%＋0.5×1 000＝12 500（元）。

【例 3-6】 甲企业将 150 万元的原材料提供给乙企业，委托乙企业加工化妆品，加工后全部收回，甲企业支付给乙企业辅助材料和加工费 50 万元，其中，辅助材料款 30 万元，加工费 20 万元。

委托加工应税消费品时，受托方收取的加工费和收到的代垫辅助材料费，应该全部计入组成计税价格中计算组价。

乙企业代收代缴消费税＝(150＋50)÷(1－30%)×30%＝85.71（万元）。

【例 3-7】 某企业（一般纳税人）用 10 标准箱的自产卷烟赠送给消费者，无同类当期商品价格，已知该卷烟的成本为 10 万元，成本利润率 5%，消费税税率 30%，每箱定额税为 150 元，该企业计算消费税：

组成计税价格中不仅包含复合计税从价定率的部分，也包括从量定额的部分，正确的计算方法为：

组成计税价格＝[100 000×(1＋5%)＋150×10]÷(1－30%)＝152 142.86(元)

应交消费税＝152 142.86×30％＋150×10＝47 142.86(元)

【例 3-8】 甲公司 7 月份销售啤酒 300 吨，销售价格为 2 900 元/吨，随同啤酒出售的包装物单独作价共计 40 000 元（不含增值税），另外提供可供重复使用的塑料周转箱，收取押金 30 000 元。

乙公司 7 月份销售啤酒 500 吨，销售价格为 2 800 元/吨，随同啤酒出售的包装物单独作价共计 60 000 元（不含增值税），另外提供可供重复使用的塑料周转箱，收取押金 50 000 元。

每吨啤酒出厂价格包含包装物及包装物押金，但是不包含供重复使用的塑料周转箱的押金。

甲公司：

　　　出厂价格＝(2 900×300＋40 000)÷300＝3 033.33(元/吨)
　　　应交消费税＝250×300＝75 000(元)

乙公司：

　　　出厂价格＝(2 800×500＋60 000)÷500＝2 920(元/吨)
　　　应交消费税＝220×500＝110 000(元)

五、消费税纳税申报示范

为了在全国范围内统一、规范消费税纳税申报资料，加强消费税管理的基础工作，国家税务总局制定了《烟类应税消费品消费税纳税申报表》、《酒及酒精消费税纳税申报表》、《成品油消费税纳税申报表》、《小汽车消费税纳税申报表》和《其他应税消费品消费税纳税申报表》。

使用消费税纳税申报表的企业较少，各种消费税纳税申报表的项目设计相似，一般包括应税消费品名称、适用税率（定额税率、比例税率）、销售数量、销售额、应纳税额，逻辑关系也较为简单，填写起来非常容易。限于篇幅，本书仅以《酒及酒精消费税纳税申报表》为例进行列示，见表 3-7。

消费税纳税申报表填写示范如下：

【例 3-9】 雨丰啤酒有限公司纳税人识别号为 370000000000007，20×4 年 5 月份销售啤酒 500 吨，销售价格为 2 800 元/吨，随同啤酒出售的包装物单独作价共计 60 000 元（不含增值税），另外提供可供重复使用的塑料周转箱，收取押金 50 000 元。销售酒精 12 吨取得不含增值税销售额 5.8 万元，同时，向购货方收取手续费 0.1 万元，储备费 0.5 万元，另外代垫运费 400 元，运输公司将发票开给购货方。已知期初未缴税额为109 999.88 元，本期缴纳前期应纳税额 109 999.88 元。

　　　啤酒出厂价格＝(2 800×500＋60 000)÷500＝2 920（元/吨）
　　　啤酒应交消费税＝220×500＝110 000（元）
　　　酒精计税依据＝58 000＋1 000÷(1＋17％)＋5 000÷(1＋17％)＝63 128.21（元）
　　　酒精应交消费税＝63 128.21×5％＝3 156.41（元）

雨丰啤酒有限公司消费税纳税申报表填写如表 3-7 所示。

表 3-7　　　　　　　　　　　**酒及酒精消费税纳税申报表**

税款所属期：20×4 年 5 月 1 日 至 20×4 年 5 月 31 日

纳税人名称（公章）：雨丰啤酒有限公司　　　　　　　　纳税人识别号：370000000000007

填表日期：20×4 年 6 月 7 日　　　　　　　　　　　　　金额单位：元（列至角分）

应税消费品名称 / 项目	适用税率 定额税率	适用税率 比例税率	销售数量	销售额	应纳税额
粮食白酒	0.5 元/斤	20%			
薯类白酒	0.5 元/斤	20%			
啤酒	250 元/吨	—			
啤酒	220 元/吨	—	500	1 460 000	110 000
黄酒	240 元/吨				
其他酒	—	10%			
酒精	—	5%	12	63 128.21	3 156.41
合计	—	—	—		113 156.41

本期准予抵减税额：	**声明**　此纳税申报表是根据国家税收法律的规定填报的，我确定它是真实的、可靠的、完整的。
本期减（免）税额：	
期初未缴税额：109 999.88	经办人（签章）： 财务负责人（签章）： 联系电话：
本期缴纳前期应纳税额：109 999.88	（如果你已委托代理人申报，请填写） **授权声明** 为代理一切税务事宜，现授权＿ ＿＿＿＿＿＿＿（地址）＿＿＿＿＿＿
本期预缴税额：	
本期应补（退）税额：113 156.41	为本纳税人的代理申报人，任何与本申报表有关的往来文件，都可寄予此人。
期末未缴税额：113 156.41	授权人签章：

受理人（签章）：　　　　　受理日期：　　年　月　日　　　　受理税务机关（章）：

《酒及酒精消费税纳税申报表》的附报资料《本期准予抵减税额计算表》、《本期代收代缴税额计算表》、《生产经营情况表》略。

CHAPTER

4

第四章
营业税改征增值税

3 月 18 日，国务院常务会议审议通过了全面推开营改增试点方案，明确自 2016 年 5 月 1 日起，全面推开营改增试点，将建筑业、房地产业、金融业、生活服务业纳入试点范围。

全面推开营改增试点，基本内容是实行"双扩"。一是扩大试点行业范围。将建筑业、房地产业、金融业、生活服务业 4 个行业纳入营改增试点范围，自此，现行营业税纳税人全部改征增值税。其中，建筑业和房地产业适用 11％税率，金融业和生活服务业适用 6％税率。这些新增试点行业，涉及纳税人近 1 000 万户，是前期营改增试点纳税人总户数的近 1.7 倍；年营业税规模约 1.9 万亿元，占原营业税总收入的比例约 80％。二是将不动产纳入抵扣范围。继上一轮增值税转型改革将企业购进机器设备纳入抵扣范围之后，本次改革又将不动产纳入抵扣范围，无论是制造业、商业等原增值税纳税人，还是营改增试点纳税人，都可抵扣新增不动产所含增值税。

根据国务院常务会议审议通过的全面推开营改增试点方案，财政部会同国家税务总局发布了《财政部 国家税务总局关于全面推开营业税改征增值税试点的通知》（财税〔2016〕36 号），更多的配套操作办法也会陆续发布。

财税〔2016〕36 号文件及 7 个配套文件出台后，笔者发现还有部分纳税事项没有明确，也有部分纳税事项没有具体操作办法，不少细节问题还需要等待后续配套操作办法的出台，读者朋友们要想全面学习营改增实战操作，可以等待笔者下本书的出版！

待营改增配套政策发布以后，笔者会尽快出版一本包括全行业营改增政策详细解读、营改增纳税事项财税处理、纳税申报及税务风险控制的实战型图书，敬请大家关注！

一、应税行为及适用税率

应税行为（销售服务、无形资产、不动产）及适用税率，详见《销售服务、无形资产、不动产注释》（见表 4-1）。

表 4-1   销售服务、无形资产、不动产注释

行业名称		税率	注释
交通运输服务（交通运输服务，是指利用运输工具将货物或者旅客送达目的地，使其空间位置得到转移的业务活动。）	陆路运输服务	税率为11%	陆路运输服务，是指通过陆路（地上或者地下）运送货物或者旅客的运输业务活动，包括铁路运输服务和其他陆路运输服务。 （1）铁路运输服务，是指通过铁路运送货物或者旅客的运输业务活动。 （2）其他陆路运输服务，是指铁路运输以外的陆路运输业务活动。包括公路运输、缆车运输、索道运输、地铁运输、城市轻轨运输等。 出租车公司向使用本公司自有出租车的出租车司机收取的管理费用，按照陆路运输服务缴纳增值税
	水路运输服务	税率为11%	水路运输服务，是指通过江、河、湖、川等天然、人工水道或者海洋航道运送货物或者旅客的运输业务活动。 水路运输的程租、期租业务，属于水路运输服务。 程租业务，是指运输企业为租船人完成某一特定航次的运输任务并收取租赁费的业务。 期租业务，是指运输企业将配备有操作人员的船舶承租给他人使用一定期限，承租期内听候承租方调遣，不论是否经营，均按天向承租方收取租赁费，发生的固定费用均由船东负担的业务
	航空运输服务	税率为11%	航空运输服务，是指通过空中航线运送货物或者旅客的运输业务活动。 航空运输的湿租业务，属于航空运输服务。 湿租业务，是指航空运输企业将配备有机组人员的飞机承租给他人使用一定期限，承租期内听候承租方调遣，不论是否经营，均按一定标准向承租方收取租赁费，发生的固定费用均由承租方承担的业务。 航天运输服务，按照航空运输服务缴纳增值税。 航天运输服务，是指利用火箭等载体将卫星、空间探测器等空间飞行器发射到空间轨道的业务活动
	管道运输服务	税率为11%	管道运输服务，是指通过管道设施输送气体、液体、固体物质的运输业务活动。 无运输工具承运业务，按照交通运输服务缴纳增值税。 无运输工具承运业务，是指经营者以承运人身份与托运人签订运输服务合同，收取运费并承担承运人责任，然后委托实际承运人完成运输服务的经营活动
邮政服务（邮政服务，是指中国邮政集团公司及其所属邮政企业提供邮件寄递、邮政汇兑和机要通信等邮政基本服务的业务活动。）	邮政普遍服务	税率为11%	邮政普遍服务，是指函件、包裹等邮件寄递，以及邮票发行、报刊发行和邮政汇兑等业务活动。 函件，是指信函、印刷品、邮资封片卡、无名址函件和邮政小包等。 包裹，是指按照封装上的名址递送给特定个人或者单位的独立封装的物品，其重量不超过五十千克，任何一边的尺寸不超过一百五十厘米，长、宽、高合计不超过三百厘米
	邮政特殊服务	税率为11%	邮政特殊服务，是指义务兵平常信函、机要通信、盲人读物和革命烈士遗物的寄递等业务活动
	其他邮政服务	税率为11%	其他邮政服务，是指邮册等邮品销售、邮政代理等业务活动

续表

行业名称		税率	注释
电信服务（电信服务，是指利用有线、无线的电磁系统或者光电系统等各种通信网络资源，提供语音通话服务，传送、发射、接收或者应用图像、短信等电子数据和信息的业务活动。）	基础电信服务	税率为11%	基础电信服务，是指利用固网、移动网、卫星、互联网，提供语音通话服务的业务活动，以及出租或者出售带宽、波长等网络元素的业务活动
	增值电信服务	税率为6%	增值电信服务，是指利用固网、移动网、卫星、互联网、有线电视网络，提供短信和彩信服务、电子数据和信息的传输及应用服务、互联网接入服务等业务活动。 卫星电视信号落地转接服务，按照增值电信服务缴纳增值税
建筑服务（建筑服务，是指各类建筑物、构筑物及其附属设施的建造、修缮、装饰，线路、管道、设备、设施等的安装以及其他工程作业的业务活动。）	工程服务	税率为11%	工程服务，是指新建、改建各种建筑物、构筑物的工程作业，包括与建筑物相连的各种设备或者支柱、操作平台的安装或者装设工程作业，以及各种窑炉和金属结构工程作业
	安装服务	税率为11%	安装服务，是指生产设备、动力设备、起重设备、运输设备、传动设备、医疗实验设备以及其他各种设备、设施的装配、安置工程作业，包括与被安装设备相连的工作台、梯子、栏杆的装设工程作业，以及被安装设备的绝缘、防腐、保温、油漆等工程作业。 固定电话、有线电视、宽带、水、电、燃气、暖气等经营者向用户收取的安装费、初装费、开户费、扩容费以及类似收费，按照安装服务缴纳增值税
	修缮服务	税率为11%	修缮服务，是指对建筑物、构筑物进行修补、加固、养护、改善，使之恢复原来的使用价值或者延长其使用期限的工程作业
	装饰服务	税率为11%	装饰服务，是指对建筑物、构筑物进行修饰装修，使之美观或者具有特定用途的工程作业
	其他建筑服务	税率为11%	其他建筑服务，是指上列工程作业之外的各种工程作业服务，如钻井（打井）、拆除建筑物或者构筑物、平整土地、园林绿化、疏浚（不包括航道疏浚）、建筑物平移、搭脚手架、爆破、矿山穿孔、表面附着物（包括岩层、土层、沙层等）剥离和清理等工程作业
金融服务（金融服务，是指经营金融保险的业务活动。）	贷款服务	税率为6%	贷款，是指将资金贷与他人使用而取得利息收入的业务活动。 各种占用、拆借资金取得的收入，包括金融商品持有期间（含到期）利息（保本收益、报酬、资金占用费、补偿金等）收入、信用卡透支利息收入、买入返售金融商品利息收入、融资融券收取的利息收入，以及融资性售后回租、押汇、罚息、票据贴现、转贷等业务取得的利息及利息性质的收入，按照贷款服务缴纳增值税。 融资性售后回租，是指承租方以融资为目的，将资产出售给从事融资性售后回租业务的企业后，从事融资性售后回租业务的企业将该资产出租给承租方的业务活动。 以货币资金投资收取的固定利润或者保底利润，按照贷款服务缴纳增值税

续表

行业名称		税率	注释
金融服务 （金融服务，是指经营金融保险的业务活动。）	直接收费金融服务	税率为6%	直接收费金融服务，是指为货币资金融通及其他金融业务提供相关服务并且收取费用的业务活动。包括提供货币兑换、账户管理、电子银行、信用卡、信用证、财务担保、资产管理、信托管理、基金管理、金融交易场所（平台）管理、资金结算、资金清算、金融支付等服务
	保险服务	税率为6%	保险服务，是指投保人根据合同约定，向保险人支付保险费，保险人对于合同约定的可能发生的事故因其发生所造成的财产损失承担赔偿保险金责任，或者当被保险人死亡、伤残、疾病或者达到合同约定的年龄、期限等条件时承担给付保险金责任的商业保险行为。包括人身保险服务和财产保险服务。 人身保险服务，是指以人的寿命和身体为保险标的的保险业务活动。 财产保险服务，是指以财产及其有关利益为保险标的的保险业务活动
	金融商品转让	税率为6%	金融商品转让，是指转让外汇、有价证券、非货物期货和其他金融商品所有权的业务活动。 其他金融商品转让包括基金、信托、理财产品等各类资产管理产品和各种金融衍生品的转让
现代服务 （现代服务，是指围绕制造业、文化产业、现代物流产业等提供技术性、知识性服务的业务活动。）	研发和技术服务	税率为6%	研发和技术服务，包括研发服务、合同能源管理服务、工程勘察勘探服务、专业技术服务。 (1) 研发服务，也称技术开发服务，是指就新技术、新产品、新工艺或者新材料及其系统进行研究与试验开发的业务活动。 (2) 合同能源管理服务，是指节能服务公司与用能单位以契约形式约定节能目标，节能服务公司提供必要的服务，用能单位以节能效果支付节能服务公司投入及其合理报酬的业务活动。 (3) 工程勘察勘探服务，是指在采矿、工程施工前后，对地形、地质构造、地下资源蕴藏情况进行实地调查的业务活动。 (4) 专业技术服务，是指气象服务、地震服务、海洋服务、测绘服务、城市规划、环境与生态监测服务等专项技术服务
	信息技术服务	税率为6%	信息技术服务，是指利用计算机、通信网络等技术对信息进行生产、收集、处理、加工、存储、运输、检索和利用，并提供信息服务的业务活动。包括软件服务、电路设计及测试服务、信息系统服务、业务流程管理服务和信息系统增值服务。 (1) 软件服务，是指提供软件开发服务、软件维护服务、软件测试服务的业务活动。 (2) 电路设计及测试服务，是指提供集成电路和电子电路产品设计、测试及相关技术支持服务的业务活动。 (3) 信息系统服务，是指提供信息系统集成、网络管理、网站内容维护、桌面管理与维护、信息系统应用、基础信息技术管理平台整合、信息技术基础设施管理、数据中心、托管中心、信息安全服务、在线杀毒、虚拟主机等业务活动。包括网站对非自有的网络游戏提供的网络运营服务。 (4) 业务流程管理服务，是指依托信息技术提供的人力资源管理、财务经济管理、审计管理、税务管理、物流信息管理、经营信息管理和呼叫中心等服务的活动。 (5) 信息系统增值服务，是指利用信息系统资源为用户附加提供的信息技术服务。包括数据处理、分析和整合、数据库管理、数据备份、数据存储、容灾服务、电子商务平台等

行业名称	税率	注释
现代服务（现代服务，是指围绕制造业、文化产业、现代物流产业等提供技术性、知识性服务的业务活动。）	文化创意服务 税率为6%	文化创意服务，包括设计服务、知识产权服务、广告服务和会议展览服务。 (1) 设计服务，是指把计划、规划、设想通过文字、语言、图画、声音、视觉等形式传递出来的业务活动。包括工业设计、内部管理设计、业务运作设计、供应链设计、造型设计、服装设计、环境设计、平面设计、包装设计、动漫设计、网游设计、展示设计、网站设计、机械设计、工程设计、广告设计、创意策划、文印晒图等。 (2) 知识产权服务，是指处理知识产权事务的业务活动。包括对专利、商标、著作权、软件、集成电路布图设计的登记、鉴定、评估、认证、检索服务。 (3) 广告服务，是指利用图书、报纸、杂志、广播、电视、电影、幻灯、路牌、招贴、橱窗、霓虹灯、灯箱、互联网等各种形式为客户的商品、经营服务项目、文体节目或者通告、声明等委托事项进行宣传和提供相关服务的业务活动。包括广告代理和广告的发布、播映、宣传、展示等。 (4) 会议展览服务，是指为商品流通、促销、展示、经贸洽谈、民间交流、企业沟通、国际往来等举办或者组织安排的各类展览和会议的业务活动
	物流辅助服务 税率为6%	物流辅助服务，包括航空服务、港口码头服务、货运客运场站服务、打捞救助服务、装卸搬运服务、仓储服务和收派服务。 (1) 航空服务，包括航空地面服务和通用航空服务。 航空地面服务，是指航空公司、飞机场、民航管理局、航站等向在境内航行或者在境内机场停留的境内外飞机或者其他飞行器提供的导航等劳务性地面服务的业务活动。包括旅客安全检查服务、停机坪管理服务、机场候机厅管理服务、飞机清洗消毒服务、空中飞行管理服务、飞机起降服务、飞行通讯服务、地面信号服务、飞机安全服务、飞机跑道管理服务、空中交通管理服务等。 通用航空服务，是指为专业工作提供飞行服务的业务活动，包括航空摄影、航空培训、航空测量、航空勘探、航空护林、航空吊挂播洒、航空降雨、航空气象探测、航空海洋监测、航空科学实验等。 (2) 港口码头服务，是指港务船舶调度服务、船舶通讯服务、航道管理服务、航道疏浚服务、灯塔管理服务、航标管理服务、船舶引航服务、理货服务、系解缆服务、停泊和移泊服务、海上船舶溢油清除服务、水上交通管理服务、船只专业清洗消毒检测服务和防止船只漏油服务等为船只提供服务的业务活动。 港口设施经营人收取的港口设施保安费按照港口码头服务缴纳增值税。 (3) 货运客运场站服务，是指货运客运场站提供货物配载服务、运输组织服务、中转换乘服务、车辆调度服务、票务服务、货物打包整理、铁路线路使用服务、加挂铁路客车服务、铁路行包专列发送服务、铁路到达和中转服务、铁路车辆编解服务、车辆挂运服务、铁路接触网服务、铁路机车牵引服务等业务活动。 (4) 打捞救助服务，是指提供船舶人员救助、船舶财产救助、水上救助和沉船沉物打捞服务的业务活动。 (5) 装卸搬运服务，是指使用装卸搬运工具或者人力、畜力将货物在运输工具之间、装卸现场之间或者运输工具与装卸现场之间进行装卸和搬运的业务活动。

续表

行业名称		税率	注释
现代服务（现代服务，是指围绕制造业、文化产业、现代物流产业等提供技术性、知识性服务的业务活动。）	物流辅助服务	税率为6%	（6）仓储服务，是指利用仓库、货场或者其他场所代客贮放、保管货物的业务活动。 （7）收派服务，是指接受寄件人委托，在承诺的时限内完成函件和包裹的收件、分拣、派送服务的业务活动。 收件服务，是指从寄件人收取函件和包裹，并运送到服务提供方同城的集散中心的业务活动。 分拣服务，是指服务提供方在其集散中心对函件和包裹进行归类、分发的业务活动。 派送服务，是指服务提供方从其集散中心将函件和包裹送达同城的收件人的业务活动
	租赁服务	不动产租赁服务，税率为11%，有形动产租赁服务，税率为17%	租赁服务，包括融资租赁服务和经营租赁服务。 （1）融资租赁服务，是指具有融资性质和所有权转移特点的租赁活动。即出租人根据承租人所要求的规格、型号、性能等条件购入有形动产或者不动产租赁给承租人，合同期内租赁物所有权属于出租人，承租人只拥有使用权，合同期满付清租金后，承租人有权按照残值购入租赁物，以拥有其所有权。不论出租人是否将租赁物销售给承租人，均属于融资租赁。 按照标的物的不同，融资租赁服务可分为有形动产融资租赁服务和不动产融资租赁服务。 融资性售后回租不按照本税目缴纳增值税。 （2）经营租赁服务，是指在约定时间内将有形动产或者不动产转让他人使用且租赁物所有权不变更的业务活动。 按照标的物的不同，经营租赁服务可分为有形动产经营租赁服务和不动产经营租赁服务。 将建筑物、构筑物等不动产或者飞机、车辆等有形动产的广告位出租给其他单位或者个人用于发布广告，按照经营租赁服务缴纳增值税。 车辆停放服务、道路通行服务（包括过路费、过桥费、过闸费等）等按照不动产经营租赁服务缴纳增值税。 水路运输的光租业务、航空运输的干租业务，属于经营租赁。 光租业务，是指运输企业将船舶在约定的时间内出租给他人使用，不配备操作人员，不承担运输过程中发生的各项费用，只收取固定租赁费的业务活动。 干租业务，是指航空运输企业将飞机在约定的时间内出租给他人使用，不配备机组人员，不承担运输过程中发生的各项费用，只收取固定租赁费的业务活动
	鉴证咨询服务	税率为6%	鉴证咨询服务，包括认证服务、鉴证服务和咨询服务。 （1）认证服务，是指具有专业资质的单位利用检测、检验、计量等技术，证明产品、服务、管理体系符合相关技术规范、相关技术规范的强制性要求或者标准的业务活动。 （2）鉴证服务，是指具有专业资质的单位受托对相关事项进行鉴证，发表具有证明力的意见的业务活动。包括会计鉴证、税务鉴证、法律鉴证、职业技能鉴定、工程造价鉴证、工程监理、资产评估、环境评估、房地产土地评估、建筑图纸审核、医疗事故鉴定等。 （3）咨询服务，是指提供信息、建议、策划、顾问等服务的活动。包括金融、软件、技术、财务、税收、法律、内部管理、业务运作、流程管理、健康等方面的咨询。 翻译服务和市场调查服务按照咨询服务缴纳增值税

续表

行业名称	税率	注释
现代服务（现代服务，是指围绕制造业、文化产业、现代物流产业等提供技术性、知识性服务的业务活动。）	广播影视服务 税率为6%	广播影视服务，包括广播影视节目（作品）的制作服务、发行服务和播映（含放映，下同）服务。 （1）广播影视节目（作品）制作服务，是指进行专题（特别节目）、专栏、综艺、体育、动画片、广播剧、电视剧、电影等广播影视节目和作品制作的服务。具体包括与广播影视节目和作品相关的策划、采编、拍摄、录音、音视频文字图片素材制作、场景布置、后期的剪辑、翻译（编译）、字幕制作、片头、片尾、片花制作、特效制作、影片修复、编目和确权等业务活动。 （2）广播影视节目（作品）发行服务，是指以分账、买断、委托等方式，向影院、电台、电视台、网站等单位和个人发行广播影视节目（作品）以及转让体育赛事等活动的报道及播映权的业务活动。 （3）广播影视节目（作品）播映服务，是指在影院、剧院、录像厅及其他场所播映广播影视节目（作品），以及通过电台、电视台、卫星通信、互联网、有线电视等无线或者有线装置播映广播影视节目（作品）的业务活动
	商务辅助服务 税率为6%	商务辅助服务，包括企业管理服务、经纪代理服务、人力资源服务、安全保护服务。 （1）企业管理服务，是指提供总部管理、投资与资产管理、市场管理、物业管理、日常综合管理等服务的业务活动。 （2）经纪代理服务，是指各类经纪、中介、代理服务。包括金融代理、知识产权代理、货物运输代理、代理报关、法律代理、房地产中介、职业中介、婚姻中介、代理记账、拍卖等。 货物运输代理服务，是指接受货物收货人、发货人、船舶所有人、船舶承租人或者船舶经营人的委托，以委托人的名义，为委托人办理货物运输、装卸、仓储和船舶进出港口、引航、靠泊等相关手续的业务活动。 代理报关服务，是指接受进出口货物的收、发货人委托，代为办理报关手续的业务活动。 （3）人力资源服务，是指提供公共就业、劳务派遣、人才委托招聘、劳动力外包等服务的业务活动。 （4）安全保护服务，是指提供保护人身安全和财产安全，维护社会治安等的业务活动。包括场所住宅保安、特种保安、安全系统监控以及其他安保服务
	其他现代服务 税率为6%	其他现代服务，是指除研发和技术服务、信息技术服务、文化创意服务、物流辅助服务、租赁服务、鉴证咨询服务、广播影视服务和商务辅助服务以外的现代服务
生活服务（生活服务，是指为满足城乡居民日常生活需求提供的各类服务活动。）	文化体育服务 税率为6%	文化体育服务，包括文化服务和体育服务。 （1）文化服务，是指为满足社会公众文化生活需求提供的各种服务。包括：文艺创作、文艺表演、文化比赛，图书馆的图书和资料借阅，档案馆的档案管理，文物及非物质遗产保护，组织举办宗教活动、科技活动、文化活动，提供游览场所。 （2）体育服务，是指组织举办体育比赛、体育表演、体育活动，以及提供体育训练、体育指导、体育管理的业务活动

续表

行业名称		税率	注释
生活服务（生活服务，是指为满足城乡居民日常生活需求提供的各类服务活动。）	教育医疗服务	税率为6%	教育医疗服务，包括教育服务和医疗服务。 （1）教育服务，是指提供学历教育服务、非学历教育服务、教育辅助服务的业务活动。 学历教育服务，是指根据教育行政管理部门确定或者认可的招生和教学计划组织教学，并颁发相应学历证书的业务活动。包括初等教育、初级中等教育、高级中等教育、高等教育等。 非学历教育服务，包括学前教育、各类培训、演讲、讲座、报告会等。 教育辅助服务，包括教育测评、考试、招生等服务。 （2）医疗服务，是指提供医学检查、诊断、治疗、康复、预防、保健、接生、计划生育、防疫服务等方面的服务，以及与这些服务有关的提供药品、医用材料器具、救护车、病房住宿和伙食的业务
	旅游娱乐服务	税率为6%	旅游娱乐服务，包括旅游服务和娱乐服务。 （1）旅游服务，是指根据旅游者的要求，组织安排交通、游览、住宿、餐饮、购物、文娱、商务等服务的业务活动。 （2）娱乐服务，是指为娱乐活动同时提供场所和服务的业务。 具体包括：歌厅、舞厅、夜总会、酒吧、台球、高尔夫球、保龄球、游艺（包括射击、狩猎、跑马、游戏机、蹦极、卡丁车、热气球、动力伞、射箭、飞镖）
	餐饮住宿服务	税率为6%	餐饮住宿服务，包括餐饮服务和住宿服务。 （1）餐饮服务，是指通过同时提供饮食和饮食场所的方式为消费者提供饮食消费服务的业务活动。 （2）住宿服务，是指提供住宿场所及配套服务等的活动。包括宾馆、旅馆、旅社、度假村和其他经营性住宿场所提供的住宿服务
	居民日常服务	税率为6%	居民日常服务，是指主要为满足居民个人及其家庭日常生活需求提供的服务，包括市容市政管理、家政、婚庆、养老、殡葬、照料和护理、救助救济、美容美发、按摩、桑拿、氧吧、足疗、沐浴、洗染、摄影扩印等服务
	其他生活服务	税率为6%	其他生活服务，是指除文化体育服务、教育医疗服务、旅游娱乐服务、餐饮住宿服务和居民日常服务之外的生活服务
销售无形资产		转让土地使用权，税率为11%，其他税率为6%	销售无形资产，是指转让无形资产所有权或者使用权的业务活动。无形资产，是指不具实物形态，但能带来经济利益的资产，包括技术、商标、著作权、商誉、自然资源使用权和其他权益性无形资产。 技术，包括专利技术和非专利技术。 自然资源使用权，包括土地使用权、海域使用权、探矿权、采矿权、取水权和其他自然资源使用权。 其他权益性无形资产，包括基础设施资产经营权、公共事业特许权、配额、经营权（包括特许经营权、连锁经营权、其他经营权）、经销权、分销权、代理权、会员权、席位权、网络游戏虚拟道具、域名、名称权、肖像权、冠名权、转会费等

续表

行业名称	税率	注释
销售不动产	税率为11%	销售不动产，是指转让不动产所有权的业务活动。不动产，是指不能移动或者移动后会引起性质、形状改变的财产，包括建筑物、构筑物等。 建筑物，包括住宅、商业营业用房、办公楼等可供居住、工作或者进行其他活动的建造物。 构筑物，包括道路、桥梁、隧道、水坝等建造物。 转让建筑物有限产权或者永久使用权的，转让在建的建筑物或者构筑物所有权的，以及在转让建筑物或者构筑物时一并转让其所占土地的使用权的，按照销售不动产缴纳增值税

二、应纳税额的计算方法

增值税的计税方法，包括一般计税方法和简易计税方法。

（一）一般计税方法

一般计税方法的应纳税额，是指当期销项税额抵扣当期进项税额后的余额。应纳税额计算公式如下：

$$应纳税额＝当期销项税额－当期进项税额$$

温馨提醒

当期销项税额小于当期进项税额不足抵扣时，其不足部分可以结转下期继续抵扣。

1. 销项税额，是指纳税人发生应税行为按照销售额和增值税税率计算并收取的增值税额。销项税额计算公式如下：

$$销项税额＝销售额×税率$$

一般计税方法的销售额不包括销项税额，纳税人采用销售额和销项税额合并定价方法的，按照下列公式计算销售额：

$$销售额＝含税销售额÷（1＋税率）$$

销售额，是指纳税人发生应税行为取得的全部价款和价外费用，财政部和国家税务总局另有规定的除外。

温馨提醒

增值税应税行为的计税依据为不含税销售额，这一点与营业税计税依据不同。

价外费用，是指价外收取的各种性质的收费，但不包括以下项目：

（1）代为收取并符合规定的政府性基金或者行政事业性收费。

即代行政单位收取的同时满足以下条件的政府性基金或者行政事业性收费。

①由国务院或者财政部批准设立的政府性基金，由国务院或者省级人民政府及其财

政、价格主管部门批准设立的行政事业性收费；

②收取时开具省级以上（含省级）财政部门监（印）制的财政票据；

③所收款项全额上缴财政。

（2）以委托方名义开具发票代委托方收取的款项。

温馨提醒

很多企业对发生应税行为价外收取的手续费、违约金、滞纳金、延期付款利息、赔偿金、代收款项等费用不计提缴纳增值税，造成少缴增值税的税务风险。举例说明如下：

建筑企业收取房地产开发企业的违约金、提前竣工奖、材料差价款、赔偿金等属于税法规定的价外费用，也需要开具发票缴纳增值税。

固定电话、有线电视、宽带、水、电、燃气、暖气等经营者向用户收取的安装费、初装费、开户费、扩容费以及类似收费，按照安装服务缴纳增值税。不属于原增值税销售价外费用而随销售货物的税率征收增值税。

纳税人发生应税行为价格明显偏低或者偏高且不具有合理商业目的的，或者发生视同销售服务、无形资产或者不动产而无销售额的，主管税务机关有权按照下列顺序确定销售额：

（1）按照纳税人最近时期销售同类服务、无形资产或者不动产的平均价格确定。

（2）按照其他纳税人最近时期销售同类服务、无形资产或者不动产的平均价格确定。

（3）按照组成计税价格确定。组成计税价格的公式为：

组成计税价格＝成本×（1＋成本利润率）

成本利润率由国家税务总局确定。

不具有合理商业目的，是指以谋取税收利益为主要目的，通过人为安排，减少、免除、推迟缴纳增值税税款，或者增加退还增值税税款。

销售额以人民币计算。

纳税人按照人民币以外的货币结算销售额的，应当折合成人民币计算，折合率可以选择销售额发生的当天或者当月1日的人民币汇率中间价。纳税人应当在事先确定采用何种折合率，确定后12个月内不得变更。

2. 进项税额，是指纳税人购进货物、加工修理修配劳务、服务、无形资产或者不动产，支付或者负担的增值税额。

下列进项税额准予从销项税额中抵扣：

（1）从销售方取得的增值税专用发票（含税控机动车销售统一发票，下同）上注明的增值税额。

（2）从海关取得的海关进口增值税专用缴款书上注明的增值税额。

（3）购进农产品，除取得增值税专用发票或者海关进口增值税专用缴款书外，按照农产品收购发票或者销售发票上注明的农产品买价和13％的扣除率计算的进项税额。

计算公式为：

进项税额＝买价×扣除率

买价，是指纳税人购进农产品在农产品收购发票或者销售发票上注明的价款和按照规定缴纳的烟叶税。

购进农产品，按照《农产品增值税进项税额核定扣除试点实施办法》抵扣进项税额的除外。

（4）从境外单位或者个人购进服务、无形资产或者不动产，自税务机关或者扣缴义务人取得的解缴税款的完税凭证上注明的增值税额。

温馨提醒

以完税凭证作为扣税凭证，需为购进服务、无形资产或者不动产业务。接受境外单位或个人在境内提供的加工修理修配劳务，代扣代缴增值税的完税凭证不允许抵扣。

3. 纳税人适用一般计税方法计税的，因销售折让、中止或者退回而退还给购买方的增值税额，应当从当期的销项税额中扣减；因销售折让、中止或者退回而收回的增值税额，应当从当期的进项税额中扣减。

4. 适用一般计税方法的试点纳税人，2016年5月1日后取得并在会计制度上按固定资产核算的不动产或者2016年5月1日后取得的不动产在建工程，其进项税额应自取得之日起分2年从销项税额中抵扣，第一年抵扣比例为60%，第二年抵扣比例为40%。

取得不动产，包括以直接购买、接受捐赠、接受投资入股、自建以及抵债等各种形式取得不动产，不包括房地产开发企业自行开发的房地产项目。

融资租入的不动产以及在施工现场修建的临时建筑物、构筑物，其进项税额不适用上述分2年抵扣的规定。

温馨提醒

融资租入的不动产以及在施工现场修建的临时建筑物、构筑物，其进项税额不适用上述分2年抵扣的规定，按进项税额抵扣的一般原则规定进行处理。

融资租入的不动产，按照取得的租赁服务企业开具的增值税专用发票抵扣。

施工现场修建的临时建筑物、构筑物，按照临时建筑物、构筑物取得的材料销售方开具的增值税专用发票抵扣。

5. 按照《营业税改征增值税试点实施办法》（财税〔2016〕36号附件1）第二十七条第（一）项规定不得抵扣且未抵扣进项税额的固定资产、无形资产、不动产，发生用途改变，用于允许抵扣进项税额的应税项目，可在用途改变的次月按照下列公式计算可以抵扣的进项税额：

可以抵扣的进项税额＝固定资产、无形资产、不动产净值/（1＋适用税率）×适用税率

上述可以抵扣的进项税额应取得合法有效的增值税扣税凭证。

温馨提醒

先用于不得抵扣进项税额且未抵扣，后又用于允许抵扣进项税额的应税项目，才可以计算进项税额转回；先用于不得抵扣进项税额且未抵扣，后又混用的，不可以计算进项税额转回。比如，某项业务免征增值税，其生产设备的进项税额不得抵扣，企业做了进项税额转出，后来该业务恢复征税，则可以计算其生产设备的进项税额进行转回。

（二）简易计税方法

简易计税方法的应纳税额，是指按照销售额和增值税征收率计算的增值税额，不得抵扣进项税额。应纳税额计算公式如下：

$$应纳税额＝销售额×征收率$$

简易计税方法的销售额不包括其应纳税额，纳税人采用销售额和应纳税额合并定价方法的，按照下列公式计算销售额：

$$销售额＝含税销售额÷（1＋征收率）$$

纳税人适用简易计税方法计税的，因销售折让、中止或者退回而退还给购买方的销售额，应当从当期销售额中扣减。扣减当期销售额后仍有余额造成多缴的税款，可以从以后的应纳税额中扣减。

一般纳税人发生财政部和国家税务总局规定的特定应税行为，可以选择适用简易计税方法计税，但一经选择，36个月内不得变更。

增值税简易计税方法、发票类型及计税公式汇总，见表4-2。

表4-2　　　　　增值税简易计税方法、发票类型及计税公式汇总表

类别	应税行为	发票类型	计税公式
小规模纳税人			
按3%征收率简易征收	小规模纳税人发生应税行为，增值税征收率为3%，财政部和国家税务总局另有规定的除外	可以代开增值税专用发票	增值税＝含税销售额/（1＋3%）×3%
	试点纳税人中的小规模纳税人（以下称小规模纳税人）跨县（市）提供建筑服务，应以取得的全部价款和价外费用扣除支付的分包款后的余额为销售额，按照3%的征收率计算应纳税额。纳税人应按照上述计税方法在建筑服务发生地预缴税款后，向机构所在地主管税务机关进行纳税申报		
按5%征收率简易征收	小规模纳税人销售其取得（不含自建）的不动产（不含个体工商户销售购买的住房和其他个人销售不动产），应以取得的全部价款和价外费用减去该项不动产购置原价或者取得不动产时的作价后的余额为销售额，按照5%的征收率计算应纳税额。纳税人应按照上述计税方法在不动产所在地预缴税款后，向机构所在地主管税务机关进行纳税申报	可以代开增值税专用发票	增值税＝含税销售额/（1＋5%）×5%

续表

类别	应税行为	发票类型	计税公式
按 5％ 征收率简易征收	小规模纳税人销售其自建的不动产，应以取得的全部价款和价外费用为销售额，按照5％的征收率计算应纳税额。纳税人应按照上述计税方法在不动产所在地预缴税款后，向机构所在地主管税务机关进行纳税申报		
	房地产开发企业中的小规模纳税人，销售自行开发的房地产项目，按照5％的征收率计税	可以代开增值税专用发票	增值税＝含税销售额/(1+5％)×5％
	小规模纳税人出租其取得的不动产（不含个人出租住房），应按照5％的征收率计算应纳税额。纳税人出租与机构所在地不在同一县（市）的不动产，应按照上述计税方法在不动产所在地预缴税款后，向机构所在地主管税务机关进行纳税申报	可以代开增值税专用发票	增值税＝含税销售额/(1+5％)×5％
按 3％ 征收率简易征收	小规模纳税人（除其他个人外）销售自己使用过的除固定资产以外的物品	可以代开增值税专用发票	增值税＝含税销售额/(1+3％)×3％
按 2％ 征收率简易征收	小规模纳税人（除其他个人外）销售自己使用过的固定资产（不区分购进年限）和旧货	只能开具普通发票，不得代开增值税专用发票	增值税＝含税销售额/(1+3％)×2％
放弃减税，按 3％ 征收率简易征收	小规模纳税人销售自己使用过的固定资产，适用简易办法依照3％征收率减按2％征收增值税政策的，可以放弃减税，按照简易办法依照3％征收率缴纳增值税	可以代开增值税专用发票	增值税＝含税销售额/(1+3％)×3％
一般纳税人			
暂按 3％ 征收率简易征收	一般纳税人销售货物属于下列情形之一的，暂按简易办法依照3％征收率计算缴纳增值税： 1. 寄售商店代销寄售物品（包括居民个人寄售的物品在内）。 2. 典当业销售死当物品。 3. 经国务院或国务院授权机关批准的免税商店零售的免税品	可以开具增值税专用发票	增值税＝含税销售额/(1+3％)×3％
可按 3％ 征收率简易征收	属于增值税一般纳税人的单采血浆站销售非临床用人体血液，可以按照简易办法依照3％征收率计算应纳税额。	不得开具增值税专用发票	增值税＝含税销售额/(1+3％)×3％
可按 3％ 征收率简易征收	一般纳税人销售自产的下列货物，可选择按照简易办法依照3％征收率计算缴纳增值税： 1. 县及县以下小型水力发电单位生产的电力。小型水力发电单位，是指各类投资主体建设的装机容量为5万千瓦以下（含5万千瓦）的小型水力发电单位。 2. 建筑用和生产建筑材料所用的砂、土、石料。	可以开具增值税专用发票	增值税＝含税销售额/(1+3％)×3％

续表

类别	应税行为	发票类型	计税公式
	3. 以自己采掘的砂、土、石料或其他矿物连续生产的砖、瓦、石灰（不含粘土实心砖、瓦）。 4. 用微生物、微生物代谢产物、动物毒素、人或动物的血液或组织制成的生物制品。 5. 自来水。 6. 商品混凝土（仅限于以水泥为原料生产的水泥混凝土）		
	两类企业批发零售生物制品，可选择简易办法计算缴纳增值税：一是取得（食品）药品监督管理部门颁发的《药品经营许可证》的药品经营企业，二是取得兽医行政管理部门颁发的《兽药经营许可证》的兽用药品经营企业	可以开具增值税专用发票	增值税＝含税销售额/(1＋3%)×3%
可按 3% 征收率简易征收	一般纳税人发生下列应税行为可以选择适用简易计税方法计税： 1. 公共交通运输服务。 公共交通运输服务，包括轮客渡、公交客运、地铁、城市轻轨、出租车、长途客运、班车。 班车，是指按固定路线、固定时间运营并在固定站点停靠的运送旅客的陆路运输服务。 2. 经认定的动漫企业为开发动漫产品提供的动漫脚本编撰、形象设计、背景设计、动画设计、分镜、动画制作、摄制、描线、上色、画面合成、配音、配乐、音效合成、剪辑、字幕制作、压缩转码（面向网络动漫、手机动漫格式适配）服务，以及在境内转让动漫版权（包括动漫品牌、形象或者内容的授权及再授权）。 动漫企业和自主开发、生产动漫产品的认定标准和认定程序，按照《文化部 财政部 国家税务总局关于印发〈动漫企业认定管理办法（试行）〉的通知》（文市发〔2008〕51 号）的规定执行。 3. 电影放映服务、仓储服务、装卸搬运服务、收派服务和文化体育服务。 4. 以纳入营改增试点之日前取得的有形动产为标的物提供的经营租赁服务。 5. 在纳入营改增试点之日前签订的尚未执行完毕的有形动产租赁合同	可以开具增值税专用发票	增值税 ＝ 售价/(1＋3%)×3%
可按 3% 征收率简易征收	1. 一般纳税人以清包工方式提供的建筑服务，可以选择适用简易计税方法计税。 以清包工方式提供建筑服务，是指施工方不采购建筑工程所需的材料或只采购辅助材料，并收取人工费、管理费或者其他费用的建筑服务。 2. 一般纳税人为甲供工程提供的建筑服务，可以选择适用简易计税方法计税。 甲供工程，是指全部或部分设备、材料、动力由工程发包方自行采购的建筑工程。		增值税＝含税销售额/(1＋3%)×3%

类别	应税行为	发票类型	计税公式
可按 3% 征收率简易征收	3. 一般纳税人为建筑工程老项目提供的建筑服务，可以选择适用简易计税方法计税。 建筑工程老项目，是指： (1)《建筑工程施工许可证》注明的合同开工日期在 2016 年 4 月 30 日前的建筑工程项目； (2) 未取得《建筑工程施工许可证》的，建筑工程承包合同注明的开工日期在 2016 年 4 月 30 日前的建筑工程项目。 4. 一般纳税人跨县（市）提供建筑服务，选择适用简易计税方法计税的，应以取得的全部价款和价外费用扣除支付的分包款后的余额为销售额，按照 3% 的征收率计算应纳税额。纳税人应按照上述计税方法在建筑服务发生地预缴税款后，向机构所在地主管税务机关进行纳税申报		
可按 5% 征收率简易征收	1. 一般纳税人销售其 2016 年 4 月 30 日前取得（不含自建）的不动产，可以选择适用简易计税方法，以取得的全部价款和价外费用减去该项不动产购置原价或者取得不动产时的作价后的余额为销售额，按照 5% 的征收率计算应纳税额。纳税人应按照上述计税方法在不动产所在地预缴税款后，向机构所在地主管税务机关进行纳税申报。 2. 一般纳税人销售其 2016 年 4 月 30 日前自建的不动产，可以选择适用简易计税方法，以取得的全部价款和价外费用为销售额，按照 5% 的征收率计算应纳税额。纳税人应按照上述计税方法在不动产所在地预缴税款后，向机构所在地主管税务机关进行纳税申报		增值税＝含税销售额/(1+5%)×5%
可按 5% 征收率简易征收	房地产开发企业中的一般纳税人，销售自行开发的房地产老项目，可以选择适用简易计税方法按照 5% 的征收率计税	可以开具增值税专用发票	增值税＝含税销售额/(1+5%)×5%
	一般纳税人出租其 2016 年 4 月 30 日前取得的不动产，可以选择适用简易计税方法，按照 5% 的征收率计算应纳税额。纳税人出租其 2016 年 4 月 30 日前取得的与机构所在地不在同一县（市）的不动产，应按照上述计税方法在不动产所在地预缴税款后，向机构所在地主管税务机关进行纳税申报	可以开具增值税专用发票	增值税＝含税销售额/(1+5%)×5%
可减按 3% 的征收率简易征收	公路经营企业中的一般纳税人收取试点前开工的高速公路的车辆通行费，可以选择适用简易计税方法，减按 3% 的征收率计算应纳税额。 试点前开工的高速公路，是指相关施工许可证明上注明的合同开工日期在 2016 年 4 月 30 日前的高速公路	可以开具增值税专用发票	增值税＝含税销售额/(1+5%)×3%

续表

类别	应税行为	发票类型	计税公式
按照 3% 征收率减按 2% 简易征收	1. 纳税人购进或者自制固定资产时为小规模纳税人，登记为一般纳税人后销售该固定资产。 2. 增值税一般纳税人发生按简易办法征收增值税应税行为，销售其按照规定不得抵扣且未抵扣进项税额的固定资产。 3. 2009 年 1 月 1 日前购进或者自制的固定资产	只能开具增值税普通发票（税率一栏按3%），不得自行开具或由税务机关代开增值税专用发票	增值税＝含税销售额/(1+3%)×2%
	销售旧货	只能开具增值税普通发票（税率一栏按3%），不得自行开具或由税务机关代开增值税专用发票	增值税＝含税销售额/(1+3%)×2%
放弃减税，按 3% 征收率简易征收	纳税人销售自己使用过的固定资产，适用简易办法依照3%征收率减按2%征收增值税政策的，可以放弃减税，按照简易办法依照3%征收率缴纳增值税	可以开具增值税专用发票	增值税＝含税销售额/(1+3%)×3%
其他个人			
按 5% 征收率简易征收	其他个人销售其取得（不含自建）的不动产（不含其购买的住房），应以取得的全部价款和价外费用减去该项不动产购置原价或者取得不动产时的作价后的余额为销售额，按照5%的征收率计算应纳税额	可以代开增值税专用发票或普通发票	增值税＝含税销售额/(1+5%)×5%
	其他个人出租其取得的不动产（不含住房），应按照5%的征收率计算应纳税额	可以代开增值税专用发票	
按照 5% 征收率减按 1.5% 简易征收	个人出租住房，应按照5%的征收率减按1.5%计算应纳税额	可以代开增值税专用发票	增值税＝含税销售额/(1+5%)×1.5%
其他说明			

2009 年 1 月 1 日后购进或者自制的固定资产（国家税务总局公告 2012 年第 1 号规定的情形除外），销售自己使用过的除固定资产以外的其他物品，按照适用税率征收增值税，可以开具增值税专用发票（税率一栏按适用税率）。固定资产，是指使用期限超过 12 个月的机器、机械、运输工具以及其他与生产经营有关的设备、工具、器具等有形动产，不包括不动产（不能移动或者移动后会引起性质、形状改变的财产，包括建筑物、构筑物等）。

使用过的固定资产，是指纳税人根据财务会计制度已经计提折旧的固定资产

北京、上海、广州、深圳四城市，个人销售购进不足 2 年的住房按照 5% 征收率全额缴税；个人销售购进 2 年以上（含 2 年）的非普通住房以销售收入减去购房价款后的差额按照 5% 征收率缴税；个人销售购进 2 年以上（含 2 年）的普通住房免税。北京、上海、广州、深圳四城市以外的其他地区，个人销售购进不足 2 年的住房按照 5% 征收率全额缴税；个人销售购进 2 年以上（含 2 年）的住房免税

续表

类别	应税行为	发票类型	计税公式
旧货，是指进入二次流通的具有部分使用价值的货物（含旧机动车、旧摩托车和旧游艇），但不包括使用过的物品。			
政策依据			
《中华人民共和国增值税暂行条例》（国务院令 538 号）、《中华人民共和国增值税暂行条例实施细则》（财政部 国家税务总局令 50 号）、《国家税务总局关于增值税简易征收政策有关管理问题的通知》（国税函〔2009〕90 号）、《财政部 国家税务总局关于部分货物适用增值税低税率和简易办法征收增值税政策的通知》（财税〔2009〕9 号）、《国家税务总局关于供应非临床用血增值税政策问题的批复》（国税函〔2009〕456 号）、《国家税务总局关于药品经营企业销售生物制品有关增值税问题的公告》（国家税务总局公告 2012 年第 20 号）、《财政部 国家税务总局关于简并增值税征收率政策的通知》（财税〔2014〕57 号）、《国家税务总局关于简并增值税征收率有关问题的公告》（国家税务总局公告 2014 年第 36 号）、《国家税务总局关于兽用药品经营企业销售兽用生物制品有关增值税问题的公告》（国家税务总局公告 2016 年第 8 号）、《财政部 国家税务总局关于全面推开营业税改征增值税试点的通知》（财税〔2016〕36 号）			

三、销售额的确定

增值税销售额一般规定及特殊规定，见表 4-3。

表 4-3 增值税销售额一般规定及特殊规定一览表

应税行为	销售额
一般情况	销售额，是指纳税人发生应税行为取得的全部价款和价外费用，财政部和国家税务总局另有规定的除外。 价外费用，是指价外收取的各种性质的收费，但不包括以下项目： （一）代为收取并符合本办法第十条规定的政府性基金或者行政事业性收费。 （二）以委托方名义开具发票代委托方收取的款项
贷款服务	提供贷款服务取得的全部利息及利息性质的收入
直接收费金融服务	提供直接收费金融服务收取的手续费、佣金、酬金、管理费、服务费、经手费、开户费、过户费、结算费、转托管费等各类费用
金融商品转让	卖出价扣除买入价后的余额
经纪代理服务	取得的全部价款和价外费用，扣除向委托方收取并代为支付的政府性基金或者行政事业性收费后的余额
融资租赁服务	取得的全部价款和价外费用，扣除支付的借款利息（包括外汇借款和人民币借款利息）、发行债券利息和车辆购置税后的余额
融资性售后回租服务	取得的全部价款和价外费用（不含本金），扣除对外支付的借款利息（包括外汇借款和人民币借款利息）、发行债券利息后的余额
航空运输	不包括代收的机场建设费和代售其他航空运输企业客票而代收转付的价款
客运场站服务	取得的全部价款和价外费用，扣除支付给承运方运费后的余额
旅游服务	取得的全部价款和价外费用，扣除向旅游服务购买方收取并支付给其他单位或者个人的住宿费、餐饮费、交通费、签证费、门票费和支付给其他接团旅游企业的旅游费用后的余额

续表

应税行为	销售额
建筑服务（适用简易计税方法）	取得的全部价款和价外费用扣除支付的分包款后的余额
房地产开发企业中的一般纳税人销售其开发的房地产项目（选择简易计税方法的房地产老项目除外）	取得的全部价款和价外费用，扣除受让土地时向政府部门支付的土地价款后的余额

四、建筑服务、销售不动产、不动产经营租赁营改增政策

建筑服务、销售不动产、不动产经营租赁营改增政策关于计税方法、销售额确定、税率、征收率、预征率、跨区经营规定较为复杂，详见表4-4。

表4-4　　　　　建筑服务、销售不动产、不动产经营租赁营改增政策一览表

应税行为	项目	计税方法	销售额	税率（征收率）	跨县（市、区）预缴、申报方法	跨县（市、区）预缴税款
建筑服务（一般纳税人）	清包工	可以选择适用简易计税方法计税	取得的全部价款和价外费用扣除支付的分包款后的余额	3%	应以取得的全部价款和价外费用扣除支付的分包款后的余额为销售额，按照3%的征收率计算应纳税额。纳税人应按照上述计税方法在建筑服务发生地预缴税款后，向机构所在地主管税务机关进行纳税申报	应预缴税款＝（全部价款和价外费用－支付的分包款）÷（1＋3%）×3%
	甲供工程	可以选择适用简易计税方法计税	取得的全部价款和价外费用扣除支付的分包款后的余额	3%		
	建筑工程老项目	可以选择适用简易计税方法计税	取得的全部价款和价外费用扣除支付的分包款后的余额	3%		
	清包工、甲供工程、建筑工程老项目	可以选择一般计税方法计税	取得的全部价款和价外费用	11%	应以取得的全部价款和价外费用扣除支付的分包款后的余额，按照2%的预征率在建筑服务发生地预缴税款后，向机构所在地主管税务机关进行纳税申报。	应预缴税款＝（全部价款和价外费用－支付的分包款）÷（1＋11%）×2%
	建筑工程新项目	一般计税方法计税	取得的全部价款和价外费用	11%		
建筑服务（小规模纳税人）	建筑服务	简易计税方法计税	取得的全部价款和价外费用扣除支付的分包款后的余额	3%	应以取得的全部价款和价外费用扣除支付的分包款后的余额为销售额，按照3%的征收率计算应纳税额。纳税人应按照上述计税方法在建筑服务发生地预缴税款后，向机构所在地主管税务机关进行纳税申报	应预缴税款＝（全部价款和价外费用－支付的分包款）÷（1＋3%）×3%

续表

应税行为	项目	计税方法	销售额	税率（征收率）	跨县（市、区）预缴、申报方法	跨县（市、区）预缴税款
销售不动产(一般纳税人)	2016 年 4 月 30 日前取得（不含自建）的不动产	可以选择适用简易计税方法	取得的全部价款和价外费用减去该项不动产购置原价或者取得不动产时的作价后的余额	5%	纳税人应按照上述计税方法向不动产所在地主管地税机关预缴税款，向机构所在地主管国税机关申报纳税	应预缴税款＝（全部价款和价外费用－不动产购置原价或者取得不动产时的作价）÷(1＋5%)×5%
		可以选择一般计税方法计税	取得的全部价款和价外费用	11%	纳税人应以取得的全部价款和价外费用扣除不动产购置原价或者取得不动产时的作价后的余额，按照 5% 的预征率向不动产所在地主管地税机关预缴税款，向机构所在地主管国税机关申报纳税	应预缴税款＝（全部价款和价外费用－不动产购置原价或者取得不动产时的作价）÷(1＋5%)×5%
	2016 年 4 月 30 日前自建的不动产	可以选择适用简易计税方法	取得的全部价款和价外费用	5%	纳税人应按照上述计税方法向不动产所在地主管地税机关预缴税款，向机构所在地主管国税机关申报纳税	应预缴税款＝全部价款和价外费用÷(1＋5%)×5%
		可以选择一般计税方法计税	取得的全部价款和价外费用	11%	纳税人应以取得的全部价款和价外费用，按照 5% 的预征率向不动产所在地主管地税机关预缴税款，向机构所在地主管国税机关申报纳税	应预缴税款＝全部价款和价外费用÷(1＋5%)×5%
	2016 年 5 月 1 日后取得（不含自建）的不动产	一般计税方法计税	取得的全部价款和价外费用	11%	纳税人应以取得的全部价款和价外费用扣除不动产购置原价或者取得不动产时的作价后的余额，按照 5% 的预征率向不动产所在地主管地税机关预缴税款，向机构所在地主管国税机关申报纳税	应预缴税款＝（全部价款和价外费用－不动产购置原价或者取得不动产时的作价）÷(1＋5%)×5%
	2016 年 5 月 1 日后自建的不动产	一般计税方法计税	取得的全部价款和价外费用	11%	纳税人应以取得的全部价款和价外费用，按照 5% 的预征率向不动产所在地主管地税机关预缴税款，向机构所在地主管国税机关申报纳税	应预缴税款＝全部价款和价外费用÷(1＋5%)×5%

续表

应税行为	项目	计税方法	销售额	税率（征收率）	跨县（市、区）预缴、申报方法	跨县（市、区）预缴税款
销售不动产（小规模纳税人，不含个体工商户销售购买的住房和其他个人销售不动产）	取得（不含自建）的不动产	简易计税方法计税	取得的全部价款和价外费用减去该项不动产购置原价或者取得不动产时的作价后的余额	5%	除其他个人之外的小规模纳税人，应按照本条规定的计税方法向不动产所在地主管地税机关预缴税款，向机构所在地主管国税机关申报纳税；其他个人按照本条规定的计税方法向不动产所在地主管地税机关申报纳税	应预缴税款＝（全部价款和价外费用－不动产购置原价或者取得不动产时的作价）÷（1＋5%）×5%
	销售其自建的不动产	简易计税方法计税	取得的全部价款和价外费用	5%		应预缴税款＝全部价款和价外费用÷（1＋5%）×5%
房地产开发企业（一般纳税人）	销售自行开发的房地产老项目	可以选择适用简易计税方法	取得的全部价款和价外费用	5%	暂无明确规定	
	销售自行开发的房地产老项目	可以选择一般计税方法计税	取得的全部价款和价外费用，扣除受让土地时向政府部门支付的土地价款后的余额	11%	应以取得的全部价款和价外费用，按照3%的预征率在不动产所在地预缴税款后，向机构所在地主管税务机关进行纳税申报	
	销售自行开发的房地产新项目	一般计税方法计税			暂无明确规定	
房地产开发企业（小规模纳税人）	销售自行开发的房地产项目	简易计税方法计税	取得的全部价款和价外费用	5%	暂无明确规定	
个人转让其购买的住房	个人将购买不足2年的住房对外销售的	简易计税方法计税	取得的全部价款和价外费用	5%	个体工商户应按照本条规定的计税方法向住房所在地主管地税机关预缴税款，向机构所在地主管国税机关申报纳税；其他个人应按照本条规定的计税方法向住房所在地主管地税机关申报纳税	应预缴税款＝全部价款和价外费用÷（1＋5%）×5%
	个人将购买2年以上（含2年）的非普通住房对外销售的，适用于北京市、上海市、广州市和深圳市	简易计税方法计税	取得的全部价款和价外费用扣除购买住房价款后的余额			应预缴税款＝（全部价款和价外费用－不动产购置原价或者取得不动产时的作价）÷（1＋5%）×5%

续表

应税行为	项目	计税方法	销售额	税率（征收率）	跨县（市、区）预缴、申报方法	跨县（市、区）预缴税款
不动产经营租赁服务（一般纳税人）	出租其2016年4月30日前取得的不动产	可以选择适用简易计税方法	取得的全部价款和价外费用	5%	不动产所在地与机构所在地不在同一县（市、区）的，纳税人应按照上述计税方法向不动产所在地主管国税机关预缴税款，向机构所在地主管国税机关申报纳税。不动产所在地与机构所在地在同一县（市、区）的，纳税人向机构所在地主管国税机关申报纳税。纳税人出租的不动产所在地与其机构所在地在同一直辖市或计划单列市但不在同一县（市、区）的，由直辖市或计划单列市国家税务局决定是否在不动产所在地预缴税款	应预缴税款＝含税销售额÷（1＋5%）×5%
		可以选择一般计税方法计税	取得的全部价款和价外费用	11%	不动产所在地与机构所在地不在同一县（市、区）的，纳税人应按照3%的预征率向不动产所在地主管国税机关预缴税款，向机构所在地主管国税机关申报纳税。不动产所在地与机构所在地在同一县（市、区）的，纳税人应向机构所在地主管国税机关申报纳税	应预缴税款＝含税销售额÷（1＋11%）×3%
	出租其2016年5月1日后取得的不动产	一般计税方法计税	取得的全部价款和价外费用	11%		应预缴税款＝含税销售额÷（1＋11%）×3%
	公路经营企业收取试点前开工的高速公路的车辆通行费	可以选择适用简易计税方法	取得的全部价款和价外费用	减按3%	按照5%征收率减按3%征收	

续表

应税行为	项目	计税方法	销售额	税率（征收率）	跨县（市、区）预缴、申报方法	跨县（市、区）预缴税款
不动产经营租赁服务（小规模纳税人）	单位和个体工商户出租不动产（不含个体工商户出租住房）	简易计税方法计税	取得的全部价款和价外费用	5%	不动产所在地与机构所在地不在同一县（市、区）的，纳税人应按照上述计税方法向不动产所在地主管国税机关预缴税款，向机构所在地主管国税机关申报纳税。 不动产所在地与机构所在地在同一县（市、区）的，纳税人应向机构所在地主管国税机关申报纳税。 纳税人出租的不动产所在地与其机构所在地在同一直辖市或计划单列市但不在同一县（市、区）的，由直辖市或计划单列市国家税务局决定是否在不动产所在地预缴税款	应预缴税款＝含税销售额÷（1＋5%）×5%
	个体工商户出租住房	简易计税方法计税	取得的全部价款和价外费用	5%的征收率减按1.5%		应预缴税款＝含税销售额÷（1＋5%）×1.5%
	其他个人出租不动产（不含住房）	简易计税方法计税	取得的全部价款和价外费用	5%	向不动产所在地主管地税机关申报纳税	应预缴税款＝含税销售额÷（1＋5%）×5%
	其他个人出租住房	简易计税方法计税	取得的全部价款和价外费用	5%的征收率减按1.5%	向不动产所在地主管地税机关申报纳税	应预缴税款＝含税销售额÷（1＋5%）×1.5%

其他说明		备注
建筑工程老项目	建筑工程老项目，是指： （1）《建筑工程施工许可证》注明的合同开工日期在2016年4月30日前的建筑工程项目； （2）未取得《建筑工程施工许可证》的，建筑工程承包合同注明的开工日期在2016年4月30日前的建筑工程项目	财税〔2016〕36号
跨县（市、区）提供建筑服务	第五条 纳税人跨县（市、区）提供建筑服务，按照以下公式计算应预缴税款： （一）适用一般计税方法计税的，应预缴税款＝（全部价款和价外费用－支付的分包款）÷（1＋11%）×2% （二）适用简易计税方法计税的，应预缴税款＝（全部价款和价外费用－支付的分包款）÷（1＋3%）×3% 纳税人取得的全部价款和价外费用扣除支付的分包款后的余额为负数的，可结转下次预缴税款时继续扣除。 纳税人应按照工程项目分别计算应预缴税款，分别预缴。	国家税务总局公告2016年第17号

应税行为	项目	计税方法	销售额	税率（征收率）	跨县（市、区）预缴、申报方法	跨县（市、区）预缴税款
跨县(市、区)提供建筑服务	第六条　纳税人按照上述规定从取得的全部价款和价外费用中扣除支付的分包款，应当取得符合法律、行政法规和国家税务总局规定的合法有效凭证，否则不得扣除。 上述凭证是指： （一）从分包方取得的 2016 年 4 月 30 日前开具的建筑业营业税发票。 上述建筑业营业税发票在 2016 年 6 月 30 日前可作为预缴税款的扣除凭证。 （二）从分包方取得的 2016 年 5 月 1 日后开具的，备注栏注明建筑服务发生地所在县（市、区）、项目名称的增值税发票。 （三）国家税务总局规定的其他凭证。 第七条　纳税人跨县（市、区）提供建筑服务，在向建筑服务发生地主管国税机关预缴税款时，需提交以下资料： （一）《增值税预缴税款表》； （二）与发包方签订的建筑合同原件及复印件； （三）与分包方签订的分包合同原件及复印件； （四）从分包方取得的发票原件及复印件。 第八条　纳税人跨县（市、区）提供建筑服务，向建筑服务发生地主管国税机关预缴的增值税税款，可以在当期增值税应纳税额中抵减，抵减不完的，结转下期继续抵减。 纳税人以预缴税款抵减应纳税额，应以完税凭证作为合法有效凭证。 第九条　小规模纳税人跨县（市、区）提供建筑服务，不能自行开具增值税发票的，可向建筑服务发生地主管国税机关按照其取得的全部价款和价外费用申请代开增值税发票。 第十条　对跨县（市、区）提供的建筑服务，纳税人应自行建立预缴税款台账，区分不同县（市、区）和项目逐笔登记全部收入、支付的分包款、已扣除的分包款、扣除分包款的发票号码、已预缴税款以及预缴税款的完税凭证号码等相关内容，留存备查。 第十一条　纳税人跨县（市、区）提供建筑服务预缴税款时间，按照财税〔2016〕36 号文件规定的纳税义务发生时间和纳税期限执行。 第十二条　纳税人跨县（市、区）提供建筑服务，按照本办法应向建筑服务发生地主管国税机关预缴税款而自应当预缴之月起超过 6 个月没有预缴税款的，由机构所在地主管国税机关按照《中华人民共和国税收征收管理法》及相关规定进行处理。 纳税人跨县（市、区）提供建筑服务，未按本办法缴纳税款的，由机构所在地主管国税机关按照《中华人民共和国税收征收管理法》及相关规定进行处理					
房地产老项目	房地产老项目，是指： （一）《建筑工程施工许可证》注明的合同开工日期在 2016 年 4 月 30 日前的房地产项目； （二）《建筑工程施工许可证》未注明合同开工日期或者未取得《建筑工程施工许可证》但建筑工程承包合同注明的开工日期在 2016 年 4 月 30 日前的建筑工程项目					国家税务总局公告 2016 年第 18 号

续表

应税行为	项目	计税方法	销售额	税率（征收率）	跨县（市、区）预缴、申报方法	跨县（市、区）预缴税款
房地产企业销售额			第四条　房地产开发企业中的一般纳税人（以下简称一般纳税人）销售自行开发的房地产项目，适用一般计税方法计税，按照取得的全部价款和价外费用，扣除当期销售房地产项目对应的土地价款后的余额计算销售额。销售额的计算公式如下：$$销售额=\left(\begin{array}{l}全部价款\\和价外费用\end{array}-\begin{array}{l}当期允许扣除的\\土地价款\end{array}\right)÷(1+11\%)$$第五条　当期允许扣除的土地价款按照以下公式计算：$$\begin{array}{l}当期允许扣除的\\土地价款\end{array}=\left(\begin{array}{l}当期销售房地产\\项目建筑面积\end{array}÷\begin{array}{l}房地产项目可\\供销售建筑面积\end{array}\right)×\begin{array}{l}支付的\\土地价款\end{array}$$当期销售房地产项目建筑面积，是指当期进行纳税申报的增值税销售额对应的建筑面积。房地产项目可供销售建筑面积，是指房地产项目可以出售的总建筑面积，不包括销售房地产项目时未单独作价结算的配套公共设施的建筑面积。支付的土地价款，是指向政府、土地管理部门或受政府委托收取土地价款的单位直接支付的土地价款。第六条　在计算销售额时从全部价款和价外费用中扣除土地价款，应当取得省级以上（含省级）财政部门监（印）制的财政票据。第七条　一般纳税人应建立台账登记土地价款的扣除情况，扣除的土地价款不得超过纳税人实际支付的土地价款				国家税务总局公告 2016 年第 18 号
房地产企业预缴增值税、进项税额、纳税申报、发票开具（一般纳税人）			房地产开发企业一般纳税人采取预收款方式销售自行开发的房地产项目，应在收到预收款时按照 3% 的预征率预缴增值税。应预缴税款按照以下公式计算：$$应预缴税款=预收款÷(1+适用税率或征收率)×3\%$$适用一般计税方法计税的，按照 11% 的适用税率计算；适用简易计税方法计税的，按照 5% 的征收率计算。一般纳税人应在取得预收款的次月纳税申报期向主管国税机关预缴税款				国家税务总局公告 2016 年第 18 号
			一般纳税人销售自行开发的房地产项目，兼有一般计税方法计税、简易计税方法计税、免征增值税的房地产项目而无法划分不得抵扣的进项税额的，应以《建筑工程施工许可证》注明的"建设规模"为依据进行划分。$$\begin{array}{l}不得抵扣的\\进项税额\end{array}=\begin{array}{l}当期无法划分的\\全部进项税额\end{array}×\left(\begin{array}{l}简易计税、免税房\\地产项目建设规模\end{array}÷\begin{array}{l}房地产项目\\总建设规模\end{array}\right)$$				国家税务总局公告 2016 年第 18 号
			第十四条　一般纳税人销售自行开发的房地产项目适用一般计税方法计税的，应按照《营业税改征增值税试点实施办法》（财税〔2016〕36 号文件印发，以下简称《试点实施办法》）第四十五条规定的纳税义务发生时间，以当期销售额和 11% 的适用税率计算当期应纳税额，抵减已预缴税款后，向主管国税机关申报纳税。未抵减完的预缴税款可以结转下期继续抵减。第十五条　一般纳税人销售自行开发的房地产项目适用简易计税方法计税的，应按照《试点实施办法》第四十五条规定的纳税义务发生时间，以当期销售额和 5% 的征收率计算当期应纳税额，抵减已预缴税款后，向主管国税机关申报纳税。未抵减完的预缴税款可以结转下期继续抵减				国家税务总局公告 2016 年第 18 号

应税行为	项目	计税方法	销售额	税率（征收率）	跨县（市、区）预缴、申报方法	跨县（市、区）预缴税款
房地产企业预缴增值税、进项税额、纳税申报、发票开具（小规模纳税人）	第十六条　一般纳税人销售自行开发的房地产项目，自行开具增值税发票。 第十七条　一般纳税人销售自行开发的房地产项目，其2016年4月30日前收取并已向主管地税机关申报缴纳营业税的预收款，未开具营业税发票的，可以开具增值税普通发票，不得开具增值税专用发票。 第十八条　一般纳税人向其他个人销售自行开发的房地产项目，不得开具增值税专用发票					国家税务总局公告2016年第18号
	第十九条　房地产开发企业中的小规模纳税人（以下简称小规模纳税人）采取预收款方式销售自行开发的房地产项目，应在收到预收款时按照3%的预征率预缴增值税。 第二十条　应预缴税款按照以下公式计算： 应预缴税款＝预收款÷（1＋5%）×3% 第二十一条　小规模纳税人应在取得预收款的次月纳税申报期或主管国税机关核定的纳税期限向主管国税机关预缴税款					国家税务总局公告2016年第18号
	第二十二条　小规模纳税人销售自行开发的房地产项目，应按照《试点实施办法》第四十五条规定的纳税义务发生时间，以当期销售额和5%的征收率计算当期应纳税额，抵减已预缴税款后，向主管国税机关申报纳税。未抵减完的预缴税款可以结转下期继续抵减					国家税务总局公告2016年第18号
	第二十三条　小规模纳税人销售自行开发的房地产项目，自行开具增值税普通发票。购买方需要增值税专用发票的，小规模纳税人向主管国税机关申请代开。 第二十四条　小规模纳税人销售自行开发的房地产项目，其2016年4月30日前收取并已向主管地税机关申报缴纳营业税的预收款，未开具营业税发票的，可以开具增值税普通发票，不得申请代开增值税专用发票。 第二十五条　小规模纳税人向其他个人销售自行开发的房地产项目，不得申请代开增值税专用发票					国家税务总局公告2016年第18号
	第二十六条　房地产开发企业销售自行开发的房地产项目，按照本办法规定预缴税款时，应填报《增值税预缴税款表》。 第二十七条　房地产开发企业以预缴税款抵减应纳税额，应以完税凭证作为合法有效凭证。 第二十八条　房地产开发企业销售自行开发的房地产项目，未按本办法规定预缴或缴纳税款的，由主管国税机关按照《中华人民共和国税收征收管理法》及相关规定进行处理					国家税务总局公告2016年第18号
试点前开工的高速公路	试点前开工的高速公路，是指相关施工许可证明上注明的合同开工日期在2016年4月30日前的高速公路					财税〔2016〕36号
合法有效凭证	纳税人按规定从取得的全部价款和价外费用中扣除不动产购置原价或者取得不动产时的作价的，应当取得符合法律、行政法规和国家税务总局规定的合法有效凭证。否则，不得扣除。 上述凭证是指：（一）税务部门监制的发票。（二）法院判决书、裁定书、调解书，以及仲裁裁决书、公证债权文书。（三）国家税务总局规定的其他凭证					财税〔2016〕36号

续表

应税行为	项目	计税方法	销售额	税率（征收率）	跨县（市、区）预缴、申报方法	跨县（市、区）预缴税款
预缴税款抵减应纳税额	纳税人转让其取得的不动产，向不动产所在地主管地税机关预缴的增值税税款，可以在当期增值税应纳税额中抵减，抵减不完的，结转下期继续抵减。 纳税人以预缴税款抵减应纳税额，应以完税凭证作为合法有效凭证					财税〔2016〕36号
小规模纳税人发票	小规模纳税人转让其取得的不动产，不能自行开具增值税发票的，可向不动产所在地主管地税机关申请代开。纳税人向其他个人转让其取得的不动产，不得开具或申请代开增值税专用发票					财税〔2016〕36号
出租不动产预缴税款、发票规定	第九条　单位和个体工商户出租不动产，按照本办法规定向不动产所在地主管国税机关预缴税款时，应填写《增值税预缴税款表》。 第十条　单位和个体工商户出租不动产，向不动产所在地主管国税机关预缴的增值税款，可以在当期增值税应纳税额中抵减，抵减不完的，结转下期继续抵减。 纳税人以预缴税款抵减应纳税额，应以完税凭证作为合法有效凭证。 第十一条　小规模纳税人中的单位和个体工商户出租不动产，不能自行开具增值税发票的，可向不动产所在地主管国税机关申请代开增值税发票。 其他个人出租不动产，可向不动产所在地主管地税机关申请代开增值税发票。 第十二条　纳税人向其他个人出租不动产，不得开具或申请代开增值税专用发票。 第十三条　纳税人出租不动产，按照本办法规定应向不动产所在地主管国税机关预缴税款而自应当预缴之月起超过6个月没有预缴税款的，由机构所在地主管国税机关按照《中华人民共和国税收征收管理法》及相关规定进行处理。 纳税人出租不动产，未按照本办法规定缴纳税款的，由主管税务机关按照《中华人民共和国税收征收管理法》及相关规定进行处理					国家税务总局公告2016年第16号
个人转让其购买的住房	个人将购买不足2年的住房对外销售的，按照5%的征收率全额缴纳增值税；个人将购买2年以上（含2年）的住房对外销售的，免征增值税。上述政策适用于北京市、上海市、广州市和深圳市之外的地区。 个人将购买不足2年的住房对外销售的，按照5%的征收率全额缴纳增值税；个人将购买2年以上（含2年）的非普通住房对外销售的，以销售收入减去购买住房价款后的差额按照5%的征收率缴纳增值税；个人将购买2年以上（含2年）的普通住房对外销售的，免征增值税。上述政策仅适用于北京市、上海市、广州市和深圳市					财税〔2016〕36号
暂停预缴增值税	一般纳税人跨省（自治区、直辖市或者计划单列市）提供建筑服务或者销售、出租取得的与机构所在地不在同一省（自治区、直辖市或者计划单列市）的不动产，在机构所在地申报纳税时，计算的应纳税额小于已预缴税款，且差额较大的，由国家税务总局通知建筑服务发生地或者不动产所在地省级税务机关，在一定时期内暂停预缴增值税					财税〔2016〕36号

应税行为	项目	计税方法	销售额	税率（征收率）	跨县（市、区）预缴、申报方法	跨县（市、区）预缴税款
增值税纳税义务、扣缴义务发生时间	增值税纳税义务、扣缴义务发生时间为： （一）纳税人发生应税行为并收讫销售款项或者取得索取销售款项凭据的当天；先开具发票的，为开具发票的当天。 收讫销售款项，是指纳税人销售服务、无形资产、不动产过程中或者完成后收到款项。 取得索取销售款项凭据的当天，是指书面合同确定的付款日期；未签订书面合同或者书面合同未确定付款日期的，为服务、无形资产转让完成的当天或者不动产权属变更的当天。 （二）纳税人提供建筑服务、租赁服务采取预收款方式的，其纳税义务发生时间为收到预收款的当天。 （三）纳税人从事金融商品转让的，为金融商品所有权转移的当天。 （四）纳税人发生本办法第十四条规定情形的，其纳税义务发生时间为服务、无形资产转让完成的当天或者不动产权属变更的当天。 （五）增值税扣缴义务发生时间为纳税人增值税纳税义务发生的当天					财税〔2016〕36号
本表政策依据	《财政部 国家税务总局关于全面推开营业税改征增值税试点的通知》（财税〔2016〕36号）、《纳税人转让不动产增值税征收管理暂行办法》（国家税务总局公告 2016 年第 14 号）、《纳税人提供不动产经营租赁服务增值税征收管理暂行办法》（国家税务总局公告 2016 年第 16 号）、《纳税人跨县（市、区）提供建筑服务增值税征收管理暂行办法》（国家税务总局公告 2016 年第 17 号）、《房地产开发企业销售自行开发的房地产项目增值税征收管理暂行办法》（国家税务总局公告 2016 年第 18 号）					

五、营改增其他主要纳税事项

营改增其他主要纳税事项，如：增值税扣税凭证、进项税额、兼营、混合销售、价外费用、纳税义务发生时间等相关内容，现在都已经和原一般纳税人规定一致，在本书第二章中已按照最新政策进行更新，直接参考"第二章 增值税"即可。

5

第五章
房产税

房产税是以房屋为征税对象，按房屋的计税余值或租金收入为计税依据，向房屋产权所有人征收的一种财产税。

本章先对房产税的众多纳税事项进行梳理、汇总，并编制为表格形式，使其更加直观、清晰，便于阅读和掌握，然后对房产税的核算进行举例说明，最后对房产税纳税申报进行示范。

一、房产税主要纳税事项

房产税主要纳税事项，见表 5-1。

表 5-1　　　　　　　　　　　　房产税主要纳税事项

征税对象	房屋是指有屋面和围护结构（有墙或两边有柱），能够遮风避雨，可供人们在其中生产、工作、学习、娱乐、居住或储藏物资的场所。 独立于房屋之外的建筑物，如围墙、烟囱、水塔、变电塔、油池油柜、酒窖菜窖、酒精池、糖蜜池、室外游泳池、玻璃暖房、砖瓦石灰窑以及各种油气罐等，则不属于房产。与房屋不可分离的附属设施，属于房产。 房地产开发企业建造的商品房（相当于仓库里的库存商品），在出售前，不征收房产税；但对出售前房地产开发企业已使用或出租、出借的商品房应按规定征收房产税
征税范围	房产税在城市、县城、建制镇和工矿区征收，不包括农村。与城镇土地使用税具有相同的征税范围
纳税人	房产税以在征税范围内的房屋产权所有人为纳税人（受益性原则确定纳税人）。其中： 1. 产权属国家所有的，由经营管理单位纳税；产权属集体和个人所有的，由集体单位和个人纳税。 2. 产权出典的，由承典人纳税。 3. 产权所有人、承典人不在房屋所在地的，由房产代管人或者使用人纳税。 4. 产权未确定及租典纠纷未解决的，亦由房产代管人或者使用人纳税。 5. 无租使用其他房产的问题。纳税单位和个人无租使用房产管理部门、免税单位及纳税单位的房产，应由使用人代为缴纳房产税。（例如，企业使用政府机构办公楼办公，企业应交房产税。） 自 2009 年 1 月 1 日起，外商投资企业、外国企业和外国人经营的房产，也应缴纳房产税

税率	1. 从价计税：1.2%； 2. 从租计税：12%
计税依据	1. 对经营自用的房屋，以房产的计税余值作为计税依据。 所谓计税余值，是指依照税法规定按房产原值一次减除10%～30%的损耗价值以后的余额。其中： （1）房产原值是指纳税人按照会计制度规定，在账簿"固定资产"科目中记载的房屋原价。 （2）房产原值应包括与房屋不可分割的各种附属设备或一般不单独计算价值的配套设施。 （3）纳税人对原有房屋进行改建、扩建的，要相应增加房屋的原值。 （4）更换房屋附属设施和配套设施的，在将其价值计入房产原值时，可扣减原来相应设备和设施的价值；对附属设备和配套设施中易损坏，需要经常更换的零配件，更新后不再计入房产原值，原零配件的原值也不扣除。 （5）自2006年1月1日起，对凡在房产税征收范围内的具备房屋功能的地下建筑，包括与地上房屋相连的地下建筑以及完全建在地面以下的建筑、地下人防设施等，均应当依据有关规定征收房产税。 （6）在确定计税余值时，房产原值的具体减除比例，由省、自治区、直辖市人民政府在税法规定的减除幅度内自行确定。 2. 对于出租的房屋，以租金收入为计税依据。 房屋的租金收入，是房屋产权所有人出租房屋使用权所取得的报酬，包括货币收入和实物收入。对以劳务或其他形式作为报酬抵付房租收入的，应根据当地同类房屋的租金水平，确定租金标准，依率计征。 如果纳税人对个人出租房屋的租金收入申报不实或申报数与同一地段同类房屋的租金收入相比明显不合理，税务部门可以按照《税收征管法》的有关规定，采取科学合理的方法核定其应纳税款。具体办法由各省级地方税务机关结合当地实际情况制定。 3. 投资联营及融资租赁房产的计税依据。 （1）对投资联营的房产，在计征房产税时应予区别对待。 对于以房产投资联营，投资者参与投资利润分红，共担风险的，按房产的余值作为计税依据计征房产税；（相当于自己经营房产，经营好，多受益） 对以房产投资，收取固定收入，不承担联营风险的，实际是以联营名义取得房产租金，应根据《房产税暂行条例》的有关规定，由出租方按租金收入计算缴纳房产税。 （2）融资租赁房屋的情况。 融资租赁的房产，由承租人租赁合同约定开始日的次月起依照房产余值缴纳房产税。合同未约定开始日的，由承租人自合同签订的次月起缴纳。 4. 居民住宅区内业主共有的经营性房产的计税依据。 对居民住宅区内业主共有的经营性房产，由实际经营（包括自营和出租）的代管人或使用人缴纳房产税。其中自营的，依照房产原值减除10%至30%后的余值计征，没有房产原值或不能将业主共有房产与其他房产的原值准确划分开的，由房产所在地地方税务机关参照同类房产核定房产原值；出租的，依照租金收入计征。 5. 对出租房产，租赁双方签订的租赁合同约定有免收租金期限的，免收租金期间由产权所有人按照房产原值缴纳房产税。 6. 对按照房产原值计税的房产，无论会计上如何核算，房产原值均应包含地价，包括取得土地使用权支付的价款、开发土地发生的成本费用等。容积率低于0.5的，按房产建筑面积的2倍计算土地面积并据此确定计入房产原值的地价。 7. 产权出典的房产，由承典人依照房产余值缴纳房产税。 8. 对于与地上房屋相连的地下建筑，如房屋的地下室、地下停车场、商场的地下部分等，应将地下部分与地上房屋视为一个整体，按照地上房屋建筑的有关规定计算征收房产税

续表

应纳税额的计算	1. 地上建筑物： $$应纳税额＝房产计税余值（或租金收入）×适用税率$$ 2. 地下建筑物： (1) 工业用途房产，以房屋原价的50%～60%作为应税房产原值。 $$应纳房产税的税额＝应税房产原值×（1－原值减除比例）×1.2\%$$ (2) 商业和其他用途房产，以房屋原价的70%～80%作为应税房产原值。 $$应纳房产税的税额＝应税房产原值×（1－原值减除比例）×1.2\%$$ (3) 出租的地下建筑，按照出租地上房屋建筑的有关规定计算征收房产税
账务处理	应交房产税记入"管理费用"（企业会计准则）、"营业税金及附加"（小企业会计准则）科目
减免税优惠	下列房产免征房产税： 1. 国家机关、人民团体、军队自用的房产； 2. 国家财政部门拨付事业经费的单位自用的房产； 3. 宗教寺庙、公园、名胜古迹自用的房产； 4. 个人拥有的非营业用的房产； 5. 经财政部和国家税务总局批准免税的其他房产： (1) 企业办的各类学校、医院、托儿所、幼儿园自用的房产免税。 (2) 经有关部门鉴定，对毁损不堪居住的房屋和危险房屋，在停止使用后，可免征房产税。 (3) 自2004年8月1日起，对军队空余房产租赁收入暂免征收房产税。 (4) 凡是在基建工地为基建工地服务的各种工棚、材料棚和办公室、食堂等临时性房屋在施工期间一律免征房产税。但是如果在基建工程结束以后，施工企业将这种临时性房屋交还或者估价转让给基建单位的，应当从基建单位接收的次月起，依照规定征收房产税。 (5) 自2004年7月1日起，纳税人因房屋大修导致连续停用半年以上的，在房屋大修期间免征房产税。 (6) 纳税单位与免税单位共同使用的房屋，按各自使用的部分划分，分别征收或免征房产税。 (7) 老年服务机构自用的房产暂免征收房产税。 (8) 按政府规定价格出租的公有住房和廉租住房，暂免征收房产税。 (9) 对于邮政部门坐落在城市、县城、建制镇、工矿区范围内的房产，应当依法征收房产税。 (10) 对房地产开发企业建造的商品房，在出售前不征收房产税。但对出售前房地产开发企业已使用或出租、出借的商品房应按规定征收房产税。 (11) 铁道部所属铁路运输企业自用的房产，继续免征房产税。 (12) 对行使国家行政管理职能的中国人民银行总行（含国家外汇管理局）所属分支机构自用的房产，免征房产税。 (13) 天然林的保护工程相关的房产免税。 (14) 对经营公租房所取得的租金收入，免征房产税。公租房租金收入与其他住房经营收入应单独核算，未单独核算的，不得享受免征房产税优惠政策。 (15) 自2011年7月1日至2015年12月31日，对向居民供热而收取采暖费的供热企业，为居民供热所使用的厂房及土地继续免征房产税、城镇土地使用税。 对既向居民供热，又向单位供热或者兼营其他生产经营活动的供热企业，按其向居民供热而取得的采暖费收入占企业总收入的比例免征房产税、城镇土地使用税。

减免税优惠	（16）为支持农村饮水安全工程的建设、运营，对为农村居民提供生活用水而建设的供水工程运营管理单位的生产、办公用房产、土地，从2011年1月1日至2015年12月31日，免征房产税。既向城镇居民供水，又向农村居民供水的饮水工程运营管理单位，依据向农村居民供水量占总供水量的比例免征房产税。 （17）为支持农产品流通体系建设，减轻农产品批发市场、农贸市场经营负担，自2013年1月1日至2015年12月31日，对专门经营农产品的农产品批发市场、农贸市场使用的房产、土地免征房产税。对同时经营其他产品的农产品批发市场和农贸市场使用的房产、土地，按其他产品与农产品交易场地面积的比例确定征免房产税。 （17）对商品储备管理公司及其直属库承担商品储备业务自用的房产、土地，免征房产税。 （18）自2013年1月1日至2015年12月31日，对符合条件的孵化器和科技园自用以及无偿或通过出租等方式提供给孵化企业使用的房产，免征房产税。 （19）对高校学生公寓免征房产税。 （20）由财政部门拨付事业经费的文化单位转制为企业，自2014年1月1日至2018年12月31日止，自转制注册之日（工商登记注册之日）起对其自用房产免征房产税（注：对执行到期的优惠政策关注是否有后续政策）
纳税义务发生时间	1. 纳税人将原有房产用于生产经营从生产经营之月起。 2. 纳税人自建房屋用于生产经营从建成之次月起。 3. 委托施工企业建设的房屋从办理验收手续之次月起（此前已使用或出租、出借的新建房屋，应从使用或出租、出借的当月起）。 4. 纳税人购置新建商品房自房屋交付使用之次月起。 5. 购置存量房自办理房屋权属转移、变更登记手续，房地产权属登记机关签发房屋权属证书之次月起。 6. 纳税人出租、出借房产自交付出租、出借房产之次月起。 7. 房地产开发企业自用、出租、出借本企业建造的商品房自房屋使用或交付之次月起
纳税期限	房产税实行按年计算，分期缴纳的征收办法。具体纳税期限由省、自治区、直辖市人民政府规定
纳税地点	房产税在房产所在地缴纳。对房产不在同一地方的纳税人，应按房产的坐落地点分别向房产所在地的税务机关缴纳

下面举例说明房产税的核算方法。

【例5-1】 甲公司20×1年受让国有土地面积1 000平方米，合同约定受让金额为260 000元（实际支付260 000元后，当地政府返还60 000元，但未具体规定资金的专项用途），缴纳耕地占用税30 000元、契税5 200元，另支付原住户树木迁移费900元，20×1年外包其他单位承建平房350 000元（年底已完工，建筑面积510平方米）。20×2年该公司应缴纳房产税计算如下：

1. 容积率＝510÷1 000＝0.51；

2. 应并入的土地价值＝260 000＋30 000＋5 200＋900＝296 100（元）；

3. 房产税＝（350 000＋296 100）×（1－30%）×1.2%＝5 427.24（元）。

【例5-2】 乙公司有一宗土地，占地20 000平方米，每平方米平均地价1万元，该宗土地上房屋建筑面积 8 000 平方米，房屋原值 5 600 000 元，该公司 20×2 年 1 月对该土地进行评估，评估增值后的每平方米平均地价 1.5 万元。20×2 年公司应缴纳房产税计算：

1. 容积率＝8 000÷20 000＝0.4。

2. 应并入的土地价值＝应税房产建筑面积×2×土地单价＝8 000 平方米×2×1万元/平方米＝16 000（万元）。（评估价值不属于取得土地使用权支付的价款，不需要计入房产原值。）

3. 房产税＝(5 600 000＋160 000 000)×(1－30%)×1.2%＝1 391 040（元）。

【例 5-3】 某企业 20×2 年初委托施工企业建造仓库一幢，9 月末办理验收手续，仓库入账原值 400 万元，9 月 30 日将原值 300 万元的旧车间对外投资联营，当年收取固定利润 10 万元。当地政府规定房产计税余值扣除比例为 30%。

该企业以房产进行投资，收取固定收入，不承担投资风险，应按租金收入计算缴纳房产税。

$$应缴纳房产税＝400×(1－30\%)×1.2\%÷12×3＋300×(1－30\%)×1.2\%÷$$
$$12×9＋10×12\%＝3.93(万元)$$

【例 5-4】 某企业 6 月以经营租赁方式租出一处房屋，租赁期到当年年末，当年获取租金 10 万元。同时以融资租赁的方式租入一处房产，原值 1 000 万元，租赁期 5 年，租入当月投入使用，每月支付租赁费 10 万元。计算房产余值的扣除比例为20%。当年该企业应缴纳房产税＝1 000×(1－20%)×1.2%×6÷12＋10×12%＝6（万元）。

【例 5-5】 某供热企业 20×2 年拥有的生产用房原值 6 000 万元，全年取得供热总收入 3 600 万元，其中直接向居民供热的收入为 1 200 万元。企业所在省规定计算房产余值的扣除比例为 30%，该企业 20×2 年应缴纳房产税＝6 000×(1－30%)×1.2%×(3 600－1 200)÷3 600＝33.6（万元）。

二、房产税纳税申报示范

房产税纳税申报表填写示范如下：

【例 5-6】 L 市雨泽有限公司（税号：370000000000088）自用房产原值 3 000 000元，20×3 年 9 月 30 日以经营租赁方式租出房产（原值 200 000 元），每季度收取租金8 000 元，每季度申报缴纳一次房产税。第四季度《房产税纳税申报表》的填写，见表5-2。

表 5-2

房产税纳税申报表

税款所属期：自 20×3 年 10 月 1 日至 20×3 年 12 月 31 日　　填表日期：20×4 年 1 月 7 日　　　　金额单位：元至角分；面积单位：平方米

纳税人识别号：37000000000000088

纳税人信息	名称	L 市雨泽有限公司	纳税人分类	单位☑ 个人□
	登记注册类型	有限责任公司	所属行业	＊＊＊制造
	身份证件类型	身份证☑ 护照□ 其他□	身份证件号码	37000219800126888
	联系人	雨泽	联系方式	05××-6660000

一、从价计征房产税

房产编号	房产原值	其中：出租房产原值	计税比例	税率	所属期起	所属期止	本期应纳税额	本期减免税额	本期已缴税额	本期应补（退）税额
1	＊	3 000 000.00	200 000.00	70%	1.2%	20×3-10-01	20×3-12-31	5 880.00	0.00	0.00	5 880.00
2	＊										
3	＊										
4	＊										
5	＊										
6	＊										
7	＊										
8	＊										
9	＊										
10	＊										
合计	＊	＊	＊	＊	＊	＊	＊	5 880.00	0.00	0.00	5 880.00

续表

二、从租计征房产税

	本期申报租金收入	税率	本期应纳税额	本期减免税额	本期已缴税额	本期应补（退）税额
1	8 000.00	12%	960.00	0.00	0.00	960.00
2						
3						
合计	8 000.00	12%	960.00	0.00	0.00	960.00

以下由纳税人填写：

纳税人声明	此纳税申报表是根据《中华人民共和国房产税暂行条例》和国家有关税收规定填报的，是真实的、可靠的、完整的。	
纳税人签章		代理人签章	代理人身份证号
		受理日期	年 月 日

以下由税务机关填写：

受理人		受理税务机关签章

本表一式两份，一份纳税人留存，一份税务机关留存。

《房产税纳税申报表（汇总版）》、《房产税减免税明细申报表》、《从价计征房产税税源明细表》、《从租计征房产税税源明细表》的填写略。

6

第六章
城镇土地使用税

城镇土地使用税是以开征范围的土地为征税对象，以实际占用的土地面积为计税标准，按规定税额对拥有土地使用权的单位和个人征收的一种税。

本章先对土地使用税的众多纳税事项进行梳理、汇总，并编制为表格形式，使其更加直观、清晰，便于阅读和掌握，然后对土地使用税的核算进行举例说明，最后对土地使用税纳税申报进行示范。

一、城镇土地使用税主要纳税事项

城镇土地使用税主要纳税事项，见表 6-1。

表 6-1　　　　　　　　　　　城镇土地使用税主要纳税事项

征税范围	城镇土地使用税的征税范围是城市、县城、建制镇和工矿区。但征税范围不包括农村。在开征此税地区范围内使用国家和集体所有土地的单位和个人，都是该税的纳税人
纳税人	凡在城市、县城、建制镇、工矿区范围内使用土地的单位和个人，为城镇土地使用税的纳税义务人。 1. 城镇土地使用税由拥有土地使用权的单位或个人缴纳。 2. 土地使用权未确定或权属纠纷未解决的，由实际使用人纳税。 3. 土地使用权共有的，由共有各方分别纳税
适用税额	1. 大城市 1.5 元至 30 元； 2. 中等城市 1.2 元至 24 元； 3. 小城市 0.9 元至 18 元； 4. 县城、建制镇、工矿区 0.6 元至 12 元。 城镇土地使用税适用地区幅度差别定额税率。经济落后地区，税额可适当降低，但降低额不得超过税率表中规定的最低税额 30%。经济发达地区的适用税额可适当提高，但需报财政部批准
计税依据	城镇土地使用税以纳税人实际占用的土地面积（平方米）为计税依据。 1. 纳税人实际占用的土地面积，以房地产管理部门核发的土地使用证书与确认的土地面积为准。 2. 尚未核发土地使用证书的，应由纳税人据实申报土地面积，据以纳税，待核发土地使用证后再做调整。

续表

计税依据	3. 对在城镇土地使用税征税范围内单独建造的地下建筑用地，按规定征收城镇土地使用税。其中，已取得地下土地使用权证的，按土地使用权证确认的土地面积计算应征税款；未取得地下土地使用权证或地下土地使用权证上未标明土地面积的，按地下建筑垂直投影面积计算应征税款。对上述地下建筑用地暂按应征税款的 50％征收城镇土地使用税
应纳税额的计算	应纳税额＝计税土地面积（平方米）×适用税额 土地使用权由几方共有的，由共有各方按照各自实际使用的土地面积占总面积的比例，分别计算缴纳土地使用税
账务处理	应交土地使用税记入"管理费用"（企业会计准则）、"营业税金及附加"（小企业会计准则）科目
减免税优惠	1. 国家机关、人民团体、军队自用的土地。 2. 由国家财政部门拨付事业经费的单位自用的土地。 企业办的学校、医院、托儿所、幼儿园，其用地能与企业其他用地明确区分的，可以比照由国家财政部门拨付事业经费的单位自用的土地，免征城镇土地使用税。 3. 宗教寺庙、公园、名胜古迹自用的土地。 4. 市政街道、广场、绿化地带等公共用地。 5. 直接用于农、林、牧、渔业的生产用地。 指直接从事种植、养殖、饲养的专业用地。农副产品加工厂占地和从事农、林、牧、渔业生产单位的生活、办公用地不包括在内。 6. 开山填海整治的土地。 7. 由财政部另行规定免税的能源、交通、水利用地和其他用地： （1）个人所有的居住房屋及院落用地； （2）免税单位职工家属宿舍用地； （3）民政部门举办的安置残疾人占 定比例的福利工厂用地； （4）集体和个人举办的各类学校、医院、托儿所、幼儿园用地
特殊规定	1. 对免税单位无偿使用纳税单位的土地，免征城镇土地使用税；对纳税单位无偿使用免税单位的土地，纳税单位应照章缴纳城镇土地使用税。 2. 房地产开发公司建造商品房的用地，除经批准开发建设经济适用房的用地外，对各类房地产开发用地一律不得减免城镇土地使用税。 3. 对企业厂区（包括生产、办公及生活区）以内的绿化用地，应照章征收城镇土地使用税，厂区以外的公共绿化用地和向社会开放的公园用地，暂免征收城镇土地使用税。 4. 企业范围内荒山、林地、湖泊等占地对已按规定免征城镇土地使用税的企业范围内荒山、林地、湖泊等占地，自 2014 年 1 月 1 日至 2015 年 12 月 31 日，按应纳税额减半征收城镇土地使用税，自 2016 年 1 月 1 日起，全额征收城镇土地使用税。 5. 自 2011 年 7 月 1 日至 2015 年 12 月 31 日，对向居民供热而收取采暖费的供热企业，为居民供热所使用的厂房及土地继续免征房产税、城镇土地使用税。 对既向居民供热，又向单位供热或者兼营其他生产经营活动的供热企业，按其向居民供热而取得的采暖费收入占企业总收入的比例免征房产税、城镇土地使用税。 6. 对廉租住房、经济适用住房建设用地以及廉租住房经营管理单位按照政府规定价格、向规定保障对象出租的廉租住房用地，免征城镇土地使用税。 开发商在经济适用住房、商品住房项目中配套建造廉租住房、在商品住房项目中配套建造经济适用住房，如能提供政府部门出具的相关材料，可按廉租住房、经济适用住房建筑面积占总建筑面积的比例免征开发商应缴纳的城镇土地使用税
纳税义务发生时间	1. 购置新建商品房，自房屋交付使用之次月起计征城镇土地使用税。 2. 购置存量房，自办理房屋权属转移、变更登记手续，房地产权属登记机关签发房屋权属证书之次月起计征城镇土地使用税。 3. 出租、出借房产，自交付出租、出借房产之次月起计征城镇土地使用税。

纳税义务发生时间	4. 以出让或转让方式有偿取得土地使用权的，应由受让方从合同约定交付土地时间的次月起缴纳城镇土地使用税；合同未约定交付土地时间的，由受让方从合同签订的次月起缴纳城镇土地使用税。 5. 纳税人新征用的耕地，自批准征用之日起满1年时开始缴纳城镇土地使用税。 6. 纳税人新征用的非耕地，自批准征用次月起缴纳城镇土地使用税。 7. 通过招标、拍卖、挂牌方式取得的建设用地，不属于新征用的耕地，纳税人应从合同约定交付土地时间的次月起缴纳城镇土地使用税；合同未约定交付土地时间的，从合同签订的次月起缴纳城镇土地使用税
纳税期限	土地使用税按年计算、分期缴纳。缴纳期限由省、自治区、直辖市人民政府确定。各省、自治区、直辖市税务机关结合当地情况，一般分别确定按月、季、半年或1年等不同的期限缴纳
纳税地点	纳税人使用的土地不属于同一市（县）管辖范围内的，由纳税人分别向土地所在地的税务机关申报缴纳。在同一省（自治区、直辖市）管辖范围内，纳税人跨地区使用的土地，由各省、自治区、直辖市税务局确定纳税地点

【例 6-1】　甲公司有 A、B、C 三块生产经营用地，A 土地使用权属于甲公司，面积 10 000 平方米，其中幼儿园占地 1 000 平方米，厂区内绿化占地 2 000 平方米；B 土地使用权属甲公司与乙公司共同拥有，面积 5 000 平方米，实际使用面积各半；C 面积 3 000 平方米，甲公司一直使用但土地使用权未确定。假设 A、B、C 的城镇土地使用税的单位税额为每平方米 8 元，则甲公司全年应纳城镇土地使用税＝（10 000－1 000＋5 000÷2＋3 000）×8＝116 000（元）。

【例 6-2】　某市肉制品加工企业占地 60 000 平方米，其中，办公占地 5 000 平方米，生猪养殖基地占地 28 000 平方米，肉制品加工车间占地 16 000 平方米，企业内部道路及绿化占地 11 000 平方米。企业所在地城镇土地使用税单位税额为每平方米 0.8 元。该企业全年应缴纳城镇土地使用税＝（60 000－28 000）×0.8＝25 600（元）。

【例 6-3】　某公司有 A、B 两处单独地下建筑设施（两地段年税额 8 元/平方米）。其中，A 设施现为地下商场，有地下土地使用证，登记面积为 5 000 平方米；B 设施现用于储藏物品，地下土地使用证上未标明土地面积，但经有关部门测量该地下建筑垂直投影面积为 2 000 平方米。对 A、B 两处单独地下建筑设施，该公司每年应该缴纳土地使用税＝（5 000＋2 000）×8×50％＝28 000（元）。

【例 6-4】　某公司土地使用证登记面积为 37 000 平方米（该地段年税额 8 元/平方米），但经有关部门清查后发现该纳税人实际占用土地面积为 40 000 平方米，纳税人实际占用土地面积与土地使用证登记面积或批准面积不一致的，应按照实际占用土地面积缴纳土地使用税，该公司每年应该缴纳土地使用税＝40 000×8＝320 000（元）。

二、城镇土地使用税纳税申报示范

城镇土地使用税纳税申报表填写示范如下：

【例 6-5】　L 市雨泽有限公司（税号：370000000000088）占地 3 000 平方米，该地段年税额 8 元/平方米，每季度申报缴纳一次土地使用税。第四季度《城镇土地使用税纳税申报表》填写，见表 6-2。

表6-2

城镇土地使用税纳税申报表

税款所属期限：自20×3年10月1日至20×3年12月31日　填表日期：20×4年1月7日

纳税人识别号：37000000000088

金额单位：元至角分；面积单位：平方米

纳税人信息	名称	L市雨泽有限责任公司	纳税人分类	单位☑　个人□
	登记注册类型	有限责任公司	所属行业	＊＊＊制造
	身份证件类型	身份证☑　护照□　其他□	身份证件号码	370002198001268888
	联系人	雨泽	联系方式	05××—6660000

土地编号	宗地的地号	土地等级	税额标准	土地总面积	所属期起	所属期止	本期应纳税额	本期减免税额	本期已缴税额	本期应补（退）税额
＊	L12-9-99-9	一级土地	8.00	3 000.00	20×3-10-01	20×3-12-31	6 000.00	0.00	0.00	6 000.00
＊										
＊										
＊										
＊										
＊										
＊										
＊										
合计	＊		＊	3 000.00	＊		6 000.00	0.00	0.00	6 000.00

以下由纳税人填写：

纳税人声明	此纳税申报表是根据《中华人民共和国城镇土地使用税暂行条例》和国家有关税收规定填报的，是真实的、可靠的、完整的。	
纳税人签章	代理人签章	代理人身份证号

以下由税务机关填写：

受理人	受理日期　　年　月　日	受理税务机关签章

本表一式两份，一份纳税人留存，一份税务机关留存。

《城镇土地使用税纳税申报表（汇总版）》、《城镇土地使用税税源明细申报表》、《城镇土地使用税减免税明细申报表》的填写略。

CHAPTER

7

第七章
个人所得税

个人所得税是以个人（自然人）取得的各项应税所得为征税对象所征收的一种税。个人所得税具有以下特点：

1. 实行分类征收

我国现行个人所得税采用的是分类所得税制，即将个人取得的各种所得划分为"类"，分别适用不同的费用减除规定、不同的税率和不同的计税方法。

2. 超额累进税率与比例税率并用

我国现行个人所得税根据各类个人所得的不同性质和特点，将这两种形式的税率运用于个人所得税制。对工资、薪金所得，个体工商户的生产、经营所得，对企事业单位的承包、承租经营所得，采用超额累进税率，实行量能负担。对劳务报酬、稿酬和资本利得性所得，采用比例税率，实行等比负担。

3. 费用扣除额较宽

本着费用扣除从宽、从简的原则，我国采用费用定额扣除和定率扣除两种方法。

4. 计算简便

用应税所得的收入减去允许扣除的费用，剩下的部分作为所得额，乘以规定的税率。

5. 采取源泉扣缴和个人申报两种征纳方法

源泉扣缴：由支付单位来代扣代缴税款；自行申报：有一些个人所得的项目要自行申报纳税。

本章先对个人所得税的众多纳税事项进行梳理、汇总，并编制为表格形式，使其更加直观、清晰，便于阅读和掌握，然后对个人所得税的核算进行举例说明，最后对个人所得税纳税申报进行示范。

一、个人所得税主要纳税事项

个人所得税主要纳税事项，见表7-1。

表 7-1   个人所得税主要纳税事项

| 个人所得税税目 | 1. 工资、薪金所得，是指个人因任职或者受雇而取得的工资、薪金、奖金、年终加薪、劳动分红（不是股份分红）、津贴、补贴以及与任职或者受雇有关的其他所得。
(1) 不属于工资薪金所得的项目包括：①独生子女补贴；②执行公务员工资制度未纳入基本工资总额的补贴、津贴差额和家属成员的副食品补贴；③托儿补助费；④差旅费津贴、误餐补助。
(2) 对企业为员工支付各项免税之外的保险金，应在企业向保险公司缴付时（即该保险落到被保险人的保险账户）并入员工当期的工资收入，按"工资、薪金所得"项目计征个人所得税，税款由企业负责代扣代缴。
(3) 单位为职工个人购买商业性补充养老保险等，在办理投保手续时应作为个人所得税的"工资、薪金所得"项目，按税法有关规定缴纳个人所得税；因各种原因退保，个人未取得实际收入的，已缴纳的个人所得税应予以退回。
(4) 退休人员再任职取得的收入，在减除按《个人所得税法》规定的费用扣除标准后，按"工资、薪金所得"应税项目缴纳个人所得税。
(5) 住房制度改革期间，按照县以上人民政府规定的房改成本价向职工售房，免征个人所得税。除上述符合规定的情形外，单位按低于购置或建造成本价格出售住房给职工，职工因此实际支付购房款低于该房屋的购置或建造成本，此项少支出的差价部分，按"工资、薪金所得"项目征税。
(6) 出租汽车经营单位对出租车驾驶员采取单车承包或承租方式运营，出租车驾驶员从事客货营运取得的收入，按"工资、薪金所得"征税。
(7) 自 2004 年 1 月 20 日起，对商品营销活动中，企业和单位对营销业绩突出的雇员以培训班、研讨会、工作考察等名义组织旅游活动，通过免收差旅费、旅游费对个人实行的营销业绩奖励（包括实物、有价证券等），应根据所发生费用的全额并入营销人员当期的工资、薪金所得，按照"工资、薪金所得"项目征收个人所得税，并由提供上述费用的企业和单位代扣代缴。
(8) 不属于工资、薪金性质的补贴、津贴或者不属于纳税人本人工资、薪金所得项目的收入，不予征税。这些项目包括：①独生子女补贴；②执行公务员工资制度未纳入基本工资总额的补贴、津贴差额和家属成员的副食品补贴；③托儿补助费；④差旅费津贴、误餐补助。其中，误餐补助是指按照财政部门规定，个人因公在城区、郊区工作，不能在工作单位或返回就餐，根据实际误餐顿数，按规定的标准领取的误餐费。单位以误餐补助名义发给职工的补助、津贴不包括在内。
2. 个体工商户的生产、经营所得，是指：
(1) 个体工商户从事工业、手工业、建筑业、交通运输业、商业、饮食业、服务业、修理业以及其他行业生产、经营取得的所得；
(2) 个人经政府有关部门批准，取得执照，从事办学、医疗、咨询以及其他有偿服务活动取得的所得；
(3) 其他个人从事个体工商业生产、经营取得的所得；
(4) 上述个体工商户和个人取得的与生产、经营有关的各项应纳税所得。
3. 对企事业单位的承包经营、承租经营所得，是指个人承包经营、承租经营以及转包、转租取得的所得，包括个人按月或者按次取得的工资、薪金性质的所得。
4. 劳务报酬所得，是指个人从事设计、装潢、安装、制图、化验、测试、医疗、法律、会计、咨询、讲学、新闻、广播、翻译、审稿、书画、雕刻、影视、录音、录像、演出、表演、广告、展览、技术服务、介绍服务、经纪服务、代办服务以及其他劳务取得的所得。
(1) 劳务报酬（独立、非雇佣）与工资薪金（非独立、雇佣）的差别。个人兼职取得的收入应按照"劳务报酬所得"应税项目缴纳个人所得税。
(2) 非货币性营销业绩奖励的对象不同带来的征税项目差异。自 2004 年 1 月 20 日起，对商品营销活动中，企业和单位对营销业绩突出的非雇员以培训班、研讨会、工作考察等名义组织旅游活动，通过免收差旅费、旅游费对个人实行的营销业绩奖励（包括实物、 |

个人所得税税目	有价证券等），应根据所发生费用的全额并入营销人员当期的劳务收入，按照"劳务报酬所得"所得项目征收个人所得税，由提供上述费用的企业和单位代扣代缴。而对于雇员取得上述待遇则按照工资薪金所得计税。 5. 稿酬所得，是指个人因其作品以图书、报刊形式出版、发表而取得的所得。 6. 特许权使用费所得，是指个人提供专利权、商标权、著作权、非专利技术以及其他特许权的使用权取得的所得；提供著作权的使用权取得的所得，不包括稿酬所得。 7. 利息、股息、红利所得，是指个人拥有债权、股权而取得的利息、股息、红利所得。 8. 财产租赁所得，是指个人出租建筑物、土地使用权、机器设备、车船以及其他财产取得的所得。 9. 财产转让所得，是指个人转让有价证券、股权、建筑物、土地使用权、机器设备、车船以及其他财产取得的所得。 10. 偶然所得，是指个人得奖、中奖、中彩以及其他偶然性质的所得。 个人取得的所得，难以界定应纳税所得项目的，由主管税务机关确定。 11. 经国务院财政部门确定征税的其他所得
个人所得的形式	个人所得的形式，包括现金、实物、有价证券和其他形式的经济利益。所得为实物的，应当按照取得的凭证上所注明的价格计算应纳税所得额；无凭证的实物或者凭证上所注明的价格明显偏低的，参照市场价格核定应纳税所得额。所得为有价证券的，根据票面价格和市场价格核定应纳税所得额。所得为其他形式的经济利益的，参照市场价格核定应纳税所得额
应纳税所得额的计算	1. 工资、薪金所得应纳税额的计算。 应纳税额＝应纳税所得额×适用税率－速算扣除数 　　　　＝（每月收入额－3 500元）×适用税率－速算扣除数 （1）纳税义务人取得全年一次性奖金，单独作为一个月工资、薪金所得计算纳税，由扣缴义务人发放时代扣代缴： ①先将雇员当月内取得的全年奖金，除以12个月，按其商数确定适用税率和速算扣除数。 ②将雇员个人当月内取得的全年奖金，按上述第①条确定的适用税率和速算扣除数计算征税。 （2）自2011年1月1日起，机关、企事业单位对未达到法定退休年龄、正式办理提前退休手续的个人，按照统一的标准向提前退休工作人员支付补贴，不属于免征的离退休工资收入，应按"工资薪金所得"项目征收个人所得税。个人因办理提前退休手续而取得的补贴收入，应按照如下公式计算税额： $$应纳税额＝\left[\left(\frac{补贴收入}{办理提前退休手续至法定退休年龄的实际月份数}－费用扣除标准\right)×适用税率－速算扣除数\right]×提前办理退休手续至法定年龄的实际月份数$$ （3）企业年金的企业缴费部分计入职工个人账户时，当月个人工资薪金所得与计入个人年金账户的企业缴费之和未超过个人所得税扣除标准的，不征收个人所得税；如果超过超过部分按照"工资薪金所得"项目征收个人所得税，并由企业代扣代缴。 （4）双薪的计税方法：年终双薪就是多发一个月的工资，就机关而言，相当于全年一次性奖金，应按全年一次性奖金政策规定计算个人所得税；就企业而言，如果当月既有年终双薪，又有全年一次性奖金，可合并按照全年一次性奖金政策规定计算个人所得税，否则，应并入当月的工资按规定计算个人所得税。 2. 个体工商户的生产、经营所得应纳税额的计算。 应纳税额＝应纳税所得额×适用税率－速算扣除数 　　　　＝（纳税年度收入总额－成本、费用及损失）×适用税率－速算扣除数 个人独资企业和合伙企业应纳税额的计算比照执行。

续表

应纳税所得额的计算	3. 对企事业单位的承包经营、承租经营所得应纳税额的计算。 $$应纳税额＝应纳税所得额×适用税率－速算扣除数$$ $$＝(纳税年度收入总额－3\,500)×适用税率－速算扣除数$$ 纳税年度的收入总额是指纳税义务人按照承包经营、承租经营合同规定分得的经营利润和工资、薪金性质的所得。 4. 劳务报酬所得应纳税额的计算。 (1) 每次收入不足 4 000 元的： $$应纳税额＝应纳税所得额×适用税率＝(每次收入额－800)×20\%$$ (2) 每次收入在 4 000 元以上的： $$应纳税额＝应纳税所得额×适用税率＝每次收入额×(1－20\%)×20\%$$ (3) 每次收入的应纳税所得额超过 20 000 元的： $$应纳税额＝应纳税所得额×适用税率－速算扣除数$$ $$＝每次收入额×(1－20\%)×适用税率－速算扣除数$$ 劳务报酬所得为纳税人代付税款（不含税所得）的特殊计税： ①不含税收入额为 3 360 元（即含税收入额 4 000 元）以下的： $$应纳税所得额＝(不含税收入额－800)÷(1－税率)$$ $$应纳税所得额＝应纳税所得额×适用税率$$ ②不含税收入额为 3 360 元（即含税收入额 4 000 元）以上的： $$应纳税所得额＝[(不含税收入额－速算扣除数)×(1－20\%)]÷$$ $$[1－税率×(1－20\%)]$$ 或：$$应纳税所得额＝[(不含税收入额－速算扣除数)×(1－20\%)]÷换算系数$$ 5. 稿酬所得应纳税额的计算。 稿酬所得应纳税额的计算公式为： (1) 每次收入不足 4 000 元的： $$应纳税额＝应纳税所得额×适用税率×(1－30\%)$$ $$＝(每次收入额－800)×20\%×(1－30\%)$$ (2) 每次收入在 4 000 元以上的： $$应纳税额＝应纳税所得额×适用税率×(1－30\%)$$ $$＝每次收入额×(1－20\%)×20\%×(1－30\%)$$ 6. 对特许权使用费所得应纳税额的计算。 (1) 每次收入不足 4 000 元的： $$应纳税额＝应纳税所得额×适用税率＝(每次收入额－800)×20\%$$ (2) 每次收入在 4 000 元以上的： $$应纳税额＝应纳税所得额×适用税率＝每次收入额×(1－20\%)×20\%$$ 7. 利息、股息、红利所得应纳税额的计算。 $$应纳税额＝应纳税所得额×适用税率＝每次收入额×20\%$$ (1) 一般规定：利息、股息、红利所得的基本规定是收入全额计税。 (2) 特殊规定：对个人投资者和证券投资基金从上海、深圳两个证券交易所挂牌交易的上市公司取得的股息红利，暂减按 50\% 计入应纳税所得额。 (3) 储蓄存款在 2008 年 10 月 9 日后（含 10 月 9 日）孳生的利息，暂免征收个人所得税。

应纳税所得额的计算	8. 财产租赁所得应纳税额的计算。 (1) 每次（月）收入不足 4 000 元的： $$应纳税额＝[每次（月）收入额－准予扣除项目－修缮费用（800 元为限）－800 元]×20\%$$ (2) 每次（月）收入在 4 000 元以上的： $$应纳税额＝\{[每次（月）收入额－准予扣除项目－修缮费用（800 元为限）]×（1－20\%）\}×20\%$$ 9. 财产转让所得应纳税额的计算。 (1) 一般情况下财产转让所得应纳税额的计算： $$应纳税额＝应纳税所得额×适用税率＝（收入总额－财产原值－合理费用）×20\%$$ 财产原值，是指： ①有价证券，为买入价以及买入时按照规定交纳的有关费用； ②建筑物，为建造费或者购进价格以及其他有关费用； ③土地使用权，为取得土地使用权所支付的金额、开发土地的费用以及其他有关费用； ④机器设备、车船，为购进价格、运输费、安装费以及其他有关费用； ⑤其他财产，参照以上方法确定。 纳税义务人未提供完整、准确的财产原值凭证，不能正确计算财产原值的，由主管税务机关核定其财产原值。 合理费用，是指卖出财产时按照规定支付的有关费用。 (2) 个人销售无偿受赠不动产应纳税额的计算： ①受赠人取得赠与人无偿赠与的不动产后，再次转让该项不动产的，在缴纳个人所得税时，以财产转让收入减除受赠、转让住房过程中缴纳的税金及有关合理费用后的余额为应纳税所得额，按 20\% 的适用税率计算缴纳个人所得税。 ②个人在受赠和转让住房过程中缴纳的税金，按相关规定处理。 10. 偶然所得应纳税额的计算。 $$应纳税额＝应纳税所得额×适用税率＝每次收入额×20\%$$ 11. 其他所得应纳税额的计算。 $$应纳税额＝应纳税所得额×适用税率＝每次收入额×20\%$$
减除费用优惠	1. 个人将其所得通过中国境内的社会团体、国家机关向教育和其他社会公益事业以及遭受严重自然灾害地区、贫困地区的捐赠额未超过纳税义务人申报的应纳税所得额 30\% 的部分，可以从其应纳税所得额中扣除。 2. 按照国家规定，单位为个人缴付和个人缴付的基本养老保险费、基本医疗保险费、失业保险费、住房公积金，从纳税义务人的应纳税所得额中扣除。 3. 对在中国境内无住所而在中国境内取得工资、薪金所得的纳税义务人和在中国境内有住所而在中国境外取得工资、薪金所得的纳税义务人，可以根据其平均收入水平、生活水平以及汇率变化情况确定附加减除费用，附加减除费用适用的范围和标准由国务院规定。目前，附加减除费用是指每月在减除 3 500 元费用的基础上，再减除 1 300 元。附加减除费用适用的范围，是指： (1) 在中国境内的外商投资企业和外国企业中工作的外籍人员； (2) 应聘在中国境内的企业、事业单位、社会团体、国家机关中工作的外籍专家； (3) 在中国境内有住所而在中国境外任职或者受雇取得工资、薪金所得的个人； (4) 国务院财政、税务主管部门确定的其他人员
每次收入的确定	1. 劳务报酬所得，属于一次性收入的，以取得该项收入为一次；属于同一项目连续性收入的，以一个月内取得的收入为一次。 2. 稿酬所得，以每次出版、发表取得的收入为一次。

续表

每次收入的确定	3. 特许权使用费所得，以一项特许权的一次许可使用所取得的收入为一次。 4. 财产租赁所得，以一个月内取得的收入为一次。 5. 利息、股息、红利所得，以支付利息、股息、红利时取得的收入为一次。 6. 偶然所得，以每次取得该项收入为一次
个人所得税纳税期限	1. 扣缴义务人每月所扣的税款，自行申报纳税人每月应纳的税款，都应当在次月十五日内缴入国库，并向税务机关报送纳税申报表。 2. 工资、薪金所得应纳的税款，按月计征，由扣缴义务人或者纳税义务人在次月十五日内缴入国库，并向税务机关报送纳税申报表。特定行业的工资、薪金所得应纳的税款，可以实行按年计算、分月预缴的方式计征，具体办法由国务院规定。 3. 个体工商户的生产、经营所得应纳的税款，按年计算，分月预缴，由纳税义务人在次月十五日内预缴，年度终了后三个月内汇算清缴，多退少补。 4. 对企事业单位的承包经营、承租经营所得应纳的税款，按年计算，由纳税义务人在年度终了后三十日内缴入国库，并向税务机关报送纳税申报表。纳税义务人在一年内分次取得承包经营、承租经营所得的，应当在取得每次所得后的十五日内预缴，年度终了后三个月内汇算清缴，多退少补。 5. 从中国境外取得所得的纳税义务人，应当在年度终了后三十日内，将应纳的税款缴入国库，并向税务机关报送纳税申报表
从中国境外取得的所得	1. 纳税义务人从中国境外取得的所得，准予其在应纳税额中扣除已在境外缴纳的个人所得税税额。但扣除额不得超过该纳税义务人境外所得依照税法规定计算的应纳税额。依照税法规定计算的应纳税额，是指纳税义务人从中国境外取得的所得，区别不同国家或者地区和不同所得项目，依照税法规定的费用减除标准和适用税率计算的应纳税额；同一国家或者地区内不同所得项目的应纳税额之和，为该国家或者地区的扣除限额。 2. 纳税义务人在中国境外一个国家或者地区实际已经缴纳的个人所得税税额，低于依照税法规定计算出的该国家或者地区扣除限额的，应当在中国缴纳差额部分的税款；超过该国家或者地区扣除限额的，其超过部分不得在本纳税年度的应纳税额中扣除，但是可以在以后纳税年度的该国家或者地区扣除限额的余额中补扣。补扣期限最长不得超过五年。 3. 纳税义务人依照税法规定申请扣除已在境外缴纳的个人所得税税额时，应当提供境外税务机关填发的完税凭证原件
免纳个人所得税	1. 省级人民政府、国务院部委和中国人民解放军军以上单位，以及外国组织、国际组织颁发的科学、教育、技术、文化、卫生、体育、环境保护等方面的奖金； 2. 国债和国家发行的金融债券利息；国债利息，是指个人持有中华人民共和国财政部发行的债券而取得的利息；国家发行的金融债券利息，是指个人持有经国务院批准发行的金融债券而取得的利息。 3. 按国家统一规定发给的补贴、津贴（按照国务院规定发给的政府特殊津贴、院士津贴、资深院士津贴，以及国务院规定免纳个人所得税的其他补贴、津贴）； 4. 福利费、抚恤金、救济金；福利费，是指根据国家有关规定，从企业、事业单位、国家机关、社会团体提留的福利费或者工会经费中支付给个人的生活补助费；救济金，是指各级人民政府民政部门支付给个人的生活困难补助费。 5. 保险赔款； 6. 军人的转业费、复员费； 7. 按照国家统一规定发给干部、职工的安家费、退职费、退休工资、离休工资、离休生活补助费； 8. 依照我国有关法律规定应予免税的各国驻华使馆、领事馆的外交代表、领事官员和其他人员的所得； 9. 中国政府参加的国际公约、签订的协议中规定免税的所得； 10. 经国务院财政部门批准免税的所得

续表

减征个人所得税	1. 残疾、孤老人员和烈属的所得； 2. 因严重自然灾害造成重大损失的； 3. 其他经国务院财政部门批准减税的。 减征个人所得税，其减征的幅度和期限由省、自治区、直辖市人民政府规定
其他	1. 各项所得的计算，以人民币为单位。所得为外国货币的，按照国家外汇管理机关规定的外汇牌价折合成人民币缴纳税款。 2. 对扣缴义务人按照所扣缴的税款，付给百分之二的手续费。 3. 在中国境内有住所，或者无住所而在境内居住满一年的个人，从中国境内和境外取得的所得，应当分别计算应纳税额。 4. 纳税义务人有下列情形之一的，应当按照规定到主管税务机关办理纳税申报（自行申报纳税）： （1）年所得12万元以上的； （2）从中国境内两处或者两处以上取得工资、薪金所得的； （3）从中国境外取得所得的； （4）取得应纳税所得，没有扣缴义务人的； （5）国务院规定的其他情形。 年所得12万元以上的纳税义务人，在年度终了后3个月内到主管税务机关办理纳税申报

工资、薪金所得适用税率表，见表7-2。

表7-2　　　　　　　　　　　工资、薪金所得适用税率表

级数	全月应纳税所得额		税率 （%）	速算 扣除数
	含税级距	不含税级距		
1	不超过1 500元的	不超过1 455元的	3	0
2	超过1 500元至4 500元的部分	超过1 455元至4 155元的部分	10	105
3	超过4 500元至9 000元的部分	超过4 155元至7 755元的部分	20	555
4	超过9 000元至35 000元的部分	超过7 755元至27 255元的部分	25	1 005
5	超过35 000元至55 000元的部分	超过27 255元至41 255元的部分	30	2 755
6	超过55 000元至80 000元的部分	超过41 255元至57 505元的部分	35	5 505
7	超过80 000元的部分	超过57 505元的部分	45	13 505

注：1. 本表所列含税级距与不含税级距，均为按照税法规定减除有关费用后的所得额；

2. 含税级距适用于由纳税人负担税款的工资、薪金所得；不含税级距适用于由他人（单位）代付税款的工资、薪金所得。

全年一次性奖金个人所得税计税方法，见表7-3。

表7-3　　　　　　　　全年一次性奖金个人所得税计税方法

情况	适用税率和速算 扣除数确定依据	个人所得税计税公式
当月工资薪金所得高于（或等于）税法规定的费用扣除额的	当月取得全年一次性奖金/12	应纳税额＝当月取得全年一次性奖金×适用税率－速算扣除数
当月工资薪金所得低于税法规定的费用扣除额的	（当月取得全年一次性奖金－当月工资薪金与费用扣除额的差额）/12	应纳税额＝（当月取得全年一次性奖金－当月工资薪金与费用扣除额的差额）×适用税率－速算扣除数

注：在一个纳税年度内，对每一个人，该计税方法只允许采用一次。个人取得除全年一次奖金以外的其他各种名目奖金，如半年奖、季度奖、加班奖、先进奖、考勤奖等，一律与当月工资、薪金收入合并计算缴纳个人所得税。

劳务报酬所得个人所得税计税方法、劳务报酬所得适用的税率及速算扣除数，见表7-4及表7-5。

表 7-4 　　　　　　　　劳务报酬所得个人所得税计税方法

情况	个人所得税计税公式
每次收入不足 4 000 元	应纳税额＝应纳税所得额×20％＝（每次收入额－800）×20％
每次收入 4 000 元以上的	应纳税额＝应纳税所得额×20％＝每次收入额×（1－20％）×20％
每次收入的应纳税所得额超过 20 000 元的	应纳税额＝应纳税所得额×适用税率－速算扣除数＝每次收入额×（1－20％）×适用税率－速算扣除数

表 7-5 　　　　　　　　劳务报酬所得适用的税率及速算扣除数表

级数	每次应纳税所得额	税率（％）	速算扣除数（元）
1	不超过 20 000 元的部分	20	0
2	超过 20 000 元至 50 000 元的部分	30	2 000
3	超过 50 000 元的部分	40	7 000

本章仅就企业比较常见的个人所得税业务进行举例说明，其他项目个人所得税的计算不再举例，若在实际工作中遇到，读者可以根据上述表格中的内容进行核算。

【例 7-1】 某部门经理 10 月份基本工资 5 000 元、加班费 500 元、奖金 200 元、独生子女补贴 7 元、差旅费津贴 150 元，在实际发放工资时，从中扣除代垫水电费 500 元和按规定比例提取的保险金 300 元，计算其应纳的个人所得税。

应纳税所得额＝（5 000＋500＋200－300）－3 500＝5 400－3 500＝1 900（元）
应纳税额＝1 900×10％－105＝85（元）

【例 7-2】 王女士和李先生同是一家公司雇员，王女士 12 月取得当月工资 8 500 元，年终奖 48 000 元；李先生 12 月取得当月工资 3 000 元，月底又一次性取得年终奖金 50 000 元，计算王女士和李先生应缴纳多少个人所得税。

王女士当月工资薪金应纳税额＝（8 500－3 500）×20％－555＝445（元）

年终奖 48 000÷12＝4 000（元），对应税率为 10％，速算扣除数为 105。

年终奖应纳税额＝48 000×10％－105＝4 695（元）
王女士 12 月份共计应缴纳个人所得税＝445＋4 695＝5 140（元）

李先生月工资收入低于 3 500 元，可用其取得的奖金收入 50 000 元补足其差额部分 500 元，剩余 49 500 元除以 12 个月，得出月均奖金 4 125 元，其对应的税率和速算扣除数分别为 10％和 105 元。

全年一次性奖金的应纳税额＝49 500×10％－105＝4 845（元）
工资薪金的应纳税额＝0 元
李先生 12 月份应纳个人所得税额＝4 845＋0＝4 845（元）

【例 7-3】 退休工程师王某为某企业提供技术服务，一次取得技术服务收入 30 000

元，该企业应代扣代缴个人所得税＝30 000×（1－20％）×30％－2 000＝5 200（元）。

【例7-4】 李某为某企业提供一项工程设计，该企业按照合同规定向李某支付工程设计费（税后）54 600元。该企业应代扣代缴个人所得税＝（54 600－7 000）×（1－20％）÷[1－（1－20％）×40％]×40％－7 000＝15 400（元）。

【例7-5】 某公司由自然人股东李某、赵某两人分别出资300万元和200万元于20×2年9月成立。20×5年9月9日，李某、赵某两人分别与王某自然人签订股权转让协议，采取平价转让，约定李某将150万元股权转让给王某，赵某将200万元股权全部转让给王某。李某、赵某两人分别与王某均不存在国家规定的亲属关系及赡养、扶养关系。

该公司股权变更前的所有者权益为650万元，其中注册资本为500万元，未分配利润和盈余公积为150万元。

对申报的计税依据明显偏低（如平价和低价转让等）且无正当理由的，主管税务机关可参照每股净资产或个人股东享有的股权比例所对应的净资产份额核定。

该公司此次平价转让行为属于计税依据明显偏低且无正当理由，税务机关可以采取按李某、赵某在该公司享有的净资产份额核定股权转让收入分别为：650×300÷（300＋200）×150÷300＝195（万元），650×200÷（300＋200）＝260（万元）。股权计税成本分别为150万元、200万元，可以扣除的税费分别为900元、1 200元。李某、赵某分别应纳个人所得税：（1 950 000－1 500 000－900）×20％＝89 820（元）、（2 600 000－2 000 000－1 200）×20％＝119 760（元）。

【例7-6】 某企业搞宣传活动，随机赠送路人礼品8 000元，在公司抽奖活动中赠送奖品10 000元，赠送礼品和奖品均为企业外购商品。

该企业搞宣传活动随机赠送路人礼品和在公司抽奖活动中赠送奖品应代扣代缴个人所得税：18 000×20％＝3 600（元）。

相关链接

《财政部 国家税务总局关于企业促销展业赠送礼品有关个人所得税问题的通知》（财税〔2011〕50号）规定：

1. 企业在销售商品（产品）和提供服务过程中向个人赠送礼品，属于下列情形之一的，不征收个人所得税：

（1）企业通过价格折扣、折让方式向个人销售商品（产品）和提供服务；

（2）企业在向个人销售商品（产品）和提供服务的同时给予赠品，如通信企业对个人购买手机赠话费、入网费，或者购话费赠手机等；

（3）企业对累积消费达到一定额度的个人按消费积分反馈礼品。

2. 企业向个人赠送礼品，属于下列情形之一的，取得该项所得的个人应依法缴纳个人所得税，税款由赠送礼品的企业代扣代缴：

（1）企业在业务宣传、广告等活动中，随机向本单位以外的个人赠送礼品，对个人取得的礼品所得，按照"其他所得"项目，全额适用20％的税率缴纳个人所得税。

（2）企业在年会、座谈会、庆典以及其他活动中向本单位以外的个人赠送礼品，对个人取得的礼品所得，按照"其他所得"项目，全额适用20％的税率缴纳个人所得税。

（3）企业对累积消费达到一定额度的顾客，给予额外抽奖机会，个人的获奖所得，按照"偶然所得"项目，全额适用 20% 的税率缴纳个人所得税。

3. 企业赠送的礼品是自产产品（服务）的，按该产品（服务）的市场销售价格确定个人的应税所得；是外购商品（服务）的，按该商品（服务）的实际购置价格确定个人的应税所得。

【例 7-7】 某公司在"其他应收款"账户上挂了一笔该公司股东李某向公司的借款。李某于 2 月 20 日从公司借款 10 万元用于住房装修，年底未归还，凭证后附有李某手写的借据。

《财政部 国家税务总局关于规范个人投资者个人所得税征收管理的通知》（财税〔2003〕158 号）第二条规定，纳税年度内个人投资者从其投资企业（个人独资企业、合伙企业除外）借款，在该纳税年度终了后既不归还，又未用于企业生产经营的，其未归还的借款可视为企业对个人投资者的红利分配，依照"利息、股息、红利所得"项目计征个人所得税。

李某从公司所借的 10 万元非生产经营用款应按"利息、股息、红利"税目缴纳个人所得税 2 万元。

【例 7-8】 某公司由甲、乙、丙三个自然人投资设立，投资比例为 5∶3∶2。为了扩大资本总额，决定用企业 600 000 元的盈余公积金转增资本。

盈余公积和未分配利润来源于企业在生产经营活动中所实现的净利润，所以盈余公积和未分配利润转增资本实际上是该公司将盈余公积金向股东分配了股息、红利，股东再以分得的股息、红利增加注册资本。因此，对属于个人股东分得并再投入公司（转增注册资本）的部分应按照"利息、股息、红利所得"项目征收个人所得税，税款由股份有限公司在有关部门批准增资、公司股东会决议通过后代扣代缴。

$$股东甲应纳个人所得税 = 600\ 000 \times 50\% \times 20\% = 60\ 000（元）$$
$$股东乙应纳个人所得税 = 600\ 000 \times 30\% \times 20\% = 36\ 000（元）$$
$$股东丙应纳个人所得税 = 600\ 000 \times 20\% \times 20\% = 24\ 000（元）$$

相关链接

股份制企业股票溢价发行收入形成的资本公积金转增个人股本不作为应税所得，不征收个人所得税，而其他资本公积金转增个人股本，应当依法按照"利息、股息、红利所得"项目征收个人所得税，其他资本公积金包括企业接受捐赠、拨款转入、外币资本折算差额、资产评估增值等形成的资本公积金。

二、个人所得税纳税申报示范

《扣缴个人所得税报告表》填写示范如下：

【例 7-9】 L 市雨泽有限公司（税号：370000000000088）20×3 年 12 月份发放 27 名员工工资薪金 103 490 元，经计算应纳税所得额为 28 167.68 元，需扣缴个人所得税

6 607.89 元，另支付一名退休工程师技术服务费 30 000 元，应纳税所得额为 24 000 元，须代扣代缴个人所得税 5 200 元。企业填报《扣缴个人所得税报告表》，见表 7-6。

表 7-6 扣缴个人所得税报告表

纳税人识别号：370000000000088 　　　　　　　　　　纳税人名称：L 市雨泽有限公司
税款所属期：20×3-10-01 至 20×3-12-31 　填表日期：20×4-01-07 　　　金额单位：人民币元

行次	所得项目	纳税人数	收入额	应纳税所得额	应纳税额	减免税额	已缴（扣）税额	应扣缴税额
	合计	28	133 490.00	52 167.68	11 807.89	0.00	0.00	11 807.89
1	工资薪金所得	27	103 490.00	28 167.68	6 607.89	0.00	0.00	6 607.89
2	劳务报酬所得	1	30 000.00	24 000.00	5 200.00	0.00	0.00	5 200.00
扣缴义务人声明		我声明：此扣缴报告表是根据国家税收法律、法规的规定填报的，我确定它是真实的、可靠的、完整的。 声明人签字：						
会计主管签字：			负责人签字：			扣缴单位（或法定代表人）（签章）：		
征收人员（签章）：			受理日期：　　年　月　日			征收机关（征收专用章）：		

国家税务总局监制
本表一式二份，一份扣缴义务人留存，一份报主管税务机关。
会计主管人签字：　　　代理申报人签字：　　　　企业盖章：　　　　　填表日期：
税务机关收到日期：　　　接收人：　　　　　　　税务机关盖章：

　　《扣缴个人所得税报告表附表》主要项目有：纳税人姓名、身份证号码、所得项目、收入额、免税收入额、允许扣除的税费、费用扣除标准、准予扣除的捐赠额、应纳税所得额、税率、应扣税额、已扣税额等，填写比较简单，格式略。

　　需要说明的是，各省《扣缴个人所得税报告表》格式虽然存在一定差异，但需要填写的项目内容基本一致，填写方法也基本相同。

CHAPTER

8

第八章
土地增值税

土地增值税是对有偿转让国有土地使用权及地上建筑物和其他附着物产权并取得增值性收入的单位和个人所征收的一种税。

本章先对土地增值税的众多纳税事项进行梳理、汇总，并编制为表格形式，使其更加直观、清晰，便于阅读和掌握，然后对土地增值税的核算进行举例说明，最后对土地增值税纳税申报进行示范。

一、土地增值税主要纳税事项

土地增值税主要纳税事项见表 8-1。

表 8-1   土地增值税主要纳税事项

土地增值税的纳税义务人	有偿转让国有土地使用权、地上的建筑物及其附着物（以下简称转让房地产）并取得收入的单位和个人。不包括以继承、赠与方式无偿转让房地产的行为
土地增值税的征税范围	1. 转让国有土地使用权； 2. 地上建筑物及其附着物连同国有土地使用权一并转让； 3. 存量房地产的买卖。 建筑物，是指建于土地上的一切建筑物，包括地上地下的各种附属设施。附着物，是指附着于土地上的不能移动，一经移动即遭损坏的物品
增值额的扣除项目	1. 取得土地使用权所支付的金额，是指纳税人为取得土地使用权所支付的地价款和按国家统一规定缴纳的有关费用。 2. 开发土地和新建房及配套设施的成本，是指纳税人房地产开发项目实际发生的成本（以下简称房地产开发成本），包括土地征用及拆迁补偿费、前期工程费、建筑安装工程费、基础设施费、公共配套设施费、开发间接费用。 土地征用及拆迁补偿费，包括土地征用费、耕地占用税、劳动力安置费及有关地上、地下附着物拆迁补偿的净支出、安置动迁用房支出等。 前期工程费，包括规划、设计、项目可行性研究和水文、地质、勘察、测绘、"三通一平"等支出。 建筑安装工程费，是指以出包方式支付给承包单位的建筑安装工程费，以自营方式发生的建筑安装工程费。 基础设施费，包括开发小区内道路、供水、供电、供气、排污、排洪、通讯、照明、环卫、绿化等工程发生的支出。

增值额的扣除项目	公共配套设施费，包括不能有偿转让的开发小区内公共配套设施发生的支出。 开发间接费用，是指直接组织、管理开发项目发生的费用，包括工资、职工福利费、折旧费、修理费、办公费、水电费、劳动保护费、周转房摊销等。 3. 开发土地和新建房及配套设施的费用（以下简称房地产开发费用），是指与房地产开发项目有关的销售费用、管理费用、财务费用。 财务费用中的利息支出，凡能够按转让房地产项目计算分摊并提供金融机构证明的，允许据实扣除，但最高不能超过按商业银行同类同期贷款利率计算的金额，其他房地产开发费用，按（取得土地使用权所支付的金额＋房地产开发成本）的5％以内计算扣除。 凡不能按转让房地产项目计算分摊利息支出或不能提供金融机构证明的，房地产开发费用按（取得土地使用权所支付的金额＋房地产开发成本）的10％以内计算扣除。 上述计算扣除的具体比例，由各省、自治区、直辖市人民政府规定。 4. 旧房及建筑物的评估价格，是指在转让已使用的房屋及建筑物时，由政府批准设立的房地产评估机构评定的重置成本价乘以成新度折扣率后的价格。评估价格须经当地税务机关确认。评估价格＝重置成本价×成新度折扣率。 纳税人转让旧房及建筑物，凡不能取得评估价格，但能提供购房发票的，经当地税务部门确认，根据取得土地使用权所支付的金额、新建房及配套设施的成本、费用，或者旧房及建筑物的评估价格，可按发票所载金额并从购买年度起至转让年度止每年加计5％计算扣除。计算扣除项目时"每年"按购房发票所载日期起至售房发票开具之日止，每满12个月计一年；超过一年，未满12个月但超过6个月的，可以视同为一年。对纳税人购房时缴纳的契税，凡能提供契税完税凭证的，准予作为"与转让房地产有关的税金"予以扣除，但不作为加计5％的基数。 对于转让旧房及建筑物，既没有评估价格，又不能提供购房发票的，地方税务机关可以根据《税收征管法》第三十五条的规定，实行核定征收。对取得土地使用权时未支付地价款或不能提供已支付的地价款凭据的，不允许扣除取得土地使用权时所支付的金额。 5. 与转让房地产有关的税金，是指在转让房地产时缴纳的营业税（注：营改增后需关注后续政策，本章暂时还以现政策讲解）、城市维护建设税、印花税。因转让房地产缴纳的教育费附加，也可视同税金予以扣除。房地产开发企业与非房地产开发企业可扣除税金的区别见表8-2。 6. 从事房地产开发的纳税人可加计扣除金额＝（取得土地使用权所支付的金额＋房地产开发成本）×20％
	土地增值税以纳税人房地产成本核算的最基本的核算项目或核算对象为单位计算
	纳税人成片受让土地使用权后，分期分批开发、转让房地产的，其扣除项目金额的确定．可按转让土地使用权的面积占总面积的比例计算分摊，或按建筑面积计算分摊，也可按税务机关确认的其他方式计算分摊
土地增值税税额的计算	土地增值税实行四级超率累进税率，每级"增值额未超过扣除项目金额"的比例，均包括本比例数。 计算土地增值税税额，可按增值额乘以适用的税率减去扣除项目金额乘以速算扣除系数的简便方法计算，具体公式如下： 1. 增值额未超过扣除项目金额50％的： 　　土地增值税税额＝增值额×30％ 2. 增值额超过扣除项目金额50％，未超过100％的： 　　土地增值税税额＝增值额×40％－扣除项目金额×5％

续表

土地增值税税额的计算	3. 增值额超过扣除项目金额100%，未超过200%的： 　　土地增值税税额＝增值额×50%－扣除项目金额×15% 4. 增值额超过扣除项目金额200%的： 　　土地增值税税额＝增值额×60%－扣除项目金额×35% 公式中的5%、15%、35%为速算扣除系数	
土地增值税的账务处理	房地产开发企业	记入"营业税金及附加"科目
	企业转让土地使用权应缴纳的土地增值税，土地使用权与地上建筑物及其附着物一并在"固定资产"科目核算的	转让时应交的土地增值税，借记"固定资产清理"科目，贷记"应交税费——应交土地增值税"科目
	土地使用权在"无形资产"科目核算的	按照实际收到的金额，借记"银行存款"科目，按照应交纳的土地增值税，贷记"应交税费——应交土地增值税"，按照已计提的累计摊销，借记"累计摊销"科目，按照其成本，贷记"无形资产"科目，按照其差额，贷记"营业外收入——非流动资产处置净收益"科目或借记"营业外支出——非流动资产处置净损失"科目
税收优惠	1. 建造普通标准住宅出售，增值额未超过扣除项目金额20%的免税。 普通标准住宅与其他住宅的具体划分界限，在2005年以前由各省、自治区、直辖市人民政府规定。2005年6月1日起，普通标准住宅应同时满足：住宅小区建筑容积率在1.0以上；单套建筑面积在120平方米以下；实际成交价格低于同级别土地上住房平均交易价格1.2倍以下。各省、自治区、直辖市要根据实际情况，制定本地区享受优惠政策住房具体标准。允许单套建筑面积和价格标准适当浮动，但向上浮动的比例不得超过上述标准的20%。 2. 因国家建设需要依法征用、收回的房地产，免征土地增值税。 3. 因城市实施规划、国家建设的需要而搬迁，由纳税人自行转让原房地产的，免征土地增值税。 4. 对因中国邮政集团公司邮政速递物流业务重组改制，中国邮政集团公司向中国邮政速递物流股份有限公司、各省邮政公司向各省邮政速递物流有限公司转移房地产产权应缴纳的土地增值税，予以免征。已缴纳的应予免征的土地增值税，应予退税。 5. 在企业兼并中，对被兼并企业将房地产转让到兼并企业中的，暂免征收土地增值税。 6. 对于一方出地，一方出资金，双方合作建房，建成后按比例分房自用的，暂免征收土地增值税	
征收管理	纳税人应在合同签订后7日内向房地产所在地主管税务机关申报纳税，并向税务机关提交房屋及建筑物产权、土地使用权证书，土地转让、房产买卖合同，房地产评估报告及其他与转让房地产有关的资料。纳税人转让的房地产坐落在两个或两个以上地区的，应按房地产所在地分别申报。纳税人因经常发生房地产转让而难以在每次转让后申报的，经税务机关审核同意后，可以定期进行纳税申报，具体期限由税务机关根据情况确定	

房地产开发企业与非房地产开发企业可扣除税金的区别，见表8-2。

表 8-2　　　　　　**房地产开发企业与非房地产开发企业可扣除税金的区别**
（营改增后需关注后续关于税金的政策）

企业	可扣除税金	备注
房地产开发企业	"两税一费"： 1. 营业税； 2. 城市维护建设税和教育费附加	1. 销售自行开发的房地产时计算营业税的营业额为转让收入全额，营业税税率为5%。 2. 由于印花税（0.5‰）包含在管理费用中，故不能在此单独扣除
非房地产开发企业	"三税一费"： 1. 营业税； 2. 印花税； 3. 城市维护建设税和教育费附加	1. 销售自行开发的房地产时计算营业税的营业额为转让收入全额，营业税税率为5%。 销售或转让其购置的房地产时，计算营业税的营业额为转让收入减除购置或受让原价后的余额，营业税税率为5%。 2. 印花税税率为0.5‰（产权转移书据）

房地产开发企业土地增值税清算主要内容，见表 8-3。

表 8-3　　　　　　**房地产开发企业土地增值税清算主要内容**

清算单位	土地增值税以国家有关部门审批的房地产开发项目为单位进行清算，对于分期开发的项目，以分期项目为单位清算。 开发项目中同时包含普通住宅和非普通住宅的，应分别计算增值额	
清算条件	纳税人应进行土地增值税清算的三种情况	1. 房地产开发项目全部竣工、完成销售的； 2. 整体转让未竣工决算房地产开发项目的； 3. 直接转让土地使用权的
	主管税务机关可要求纳税人进行土地增值税清算的四种情况	1. 已竣工验收的房地产开发项目，已转让的房地产建筑面积占整个项目可售建筑面积的比例在85%以上，或该比例虽未超过85%，但剩余的可售建筑面积已经出租或自用的； 2. 取得销售（预售）许可证满三年仍未销售完毕的； 3. 纳税人申请注销税务登记但未办理土地增值税清算手续的； 4. 省税务机关规定的其他情况
非直接销售和自用房地产的收入确定	房地产开发企业将开发产品用于职工福利、奖励、对外投资、分配给股东或投资人、抵偿债务、换取其他单位和个人的非货币性资产等	发生所有权转移时应视同销售房地产，收入按下列方法和顺序确认： 1. 按本企业在同一地区、同一年度销售的同类房地产的平均价格确定； 2. 由主管税务机关参照当地当年、同类房地产的市场价格或评估价值确定
	房地产开发企业将开发的部分房地产转为企业自用或用于出租等商业用途时，产权未发生转移时	不征收土地增值税，在税款清算时不列收入，不扣除相应的成本和费用
	土地增值税清算时，已全额开具商品房销售发票的，按照发票所载金额确认收入；未开具发票或未全额开具发票的，以交易双方签订的销售合同所载的售房金额及其他收益确认收入。销售合同所载商品房面积与有关部门实际测量面积不一致，在清算前已发生补、退房款的，应在计算土地增值税时予以调整	

续表

扣除项目 规定	可据实扣除的项目	1. 增值额的扣除项目（同表 8-1）。 2. 开发建造的与清算项目配套的居委会和派出所用房、会所、停车场（库）、物业管理场所、变电站、热力站、水厂、文体场馆、学校、幼儿园、托儿所、医院、邮电通信等公共设施，按以下原则处理：①建成后产权属于全体业主所有的，其成本、费用可以扣除；②建成后无偿移交给政府、公用事业单位用于非营利性社会公共事业的，其成本、费用可以扣除；③建成后有偿转让的，应计算收入，并准予扣除成本、费用。 3. 房地产开发企业销售已装修的房屋，其装修费用可以计入房地产开发成本。 4. 房地产开发企业在工程竣工验收后，根据合同约定，扣留建筑安装施工企业一定比例的工程款，作为开发项目的质量保证金，在计算土地增值税时，建筑安装施工企业就质量保证金对房地产开发企业开具发票的，按发票所载金额予以扣除。 5. 房地产开发企业为取得土地使用权所支付的契税，应视同"按国家统一规定交纳的有关费用"，计入"取得土地使用权所支付的金额"中扣除。 6. 房地产企业用建造的本项目房地产安置回迁户的，安置用房视同销售处理，按《国家税务总局关于房地产开发企业土地增值税清算管理有关问题的通知》（国税发〔2006〕187号）第三条第（一）款规定确认收入，同时将此确认为房地产开发项目的拆迁补偿费。房地产开发企业支付给回迁户的补差价款，计入拆迁补偿费；回迁户支付给房地产开发企业的补差价款，应抵减本项目拆迁补偿费。 开发企业采取异地安置，异地安置的房屋属于自行开发建造的，房屋价值按国税发〔2006〕187号第三条第（一）款的规定计算，计入本项目的拆迁补偿费；异地安置的房屋属于购入的，以实际支付的购房支出计入拆迁补偿费。 7. 货币安置拆迁的，房地产开发企业凭合法有效凭据计入拆迁补偿费
	可核定扣除项目	前期工程费、建筑安装工程费、基础设施费、开发间接费用的凭证或资料不符合清算要求或不实的，地方税务机关可参照当地建设工程造价管理部门公布的建安造价定额资料，结合房屋结构、用途、区位等因素，核定上述四项开发成本的单位面积金额标准，并据以计算扣除。具体核定方法由省税务机关确定
	不可扣除的项目	1. 扣除取得土地使用权所支付的金额、房地产开发成本、费用及与转让房地产有关税金，须提供合法有效凭证；不能提供合法有效凭证的，不予扣除。 2. 房地产开发企业的预提费用，除另有规定外，不得扣除。 3. 竣工后，建筑安装施工企业就质量保证金对房地产开发企业未开具发票的，扣留的质保金不得计算扣除。 4. 房地产开发企业逾期开发缴纳的土地闲置费不得扣除
	清算项目的扣除金额分摊	属于多个房地产项目共同的成本费用，应按清算项目可售建筑面积占多个项目可售总建筑面积的比例或其他合理的方法，计算确定清算项目的扣除金额

土地增值税清算应报送的资料	符合清算条件 1 规定的纳税人，须在满足清算条件之日起 90 日内到主管税务机关办理清算手续；符合清算条件 2 规定的纳税人，须在主管税务机关限定的期限内办理清算手续	纳税人办理土地增值税清算应报送以下资料： 1. 房地产开发企业清算土地增值税书面申请、土地增值税纳税申报表； 2. 项目竣工决算报表、取得土地使用权所支付的地价款凭证、国有土地使用权出让合同、银行贷款利息结算通知单、项目工程合同结算单、商品房购销合同统计表等与转让房地产的收入、成本和费用有关的证明资料； 3. 主管税务机关要求报送的其他与土地增值税清算有关的证明资料等。 纳税人委托税务中介机构审核鉴证的清算项目，还应报送中介机构出具的《土地增值税清算税款鉴证报告》
土地增值税的核定征收	税务机关可以参照与其开发规模和收入水平相近的当地企业的土地增值税税负情况，按不低于预征率的征收率核定征收土地增值税的五种行为	1. 依照法律、行政法规的规定应当设置但未设置账簿的。 2. 擅自销毁账簿或者拒不提供纳税资料的。 3. 虽设置账簿，但账目混乱或者成本资料、收入凭证、费用凭证残缺不全，难以确定转让收入或扣除项目金额的。 4. 符合土地增值税清算条件，未按照规定的期限办理清算手续，经税务机关责令限期清算，逾期仍不清算的。 5. 申报的计税依据明显偏低，又无正当理由的
	核定征收率的规定	为了规范核定工作，核定征收率原则上不得低于 5%，各省级税务机关要结合本地实际，区分不同房地产类型制定核定征收率
清算后再转让房地产	在土地增值税清算时未转让的房地产，清算后销售或有偿转让的，纳税人应按规定进行土地增值税的纳税申报，扣除项目金额按清算时的单位建筑面积成本费用乘以销售或转让面积计算。 单位建筑面积成本费用＝清算时的扣除项目总金额÷清算的总建筑面积	
清算后应补税与滞纳金	纳税人按规定预缴土地增值税后，清算补缴的土地增值税，在主管税务机关规定的期限内补缴的，不加收滞纳金	

对土地增值税的计算举例说明如下（例题相关税金的计算暂未考虑营改增影响，待税法政策修订后按新政策执行）：

【例 8-1】 甲房地产开发企业 20×7 年度委托建筑公司承建花园小区住宅楼 10 栋，其中，80% 的建筑面积直接对外销售，取得销售收入 7 700 万元；其余部分暂时对外出租，本年度内取得租金收入 60 万元。与该住宅楼开发相关的成本、费用有：支付土地使用权价款 1 500 万元，取得土地使用权缴纳契税 45 万元，拆迁补偿费 100 万元，前期工程费 60 万元，建筑安装工程费 1 000 万元，基础设施 800 万元，公共配套设施费 240 万元，开发间接费用 50 万元，发生管理费用 450 万元、销售费用 280 万元、利息费用 370 万元（利息费用未超过同期银行贷款利率，不能准确按项目计算分摊）。当地政府规定，房地产开发企业发生的管理费用、销售费用、利息费用在计算土地增值税增值额时的扣除比例为 10%。该企业城建税税率为 5%。

该企业应纳土地增值税的计算如下：

1. 转让房地产的收入＝7 700 万元

2. 准予扣除的项目金额：

取得土地使用权所支付的金额＝(1 500＋45)×80％＝1 236(万元)

房地产开发成本＝(100＋60＋1 000＋800＋240＋50)×80％＝1 800(万元)

房地产开发费用＝(1 236＋1 800)×10％＝303.6(万元)

与转让房地产有关的税金＝7 700×5‰×(1＋5％＋3％)

＝415.8(万元)(不包括出租房屋的税金)

加计扣除＝(1 236＋1 800)×20％＝607.2(万元)

允许扣除项目合计＝1 236＋1 800＋303.6＋415.8＋607.2＝4 362.6(万元)

3. 土地增值额＝7 700－4 362.6＝3 337.4（万元）

4. 土地增值率＝3 337.4÷4 362.6＝76.5％

5. 应纳土地增值税＝3 337.4×40％－4 362.6×5％＝1 116.83（万元）

【例8-2】 乙工业公司20×7年12月转让一幢20×2年建造的办公楼，当时的造价为1 800万元。经房地产评估机构评定，该办公楼的重置成本价为3 000万元，该楼房为八成新，该评估价格已经税务机关认定，评估费用10万元。转让前为取得土地使用权支付的地价款和按规定缴纳的有关费用为1 250万元，能提供合法有效凭证，转让时取得转让收入6 600万元，已按规定缴纳了转让环节的有关税金，能提供完税凭证。该公司城建税税率为7％。

该公司应纳土地增值税的计算如下：

1. 转让房地产的收入＝6 600万元

2. 准予扣除的项目金额：

取得土地使用权支付的金额＝1 250万元

评估费用＝10万元

房地产的评估价格＝3 000×80％＝2 400(万元)

与转让房地产有关的税金＝6 600×5‰×(1＋7％＋3％)＋6 600×0.5‰

＝366.3(万元)

扣除项目金额合计＝1 250＋10＋2 400＋366.3＝4 026.3(万元)

3. 土地增值额＝6 600－4 026.3＝2 573.7（万元）

4. 土地增值率＝2 573.7÷4 026.3×100％＝63.92％

5. 应纳土地增值税＝2 573.7×40％－4 026.3×5％＝828.17（万元）

【例8-3】 丙商贸公司20×9年12月转让一幢20×5年4月购买的厂房，转让收入为500万元。该厂房不能取得评估价格，但能提供购房发票，原购房发票价300万元。支付转让房产有关的营业税25万元，城建税1.75万元，教育费附加0.75万元，合计27.5万元。

该公司应纳土地增值税的计算如下：

1. 转让厂房收入＝500万元

2. 准予扣除的项目金额＝300×（1＋5％×5）＋27.5＝402.5（万元）

3. 土地增值额＝500－402.5＝97.5（万元）

4. 土地增值率＝97.5÷402.5＝24.22%

5. 应纳土地增值税＝97.5×30%＝29.25（万元）

二、土地增值税纳税申报示范

《土地增值税纳税申报表》填写示范如下：

【例 8-4】 以例 8-1 甲房地产开发企业及例 8-2 乙工业公司的土地增值税业务为例，填写《土地增值税纳税申报表（一）》（表 8-4）和《土地增值税纳税申报表（二）》（表8-5）。

表 8-4

土地增值税纳税申报表（一）
（从事房地产开发的纳税人清算适用）

税款所属时间：20×7 年 1 月 31 日至 20×7 年 12 月 31 日　　　　填表日期：20×8 年 1 月 4 日
纳税人识别号：略　　　　　　　　　　　　　金额单位：元至角分；面积单位：平方米

纳税人名称	甲房地产开发企业	项目名称	花园小区住宅楼	项目编号	略	项目地址	略
所属行业	略	登记注册类型	略	纳税人地址	略	邮政编码	略
开户银行	略	银行账号	略	主管部门	略	电话	略

总可售面积		1 250		自用和出租面积		250	
已售面积	1 000	其中：普通住宅已售面积	0	其中：非普通住宅已售面积	0	其中：其他类型房地产已售面积	0

项目	行次	普通住宅	非普通住宅	其他类型房地产	合计
			金额		
一、转让房地产收入总额　1＝2+3+4	1		77 000 000		77 000 000
其中　货币收入	2		77 000 000		77 000 000
实物收入	3				
其他收入	4				
二、扣除项目金额合计　5＝6+7+14+17+21	5		43 626 000		43 626 000
1. 取得土地使用权所支付的金额	6		12 360 000		12 360 000
2. 房地产开发成本　7＝8+9+10+11+12+13	7		18 000 000		18 000 000
其中　土地征用及拆迁补偿费	8		800 000		800 000
前期工程费	9		480 000		480 000
建筑安装工程费	10		8 000 000		8 000 000
基础设施费	11		6 400 000		6 400 000
公共配套设施费	12		1 920 000		1 920 000
开发间接费用	13		400 000		400 000
3. 房地产开发费用　14＝15+16	14		3 036 000		3 036 000
其中　利息支出	15				
其他房地产开发费用	16		3 036 000		3 036 000

续表

4. 与转让房地产有关的税金等 17＝18＋19＋20		17		4 158 000	4 158 000
其中	营业税	18		3 850 000	3 850 000
	城市维护建设税	19		192 500	192 500
	教育费附加	20		115 500	115 500
5. 财政部规定的其他扣除项目		21		6 072 000	6 072 000
三、增值额 22＝1－5		22		33 374 000	33 374 000
四、增值额与扣除项目金额之比（％） 23＝22÷5		23		76.50%	76.50%
五、适用税率（％）		24		40%	40%
六、速算扣除系数（％）		25		5%	5%
七、应缴土地增值税税额 26＝22×24－5×25		26		11 168 300	11 168 300
八、减免税额 27＝29＋31＋33		27			
其中	减免税（1） 减免性质代码	28			
	减免税额	29			
	减免税（2） 减免性质代码	30			
	减免税额	31			
	减免税（3） 减免性质代码	32			
	减免税额	33			
九、已缴土地增值税税额		34			
十、应补（退）土地增值税税额 35＝26－27－34		35		11 168 300	11 168 300

授权代理人	（如果你已委托代理申报人，请填写下列资料） 为代理一切税务事宜，现授权_____（地址）_____为本纳税人的代理申报人，任何与本报表有关的来往文件都可寄与此人。 授权人签字：_____	纳税人声明	此纳税申报表是根据《中华人民共和国土地增值税暂行条例》及其《实施细则》的规定填报的，是真实的、可靠的、完整的。 声明人签字：_____
纳税人公章		法人代表签章	经办人员（代理申报人）签章	备注

（以下部分由主管税务机关负责填写）

主管税务机关收到日期		接收人		审核日期		税务审核人员签章	
审核记录						主管税务机关盖章	

表 8-5　　　　　　　　**土地增值税纳税申报表（二）**
（非从事房地产开发的纳税人适用）

税款所属时间：20×7 年 1 月 31 日至 20×7 年 12 月 31 日　　　　填表日期：20×8 年 1 月 4 日
纳税人识别号：略　　　　　　　　　　　　　　　金额单位：元至角分；面积单位：平方米

纳税人名称	乙工业公司	项目名称		略	项目地址		略
所属行业	略	登记注册类型	略	纳税人地址	略	邮政编码	略
开户银行	略	银行账号	略	主管部门	略	电　话	略

项目			行次	金额
一、转让房地产收入总额　1＝2＋3＋4			1	66 000 000
其中	货币收入		2	66 000 000
	实物收入		3	
	其他收入		4	
二、扣除项目金额合计 (1) 5＝6＋7＋10＋15 (2) 5＝11＋12＋14＋15			5	40 263 000
(1) 提供评估价格	1. 取得土地使用权所支付的金额		6	12 500 000
	2. 旧房及建筑物的评估价格 7＝8×9		7	24 000 000
	其中	旧房及建筑物的重置成本价	8	30 000 000
		成新度折扣率	9	80％
	3. 评估费用		10	100 000
(2) 提供购房发票	1. 购房发票金额		11	
	2. 发票加计扣除金额 12＝11×5‰×13		12	
	其中：房产实际持有年数		13	
	3. 购房契税		14	
4. 与转让房地产有关的税金等 15＝16＋17＋18＋19			15	3 663 000
其中	营业税		16	3 300 000
	城市维护建设税		17	231 000
	印花税		18	33 000
	教育费附加		19	99 000
三、增值额　20＝1－5			20	25 737 000
四、增值额与扣除项目金额之比（％）21＝20÷5			21	63.92％
五、适用税率（％）			22	40％
六、速算扣除系数（％）			23	5％
七、应缴土地增值税税额　24＝20×22－5×23			24	8 281 650
八、减免税额（减免性质代码：＿＿＿＿＿＿＿）			25	
九、已缴土地增值税税额			26	
十、应补（退）土地增值税税额　27＝24－25－26			27	8 281 650

续表

授权代理人	(如果你已委托代理申报人，请填写下列资料) 　　为代理一切税务事宜，现授权＿＿＿＿（地址）＿＿＿＿为本纳税人的代理申报人，任何与本报表有关的来往文件都可寄与此人。 　　　　授权人签字：＿＿＿＿＿＿	纳税人声明	此纳税申报表是根据《中华人民共和国土地增值税暂行条例》及其《实施细则》的规定填报的，是真实的、可靠的、完整的。 　　　　声明人签字：＿＿＿＿＿＿
纳税人公章		法人代表签章		经办人员（代理申报人）签章		备注	

（以下部分由主管税务机关负责填写）

主管税务机关收到日期		接收人		审核日期		税务审核人员签章	
审核记录						主管税务机关盖章	

9

第九章
城市维护建设税、教育费附加、地方教育费附加

城市维护建设税（即城建税）、教育费附加、地方教育费附加，简称"附加税（费）"，没有独立的征税对象或税基，而是以增值税、消费税、营业税（营改增后，营业税退出历史舞台，因此处政策原文未变，暂时这样描述）"三税"实际缴纳的税额之和为计税依据，随"三税"同时附征，本质上属于附加税。

本章先对附加税（费）的纳税事项进行梳理、汇总，并编制为表格形式，使其更加直观、清晰，便于阅读和掌握，然后对附加税（费）纳税申报进行示范。

一、城建税、教育费附加、地方教育附加税（费）主要纳税事项

城市维护建设税主要纳税事项，见表 9-1。

教育费附加、地方教育费附加与城市维护建设税除税率不同外其他规定基本相同。教育费附加征收率为 3%，地方教育费附加征收率为 2%，其他规定参考城市维护建设税。

表 9-1   城市维护建设税主要纳税事项

征税范围	城市维护建设税征收的区域范围包括城市、县城、建制镇，以及税法规定征收"三税"的其他地区
税率	纳税人所在地在城市市区的，税率为 7%； 纳税人所在地在县城、建制镇的，税率为 5%； 纳税人所在地不在城市市区、县城、建制镇的，税率为 1%。 1. 纳税单位和个人缴纳城市维护建设税的适用税率，一律按其纳税所在地的规定税率执行。县政府设在城市市区，其在市区办的企业，按照市区的规定税率计算纳税。纳税人所在地为工矿区的，应根据行政区划分别按照 7%、5%、1% 的税率缴纳城市维护建设税。 2. 代征代扣城市维护建设税，缴纳"三税"所在地的规定税率（代征代扣所在地适用税率）。 3. 流动经营无固定纳税地点，缴纳"三税"所在地的规定税率
计税依据	城市维护建设税的计税依据是纳税人实际缴纳的增值税、消费税、营业税税额。不包括加收的滞纳金和罚款
应纳税额的计算	应纳税额＝（实际缴纳的增值税税额＋实际缴纳的消费税税额＋实际缴纳的营业税税额）×适用税率

续表

账务处理	记入"营业税金及附加"科目
税收优惠	1. 海关对进口产品代征增值税、消费税的，不征收城市维护建设税。 2. 对由于减免增值税、消费税、营业税而发生的退税，同时退还已纳的城市维护建设税，但对出口产品退还增值税、消费税的，不退还已缴纳的城市维护建设税；生产企业出口货物实行免、抵、退税办法后，经国家税务局正式审核批准的当期免抵的增值税税额应纳入城市维护建设税和教育费附加的计征范围，分别按规定的税（费）率征收城市维护建设税和教育费附加。 3. 对国家石油储备基地第一期项目建设过程中涉及的营业税、城市维护建设税、教育费附加予以免征。 4. 对新办的商贸企业（从事批发、批零兼营以及其他非零售业务的商贸企业除外），当年新招用下岗失业人员达到职工总数30%以上（含30%），并与其签订1年以上期限劳动合同的，经劳动保障部门认定，税务机关审核，3年内免征城市维护建设税。 5. 对下岗失业人员从事个体经营（除建筑业、娱乐业以及广告业、桑拿、按摩、网吧、氧吧外）的，自领取税务登记证之日起，3年内免征城市维护建设税、教育费附加。 6. 为支持国家重大水利工程建设，对国家重大水利工程建设基金自2010年5月25日免征城市维护建设税。 7. 自2004年1月1日起，对为安置自谋职业的城镇退役士兵就业而新办的服务型企业（除广告业、桑拿、按摩、网吧、氧吧外）当年新安置自谋职业的城镇退役士兵达到职工总数30%以上，并与其签订1年以上期限劳动合同的，经县以上民政部门认定，税务机关审核，3年内免征城市维护建设税。 对为安置自谋职业的城镇退役士兵就业而新办的商业零售企业当年新安置自谋职业的城镇退役士兵达到职工总数30%以上，并与其签订1年以上期限劳动合同的，经县以上民政部门认定，税务机关审核，3年内免征城市维护建设税。 对自谋职业的城镇退役士兵，在国办发〔2004〕10号文件下发后从事个体经营（除建筑业、娱乐业以及广告业、桑拿、按摩、网吧、氧吧外）的，自领取税务登记证之日起，3年内免征城市维护建设税。 8. 经中国人民银行依法决定撤销的金融机构及其分设于各地的分支机构（包括被依法撤销的商业银行、信托投资公司、财务公司、金融租赁公司、城市信用社和农村信用社），用其财产清偿债务时，免征被撤销金融机构转让货物、不动产、无形资产、有价证券、票据等应缴纳的城市维护建设税
其他	对增值税、消费税、营业税"三税"实行先征后返、先征后退、即征即退办法的，除另有规定外，对随"三税"附征的城市维护建设税和教育费附加，一律不予退（返）还

二、城建税、教育费附加、地方教育附加税（费）纳税申报示范

【例9-1】 L市雨泽有限公司（税号：370000000000088），20×2年12月应交增值税为24 970.20元，填写《城建税、教育费附加、地方教育附加税（费）申报表》，见表9-2。

表9-2

城建税、教育费附加、地方教育附加税（费）申报表

税款所属期：自20×2年12月1日至20×2年12月31日　　填表日期：20×3年1月7日

纳税人识别号：3700000000000088

金额单位：元至角分

纳税人信息	名称	L市雨泽有限公司	所属行业	***制造	☑单位　□个人
	登记注册类型	有限责任公司	联系方式	05××—660000	
	身份证件号码	3700000099988			

税（费）种	计税（费）依据					税率（征收率）	本期应纳税（费）额	本期减免税（费）额		本期已缴税（费）额	本期应补（退）税（费）额
	增值税		消费税	营业税	合计			减免性质代码	减免额		
	一般增值税	免抵税额									
	1	2	3	4	5=1+2+3+4	6	7=5×6	8	9	10	11=7-9-10
城建税	24 970.20				24 970.20	7%	1 747.91				1 747.91
教育费附加	24 970.20				24 970.20	3%	749.11				749.11
地方教育附加	24 970.20				24 970.20	2%	499.40				499.40
合计	—		—	—		—	2 996.42				2 996.42

以下由纳税人填写：

纳税人声明	此纳税申报表是根据《中华人民共和国城市维护建设税暂行条例》、《国务院征收教育费附加的暂行条例》和国家有关税收规定填报的，是真实的、可靠的、完整的。	
纳税人签章	代理人签章	代理人身份证号

以下由税务机关填写：

受理人	受理日期　　年　月　日	受理税务机关签章

本表一式两份，一份纳税人留存，一份税务机关留存。

减免性质代码：减免性质代码按照国家税务总局制定下发的最新《减免性质及分类表》中的最细项减免性质代码填报。

由于地方水利建设基金计算缴纳方法各省不统一，未考虑。

CHAPTER

10

第十章
印花税

印花税是对经济活动和经济交往中书立、领受、使用的应税经济凭证所征收的一种税，其征税范围广泛，税率低、税负轻，由纳税人自行完成纳税义务。

本章先对印花税相关纳税事项进行梳理、汇总，并编制为表格形式，使其更加直观、清晰，便于阅读和掌握，然后对印花税纳税申报进行示范。

一、印花税主要纳税事项

印花税主要纳税事项，主要包括下列内容：

1. 印花税税目、税率及纳税人，见表 10-1。
2. 印花税计税依据及账务处理，见表 10-2。

表 10-1　　　　　　　　　　印花税税目、税率及纳税人

应税凭证类别	税目	税率形式	纳税人
一、合同或具有合同性质的凭证	1. 购销合同	按购销金额 0.3‰	立合同人（不包括合同的担保人、证人、鉴定人）
	2. 加工承揽合同	按加工或承揽收入 0.5‰	
	3. 建设工程勘察设计合同	按收取费用 0.5‰	
	4. 建筑安装工程承包合同	按承包金额 0.3‰	
	5. 财产租赁合同	按租赁金额 1‰	
	6. 货物运输合同	按收取的运输费用 0.5‰	
	7. 仓储保管合同	按仓储收取的保管费用 1‰	
	8. 借款合同	按借款金额 0.05‰	
	9. 财产保险合同	按收取的保险费收入 1‰	
	10. 技术合同	按所载金额 0.3‰	
二、书据	11. 产权转移书据	按所载金额 0.5‰	立据人

续表

应税凭证类别	税 目	税率形式	纳税人
三、账簿	12. 营业账簿	资金账簿，按实收资本和资本公积的合计 0.5‰；其他营业账簿按件贴花 5 元	立账簿人
四、证照	13. 权利、许可证照	按件贴花 5 元	领受人

注：

1. 购销合同。包括供应、预购、采购、购销结合及协作、调剂、补偿、易货等合同；还包括各出版单位与发行单位（不包括订阅单位和个人）之间订立的图书、报刊、音像征订凭证。

对于工业、商业、物资、外贸等部门经销和调拨商品、物资供应的调拨单（或其他名称的单、卡、书、表等），应当区分其性质和用途，看其是作为部门内执行计划使用的，还是代替合同使用的，以确定是否贴花。凡属于明确双方供需关系，据以供货和结算，具有合同性质的凭证，应按规定缴纳印花税。

对纳税人以电子形式签订的各类应税凭证按规定征收印花税。

对发电厂与电网之间、电网与电网之间（国家电网公司系统、南方电网公司系统内部各级电网互供电量除外）签订的购售电合同按购销合同征收印花税。电网与用户之间签订的供用电合同不属于印花税列举征税的凭证，不征收印花税。

国家指定的收购部门与村民委员会、农民个人书立的农业产品收购合同免征印花税。

2. 加工承揽合同。包括加工、定做、修缮、印刷、广告、测绘、测试等合同。（结合增值税、消费税）委托方提供原材料，受托方收取加工费和代垫辅料的合同，属于加工承揽合同。

3. 建设工程勘察设计合同。包括勘察、设计合同的总包合同、分包合同和转包合同。

4. 建筑安装工程承包合同。包括建筑、安装工程承包合同的总包合同、分包合同和转包合同。

5. 财产租赁合同。包括租赁房屋、船舶、飞机、机动车辆、机械、器具、设备等合同；还包括企业、个人出租门店、柜台等所签订的合同，但不包括企业与主管部门签订的租赁承包合同。

6. 货物运输合同。包括民用航空运输、铁路运输、海上运输、内河运输、公路运输和联运合同。

7. 仓储保管合同。包括仓储、保管合同或作为合同使用的仓单、栈单（或称入库单）。

对某些使用不规范的凭证不便计税的，可就其结算单据作为计税贴花的凭证。

8. 借款合同。包括银行及其他金融组织和借款人（不包括银行同业拆借）所签订的借款合同。包括融资租赁合同。

无息、贴息贷款合同免征印花税。

外国政府或国际金融组织向我国政府及国家金融机构提供优惠贷款所书立的合同免征印花税。

9. 技术合同。包括技术开发、转让、咨询、服务等合同。

技术转让合同包括专利申请转让、非专利技术转让所书立的合同，但不包括专利权转让、专利实施许可所书立的合同。后者适用于产权转移书据。

技术咨询合同是合同当事人就有关项目的分析、论证、评价、预测和调查订立的技术合同，而一般的法律、会计、审计等方面的咨询不属于技术咨询，其所书立合同不贴印花。

10. 产权转移书据包括财产所有权、版权、商标专用权、专利权、专有技术使用权共 5 项产权的转移书据。财产所有权转移所书立的书据，包括股份制企业向社会公开发行的股票，因购买、继承、赠与所书立的产权转移书据。

另外，土地使用权出让合同、土地使用权转让合同、商品房销售合同按照产权转移书据征收印花税。

财产所有人将财产赠给政府、社会福利单位、学校所立的书据免征印花税。

企业因改制签订的产权转移书据免予贴花。

11. 营业账簿分为资金账簿和其他营业账簿，其他营业账簿包括日记账簿和各明细分类账簿。

（1）对采用一级核算形式的单位，只就财会部门设置的账簿贴花；采用分级核算形式的，除财会部门的账簿应贴花之外，财会部门设置在其他部门和车间的明细分类账，亦应按规定贴花。

（2）车间、门市部、仓库设置的不属于会计核算范围或虽属会计核算范围，但不记载金额的登记簿、统计簿、台账等，不贴印花。

（3）对有经营收入的事业单位，凡属由国家财政部门拨付事业经费，实行差额预算管理的单位，其记载经营业务的账簿，按其他账簿定额贴花，不记载经营业务的账簿不贴花；凡属经费来源实行自收自支的单位，对其营业账簿，应就记载资金的账簿和其他账簿分别按规定贴花。

（4）跨地区经营的分支机构使用的营业账簿，应由各分支机构在其所在地缴纳印花税。

（5）企业债权转股权新增加的资金按规定贴花。

（6）企业改制中经评估增加的资金按规定贴花。

12. 权利、许可证照仅包括"四证一照"：包括政府部门发给的房屋产权证、工商营业执照、商标注册证、专利证、土地使用证等。

已缴纳印花税的凭证副本或抄本免征印花税，但副本或者抄本作为正本使用的应另行贴花。

表 10-2　　　　　　　　　　　印花税计税依据及账务处理

购销合同	购销合同的计税依据为购销金额，不得作任何扣除，特别是调剂合同和易货合同，均应包括调剂、易货的全额。 在商品购销活动中，采用以货换货方式进行商品交易签订的合同，是反映既购又销双重经济行为的合同，对此，应按合同所载的购、销合计金额计税贴花。合同未列明金额的，应按合同所载购、销数量，依照国家牌价或者市场价格计算应纳税额
加工承揽合同	加工承揽合同的计税依据是加工或承揽收入的金额。 1. 受托方提供原材料及辅料，并收取加工费且分别注明的，原材料和辅料按购销合同计税贴花，加工费按承揽合同计税贴花；合同未分别记载原辅料及加工费金额的，一律就全部金额按加工承揽合同计税贴花。（定做合同） 2. 委托方提供原材料，受托方收取加工费及辅料，双方就加工费及辅料按加工承揽合同计算贴花
建设工程勘察设计合同	建设工程勘察设计合同的计税依据为勘察、设计收取的费用（即勘察、设计收入）
建筑安装工程承包合同	建筑安装工程承包合同的计税依据为承包金额，不得剔除任何费用。如果施工单位将自己承包的建筑项目再分包或转包给其他施工单位，其所签订的分包或转包合同，仍应按所载金额另行贴花。
财产租赁合同	财产租赁合同的计税依据为租赁金额（即租金收入）。 1. 税额不足 1 元的按照 1 元贴花。 2. 财产租赁合同是只规定月（天）租金而不确定租期的，先定额 5 元贴花，再在结算时按实际补贴印花
货物运输合同	货物运输合同的计税依据为取得的运输费金额（即运费收入），不包括所运货物的金额、装卸费和保险费等。 1. 对国内各种形式的货物联运，凡在起运地统一结算全程运费的，应以全程运费作为计税金额，由起运地运费结算双方缴纳印花税；凡分程结算运费的，应以分程的运费作为计税金额，分别由办理运费结算的各方缴纳印花税。 2. 对国际货运，凡由我国运输企业运输的，运输企业（承运方）所持的运费结算凭证，以本程运费计算应纳税额；托运方所持的运费结算凭证，按全程运费计算应纳税额。由外国运输企业运输进出口货物的，运输企业（外方）所持的运费结算凭证免纳印花税，托运方所持的运费结算凭证，应按规定计算缴纳印花税
仓储保管合同	仓储保管合同的计税依据为仓储保管的费用（即保管费收入）
借款合同	借款合同的计税依据为借款金额。 1. 凡是一项信贷业务既签订借款合同，又一次或分次填开借据的，只以借款合同所载金额计税贴花；凡是只填开借据并作为合同使用的，应以借据所载金额计税，在借据上贴花。 2. 借贷双方签订的流动资金周转性借款合同，一般按年（期）签订，规定最高限额，借款人在规定的期限和最高限额内随借随还。对这类合同只就其规定的最高额为计税依据，在签订时贴花一次，在限额内随借随还不签订新合同的，不再另贴印花。 3. 对借款方以财产作抵押，从贷款方取得一定数量抵押贷款的合同，应按借款合同贴

续表

借款合同	花，在借款方因无力偿还借款而将抵押财产转移给贷款方时，应再就双方书立的产权书据，按产权转移书据的有关规定计税贴花。 4. 对银行及其他金融组织的融资租赁业务签订的融资租赁合同，应按合同所载租金总额，暂按借款合同计税。 5. 在贷款业务中，如果贷方系由若干银行组成的银团，银团各方均承担一定的贷款数额，借款合同由借款方与银团各方共同书立，各执一份合同正本，对这类合同，借款方与贷款银团各方应分别在所执的合同正本上，按各自的借款金额计税贴花。 6. 在基本建设贷款中，如果按年度用款计划分年签订借款合同，在最后一年按总概算签订借款总合同，且总合同的借款金额包括各个分合同的借款金额的，对这类基建借款合同，应按分合同分别贴花，最后签订的总合同，只就借款总额扣除分合同借款金额后的余额计税贴花
财产保险合同	财产保险合同的计税依据为支付（收取）的保险费金额，不包括所保财产的金额
技术合同	技术合同的计税依据为合同所载的价款、报酬或使用费。为了鼓励技术研究开发，对技术开发合同，只就合同所载的报酬金额计税，研究开发经费不作为计税依据。单对合同约定按研究开发经费一定比例作为报酬的，应按一定比例的报酬金额贴花
产权转移书据	产权转移书据以书据中所载的金额为计税依据
记载资金的营业账簿	记载资金的营业账簿，以实收资本和资本公积的两项合计金额为计税依据。凡"资金账簿"在次年度的实收资本和资本公积未增加的，对其不再计算贴花
其他营业账簿和权利、许可证照	其他营业账簿和权利、许可证照，以计税数量为计税依据
无法确定计税金额的合同	有些合同在签订时无法确定计税金额，如：（1）财产租赁合同只是规定了月（天）租金标准而无期限的。（2）技术转让合同中的转让收入，是按销售收入的一定比例收取或是按实现利润分成的。对于这类合同，可在签订时先按定额5元贴花，以后结算时再按实际金额计税，补贴印花
印花税的账务处理	印花税不通过"应交税费"科目核算，印花税实际缴纳时直接贷记"银行存款"科目，借记"管理费用"（企业会计准则）或"营业税金及附加"（小企业会计准则）科目，但非房地产开发企业转让房地产的印花税，在"固定资产清理"科目反映

二、印花税纳税申报示范

印花税纳税申报表填写示范如下：

【例10-1】 L市雨丰建筑有限公司（税号：370000000000089）20×3年12月份发生以下经济业务：

1. 雨丰建筑公司12月份与甲企业签订一份建筑承包合同，合同金额6 000万元（含相关费用50万元）。同月，雨丰建筑公司又将其中价值800万元的安装工程转包给乙企业，并签订转包合同。

2. 雨丰建筑公司作为受托方签订A、B两份加工承揽合同，A合同约定：由委托方提供主要材料300万元，受托方只提供辅助材料20万元，受托方另收取加工费50万元；B合同约定：由受托方提供原材料及辅助材料200万元并收取加工费40万元。

3. 雨丰建筑公司12月份与丙企业签订一份融资租赁合同，金额200万元。

4. 雨丰建筑公司12月份增资500万元。

印花税的计算：

1. 总包合同应该贴花，新的分包转包合同又发生了新的纳税义务，也应该贴花。

建筑安装工程承包合同印花税＝(60 000 000＋8 000 000)×0.3‰＝20 400(元)

2. A合同就加工费及辅助材料按加工承揽合同计算贴花，B合同原材料及辅助材料按购销合同计税贴花，加工费按承揽合同计税贴花。

加工承揽合同印花税＝(500 000＋200 000＋400 000)×0.5‰＝550(元)

购销合同印花税＝2 000 000×0.3‰＝600(元)

3. 融资租赁合同，按合同所载租金总额、暂按借款合同计税。

借款合同印花税＝2 000 000×0.05‰＝100(元)

4. 记载资金的账簿印花税＝5 000 000×0.5‰＝2 500(元)

填写《印花税纳税申报表》，见表10-3。

表10-3

印花税纳税申报（报告）表

税款所属期限：自 20×3 年 12 月 1 日至 20×3 年 12 月 31 日　　填表日期：20×4 年 1 月 7 日

纳税人识别号：37000000000000089　　　　　　金额单位：元至角分

纳税人信息	名称	L 市雨丰建筑有限责任公司	登记注册类型	有限责任公司 ☑	所属行业	建筑	☑单位　□个人
	身份证件类型		身份证件号码		37000219800126 8888		
	联系方式		05××—6660000				

应税凭证	计税金额或件数	核定征收		适用税率	本期应纳税额	本期已缴税额	本期减免税额		本期应补（退）税额
		核定依据	核定比例				减免性质代码	减免额	
	1	2	3	4	5=1×4+2×3×4	6	7	8	9=5-6-8
购销合同	2 000 000			0.3‰	600				600
加工承揽合同	1 100 000			0.5‰	550				550
建设工程勘察设计合同				0.5‰					
建筑安装工程承包合同	68 000 000			0.3‰	20 400				20 400
财产租赁合同				1‰					
货物运输合同				0.5‰					
仓储保管合同				1‰					
借款合同	2 000 000			0.05‰	100				100
财产保险合同				1‰					
技术合同				0.3‰					

续表

应税凭证	计税金额		税率	本期应纳税额	
产权转移书据			0.5‰		2 500
营业账簿（记载资金的账簿）	5 000 000	—	0.5‰	2 500	
营业账簿（其他账簿）		5	—	5	
权利、许可证照	—	—	5	5	
合计	—	—	—	24 150	24 150

以下由纳税人填写：

纳税人声明	此纳税申报表是根据《中华人民共和国印花税暂行条例》和国家有关税收规定填报的，是真实的、可靠的、完整的。	
纳税人签章	代理人签章	代理人身份证号

以下由税务机关填写：

受理人	受理日期 年 月 日	受理税务机关签章

注：

本表一式两份，一份纳税人留存，一份税务机关留存。

减免性质代码：减免性质代码按照税务机关最新制发的减免政策代码表中的最细项减免性质代码填报。

1. 核定依据指采用核定方式征收印花税的应税凭证对应所征印花税实有征税依据的核定金额等。印花税纳税义务发生时间：合同（协议）签订时；账簿启用时或增加时；证照领受时；资本注册时或增加时。包含合同对应采购金额、销售金额等。如购销合同对应采购金额、销售金额；加工承揽合同对应加工承揽金额；建筑安装承包合同对应采购金额。收入金额指采用核定征收印花税凭证对应所对应的费用、收入金额。核定比例为70%。

2. 印花税纳税义务发生等。假设该企业印花税义务起止时间：账簿启用时。

3. 应纳税额不足一角的，免纳印花税。应纳税额在一角以上的，其税额尾数不满一分的不计，满五分的按一角计算缴纳。

4. 财产租赁合同按租赁金额1‰贴花。税额不足1元，按1元贴花。

附 录
各类纳税申报表详细填报说明查询方法

《中华人民共和国企业所得税年度纳税申报表（A类）》全部报表及其详细填报说明，详见三个文件：《国家税务总局关于发布〈中华人民共和国企业所得税年度纳税申报表（A类，2014年版）〉的公告》（国家税务总局公告2014年第63号）、《国家税务总局所得税司关于企业所得税年度纳税申报表部分填报口径的通知》（税总所便函〔2015〕21号）、《国家税务总局关于修改企业所得税年度纳税申报表（A类，2014年版）部分申报表的公告》（国家税务总局公告2016年第3号）。

《中华人民共和国企业所得税月（季）度预缴纳税申报表（A类）》及附表详细填报说明，详见两个文件：《国家税务总局关于发布〈中华人民共和国企业所得税月（季）度预缴纳税申报表（2015年版）等报表〉的公告》（国家税务总局公告2015年第31号）、《国家税务总局关于修改企业所得税月（季）度预缴纳税申报表的公告》（国家税务总局公告2015年第79号）。

《增值税纳税申报表（一般纳税人适用）》及其附列资料填写说明、《增值税纳税申报表（小规模纳税人适用）》及其附列资料填写说明，详见三个文件：《国家税务总局关于调整增值税纳税申报有关事项的公告》（国家税务总局公告2013年第32号）、《国家税务总局关于调整增值税纳税申报有关事项的公告》（国家税务总局公告2014年第45号）、《国家税务总局关于调整增值税纳税申报有关事项的公告》（国家税务总局公告2014年第58号）

其他税费纳税申报表详细填报说明，详见两个文件：《全国县级税务机关纳税服务规范》及《国家税务总局关于修订财产行为税部分税种申报表的通知》（税总发〔2015〕114号）。